贾平凹传

孙见喜　孙立盎　著

陕西新华出版传媒集团
陕 西 人 民 出 版 社

图书在版编目(CIP)数据

贾平凹传/孙见喜，孙立盎 著. —西安：陕西人民出版社，2017

ISBN 978-7-224-12219-0

Ⅰ. ①贾… Ⅱ. ①孙… ②孙… Ⅲ. ①贾平凹-传记
Ⅳ. ①K825.6

中国版本图书馆 CIP 数据核字（2017）第 089080 号

书　　名：贾平凹传
作　　者：孙见喜　孙立盎
出版发行：陕西新华出版传媒集团
　　　　　陕西人民出版社（西安北大街 147 号　邮编：710003）
印　　刷：西安市建明工贸有限责任公司
开　　本：787mm×1092mm　16 开　23.75 印张　2 插页
字　　数：400 千字
版　　次：2017 年 5 月第 1 版　　2017 年 11 月第 2 次印刷
书　　号：ISBN 978-7-224-12219-0
定　　价：39.90 元

目录

第一章
身在苦水里煮

一声婴儿的啼叫，打破了小山村的宁静。这地方是陕西省丹凤县金盆村，一个外乡妇女借金盆一方宝地专来这里坐月子，娃娃落地，东家西家都来帮忙，时在1952年农历二月二十一。一个农民的儿子降生了，这就是贾平凹。当时，他父亲贾彦春在金盆的南寺小学教书。平凹娘寄住的这户人家姓李，为了纪念儿子出生的顺遂，贾彦春为儿取乳名为贾李平。娘来金盆坐月子，全靠大姨的照顾，因为姨夫带兵驻扎在金盆，姨是随军的家属。

棣花镇的贾家老宅院里，老少20多口人呢！父亲排行老四，三位兄长都儿女众多。平凹满月后，一家三口回来，回到了属于自己的土炕上。在贾家明堂，贾平凹排行老八。老八被随意安置在土炕的小角角。

二月天，丹江上的长堤岸柳，鹅黄嫩绿得好看，长堤内的弧月形百顷良田，小麦菜花都长势良好；棣花埝畔的300户人家联合起来，在这块大田的外沿箍了两道石堰，又修复了三丈高的镇河古塔，防御丹江那肆虐横暴的夏洪秋水。适逢开国之初，人们精神亢奋，万物欣欣向荣。村民组成互助组，在大田中央开一道笔直水渠，引丹江水浇灌这片土地上的五谷六豆。棣花的地形仿佛是两扇锅盖板，下扇是这水旱保收的百顷良田，上扇便是塬上的旱地。棣花镇就在上下扇之间，老街在埝下，新街在埝上；合起来是一个浑圆的盆地，锅盖板的接缝便做了长坪公路，这就是1935年修建的，西接长安、东达豫西西坪镇的312国道。盆地南，丹江曲流而过；盆地北，西山塬懒散错落。在塬的怀抱中，又横卧一座矮丘，俗名牛头岭。牛头岭地高坡平，视野开阔，生一片柏树林，贾家祖坟就在这里。这里风景特异，北沟有摞摞石最招外人观览。那是三间屋大的两块黑石相叠，风能动之，人却难撼。地质队的人说那石头相摞是地球上小冰河时期的证据。还有西山塬，东是苗沟，西是条子沟，两沟平行，自北而南夹棣花镇而入丹江。因为有这两条沟的滋润，棣花老街的埝下便涌出两股泉水，致使东西街之间洇成一块池塘和周围的“下湿地”，故此地有“二龙拱珠”的说法。棣花人在这里植荷种稻，荷生九眼莲，池产大鲇鱼，都是本地特产。

丹江自秦岭南麓的商州黑龙口流到这里，人称州河。它经商州、丹凤、商南入河南境，再过淅川老河口而往湖北，在那里汇入汉水扑到长江怀抱里去。早先水脉旺时，襄樊的舟楫是直开丹凤县城龙驹寨的，当时的船民水手为了帮会联络，在龙驹寨堂堂地筑起一座船帮会馆，人称花庙。此庙今日尚存，先为文化馆所用，后改为地方博物馆，整座建筑为陕西省文物保护单位。

从棣花镇东行7.5公里是商洛镇，这里是秦时商山四皓的长眠地，有庙堂一座、古柏二株，当地人视若祖庭。四皓墓正对着的丹江南岸，有一“商”字山，为雪后的沟脊呈黑白笔画显现，是古代商山的八景之一，名曰“商山雪霁望难收”。棣花镇当年各种庙宇十五六处，最古的建筑是双庙。那是老街东头并排耸立的两座古庙，两庙相距仅二尺，其开间、进深、脊高，以至间架构造皆相似。东者为关帝庙，西者为二郎庙。二郎庙建于金代大安三年（1211），风格熔金汉工匠艺术于一炉，又有喇嘛庙的意味，据说是纪念杨戬的。相传800多年前，秦桧割百里秦地给金人，宋、金两朝的分界线即在两庙中间。双庙前有广场，广场南端是魁星楼。逢年过节，村民演戏自娱，周围的曹家沟、巩家河、野猫洼、贾塬、陈塬等十几个村的人都来这里唱戏耍社火看热闹。后来，双庙做了生产队的牛栏和库房。而魁星楼高台崛起，成了夏夜间老少光棍们的天堂圣地，被戏称为“光棍楼”。他们一片芦席、一壶清茶、一袋旱烟，在这里纳凉说古经，贾平凹最早的民间故事积累即得之于此。棣花镇端前的丹江南岸，峭崖绝壁上凿有石洞数十，多为当年大户人家所有；荒乱岁月，兵匪之祸顷刻即至，有钱人在这里藏金纳银。通往石洞的路是搭在悬崖上的栈道，道板抽去，万夫莫开。石洞高处是岭，岭的脊梁处，缺了一个浑浑的半圆，又生得一片古松，若从牛头岭这厢望去，便有了“棣花八观”之一的“松云藏月”。棣花镇的得名，有两种说法。一说周朝有位姜娘娘，某日南游到此，歇脚时，将头上一支簪花寄放此地，归回时忘记拿走，后人遂修寺供之。于是此地名称“寄花”，后人谐为棣花。那古寺叫簪花寺，历史上屡毁屡建，香火不绝。最后一次毁在 1958 年，现今仅留一片废墟。另一种说法是棣花镇得名于一种植物。那是可以用来嫁接梨树的砧木，当地叫棠棣子，属蔷薇科，为落叶灌木，叶卵形，边沿若锯齿，初夏开黄花，单生枝顶，有单瓣重瓣之分；花可入药，有利水、消肿、止痛、止咳、助消化之功效。此植物在这里随地而生，入秋叶色火红，微有异香。地以物名，于是有了棣花。“棣花八观”为：昙花胜迹、古塔钻天、松云藏月、神龟垒石、南山飞瀑、二龙拱珠、双庙仪威、魁楼映瑞。

贾家大院这位叫贾李平的老八，人喊他“平娃”，后来单唤一个“平”字。不久，父亲到西安师范学院进修去了，母亲对娃精心调教，所以他从小就乖、听话、勤快，给大人取烟点火，替婶娘看门抱柴，为奶奶捶背穿针，长辈们都喜欢喊“平”来跑个小脚路。学龄前，父亲教他写会几个字，就到处胡刻乱画。红油板柜上，被他用小刀刻得满是字痕；邻家盖了新房，泥皮未干，他用枣刺在山墙上划字。5 岁上，村里扮社火，他被安置在高台芯子上，别家孩子一上芯子吓得直哭，他却眉开眼笑地扮演起关公！

贾家这个家族，父辈弟兄四个，新中国成立前当地常年逃壮丁、买壮丁。新中国成立后，老三、老四当了公家干部，老大、老二也在村里有鼻子有脸。爷是 1949 年去世的，奶奶则活到 1962 年。当时，这个家庭在村里的户口是 22 人，大家庭里，兄弟、妯娌、满堂子孙，合家过日子。小矛盾，大和睦，县上奖来了“模范家庭”的红匾，奶奶觉得她的脸面有盆子大。到 1962 年底，孙子辈有 17 人，齐楞楞站了半院子，弟兄四人一合计，家便轻轻松松地分开了。

平娃家分得厦房两间，鏊锅一口，还有八个大萝卜。平娃父亲退休后，在棣花镇东头盖起一所宅院，植了牡丹、月季、秋菊，或夏夜纳凉，或中秋赏月，邀了老弟兄们，一壶烧酒，四碟小菜，谈论世道，弈棋品茶，享一番天伦之乐。平娃有一弟二妹。弟名再娃，承袭了父业，在一所小学教书，膝下儿女一双。大妹小妹在县城州市上班，自食其力，生活小康。

1958 年，平娃上小学了，一年级就能给父亲写信。父亲在山阳县教书，妈妈的话、奶奶的话，都通过他的小铅笔传达过去。初小四年，高小两年，几乎年年得奖。初小设在法性寺，一年级的教室在贾家祠堂。桌子是一溜土墩墩，凳子要自带。那时还没分家，院里孩子多，家里没有那么多凳子。大伯立了规定，考上高小才发凳子，初小一律没有。凳子没有，办法却有，大伯把一捆劈柴解开，用斧子砍去毛刺棱角，发给每人两根。平娃是抱着两根劈柴去上学的。两根劈柴架在别人凳子上，坐着夹屁股，他便骑了上去。于是，四年小学，他一直骑着劈柴听课。他没有书包，娘用她衬枕头的蓝花布给他包书。没有笔，他自己想出了办法，把竹筷削尖，蘸上墨水就是钢笔；偷一撮大伯羊皮褥上的毛，扎到柳棍上就能写大字。一年级第一学期结束三门课都得了 9 分（满分 10 分）。9 分也高兴，回到家，他要把那个通知书拿给娘看，却想不到竟跑丢了，为此他哭了一晌午。从一年级第二学期开始，他的功课大有长进，人缘也好，深得老师们的喜爱。他由少先队的中队委升任大队长，胳膊上戴着三道红杠杠。大队长要向他的“部下”讲话，老师抱他站到凳子上。他还爱看戏，远近都要随了大人去，后来还在村上剧团饰演角色，是秦腔戏《血泪仇》中的狗娃。那时候，他演戏的积极性很高。秋后去外村演出，晚上回来常常很晚，娘便温两个“水花”柿子在锅里，算是儿子回来的夜餐。

一年级时，有个星期六下午，娘领他到 30 里外的县城去看姨，说好星期天下午回来，不误他星期一上学。可是到星期天下午，姨说什么也要留娘再住一天，娘动摇了，不想走了，并要说服儿子。平娃执意不从，姨便下保证说，星期一早上挡个车，一碗饭的时间就回去了，误不了上课。熬到星期一早上了，三人去挡车，偏巧就没有挡住，眼看日头一竿子高了，姨就留他们吃过早饭再走。这时，平娃对娘说，你去帮姨做饭，我在官路上看人家骑自行车，饭熟了就回来。可是，饭熟了，人不见了，老姊妹方知上了大当。娘急急包了两个蒸馍，上路追赶，她知道儿子对学业是多么重视！这一年，他刚刚 7 岁，有胆量独自走完 30 里路。他心里明白，来时是顺着公路向东走到县城的，回去也只要顺着公路向西，终能回到家里。娘整整追了 20 里，才看见他的小影影。待赶上了他，离村只有二里路了。他虽然迟到了，但终于赶在放学前回到了学校。

早上去上学，平娃每天都去得很早。可教室在庙里，满墙都是神神鬼鬼的壁画，那些龇牙咧嘴五颜六色的面目于拂晓的朦胧中很是吓人，他便鼓动全院的堂兄弟们一起去。他挨个儿去叫门，大家结伙朝学校去，路过黑洞似的屋巷，路过秋风瑟瑟的苞谷地，谁也不敢打头，他便缩了脖子去充硬汉。他有壮胆的办法，就是领着大家高声唱歌。到了学校先背书，书背熟了，老师也就到了教室。冬日里，破庙里北风穿堂而过，同学们冻得鼻流涎水的。一到下课，在向阳背风的墙角角，大家就顺墙“挤油油”。每个人都可能被拥到墙角那个“王位”上去。在那里，可以憋了气，架起胳膊，让一排人的冲力把自己抬起来。大家都要攻占这个王位，但占领者也随时可能被后来者用腿撬出去。这样，一个轮回下来，脚也热了，手也热了，身上说不准还要冒汗呢！平娃人小，外号叫“菜籽儿”，他每一上阵就要被别人一个腿拐子顶了出去。出去了，又常常被年龄大的同学捉住“打夯”。他们几个人一齐上，先将平娃按倒，捉住两手和两脚，面朝上抬起来，再高高地蹾下去，总要听到屁股在泥地上“咚”地一响，方才哄笑而散。

秋收后，平娃最乐意帮人家剥苞谷。这时候，各家的大人都把最精彩的故事讲出来，他们要吸引爱听故事的孩子来给自己帮忙。他们要最早剥完自家的玉米，以便雨季之前晒干收藏。特别是本村一位老人，他不仅善讲狼和鬼，还能说薛仁贵征东征西，这故事很长，要从立夏说到立秋，平娃是他最忠实的崇拜者。平娃聪明，可身体发育慢，比起同龄人来，总要低上一头，甚至和弟弟打架，他也常常吃亏。上体育课是最发愁的，沙坑跳不远，篮球抢不着，只有一旁去看女孩儿家玩石子、跳房房。年龄稍大，看女孩儿玩也不好意思了，只得一个人坐着，默默地呆想。地缝里一只蚂蚁，柳叶上一个蝉壳，喇叭花上出现白斑，向日葵上两只彩蝶，他都寻着根儿去看。特别是天上的月亮，月亮跟前的星星，常常勾起他对夜空的遐想。他开始孤僻了，性格变得内向起来，或者说，他开始独立观察生活了。

小学高年级，每逢寒暑两假，拾柴是平娃的主要营生。他背上扣个大篓，手拿能砍能砸的弯镰，领了弟弟，远山去不了，便在村庄周围转。渠堰、河堤、坡根、地畔、坟丛，那里有枣刺疙瘩老树根，有干枝朽木枯树皮；赶黑回去，满满一篓，弟兄二人要可着气力抬呢！儿子拿回柴火，娘自然高兴。常常是在出发前，娘要奖赏每人半块煎饼。他们把煎饼卷起来，舍不得吃，走一段路，嚼一点点，常常还要用荷叶包一半留着回来的路上吃。有时候，他们自己惩罚自己，那是没有捡到柴火的时候，就将那一半煎饼携回去，退给娘。也有招来灾祸的时候。为了防洪和水利，林木是受到保护的，这样，河堤渠堰常常有人看守。冷不防，他们被人捉住了，轻则扭去见家长，重则夺了篓子和镰刀，甚至还要挨打。遇到这号事，娘是不会袒护儿子的，反正做了错事就不给饭吃。其实，他们怎么饿得着呢！有婶娘，有叔伯，谁家锅底刮不出一碗锅巴！当然，他们也要争气，上树吃蛋柿、下池摸莲藕，自然界有的是营养品。12 岁起，他跟随大人去远山砍柴。背着背篓，手提砍刀，要走 30 多里路。他们天明赶早吃饭携干粮出发，过丹江，进甘河沟，直到日薄西山才得回来。梁力大的，能背 180 斤。那柴火在背篓上摞得小山一般，光襻绳也要两丈长呢！可他们吃的干粮，只有糠炒面和冷红薯。平娃人小力单，却极贪功；背得多，落在人后，过山转崖，常常熬不到下一站“背篓窝”——背柴出山的人，并不能随意歇脚的，山路崎岖，悬崖沟壑，隔一段路才有屁股高的专用石台窝子可停靠背篓。他熬不到，便要硬撑，这便练就了他的耐力。后来，他从事创作的忍耐和持久力就得之于如此的锻炼和磨炼。

到了下午，娘要走十几里路过河到甘河沟口接他。有一回，他滚了坡，连人带背篓跌下去，所幸人小身子轻，被半崖上三棵桦树挡住，才被人用背篓襻绳吊上来。人没受伤，柴没散捆儿，原样回来，村人都说这娃命根子硬！最有意思的是捞红薯。山坡地里，红薯挖过，总要遗些七零八落的在土里。秋后闲了没事，人们就去地里捞那遗落的。别人顺着茬儿挖，翻地一般，却常常捞到的只是一些红根和断头。可是平娃手持锄镢，看准一个地方，一镢挖下，总有红薯翻出，遇着大的，切了白茬，粉生生的招人眼馋。他身穿父亲一件旧的中山服，衣襟遮了膝盖，一畔地不到头，四个兜就全装满了。他被人称作捞红薯的专家，外号叫“挖扒”。成人后，回故乡去，人们还常常请教他的经验。据他说，红薯遗在土里，谁也看不见，全凭感觉。你感觉那里有，就要果断地挖下去。要挖得猛，掘得快，全是一刹那的工夫。要是疑三疑四，捉摸不定，或是掘得轻，动作慢，红薯早就跑了。生活紧巴的山里人，不愿自己的劳动成果有一丝一毫的浪费，平娃自小受这熏陶，所以成家后，一颗黄豆冲进下水管也要可惜半天呢。

庄户人家，互相帮工是少不了的。东庄盖房，西街埋人，都需要人手。平娃家，父亲在外地，娘又拖着弟妹，给村人帮工只有他去。他人小力单，吃饭虽少不了两个杠子馍，可做活添不上大力。有一回去帮移民户搬家，人家都拉碾子、拖碌碡，可他跑了几十里，只扛回来一根磨棍。好在乡里人看重情义，来个娃娃便带来了一户人家的脸面，主人照样心里美实。

有一年丹江发大水，淹没了半条棣花街。河水退去后，全村男女集体清理河床，并组织人力开山炸石，重修河堤。石头在河南岸，要抬到北岸，队长由自己估计石头的大小来记工分，并把工分写在石头上，但他并不公道，亲戚朋友、自己家族的人，他常常就估得高。对此一些老实人只有忍气吞声，而一帮小青年就是不服，工分就是口粮呀！于是，几个小鬼就在一起商量办法，最后是平凹定了主意：由大家掩护，他执笔把少估了的 3 改成 8、把 7 改成 9。大家多得了工分不说，关键是报复了队长。

1964 年秋，平娃考上了商洛镇初级中学。商洛镇离棣花 15 里，自己要背了粮去，在学校搭集体伙，住通铺，一星期回家两次取菜。菜是酸菜，娘用萝卜叶腌的，常常，他一路走来，一路观景想心事，往往就要跌跤打碎罐子。罐是陶罐，换一个得要八斤玉米。他曾编儿歌自嘲：“罐罐来，罐罐去，回来提个罐罐系！”

语文老师布置作文，别人一星期做一篇，他一星期做两篇。那时候，父亲已经调回家乡附近一所中学。他星期天回家，就常常帮助父亲批改学生的语文作业。父亲从西安师范学院毕业后，先在西安灞桥教书，后调山阳县；在山阳执教八年，1961 年调到商县夜村中学，后来又调到丹凤县商镇中学，他的教书生涯是在这里画上句号的。

初中二年级时逢着了“文化大革命”，人家串联，平娃也串联，跟村里一群小伙伴搭帆布篷卡车到了省城西安。父亲给了 20 块钱，粮票是一袋玉米在粮站换的。他们这样一伙山里娃，堂而皇之地住进了西北工业大学。可是，进城只会走一条路线，出出进进离不开和平门，离开和平门便要迷路。他在西安经了世事，看了火车，临回去不忘给父亲买个辣子碟，不忘给大妹买一条塑料围裙。回去之前要开洋荤，便去那羊肉泡馍馆，买了两个饼子，却蘸辣子酱来吃，不知道还要掰碎了上锅去煮。

1966 年暑假，父亲在教育局的学习班上被批斗，他始知这个“文化大革命”不是像在西安串联那样闹着玩的。1967 年，贾平娃离开学校，被子一卷，回家生产。这年他 15 岁。可是，他的身体瘦而小，体重只有七十来斤。那时学大寨，劳动报酬以工分计。队长分配他和婆娘女子一搭里干活，可妇女们也不喜欢他，嫌他力气小，提携不了她们，又给她们争不来好处，而且形象不佳，笨嘴拙舌，不能给她们带来快乐。这样，队长便派他做零活，一天只记三分工。而那些女流们，每天要挣六七分呢！好在队长以发展的眼光看待事物，念及他做活主观上甚是努力，半年后每天的工分增加到三分五厘。这一成功使他大受鼓舞，他甚至敢于反诘蔑视他的女人们了。一次挑水，和一个姑娘同行，人家一口气担到头，他却要途中歇一次。为此，一位小脚的婶娘讥笑他不算男人，他立即进行反驳：“你也算女人吗？人家女人进县骑自行车，你行吗？”

这几年，他已不满足于“光棍楼”上藏人胯下听狼听鬼了，他酷爱读书，凡棣花镇能找到的书他都读了，还托父亲到朋友处借。他的初中母校有个小图书室，红卫兵那阵，书也被人偷光了，他打听到一些下落，常常就用帮工去换读。十六七岁上，同龄人纷纷定媳妇，他却很镇定。娘急了，知道自家儿子其貌不扬，便四处托人做媒，他却给娘变了脸。娘分辩几句，他就发了火，一气之下用石墨将一句李白的诗写到山墙上："天生我材必有用。"1970 年，贾平娃随村里一些小伙子去公社报名参军，身体检查全部通过，唯一不合格的是他的平板脚。他出外闯世界的理想第一次遭到挫折。

公社在十里外的苗沟修一座大水库，场面很宏大，队上便将他充个人数送去。可是，只三天，就被辞退了，因为那活儿不是开山放炮，便是撬石拉车，他这个黑瘦碎鬼派不上用场。后来，队上派他去水库送信，适逢库上开会要写大标语，恰又无人执笔，他便自告奋勇提笔书写。不料领导见了，大加赞赏，说是工地正缺秀才，就交代把这娃留下搞宣传写材料！这就正中下怀，他被留下来刷标语，喊广播，还独编一份《工地战报》，身兼记者、编辑、美工、刻字、校对、印刷、发行等七职，虽然很忙，但觉得鱼游江海，得乎所哉了！后来，他之所以能画几笔，书法也拿得出手，全是此次磨炼的收获。他还当过编剧，当过导演，工地上活跃着一支小型的业余文艺宣传队。苗沟水库当时是丹凤县的四大工程之一，该水库蓄水量 120 万立方米，灌溉面积 7000 多亩，全库总工程量为 62 万个工。这时的平娃，对家乡的水利建设充满了信心，他不时将水库工程进展报告给在外地工作的同学和朋友。1971 年 11 月 6 日深夜，他写信给一名远在唐古拉山当兵的同学说："值得告诉你的一件事是，水库架设一座长达 600 多米的空中索道，创造了商洛专区的第一个奇迹。"一次，工地上来了一名参观的大学生，此人当时在西安是无人不晓的街头诗人："你革命你有力，你能抛出赵守一；大革命大串联，我们不要霍士廉……"这些句子平娃早都背过了，眼下写这诗的人背着手俯瞰工地，又侧首睥睨他们的《工地战报》，平娃吓得大气儿不敢出，藏到工棚后边偷看那人风采。如今此人尚在某地教书，或许早知"平凹"大名，但他未必知道，这"平凹"曾从他的背影中获得过闯荡文坛的信心和力量。平娃发表在战报上的一首诗，不少人都说好，劝他寄到省报去。他立即就动心了，连夜将诗抄好，赶回家去，声粗气大地对娘说："借我八分钱，过十天，还你五角!"指头蛋儿大的硬币，娘数了八枚给他。稿子寄走了，他便每天留心省报，邮递员到工地，他老远就迎上去，把一份《陕西日报》从头到尾地翻看，寻他的诗作。过了一个月，终于没有，他忍不住问一位老大学生，人家笑他说："编辑老爷早把你的诗擦了屁股了!"这是他第一次正式向报社投稿，时间是1971年，那时他19岁。

水库上偶尔也改善生活，那是一个杠子馍、三片条子肉。馍被他掰开，夹一片进去，使劲儿来捏，将那肉捏得挤出油，让那油又渗进馍里，他才半口半口地品着，做一番高级享受。省下那两片肉，他摘来蓖麻叶洗干净，将肉包了，一气儿赶回家去，送到娘手里，说是给父亲补身子，娘立即就眼泪巴巴的了。父亲是1970年被戴上"历史反革命"的帽子开除了公职的。革职后，父亲没有了工资，身体又不好，常年要借钱去看病。娘把儿的孝心对父亲讲了，父亲感叹良久，猛地一拳砸在膝盖上，起身就出去了。半个小时之后，父亲提回来一副猪红肠，命令娘立即熬煮，命令小儿子再娃马上去水库，连夜把哥哥叫回来。母亲把一副猪红肠仔细加工，心肝肺各样做成两个菜，三热三凉。时辰虽到子夜，可父亲的愿望实现了，他回馈了儿子的孝心……

这期间，平娃也试图多方寻找出路，可屡屡被人挤了下来。当农民干地里活儿没力气，报名当兵却身体不过关，招地质工人报了名却被人顶替，公路段招养路工他去了人家嫌他矮，竞争当民办教师也被淘汰。他说自己像是一头羊进了沟，所有的沟沟岔岔都被占了，只得顺着一条道儿往远处走，最后反而上到了高处的沟垴。

终于来了机会，1972年4月28日，贾平娃经水库工地推荐，由县上批准来到省城上大学。据说，为了这次推荐，平娃还给队长送了些柴火。为此父亲也找人说情，但一个"戴帽子"的人，他的求情远不及娃在水库上的表现来得有力。西北大学，是一座历史悠久的高等学府，1924年鲁迅曾在这里演讲过《中国小说的历史变迁》。贾平娃，商洛山农民的儿子，背着他的简单行装跨进校门时，心里确实很自豪。在棣花镇，他是第二个上大学的；在贾家大院，他是头一名。前几年，为寻书苦思冥想，如今来到培养写书人的地方，心里不由得沉甸甸的。他第一个要看的是图书馆。天哪，这里是书山书海，管理员说那书架排列起来有几十里长呢！

他们中文系这一班同学共36人，工农商干兵，各行都有，年岁相差很大，有1966年的高中生，有初中毕业的应届生，还有三级工人、当兵的排长。新生入学，系上要求每人写一篇上大学的感想。他提笔写了一首诗：《相片》。他写得很长，从棣花镇一直写到西大校门。他没做什么构思和推敲，只觉得胸膛里呼吸着强大的气息，笔在他手里信马由缰。这个农民的儿子怎么也没想到，几天后，第一期校刊出版了，他的诗竟刊登在上头！

听着人们的议论，他吓得大气儿不敢出。因为这第一期的校刊，上面全是教师们的文章，而学生的作品，仅仅他一个。作品后边，他老老实实地署上自己的本名：贾平娃。那时候，他写诗的速度极快，学校的墙报、校报、专栏等，凡是登文章的地方，到处有他贾平娃的诗。一时间同学们都叫他“小诗人”。小，个头小，那时候还不到一米六；年龄也小，全班他为最。在校刊上连续发表了诗作，他便有些不满足了。他要冲出校门，“杀”到西安市上去。市上有一家文艺刊物和一家日报，他得空便往那里跑。没有钱，但有两条爬过山路的腿，去的时候，信心百倍，书包里的稿子也似在蹦跳，可是到了编辑部的大门口，却总是心怯。他在那门口长久地徘徊，总觉得报社门槛高得可怕，这么想着，便悄然离去。如此这般来了去，去又来，编辑部的先生们尚不知门外的潮涨潮落。

半年多过去了，他写的十几万字的小说、散文、诗歌、故事，竟没有一篇变成铅字。他伤心极了。有时，翻看校刊上的文章，对比自己，总觉得在山里背柴时腰里那块硬硬的骨头还在。他总相信自己还能写。每写出一篇，为了自我鼓励，偷偷地跑到边家村的食堂去，买二两岐山臊子面犒劳自己。同时，他又四处求教，在那些发表过作品的人面前，他是最真诚的小学生。某个冬日，他约了极要好的同学和谷，借了一辆自行车，一个带着一个，去拜访一位经常发表作品的诗人。不料，车过十字街口，忘了躲避交警，结果连人带车被扣住。骑自行车不准带人是当时的交通规则，处罚措施是发给他们每人一面小红旗，叫他们分别站到两个道口上；又发给他们一个小本儿，那是本市的交通守则，让他俩一边学，一边实践着也逮一个违犯者；逮住了，再说怎么处理他们自己……这涉及人格问题，铜川籍同学和谷山一般沉默着，眼球都鼓了出来，他在煤矿上熬过工，吃过硬的，他死活不接那红旗。平娃把那红旗夹到腋下，袖手睥睨……僵持了一会儿，交警了解到他们是学生，且要去拜访老师，就象征性地叫他们值一会儿勤，然后放行了。访问诗人的结果是他们回来赶紧补读古典文学，汉赋、唐诗、宋词、元曲、《古文观止》等等，这一时期的精心阅读，实际上是他们坚实筑基的过程，根基扎得越深厚，楼房才能盖得更高大。

10 月里，天凉了，二十岁出头的贾平娃，缩着寒瑟瑟的身子，把两条裤子送到钟楼邮局附近的铺子去缝补。等待的时间，他看西安大街上的男女们都是一身的腈纶衣裤，红红绿绿的好看，又切身感受着“秋风吹渭水，落叶满长安”的萧瑟和凄冷，就不由得在邮政广场上跑动驱寒。这儿有两个管理得挺不错的花园，里边菊香一片，金光灿烂。无意间，他朝那花园旁边的报摊上瞥了一眼，立即，目光就直了，“贾平凹”三个黑体字清清楚楚地映在眼里！他弯腰细瞧，但见那报纸的右上角有一行大字：深深的脚印。他忍不住“啊”了一声，却急忙转过身，捂了口，稍作镇静，抖抖索索摸出了几枚小钱，迫不及待地买了这张报纸。当天夜里，平娃给父亲写了一封信，报告了这一重大喜讯。这篇两千字的散文刊登在《西安晚报》上。这是他第一次在省城发行近百万份的党报上公开发表作品。张月赓先生是这篇文章的责任编辑。自此，西安的读者开始注意“贾平凹”的文章。

其实，贾平娃的处女作是发表在《群众艺术》1973 年 8 月号上的《一双袜子》，学者费秉勋当时是责任编辑。这个革命故事是他和同学冯有源合作写的。为什么《深深的脚印》要比《一双袜子》更使他激动呢？因为，《一双袜子》淹没在刊物里，外界知之甚少，再加上刊物发行量不大，即便行内人也未必去注意一则“故事”；而《深深的脚印》却不同，报纸一出，全市的人都传阅，而且文章的位置那么醒目！也是从《一双袜子》开始，他一直使用贾平凹这个笔名。陕西方言，“娃”“凹”同音，改“娃”为“凹”，在于他要正视前途的崎岖和不平。

1974 年夏，西安酷热难熬，30 天的伏旱烤得关中大地草木枯黄。在此形势下，上头要求干部学生下乡去抗旱。人们去了，结果越抗越旱，还给老乡们在吃住方面带来麻烦。贾平凹就是在这场抗旱中开始了自己的暑假生活。本来与和谷约好，假期去桑树坪下煤窑，一则看看那奇妙的地下世界，再则还想打个短工，挣些零钱充囊。可是这个旱一抗，他们的计划落了空。且西安酷热难熬，眼看着假期过半，文章没法写，随时还要被抽去参加什么运动。于是，他下决心回棣花镇讨清净去。

商洛山中要凉快得多，丹江流域也不怎么旱。这里海拔高于关中，且有长江气流溯上。那挟着水汽的凉风碰着了秦岭，常常就吐下了一阵阵的唾沫雨。平凹心情愉快，他第一次以探析的眼光来看故乡的山山水水。从前，这里的山石草木明月，他熟而无视，视而无识；如今，他竟看出它们虽然无语千年，但却个个都有性灵呢！北沟摞摞石，南山大石幢，他都去抚之、叩之、听之，都将一时的感觉记在笔记本上。

棣花一圈走完，他又突发奇想，去看武关，去猜想秦将之威武和那城池之古貌。这里自古便是关隘重镇，历来为兵家所争，它和函谷关、萧关、大散关并称为秦之四塞，出这里可南及鄂北、东通豫中。

平凹说去就去了。他自棣花东行 50 公里，但见谷涧若线，两岸崖壁如削，关址筑在峡谷间一块高凸的平台上。关寨周匝三里，版筑土墙，寨城方形，东西各开一石砖包砌的券洞门。西门外额阴刻“三秦要塞”，东门内额阳凿“古少习关”，“武关”二字高悬于东门外额。关东山路盘曲，崖高壑深，山环水复，险阻天成。秦末刘邦入关取秦，即就道于此。

当然，免不了要去乡间探访。他没有记者证，没有介绍信，但他有一口道地的丹凤口音，有一身道地的稼娃打扮，有一副憨厚诚实的五官和神情。这样，他装作问路，装作讨喝，便极自然地和妪翁乡民闲话，和稚童村姑搭腔，一如过路走亲戚的乡邻。这一行给了他深刻的思索。这里的人民虽然口中少粟、衣不蔽体，但他们仍要过日子，仍要娶妻生子繁衍后代。他们怎么活？偷偷做生意，偷偷养娃娃鱼，甚至捉鳖逮蝎子、猎兔挖长虫……贾平凹震惊了，人说武关人刁蛮狠毒，其实是地域所造、形势所造。多年以后，他还常常关注这个地区的发展变化，还常常下去私访，他把这儿的故事写入了《小月前本》，写入了《商州》。武关之行的收获刺激了贾平凹直面生活的勇气，给他心里注入了一种从未有过的魄力，他知道了天下竟有与蛇蝎为伴的人！他还想走远些看看更大的世界，想沿丹江东下看老河口，想顺长坪公路出陕去看中原大地……

一个偶然的机会，他得知在商洛运输公司开车的四哥要去河南南阳市拉货。适逢家中粮米不济，他便同父亲商量要随四哥去南阳买些黑市米回来。那边米贱，有交通关系的人讲究从那边捎米。父亲应允了，筹集了款子，备齐了布袋，还特意向侄子做了交代。可平凹有自己的打算呢！他是要去扎扎实实地看看那古战场。南阳北及洛阳、东顾许昌、南接襄樊，人口密集，土地平旷，历来兵家纷争。南阳古称宛，周赧王二十四年（前291）“秦伐韩拔宛，又二十年（前272）秦置南阳郡”。这里又是东汉刘秀等南阳豪强的发祥地，故有“南都”“帝乡”之称；他还联想到医圣张仲景，《伤寒论》《金匮要略》至今仍为中医经典，医圣的故里就在南阳东关的温凉河畔；这里还出了东汉的太史张衡，他的浑天仪、地动仪为当时科学之冠，其文学作品《二京赋》《归田赋》文辞典雅，郭沫若为其题词曰：“全面发展的人物，是世界史中所罕见。”对平凹更有吸引力的是三国那个诸葛孔明，特别是那座卧龙岗，他早心向往之。这里古墓汉陵遍地皆有，中原文化在这里有极厚实的积淀。

车过西峡，向南阳进发，300公里的行程中，他引经据典，把他知道的历史、文学等所有知识都搬出来，目的是要四哥把车开上带他去参观这些地方。四哥果然就被感动了，答应了他的要求。他心情愉快极了。九个小时的长途疾驰，车到南阳已经天黑。他们住在梅溪河边的一家小旅店。硬板床、无褥，一张凉席、一柄芭蕉扇，这便是每宿一元二角的主要设备。天热得人想把六腑脏器拿在手里吹。他们同其他旅客一道到梅溪河边纳凉。梅溪河，名字极富诗意，其实是一条由北而南的黑水沟，这城市一切人为的和天然的污浊物大约在这里集了大成。纳凉不得，反遭了恶蚊的攻击。回到旅店，四哥彻夜饮茶，他却平摆在硬板床上构想着明日的游程。

当黎明的曙光遍洒南阳平原的时候，平凹竟昏然不醒了。四哥喊他、摇他，不应；以手背试其呼吸，灼热无比！四哥慌了，叫来店主，他们把他抬到一家诊所。一量体温，39℃！“感——冒！”操南阳腔的女医生将“感”字拖音延长，且将尾音弯着翘上去。几乎同时，一支针剂便插入了商州后生的屁股。一个上午，平凹都在昏睡。四哥守着，递药又喂水。平凹难过得直抹泪。四哥劝慰他多吃些药，说病好了还要去看诸葛亮呢！也真灵验，中午 12 点的时候，体温不但降了下来，而且降得太低，使他浑身发冷，捂了两条被子还打寒战！常年在外奔波的四哥觉得不妙，抽空儿装了货物，立马登上归程。解放车上载着四吨重的货物和奄奄一息的平凹，一路风驰电掣，日夜兼程。到了村口，四哥见了叔，第一句话就是：“四大呀，这下可把乱子捅下了！”家人把平凹抬了回去。至此，这位雄心勃勃的商州后生，他的第一次出省远游以失败告终。感冒的诊断，显然是错误的。棣花的老中医诊断为“打摆子”。这样，母亲扶他在磨道里顶着筛子跳火，父亲又亲自喂儿服下奎宁。桑树二皮喝过了，五花汤喝过了，平凹日渐好了气色；气色好了，精神却总倦怠，且每隔一日便有低热返潮。父亲认为，那是元气大伤、抵抗力尚未恢复之故。母亲杀了母鸡熬汤，加上红糖大枣，每日叫儿子喝上。几天下来，平凹竟也有精神翻看那本黄皮的《商州志》了。

正当他忙于看《商州志》又喝营养汤的时候，日子却偷偷地溜走了。待他元气初复，能房前屋后走动的时候，开学的通知也寄到了。开学时间不长，他身体又生出“故障”。他脸色青黄，浑身困乏，大解总是不顺畅，睡眠质量极差。什么饭食对他都引不起欲望，肚子终日发胀。他的病得到了系上的重视，被送到一家大医院做了全面体检，结果说是转氨酶略高，怀疑是肝炎。他被隔离在一间小房子。伙食上，学校略略有所表示。他的许多好朋友为这病替他捏了一把汗！可是平凹却暗自高兴。因为他可以不去参加那些繁多的各类活动了，可以不必每日去上课听讲了；他自由了，除服药受时间的控制外，一切皆自我安排。这个纷乱的世界上，有一块小天地属于了自己，多好啊！他要在此好好地读一些书。他读泰戈尔、读孙犁，也读川端康成。渐渐地，他对孙犁产生了感情，觉得他那里可以直接吸收的东西更多一些。沈从文是后来才接触的，他遗憾那时没法读到他。

时间进入 1975 年，他的诗、故事、小说、儿童文学在许多报刊上不间断地出现了。他这个人，一出世，便在文学的田园里大面积播种，南到两广，北到东三省，他耕耘的锄杖伸得很远。贾平凹这个名字始为全国文学界所知，是因为他在《人民文学》上发表了两部短篇小说。他这个时期的作品，人物写得生动，而且人物那个性化的语言给读者留下了深刻印象。

他的作品发表了很多，受到了老师的宠爱，也赢得了同学们的拥戴，可就是得不到班上几位“政治家”的青睐。一次联欢会上，某班干部指名让平凹猜一条谜语，说是“晚上不睡觉，早上不起床；起床不吃饭，就往教室跑；跑来不听讲，趴下就睡觉。”打一学生，问他是谁。当着众同学的面，平凹的脸红到了脖子根儿，他嗫嚅了半天，承认：“是我。”

连年的苦思苦熬，使他和烟草结下了很深的情谊。在乡下，穷极潦倒时也吸过土豆叶，可是在大学，人家摸出来都是白花花的纸烟，他怎么好意思将珍藏在枕芯里的毛烟叶子公开呢？那时候，没有稿费制度，发表了作品得不到一分钱的报酬。可是他还要写，还要熬夜，看着一沓沓的草稿写成，想着那便是庄稼也要浇些水的，便心一横，吸纸烟！这样，他桌上就摆上了九分钱一包的“羊群”、七分钱一包的“勤俭”。为了一包烟能顶到夜里 12 点，他就按时间、按规定数着来吸。

后来，33 岁这一年，平凹说他有三大嗜好——烟草、明月、油泼辣子。广东一家出版单位的负责人邀其去广东游览，俱陈岭南美食佳果，说接待规格极高，末了平凹却问：“有无油泼辣子？”那负责人摇头，平凹遂不去。

平凹与和谷合作的长诗，与别人的诗歌合在一起印成了书。两人高兴之际，决定每人筹集两元五角钱进城去玩。他们逛了公园，照了四寸纪念相，下了一顿白云章饺子馆，又买了一包高级香烟。

这一日天气好，他俩每人叼一支高级香烟，去书店买自己的“著作”。可是，那位打扮得非常时髦的女售货员总是不理他们。这是个银盆大脸的姑娘，要在唐代，绝对的国色，可是她冰凉的态度一上脸，脸却显得那么瘦。他们在柜台外肃静地看着，等待她感觉到有人要买书。终于，一句带刺的话扔了过来：“那是诗集，看得懂吗？看了就不许退！”他俩齐声告知她：“买十本，包上！”可是他们出门的时候，那胖女子又在大声奚落：“啥人嘛！也买诗集？”平凹气得腿都打战了，回嚷：“这书是我写的，等着瞧，你读了说不定还给我写求爱信呢！”但这话是在离开书店后对着一个墙拐角说的。

贾平凹在大学的生活，一如身在苦水里煮。他的铺盖，是死套子加老粗布，床单是娘小房门上的旧门帘。春秋好对付，最难熬的是冬夏。西安的冬夜常要冷到零下十多度，学生宿舍没有暖气，生炉子又没有条件。这样，他那条死套子的旧被就常常不顶用。如不遇着寒流，同宿舍那位吸高档烟的同学就将大衣借给他加盖在被子上。炎夏，18 平方米的宿舍里，三张架子床，住五人。四人有蚊帐，唯独他没有。于是蚊子全集中到他身上来大吃大喝，所幸那时年轻血脉旺，“奉献”一点儿出去并不伤了大雅。大雅虽不伤得，却和国际主义发生了矛盾，他的血太有限了。同学们都被动员去为援越抗美而献血，他也被抽去了 300cc，虽然精神锐减，身上也乏得厉害，可是得了 20 元钱。别的同学都拿卖血钱去吃喝，他没有，全买了书，给精神换了一些“食粮”。

贾平凹的大学生活，是从 1972 年苦熬到 1975 年，他忍住饥寒交迫，受得胯下之辱，劳筋骨，饿体肤，苦心志，这生活为日后成就他的事业打下了坚实的基础。在西北大学中文系的学生中，他学业优良，创作成绩斐然，人缘又好，所以临毕业时同学们都舍不得离开他。但他有自知之明。自己腰身窄小，又面如黑漆，形如饿鬼，对城里市面上那些花花女子心间早有隔膜，而面对身边这群炽情如痴的女大学生，他却常常想起了乡里的母亲和父兄：他们脸上有污垢，脚上有牛屎，身上有虱子……

贾平凹在三年大学生活中，在各类报刊上共发表文学作品 25 篇。

那时候，毕业分配讲究“社来社去”。按规定，他应该回到商洛去，一个可能的去向是到某个中学当语文教师。

第二章
心在碱水里泡

经过陕西人民出版社与西北大学反复协商，贾平凹最终被分配到该社当助理编辑，时年23岁，每月工资39块半。西七路出版局招待所有一间房，分配给他和另一职工同住，他构思作品在路灯下，写作则在门房值班室。他梦想有一小块属于自己的空间。

平凹终于瞅准了一个机会，就是出版社家属院的红楼，西单元五层有套一居室，正屋住着本社的两个女职工，厨房却空着。他说服了管房的领导，搬进了这六平方米的厨房，刚好窗外有个小阳台，在那里可以远瞧报话大楼上的大钟，连手表也省了。

他很高兴，提笔在门框上写了三个字：凤凰阁。

第一次领到工资，写信告诉了父亲，父亲复信说，你自己花，家里不用你操心。于是他给自己买了一件的确良衬衫。刚参加工作的兴奋，当编辑的新鲜，很快便被愁闷痛苦取代。社会上的纷纷杂杂，单位上的是是非非，工作上的磕磕绊绊，爱情上的纠纠缠缠，他才知道了一个山里孩子的单纯、一个才走出校门的学生的幼稚。但无论生活怎么不如意，他一刻也没有放松读书和写作。他开始否定自己那些“强说愁”的诗作和想象的故事，他要寻找自己的语言方式。好在一个新时代正出现在眼前，文学上放开了许多新思想、新理论。全国文学刊物如雨后春笋，新老作家大显身手！文学恢复了多种功能：认识功能、审美功能、思辨功能、传知功能、教育功能、批判功能……

编辑部里，他年龄最轻。除审阅自由来稿外，扫地打水、迎来送往、杂事琐事他尽力承担。同时也偷空儿写自己的小说，大家开会学文件，他用报纸遮了半幅稿纸，笔在上面疾驰……由此，他养成了一个习惯：写稿必用稿纸背面，不循格子字又特别小，两页纸就装得下一个短篇小说。

创作正在兴头上，却接到一个写人民公社社史的任务。文艺部主任陈策贤领他去陕西礼泉县的烽火大队，这里有个劳动模范王保京，他培育出过高产玉米，受过周恩来总理的接见。这应该是省上下达的写作任务——续写《烽火春秋》。老作家李若冰和陈策贤是这个项目的总负责，写作班子里还有陕西师大中文系的白志刚（即白描）和礼泉县文化馆的邹志安，另有一帮师大的实习学生。他们白天参加劳动，晚间开会调查，和大队农科站的那帮年轻人混得很熟。多年以后，白描先在《延河》当主编，后到北京当了鲁迅文学院的常务副院长；邹志安的短篇小说得了全国奖；而老陈培养的一茬茬作者不时奉献出好作品。

师大学生写了许多稿子，都希望得到老陈指点，稿子看不过来，便叫平凹来帮忙，而平凹这边写社史又承担着重要任务。多年以后，老陈忆及这段生活，说："在烽火，我看到了平凹身上的三个特点，一是他感受生活的能力强，二是他写东西构思比较巧妙，三是写社史显露了他的语言才能。"最讨平凹喜欢的，是农科站那一对姊妹。她俩聪明伶俐、爱笑、爱卫生。她们对生活有诗一般的憧憬，对事业有执着的追求，对爱情也有朦朦胧胧的向往。平凹和她们成了好朋友。她们给他讲了许多农科站的故事。后来，依据这段生活，他写了短篇小说《满月儿》，发表于1978年第3期的《上海文学》。在西北大学时，他曾在上海的《朝霞》杂志上发表过小说《铁妈》，描写了一个大公无私的农村妇女形象。新时期的《上海文学》以崭新面貌呈现于文学界，他这篇《满月儿》以新的人物和境界赢得了读者的喜爱。之前，他的不少短篇小说曾在北京、安徽、广州等地发表，他已经成为公认的文学新星。《安徽文学》曾发表过他的一篇小说《泉》，人们说那是田园牧歌在中国文坛的复苏。

就在这一年，老家那个曾送过他草帽的姑娘招工进了矿山。她当了工人，并未将他忘记，时常有信来。他和她的关系一会儿很热，一会儿很凉，总是若即若离的。他决定和她好好谈谈，看这场恋爱能否有个结果。谈话约在丹江河滩，返回时两人竟迷了路，在芦苇荡里转了很久。这是个不好的征兆，后来果然恋爱告吹。

有一日，他去陕西师范大学访白描，公共汽车上竟意外地碰到一位棣花姑娘。她是初中同学韩俊贤的妹妹，那时他常到同学家去玩，这个平常的小妹妹并未引起他多少注意，可是现在，她出息成了一个漂亮的大姑娘，他仔细观察了她，她也看了他一眼，但二人没有相认，各自去办自己的事。

“入了阴六月，三天一小雨，五天一大雨，那一沟的庄稼，长得山也挤了，河也瘦了……”贾平凹在做一篇小说《深深的秦岭里》。可他写到这里，说什么也写不下去了，思路乱成了一窝麻。他老想一个问题：这女子到西安做啥来了？上学？工作？嫁人？一连几晚上，他都没有睡好，他的梦在3路公交车的一线游荡，一个问题反复出现在脑际：这女子来西安做啥呢？他又想，回到棣花去，上韩俊贤家走一回岂不一切了然！

但是，《深深的秦岭里》还没有写完。他视创作为生命，正纠结着，来了中学同学王家民。家民在艺术大学学美术。那时节，美术学院、音乐学院及戏曲学院合起来称为艺术大学。家民一直要平凹将他的国画习作拿给美术编辑室的王艺光指点，今儿算是把作品送来了。但平凹心不在焉。见平凹心神不定的样子，家民以为他创作上又遇到苦恼，便有意同他胡吹乱谝。闲话间，他提到韩俊贤的妹子在艺术大学戏剧系进修，人出落得红桃一般。平凹先是一愣，再是一声：“啥?!”见平凹神情异样，家民就说：“得空闲了，我领你去找咱老同学他妹子，人家现在是演员哩！”平凹问：“她是进了县剧团？”家民给了肯定答复。他就说：“那咱啥时间去看看她，有啥事了好照应。”

三个人终于见面了。平凹和家民来到坐落在小寨的艺术大学。丹凤县剧团来艺大戏剧系进修的有三个演员，今天他们先叫来这个叫俊芳的“妹子”，家民介绍说：“平凹现在是业余作家哩！那时候常去你家找你哥玩。”俊芳说：

"我在公共汽车上见过他，我看他就像我哥的同学，我没敢认。"说了一会儿话，另外两个进修的演员也来了，五个乡党很高兴地聊天，他们讲小时候的趣事，戏谑着互相揭短。平凹又给三个女子算了卦，了解了她们的生辰八字和属相，说命都好着哩，就是有这绊搭那磕碰的，说得女子们心里七上八下的。平凹又讲编辑部里的故事，讲业余作者的故事，听得女子们迷迷瞪瞪的。平凹几次说以后再聊，女子们却不停追问：后来呢？后来呢？后来甚至留他们住在学校的招待所，五个乡党聊事业、聊前途、聊爱情，又是日本手相学会的新算法，又是罗马尼亚的数学推演，卦算到半夜，笑声持续到半夜。

隔了一周，家民又约了丹凤剧团那三个女子来平凹的"凤凰阁"回访，这次没有了上次初见面的诸多拘谨和礼节，六平方米的小房子里，盛不下他们的欢声笑语。再隔一周，平凹到艺术大学专找了俊芳，家民的画王老师看了，提了些建议，他要俊芳将画作连同意见一并转交家民。在琴房里，平凹独自给俊芳谈了他对艺术的见解，美术、戏曲、文学，审美上有许多相通的地方。说着说着，平凹就呆了。俊芳感觉到了什么，她把画卷拎在手里，歉意地说："宿舍里去不成，也没让你喝一口水。"平凹说："您回丹凤时，来出版社，我给家里捎些东西。"

俊芳来取他给家里捎的东西，这是他和她第二次单独会面。聊了许多家常话，聊到成家立业，平凹就说俊芳你应该在西安找对象。俊芳说自己又不在西安工作，在这儿找了对象工作生活都不方便，还是希望找个丹凤人。平凹就半认真半开玩笑地说："我就是丹凤人么!"俊芳"啊"了一声，脸红了，不再言语。平凹笑说："这是戏剧中的静场。"俊芳说："这是大人的事。"又补充说："我姨说等我大了，她们管这事。"后来，俊芳把这事给姨说了，姨说："我要见人。"姨住西安东郊，姨夫是干部。平凹惴惴不安地去见了她姨，姨和姨夫认为：人一般。不久，俊芳要回丹凤了，平凹拎着要捎的东西赶到车站，他和送行的她姨又见面了，姨明知故问："你来做啥？"

不久，俊芳学习结束，回到了丹凤县剧团。

以后的日子，维系他俩的唯一物件便是信。三天一短信，七天一长信，偶尔过了该收信的日子还不见音儿，俊芳便慌得坐立不安。他在信里，讲给她史地人文，讲给她文学艺术；她创造了一些舞台形象，他给她分析角色心理，分析剧本……有意无意间，她认他做了老师，做了艺道人文的向导，慢慢地，她的内心对他有了须臾不可离的依赖感。适逢这时，北京的中国少年儿童出版社出版了贾平凹的第一本著作《兵娃》。样书一到，他径往邮局给她寄去一本。俊芳将这些作品一篇一篇地细读，仿佛又回到了少年时代。她在《兵娃》这本书里看到了自己的形象，字里行间全有自己儿时的生活记忆。正思念着，他就回到丹凤来了，还带来了他大学的同学和谷。和谷那时在《陕西青年》杂志社当记者。他给她说他们要去酒厂采写一篇报告文学。经过几天接触，和谷要回西安了，他给平凹说了一个字："好。"

当时，丹凤县剧团第一个在商洛把歌剧《洪湖赤卫队》改成秦腔，俊芳在里边饰演秋菊一角。她在台上演，平凹在台下看。演出结束，卸了装，他伴她回到剧团大院去，夜夜不免。正在热恋之际，家里传来消息：平凹的父亲不同意这门亲事，他嫌俊芳家里成分高，是富农。平凹父亲因为一顶"历史反革命"的帽子被压得穷困潦倒多少年。如今，"历史反革命"和富农结合，社会要再来个"运动"，那还了得！平凹是淌着眼泪离开丹凤县的。他一走，俊芳心乱如麻，适逢剧团人员下乡配合政治宣传，她便要求到最为偏远的竹林关区去。一天，她正在土门公社听人传达文件，公社书记告诉她："县上来电话，说叫你明天到区上接班车，你家里要来人。"当天晚上，俊芳一夜没有合眼。她想，是父亲赶来了？是家里老人生病？她捉摸不透，一夜焦急，一夜心慌，不知有什么厄运会降在她的头上。次日一早，她便往区上赶。土门公社到竹林关，几十里山路，赶到区上，来人竟是平凹！俊芳生气地说："没看这是啥地方，你来能做啥！"在几个乡党的劝慰中，俊芳领着他到区上去。区委书记安排平凹到土门，给予县上干部的待遇。吃派饭，他和俊芳一起；睡觉，他被安排在粮站；白天他们一起下地干活，晚间一起说话。这段相处，他和她都坚定了一个信念：好到底，不分离。

俊芳家里成分高，但她的父亲韩述绩对革命做过有益的事。红二十五军路过商洛时，他帮过忙；国民党共产党在这里拉锯时，他暗中给游击队行过方便。所以新中国成立后历次“运动”，俊芳家未受太大的冲击。多年以后，韩老先生还被请进县政协当了委员。他对自己和女儿心中有数，他没有明确表什么态，而是在等待。

对贾平凹而言，严重的是父亲亲自“杀”到西安，要见出版社的领导！同事们知道了，一哇声地“支持婚姻自主”。文艺部几位年长的领导也分别劝说贾彦春，贾老先生最后表示：娃的事主要由他自己做主。消息传到韩老先生那里，他说：“同意了也没见给我一句话嘛！”但是，贾彦春不会提上四色礼去求乞韩述绩。

两边都是峭壁，俊芳不知如何是好，只能来西安商量，平凹的话是：“我们自己给自己订婚吧！”然后就急急地抄他的小说。他说，写稿子苦心志，抄稿子劳筋骨。有人问他活在世上最怕做什么活儿，他答：最怕抄稿子。即便如此，他誊抄稿子从未请人代劳过，抄写的过程也是他进一步推敲修改的过程。常常是，另一部小说的腹稿在誊抄这部稿子的过程中便孕育成熟了。俊芳累了，侧在床边睡着了，平凹心疼了，凑过去想给她温存一下，突然，她从梦呓中苏醒了，第一句话是：“闻你那气，快去漱口！”

第二天，两人买了四色礼去看俊芳姨，出乎所料，姨设宴招待了他们。姨夫还满口夸俊芳好眼力，和平凹对酒时连说：“贾相公能喝能划，文才酒才双全！”

两人就这样订婚了，可他还没有给她定情物。在商场的钟表柜台前，他想给她买一块手表。一问，他眼仁儿见白不见黑，120 块！他在街头踯躅到天黑，拖着沉重的步子上红楼，却碰见出版社的电工，迎头问他：“有只旧表要卖，你帮我找个买主行吗？”平凹的心颤了一下，索过东西观看。电工解释：“东西是好东西，上海牌的，用了才两年，算便宜些，30 块钱。”平凹说：“我戴一晚上听听。”电工说：“戴两晚上都行。”

夜里，他把耳朵贴着表听那“铮铮”的走针声，这块半旧的手表伴他做了一个甜甜的梦。第二天一早，他高高兴兴地把 30 块钱给人家送去。俊芳来了，他高兴地告诉她：“我给你买了一件礼物。”俊芳问是啥，他只笑不答。

他俩去散步，城河沿儿的景色真好。平凹过来捉了俊芳的手。她手掌摊开，他将一个纸包放在她的手心。

“啥?”

“表。”

他们坐在城河沿儿的石板上，她把玩着那只表，轻声抱怨他：“花这钱干啥嘛！上百块的。”平凹忍不住告诉她：“这是一只旧表，30 块钱买来的，待我将来——”猛一下，俊芳挺直了身子！姑娘崇高的自尊心受到了小尺小寸的丈量。“戴不起手表我就不戴!”她硬硬地丢下一句话，走了。平凹想哭，她这个态度他没有想到。蓦然，他也来了气，喊：“表在石板上，我走了!”他走了，却斜眼偷瞧，那可怜的表在石板上亮亮地闪，他软着腿转回去，把这可怜的手表捡起来，合掌捂在手心……

贾平凹事业上的蓬勃展开和爱情上的狂热追求几乎同步进行。他觉得自己比以往任何时候都需要有个家。看到平凹没黑没明地写，饮食上简单粗糙，俊芳实在不忍心再说什么，人回到丹凤，心还留在那个六平方米的“凤凰阁”。正想着，平凹就站在了她的面前，开口就是一句话：“我要结婚!”

俊芳没有说话，默默地去给他准备吃食。平凹再无二话，他稳稳地坐到那小圆桌旁去抄稿子……

她始终陪着他，明目如星光一样亮在他的身后。他身后，一支卫生香无声地燃着，袅袅的香气很能提神。黎明了，他说：“你睡，我出去呀。”她未动，明目软软地闪烁着。他问：“你在想结婚的事吗?”她款款地说：“我想了，随你吧。”第二天，他和她回到棣花，各自将结婚的大事告知父母，并分别说清楚：按新式的，不摆宴、不闹房，看日子呀，送路呀，回门呀，等等，统统取消。

1979 年 1 月 1 日，在丹凤县城，贾平凹和韩俊芳携手在人民政府领了结婚证书。至此，中华人民共和国的婚姻法承认了贾平凹和韩俊芳是一对合法夫妻，并同时对他们的小家庭实施法律保护。

蜜月将在西安度过。农历腊月二十四，平凹和俊芳从丹凤来到西安。他们按娘说的，用家里给的80元钱买了必要的衣物和床上用品。另外，还买了二斤水果糖和两包大前门香烟，这是为前来祝贺的同事们预备的。这一年他26岁，从22岁上认识她，几年的风霜雨雪，他们终于走到了一起。

一声春雷将贾平凹从新婚的沉梦中震醒——他的小说《满月儿》获得全国优秀短篇小说奖。《满月儿》发表后，立即受到评论界的注意。老诗人邹荻帆首先在《文艺报》上撰文给予热情肯定。这篇作品被评论者誉为堪与蒲松龄的《婴宁》媲美的佳作。1979年早春的一个夜晚，中央电视台播放了全国短篇小说颁奖大会的实况。老作家李季挨个儿把得奖作者介绍给大家。当他介绍到《满月儿》的作者贾平凹时，电视观众看到，一个矮矮瘦瘦的青年人站了起来。他戴着帽子，帽檐低低地遮着眉眼，他很拘谨，甚至有点慌张。他是这届得奖者中较年轻的三位作者之一。晚间，组稿的编辑来了，只见他左兜里掏一篇给《人民文学》，右兜里掏一篇给《鸭绿江》，一些获奖作者看得眼睛发直，他们弄不明白这个陕南山沟沟的庄稼娃在变什么魔术……

事后，回忆起这段创作经历，他这样写道："《满月儿》在京获奖，赴京的路上我激动得睡不着，吃不下。临走时我一连写就了七八封信给亲朋众友，全带着，准备领奖的那天从北京发出。但一到北京，座位上坐满了老作家，坐满了新作家，谈谈他们的作品，看看他们的尊容，我的嚣张之气顿然消失，唉，我有什么可自傲的呢？不到西安，不知道山外的世界大小，不到北京，不知道中国的文坛高低，七八封告捷的信我一把火烧了……颁奖活动的七天里，我一语不发。我没什么可讲的，夜里一个人在长安街上走，冷风吹着，我只是走。自言自语我说了许多话，这话我是说给我听的，我不想让任何人知道。所以，直到现在，请原谅我还是不能披露出来……回到家，我把获奖证书扔给了妻子，告诉她，请把它压在箱子底，永远不要让人看见！"

贾平凹究竟给自己说了什么，谁也无法知道。可是，行动是思想最直接的表白。他后来的创作实践告诉人们：在文学创作上，他分明是立下了宏愿的。

《满月儿》得奖，平凹当然不能忘记这篇作品的责任编辑唐铁海。老唐从20世纪40年代到80年代，先后在《萌芽》《收获》《上海文学》工作，足足当了40年编辑，许多日后成了文坛栋梁的作家早先都经他手发表作品，如刘绍棠、浩然、从维熙、陆文夫，及至王愿坚、丁仁堂等。贾平凹的小说《第一堂课》《满月儿》就是老唐从成堆的自发来稿中发现并在《上海文学》刊出的。1978年秋，老唐与谷苇分别代表《上海文学》和《收获》到西安组稿，见到平凹，事后老唐回忆说，那时候“他有满肚子话要同我们谈，却一张嘴脸涨得通红，结结巴巴词不达意，像头一回出嫁的大姑娘”。1979年冬，在北京召开全国文代会，老唐在上海见到陕西代表的名单中有贾平凹的名字，就忙请他的老朋友、上海音乐家协会秘书长夏白带一个布娃娃到北京后给平凹。这是他从张敏的信中得到的消息：平凹将要当爸爸了。后来，为平凹妻子韩俊芳进城的问题，老唐还写信给当时的作协领导胡采。对于这样一位前辈，平凹怎么能忘怀呢？他在一篇文章中尽述二人友谊的始末，文中流露着浓浓的感激之情，“1977年冬天，我正在农村驻队，发疯地练习写作，但总是稿件源源不断地投出去，又源源不断地退回来，不免对报刊编辑有了埋怨。一天，突然收到厚厚一封信，竟是《上海文学》来的，署名是唐铁海，他热情地肯定了我寄去的短篇小说《第一堂课》和《满月儿》，字写得极好。这是我在那些年里收到的最长的最认真的编辑来信，至今还保存着”，“自那以后，我们的信件往来十分频繁，我的短篇也写得更多，每写一篇就先寄给他看，声明并不是投稿，而是求正。1979年，我到北京开会，我的女儿快要出世了。唐铁海偶然听人说后，竟买了一个很大的布娃娃托人从上海带到北京送我。几天后，我就带着布娃娃赶了几千里路回到老家。第二天，女儿也真的降生了。这布娃娃给了我许多诗的感受，就在我爱人坐月子期间，我还是趴在床头写成了三篇小说和一个散文”，“我那时挺可怜的，爱人迟迟调不进城，他连连给陕西省有关领导写信，希望给以解决。虽然那信没有起到什么作用，但我们夫妻感动得直流泪”，“他现在虽然已不从事编辑工作了，但我会永远记着他的。他在我未出名的时候真诚指导、鼎力相助，我没有什么可报答他的，至今也没有去上海看过他，我只有好好创作，用不断的新作来安抚他那一颗善良的心”。

平凹从北京领奖回来，第一个迎接他的是《姊妹本纪》。这部安徽出版社给他出版的中篇单行本，还是他用烽火大队的生活素材写成的。这是他的第二本书。样书接到，首先想到的便是妻子俊芳。这次，他要亲自将这本书送到丹凤去。西安到丹凤，需要行车五个多小时。平凹一下车便直奔丹凤县剧团。他不仅给她带来自己的著作，还给她带来新买的裤子。那时候，城市里的年轻女性都时兴穿花格裤，他也兴冲冲地给自己的爱人买了一条。

探亲归来，一位心理学家造访“凤凰阁”，提出要为平凹做性格心理分析。平凹觉得新鲜，就愉快地答应了。心理学家拿出的表格上有许多很荒谬的题目，且要平凹当场签答。平凹笑着签了答案，心理学家瞪大了眼睛看那张“性格心理调查表”：

你最爱的女人：电影演员任冶湘。

你最爱的男人：我自己。

你最爱的作家：苏东坡。

你最爱的地方：河源。

你惯用的报复方式：以自己的成功让对方惭愧！

……

新婚给他动力。他21天时间写出了5部短篇小说。往哪儿寄呢？翻开地图，直辖市、大省会，他将一溜寄稿信封抹牌一般划开，眼睛盯着谁写谁，一个信封一篇。后来，随着他的知名度渐高，约稿信雪片般飞来，但他看重朋友交情，厌恶那“用着了抱在怀，不用了推下崖”的市侩哲学。北京的编辑解婷总结得好，她说，“平凹是你给他板凳他就坐，你撤了板凳他也能站得，不像一些青年作家，一旦成名，便像山神似的，只能受得尊敬和恭维，受不得半点冷落和粗疏，平凹的稿，你退了，他不在乎，再要还再给”。

一批稿子寄出去了，他心里一漾一漾地浮出了他的俊芳。家民告诉平凹，丹凤县剧团正在洛南县城演出秦腔《洪湖赤卫队》，可叫座呢！正当平凹打点行装准备出发时，俊芳从洛南县捎来信，信中说她怀孕了，反应挺强烈的，苦不堪言，日月难熬。第二天一早，平凹便搭了去洛南的长途公共汽车。可是天公不作美，一过灞桥就是大雨，又遇多处塌方，三百多里路竟走了十个小时，到洛南县时天已经黑了。

宏运在县文化馆工作，他是平凹大学时的同学，他腾出了自己的宿舍给了他俩居住。这一夜，贾平凹第一次认真地长时间地给妻子谈了自己的创作计划……

1979 年 11 月，女儿在丹凤县顺利降生，取名贾浅浅。贾浅浅者，假浅浅也。虽然平凹多次向人们解释“女孩儿嘛，应该浅显明白，不要那么老谋深算的”，但是，朋友们仍然相信，他希冀女儿的，是深沉、端庄、稳重，像他的韩俊芳一样。也有朋友相信贾浅浅是真浅浅。平凹的小说里写了那么多姣好的女子，一个个不都明朗纯真像月儿一样吗？

平凹与俊芳、浅浅

1980年的春节他们是在丹凤县度过的。没有回棣花，是因为春节剧团正忙，再是怕浅浅回去受了风寒。于是，家里父母送来烹好的肉、豆腐和蔬菜，平凹买了蜂窝煤，又给煤油炉添足燃料，还把木炭火拨得旺旺的。八平方米的小屋，一张母子床，一个大立柜，一张单桌，一个筛罗大两拃高的圆形小餐桌，余下的空间就极其有限了。

地方小，并未囿住贾平凹的心性。在这简陋的小餐桌上，他连写带抄就完成了短篇小说《山镇夜店》，后来的同类作品还有《阿姣出浴》等。总结1979年的创作时，贾平凹说："这一年，文坛上新人辈出，佳作不断涌现，惊叹别人，对照自己，我又否定起我前一段的作品，那是太浅薄的玩意儿了。我大量地读书，尽一切机会到大自然中去，培养着作为一个作家的修养，训练着适应于我思想表达的艺术形式。我不停地试探角度，不断地变换方式，我出版了几本书，却不愿意对人提起这些书名，不愿意出门见人，不愿意让外人知道我是谁。从夏天起，病就常常上身，感冒几乎没有间断过。我警告自己：笔不能停下来。当痔疮发炎的时候，我跪在椅子上写，趴在床上写；当妻子坐月子的时候，我坐在烘尿布的炉子边写；每写出一篇，我就大声朗读，狂妄地觉得这是天下第一的好文章，但过不了三天，便叹气了，视稿子如粪土一般塞在抽屉里……"

1980年1月，他的第三本书出版，那是上海文艺出版社出版，由陕西省作协主席、老评论家胡采作序的短篇小说集《山地笔记》。《山地笔记》收短篇小说37篇，近20万字，第一版印行10万册。1980年2月，他的第四本书出版。那是陕西人民出版社出版的短篇小说集《早晨的歌》。评论界一致的看法是，1979年以前贾平凹四本书包含的60多个短篇小说，为他创作生涯的第一阶段。这个阶段，他小说创作的重要特点是浓重的主观抒情，以得奖小说《满月儿》为灵魂的《山地笔记》是这个时期的代表作。人们喜欢《山地笔记》，因为它的价值不在于客观描写，而在于它把一个青年初入世时对生活的感受和愿望真诚动情地抒写出来，纯真的爱情、鲜明的是非、动情的追求，都浓缩在田园牧歌式的明丽画面里。《早晨的歌》是一部描写儿童生活的短篇小说集，获得陕西省第一届优秀图书奖。和《山地笔记》一样，这个集子中的作品多方面地展示了人物纯真的内心世界。贾平凹处理人物与人物、人物与故事、人物与环境的巧妙手段，显露了他手中有一支机智灵巧的笔。

但是，浅浅却给他添乱，她只是哭，只要抱，只要看灯，去医院检查，量体温、听心脏、看舌苔、察指相。不是感冒，不是积食，不是口疮，不是百日咳……医生说："是睡觉颠倒了，回去慢慢儿矫正吧！"于是，两口子什么也不做了，挺端端地守着女儿矫正睡眠。俊芳抱着她坐在被窝里摇，摇累了平凹接着，他扭秧歌一般端着她在地上蹦……

俊芳叫他不要再写了，说他肯定在文章里得罪了谁，娃不安生肯定是谁使的怪。娃终于睡着了，平凹摸出来一张报纸，那是1980年1月26日的《人民日报》，上面登着他的一篇小说《罪证》，当初《人民日报》的人来约稿的时候，三篇现成稿子，人家偏就瞅上了这个，他说这是个毛坯子，可人家说"毛坯子正好"，拿去就发表了。朋友们高兴他上了中央党报，他却越看这个作品越不像样，心想有机会了一定要重写一篇。

娃娃的颠倒觉是矫正过来了，可俊芳累得大病一场。平凹只说走呀走呀，走了三次，汽车票退了三次。他舍不得他的俊芳独自受苦，也离不开他的初绽笑靥的小浅浅。两地分居折磨着他，他的心像在碱水里泡着。

一个机会悄悄向贾平凹靠近。西安市文联创办了文学月刊《长安》，虽有一帮离开文坛20多年的老文化人归来，但面对纷乱的文坛，一时也竟眼花缭乱了！一个共识在编辑部达成：调一批青年作家充实编辑队伍。于是，贾平凹的名字上了他们的名单。

当贾平凹带着满腹的忧虑和愁思前脚回到他的六平方米小屋的时候，《长安》编辑部派来的人后脚就踏进了"凤凰阁"。《长安》主编白浪约谈贾平凹。平凹去了，谈判很快进入实质。平凹坦率地说："去，可以。但有条件，解决爱人、孩子的进城问题。"白浪爽快地答应了。平凹就连夜找出版社领导，申述自己的具体困难并且递交了请调报告。陕西人民出版社是个老单位，几十年沉淀下来的问题堆积如山，住房问题、子女就业问题、调老婆进城问题、家属农转非的问题等等，按年龄、工龄的次序排下来，要解决到他贾平凹，最快也在20年以后。虽然平凹在出版社干了5年，已能独当一面，并且当时文名正盛，好歹也是出版社一面旗帜；但大家设身处地一想，平凹的困难交给谁解决都一样值得。终于，出版社放行了，他们圆满了平凹的家庭，成全了平凹的事业。《长安》编辑部那边答应：对于平凹的创作将提供较多的自由。

灞河岸边的第一茬玉米苗刚刚拱出地面的时候，韩俊芳母女成了西安市的永久居民，韩俊芳将在西安市文联服务部工作。市文联是个穷单位，编辑部的办公室都是租人家警备区招待所的，编辑部的同志们个个恓惶，没有房子给贾平凹这个小家居住。后来，在文友张敏的帮助下，小两口在西安北郊的方新村租了两间土屋，外间做饭、里间住人。

第一夜，贾平凹怎么也睡不着，耳朵里总是空空的，像少了什么流动。子夜，安顿了女儿，抚慰了妻子，他一个人披衣出去。院子不大，一株老槐树，把大瓣花絮的白色香味洒下来；两只碌碡，一蹲一站，呆呆地候着久违的农事；月光白花花地濡染着墙头的小草，夜风时有时无地滑过来，偶尔一声寂寥空远的狗叫……平凹听见了，是一种来自地壳深处的隆隆滚动的声响，是一种发自九天云端的苍茫而旷远的声音。

老子曰："致虚极，守静笃，万物并作，吾以观其复。"

荀子曰："心何以知？曰：虚一而静。"

平凹轻轻回屋，悠悠磨了墨，慢慢润了笔。他将雪白的宣纸铺开，款款地悬肘运腕，三个厚重安稳的大字写成了，他幽声念道："静——虚——村——"

村子并不大，屋舍仄仄斜斜，也不规矩，像一个公园，又比公园来得自然，只是没花，被高高低低的绿树、庄稼包围。在城里，高楼大厦看得多了，也看腻了，陡然到了这里，便活泼泼地觉得新鲜。先是那树，差不多没了独立形象，树叶交错，像一层浓重的绿云，被无数的树桩撑着。走近去，绿里才见村子，又尽被一道土墙围了，兀自立身，并不苫瓦，却完好无缺，生了一层厚厚的绿苔，像是庄稼人剃头以后新生的青发。

这是贾平凹在《静虚村记》里描写这个村子的情形。他 1980 年 7 月搬来这里居住，1982 年 2 月搬走，总共在此居住有一年半时间。他把这里称作“静虚村”，自己的书房也以此命名。这村子本名方新村，是属于西安市未央区的一个自然村落，村民大部分是农民，间杂有寄居的职工家属和外地来攀亲附友做工谋生的。

1980 年夏天，在平凹的创作生涯中，这是个难以忘怀的季节。他的中篇小说是从这时起步的。晚上，他把电视机搬到院里，电视里正演俊芳要看的秦腔戏《火焰驹》，他要把自己关在屋里写《二月杏》。谁知，刚关上门，福建省一家大刊物的编辑找上门来了。那是位女编辑，三十来岁，举止文雅，服饰时髦。她一推开平凹的门，立时惊呆了。她面前呈现的，根本不是想象中高挑白脸时装整洁的青年作家形象。她的面前，是一架黑红色的裸体：光溜溜的膀子，赤条条的脊背；通身上下，仅腰间松垮垮系一条大裆的白布裤头；光脚丫子鸡爪般扣着泥土的地面，很用力的样子；他左手颤抖般地摇着蒲扇，右手在纸上疾书，嘴里还歪叼着一支香烟。满屋里烟雾缭绕，湿蒸闷热；窗子关着，门还紧闭……

女编辑先是一惊，再是眉头一皱，轻悠悠地退了出去，替他掩好门，鼻子忍不住酸了一下。俊芳问她：“人睡了?”女编辑坐到凉席上，很内疚地说：“他正在工作。”“啥工作，他成天那样!”俊芳说着愤愤地过去，“哗”一下推开门，却不由惊叫：“我的天爷!”她挤身进去，背手掩了门。片刻，平凹衣冠楚楚地出来，女编辑迎上去握住他的手。平凹说：“你们主编的信我收到了。”女编辑泪凄凄地说：“我不是来催稿的，我不能催您啊!”地上，平凹依旧赤足；紧抓地面的，依旧是那鸡爪般的脚趾……俊芳收了电视机，置小桌矮凳于当院；又沏了清茶、递了纸扇供他们纳凉说话。忙活中，俊芳剜了平凹一眼，暗中将自己的拖鞋踢给了他……

女编辑问他“静虚村”三个字的含义，平凹说这三个字他还没有认真地向人解释过，尽管外界有人传他信佛呀，从道呀，消极避世呀，他却从来不想在这上面费口舌。又说“你既然专程来了，我当有所给予”，这便是对于“静虚村”的解释。他说“静虚”不是什么消极遁世，而是追求一种思想艺术境界更高层次的成熟，“做到神行于虚，才能不滞于物；心静才能站得高看得清，胸有全概，犹如站在太空观地球”，他说他的老师费秉勋称这是他的“第三境界”。看着女编辑迷惘的眼神，平凹又进一步介绍说，他的“静虚”是从艺术实践中“悟”出的，说他的老师向他提供了古代一些学者在认识论和文艺心理学方面强调“静”和“虚”的例子，与他的悟知相佐证。如《荀子·解蔽篇》说“心何以知？曰：虚一而静”，还说“不以所已臧害将所受，谓之虚”，就是不要因为原来所知的东西和新知相矛盾而关闭视听，即虚怀若谷，广采博纳；静是“不以梦剧乱智，谓之静”。这位先哲认为，具备了“静”和“虚”的修养，世界上的事物就能看得透彻，就会对事物在世界上的位置有一个全方位的把握。平凹又援引《文心雕龙》里谈文学构思的《神思》那篇文章里的句子“陶钧文思，贵在虚静，疏瀹五藏，澡雪精神”来阐释他艺术思维的心态和境界。他认为这是作家把生活变为艺术时的一种修养功夫，这包括不先入为主，不赶风头，不让一时的利弊情感冲乱艺术步伐的自我调节方法……

1981 年 5 月，北京的中国青年出版社出版了《贾平凹小说新作集》。这是他的第五本书。全书 20 多万字，收录了他 1980 年前后发表过的 23 篇小说。他这个时期的小说，国内一些著名的文艺理论家和评论家曾先后做专文论述，发表较早的有邹荻帆的《生活之路——读贾平凹的短篇小说》、胡采的《关于贾平凹和他的作品》、阎纲的《贾平凹和他的短篇小说》、丁帆的《谈贾平凹作品的描写艺术》、费秉勋的《试论贾平凹小说的艺术风格》等等。

1981 年，贾平凹的笔触离开了他吟诵已久的儿女情长，将自己钟灵聪慧的艺术触角伸进了更广阔的生活领域——他要对中国社会做深层的洞察了。有关他这一批作品的创作机制，西北大学中文系教授刘建军是这样阐释的：“从1980 年后期开始，贾平凹的作品发生了明显的变化，童稚的眼睛放射的光亮和欢快消隐了，代替的是一双思索的探寻的目光，苦苦期望得不到依托时，便显得有些迷惘。这时期的作品，大体包括 1980 年下半年到 1983 年《商州初录》以前的作品。作者的视野扩大了，不仅看到了生活的光明面，人生的欢乐、美和爱，也看到了生活中的阴暗面，人生的痛苦、丑和憎。作家的一双眼，不再是孩子般的单纯明快，而是成年人般的复杂和沉思……这是一个敏感青年的目光在人们习以为常的生活现象上的凝视。一般入世较深的人，在日常生活现象上容易变得目光迟钝，或许有时采取有意回避的态度，躲闪或朦胧。而这里却是直率地逼视，敏感地发现了缺憾和丑陋，坦诚地流露出不满和愁苦。它是敏感的，却缺少足够的理智分析和辨别；它是复杂的，却缺少深入底里的了解和洞悉；它的爱憎是明白的，却缺少固有的坚定和深沉。这是一双孩子般的单纯逐渐变得复杂成熟起来的青年的瞳孔，而且是一个爱思索、常常流露出不满足和忧郁心情的早熟青年所特有的。”文化学者费秉勋说：“读贾平凹从 1980 年开始的小说我们就可以感受到，这种非现实主义的创作方法，对于有效地揭示特定的思想主题，可感性极强地表现当代生活和当代人的心理，对于继承中国独特的美学精神，形成特有的艺术风格，的确是起到了现实主义创作方法所起不到的作用。”一个时期，文学界集中评论了他 1981 年的那些作品和 1980 年的部分作品。这些作品是《山镇夜店》《亡夫》《晚唱》《二月杏》《生活》《年关夜景》《好了歌》《厦屋婆的悼文》《沙地》《在鸟店》等，分别发表在《北京文学》《安徽文学》《十月》《花城》《延河》《长安》等国内知名文学刊物上。

读了他排浪一般发表的这批作品，平凹的一些尊师和朋友突然替他着急起来。集中的体现是 1982 年早春，陕西一些搞文学评论的朋友在西北大学召开了以批评为主的“笔耕评论组贾平凹近作讨论会”。回想起这段创作，平凹老老实实地说：“我太爱这个世界了，太爱这个民族了；因为爱得太深，我神经似的敏感，容不得眼里有一粒沙子，容不得生活里有一点污秽，而变成炽热的冷静，惊喜的慌恐，迫切的嫉恨，眼睛里充满了泪水和忧郁。”正是这样，《山镇夜店》的主观情绪，《年关夜景》的独特角度，无不把探究人生的聚光束照射在一个共同的社会弊端上，把群众精神痼疾的溃疡面那么鲜明地暴露在人们面前。

与小说遭受批评的情况不同，他的散文却广受称颂：“晋代文人的笔下，也不乏简淡、玄远的作品，有些篇章由于逃避了当时的社会现实，给人以‘超然世外’之感。而贾平凹的散文，尽管也闲适飘逸，尽管也驰神于青山、忘形于绿水，或孜孜于描述小河边一个神秘怪僻的钓鱼人，或抒写空山幽谷间那‘悠悠忽忽’的箫声，然而我们却分明感受到，这些并不是《桃花源记》，而是生活的新篇章——同20世纪80年代息息相通。是的，月光再恬淡，也依然是火热的太阳光的反射!”这是上海《文汇报》专文推荐平凹散文的评语。

1981年，贾平凹有三篇散文在外地获奖；他的小说《山镇夜店》获江苏《雨花》文学月刊“雨花文学创作奖”，《清官》获《南苑》杂志“南苑文学创作奖”。同时他当选为全国青年联合会委员。

火烤胸前暖，风吹背后凉。这一年的贾平凹正是这样煎熬着。一边是批评，一边是得奖。他自己的文心，也正是在这火烤风凉的交替中获得不断冲动的。有落差便有瀑布，有瀑布便有势能和力量。到他写作《十八碌碡桥》的时候，甚至是带着逆反心理的。敢于逆反，是因为他相信了自己的力量。故事说，一座用十八个碌碡叠成的桥，在一场洪水中被冲毁了。洪水过后，人们欲打捞这十八个碌碡重修石桥，可摸遍了下游的河汊湾滩，未找到一个。有人在上游寻找，却意外地找到了。那么大的洪水冲来，一切顺水而去，而这些粗笨的碌碡，却偏偏逆流而上了……

平凹执拗地写，批评的声音不时见报。“平凹是在省里出事了?”丹凤县城里，人们悄悄地相互探询着。最为心焦者，莫过于平凹的父亲。这位命运多舛的老知识分子，阅尽人间炎凉，而对世事有着自己的固执看法；这位业已退休的人民教师，儿子印成铅字的文章他读过了，省上“讨论”儿子的消息他知道了，报刊上“评论”儿子作品的文章他也学习了，他知道发生了一场什么事。他心想，儿子从小那么胆怯，从偏僻的山区闯到省城，城里又无亲无故，娃怎么能承受得了这场重压？于是，他来了，带着贾家50多口人的心愿，带着棣花父老和丹凤乡亲们一颗颗祝愿的心，他来了，看望他的儿子、他的儿媳、他的小孙女。他带来核桃、柿饼、玉米糁和平凹最爱煮粥的红小豆……

父亲就着昏黄的灯光仔细打量儿子。儿子显老了，瘦长脸的脖颈上拥着几层皱皮，眼角乌得紫了，稀疏的胡须毛拉拉竖着。父亲弯下腰去给儿子砸核桃，他说："家乡的一些风俗得之于物产，而物产又得之于地理和历史。世界就是这么简单地存在着，商州的劳苦人也就那么简单地生活着。他们受人揄扬也好，受人鄙薄也好，他们有他们的活法和道理。娃你还小，在城里处世做人，说话写文章，不敢冲撞别人，也不能迎合别人，红不舐，黑不掀，实实在在的，不做昧良心的事……"父亲同他谈人道文道，又拿兰草作比喻："兰草是空谷的幽物，得的是天地自然的元气，长的是山野水畔的趣姿；一旦栽培了，便成了玩赏的盆景。"他提高声音告诉儿子："做人也是这样啊！孩子，人活在世上，不能失了自己的真性，献媚处世，就像盆景中的兰草一样降了品格；这样的人是不会给社会有贡献的。"

父亲的话给儿子的思想里注入了铁质。贾平凹的散文竟一发不可收了。他的散文走向大约有这么三个层次：哲理—风情—世相。自《清涧的石板》《观沙砾记》之后，他的散文很快由诉述感情转化为阐释哲理，再由哲理进掘到民族文化的冻土地带。这是一个积淀很厚、储量极丰的富矿——那便是几千年的文化凝固：从民俗和风情来探讨民族文化心理结构。后来人们谈论改良民族文化心理结构一类议题，似乎不费什么力气，但在 1982 年前后，中国文化界的理论探索似乎离此议题尚远。当然还应该指出，《商州初录》创作之初，贾平凹的文化意识同样是朦胧的。此组文章和后来的文化热合拍，似乎纯属邂逅。尽管如此，在当代小说家中，他的文化意识的觉醒尚在同辈人之先。

1982 年 11 月，天津百花文艺出版社出版了贾平凹的第一本散文集《月迹》。这本书所收 34 篇散文，皆是 1981 年前后的作品。他"或是描绘自然山林之美，或是抒写故乡儿时情趣，或是对个人所见所闻的咏叹低回，都用笔细腻，色彩轻淡，给人以纯朴清新的艺术享受"。河南散文家周同宾做过统计，"《月迹》中未写月者仅六篇。这部集子是贾平凹如月童心的结晶，也是他孤独苦闷时独抒性灵的小夜曲"。上海评论家朱大路在题为《淡雅恬适的月光曲》的文章里认为贾平凹“几行素淡的文字，一个深深的意愿：月亮，寄托了作者的心。还有些篇章，通篇看来都是平淡的，但这种平淡，不是枯淡，而是‘绚烂之极归于平淡’，是苏东坡所谓的‘发纤秾于简古，寄至味于淡泊’……”。这本集子中，评论家议论最多的是《丑石》和《月迹》两文。《丑石》最初发表在1981年7月20日的《人民日报》上，后被选入高中语文课本。《月迹》一文则发表在1980年第11期的《散文》月刊上，并荣获《散文》杂志优秀散文奖。

天津的老作家孙犁，在贾平凹发表散文之初就注意了他。平凹在《天津日报》发表了《一棵小桃树》之后，孙犁于同年7月在《人民日报》著专文褒奖。1983年，贾平凹回忆这段往事说：“两年前，当我发表了一篇小小的散文，孙犁偶尔看到了，写了一篇读后感的文章。对于他的人品和文品，我很早就惊服得五体投地，我一个才练习写作的小青年的一篇幼幼稚稚的散文，倒得到他的笔墨指点，这使我很激动，也鼓起了我写散文的勇气。于是，我给他去了一信。万没想到，就在他收到我信的三个小时后，他便给我回了一信，谈了许多指点我写散文的见解。从此，我们就通起信来，他的每一次来信，都十分认真，有鼓励，有批评，直来直去，甚至在大年三十的中午，为我用毛笔书写了梁沈约的《宋书·谢灵运传论》里关于作文语言变化运用的条幅。但我又不敢多给他去信，怕打扰一个七十岁高龄的老人的生活。”孙犁为平凹的散文写过的评论还有《贾平凹散文集序》《致贾平凹》《再谈贾平凹的散文》。孙犁在1982年6月5日写给平凹散文集的序中说：“这位青年作家，是一位诚笃的人，是一位勤勤恳恳的人。他的产量很高，简直使我惊异。我认为，他是把全部精力、全部身心，都用到文学事业上来了。……我是喜欢这样的文章和这样的作家的。所谓文坛，是建筑在社会之上的，社会有多么复杂，文坛也有多么复杂。有各色人等，有各种文章。作家被人称做才子并不难，难的是在才子之后，不要附加任何听起来使人不快的名词……”

贾平凹产生了要见孙犁的强烈愿望。1983年的秋天，他接到散文评选委员会的通知，邀请他去天津领取散文奖。俊芳说：“这下你可以见孙犁了。”

平凹说去了总得带个什么礼物吧，两人商量来商量去，最后决定送老人一件唐三彩骆驼，既能体现大唐长安的特点，骆驼又是吃苦耐劳的形象。10 月 2 日，平凹离开西安。一路上，他都把旅行包抱在怀里，怕那骆驼被人偷去或碰坏。次日夜里 8 点到天津，他刚入厕，偏就这时来了评委会的车子，大家七手八脚装了行李，喊了正在厕所里的他，急忙奔宾馆而去。平凹一路操心他的包，然而下车取行李时，一个包儿掉在地上，这个包儿偏就是他的！住进了宾馆，开包看那骆驼，怕鬼偏有鬼的事发生了——唐三彩骆驼断了一条腿！第二天，到了孙犁家，老人拉住他的手，把浑身上下都看了，说才给写了信，怎么人就到了？平凹看时，那信果然还没有发。老人很快活，倒茶、取烟、拿苹果，问平凹的生活、写作、学习，还让平凹参观他的藏书。在孙犁家吃过饭，平凹红着脸讲了唐三彩骆驼破碎的经过，不料老人哈哈大笑了，连说："可以胶的，可以胶的！文物嘛，有点破损才更好啊！"两天后，平凹将粘好的"文物"放在了老人的书案上，老人远远地看着，高兴地说："这不又站起来了吗?"当夜回到宾馆，平凹便给妻子写信，说："世上的事本来就没有十全十美的，愈是不十全十美才愈有了诗意；越是珍贵的东西，越是容易破碎；越是容易破碎的东西，也越是珍贵的。我留给孙犁的是一匹破损的瓷的骆驼的遗憾，孙犁留给我的是人品文品的永久启示的满足。"

1982 年 2 月，平凹一家搬到西安南院门附近的大车家巷横巷的市委家属楼 3 单元 2 楼东屋。这房子是经当时市政府领导亲自过问之后分配的。那年头，人人都谈论房子，市文联分过一次房子，但凭平凹的工龄、年龄参与分房是无望的，好在当时的市政府领导及时、多次地批示房管部门解决他的住房问题。春节前搬来这里，他们小夫妻还真激动了许多天，虽然房子只有 36 平方米，但毕竟有了自己的厨房，有了自己的卫生间，还有自来水通到家里，而且有了属于自家独用的可以晒太阳的一片小阳台。房门玻璃上，平凹贴着一幅自己的书法："人道文道，微妙精深。"写作间的门玻璃上是他依旧题写着的书斋名"静虚村"。

这"静虚村"颇为拥挤。写字台前面的墙上，挂一副对联："处世没从流俗走，立身敢与古人争”；紧挨写字台，是那竹书架，书架上满堆他的珍玩：唐三彩、树根雕、木化石、玉砚；山峰般耸立着的是他的十几枚大小印章；竹书架下边是一张活动钢丝床，他夜里写得累了，就随便滚在上面；钢丝床后头是小方桌，桌上置文房四宝，还有首届黄河笔会给他捎来的牛头端砚、广州《羊城晚报》奖给他的镀金山羊、文友送他的定军山诸葛鹅毛扇；这小方桌旁边是一对单人沙发，茶几上除茶具烟具外还有一盆假山，假山上才种的豆子萌出了新芽；茶几后的墙壁上，悬着他的琴心剑胆——文友孙尚人赠他的苏州凤箫，某体育协会赠他的不锈钢宝剑；墙角，三角形的玻璃架上，供着一尊北魏佛头；门背后依然是一架书，他的全部著作珍藏在柜子的第三层；这书架的顶上仍然是他的文化珍玩：化石、汉罐、古酒具、祭红大瓶、香炉、兵马俑、景泰蓝、孙思邈、观世音；还有一尊维纳斯的石膏像，后来有朋友说这洋玩意儿摆在这里与他这屋子的格调不协调，他到西安碑林的石雕馆里看了一回中国的女神雕像，回来再看那白石膏的洋女人，左看右看果然不顺气，索性拿下去摔了！

这便是贾平凹的新家。他乔迁了新居，朋友们赶来道喜，他索性使起了大方，花 180 元钱采购来食物和菜蔬。大小屋子摆了三桌，朋友们海吃猛喝，席间闲聊神侃，说尽文坛热闹。平凹从这里开始了他的城市生活，但这里却未终止他的乡村习惯。隔三岔五，他便嚷着叫俊芳给他包扁食，打搅团，搓麻食，下浆水面，煮老鸹蛋……他享受不了西餐大菜，十天半月不来一顿洋芋糊汤，便使性子；不吃一顿糁子面，就要绝食。他嗜辣如命，出远门常把辣子面儿带在身上。但自从他去了一趟四川后，方知自己的辣瘾和蜀人比起来，真是小巫见大巫。他第一次吃那红油辣面，便下了决心要天天吃这红油辣面。及至遛过三条大街，方知这里凡食皆麻辣，或是抄手，或是豆花面，或是蒸牛肉、烧猪肉、豆腐脑，俱是麻辣打头。于是每见一个食品，他便“立即颚下就陷出两个小坑儿，喉骨活动，舌下沁出口水”。他给朋友讲成都小吃店的景象说：“店极小，单开间门面，中间一堵墙隔了，里边是家室，外边是店堂，锅盘在门外台阶，正好窗子下面。丈夫是厨师，妻子做跑堂，三张桌子招呼坐下，问得吃喝，妻子喊：‘两碗抄手！’丈夫在灶前应：‘抄手两碗！’妻子又过来问茶问酒，酒有泸州老窖，也有成都大曲，配一碟酱肉、香肠，来一盘胡豆、牛肉；还有那怪味兔块，调上红油、花椒、麻酱、香油、芝麻、味精，酒醇而柔，肉嫩味怪；立即面红耳赤，额头冒汗。‘抄手’煮好了，妻子隔窗探身，一笊篱捞起，皮薄如白纸，馅嫩如肉泥，滋润化渣，汤味浑香，麻辣得唏唏溜溜不止，却不肯住筷。出了门，醉了八成，摇摇晃晃而走，想那神也如此，仙也如此，果然涌来万千诗句……”

1982 年 9 月，中国作家协会在西安召开“西北、华北地区部分青年作家座谈会”。会上，主持人安排贾平凹发言，他说：“在茫茫苍苍的崇山峻岭中，我仅仅是一块小小的石头，在白雪似的天鹅的天国里，我还是一只丑陋的小鸭……在文学的密密的大森林里，我毕竟是一株慵小的树苗，我的周围，大树们齐齐都长上来了，我崇敬他们，感谢他们都往上长，这不能使我有空间去长些横枝斜杈。我能不能开出花、结出果，果子能不能由涩苦变甜，我不知道，我也从不去想，我只盯着我头上的那块高远的天空，往上长。”

1982 年，贾平凹发表了十几部短篇小说、三十多篇散文，出版了两本书；《爱和情》一文获《十月》杂志“首届文学创作奖”，《延川城感觉》一文获“《延安报》优秀散文创作奖”。年底，他转入专业创作，同时当选为西安市文联主席。

第三章
浸透灵魂的传统

1983年夏末，贾平凹到北京出席全国青年联合会的一次会议。当时任《十月》主编的苏予和资深编辑侯琪，专程到会上去看他，同时约稿。作为两个老大姐，她们以自己的切身经验，鼓励他克服人生道路上出现的困扰，扎扎实实地深入生活，写出更好的作品。

到了10月，平凹给侯琪写信说："在我苦恼的时候，你们给以关心和鼓励，令我十分感激。我明天就要下乡去，我想，在西安待着，还不如到农村去好好深入生活，今年我在那里已待过三四个月了。陕南山区很有意思，山好水好，老老实实再写些东西吧！"这次深入商州生活，直接的结果就是写出了《商州初录》和《小月前本》。他在一份备忘录中这样记下他的1983年："争鸣还在继续，后受到某些领导的点名批评。这一年，几乎写什么都引起争鸣或批判。社会谣言更多，处境艰难，不出头露面了。不大写短篇小说，只写散文和诗。此年为大苦恼期，父母身体又不好。"

1983年早春，关中的寒意尚未退尽，贾平凹风尘仆仆直奔商洛而去。到商县，邀约了地区文化局的"商州通"何丹萌，两人沿江而下，一口气沉到陕西省的最东头——商南县。这里，岭上竹青花红，耕牛悠悠，桃色艳艳，时见白云人家。这是商南县湘河镇丹江渡口的自然风光。贾平凹来到这里，文心一下子舒展开来。江面上，春汛洪波间，十几个柴排接串儿荡下来，山转水弯，悠然如画。他们追着柴排跑，撵着听那撑排的水手放野嗓子喊叫。丹萌说：“到鸡鸣一声听三省的地方，才有好看的哩!”说着就急向柴排招呼：“伙计，捎俩人呀!”一架柴排正好搁浅，撑排的小伙子发出求救：“两位大哥，帮帮忙呀!”他俩拿起长木棍合力把柴排撬离泥滩后，被允许登排搭乘，还受到一壶酒的款待。柴排上，他俩和荆紫关的小伙子很快就混熟了；丹萌也拿了竹篙前撑后摇，平凹却稳稳地在排头坐了。他打开笔记本，认真作速写画。到了梳洗楼，听撑排小伙说这是一处古迹，平凹就要下去看个究竟，撑排小伙就用长绳将柴排在石嘴子上拴了，然后用竹竿拖着他二人上岸。果然就有石碑。平凹念道：“盖梳洗楼为秦之边境，楚豫之接壤，三省杂处，互相往来，四民交作焉!”碑后是两层木楼，雕梁画栋。撑排小伙说：“王母娘娘下凡视察，在这里梳过头，洗过脸，还撒了一泡尿。”说着他指给他们看院里一条石缝，说这就是王母娘娘撒尿时冲出来的。还说这石缝里的石头能避邪，路人过此都要掰一块携回家的。平凹俯下身去，使着劲儿从石缝里掰下一块石头，拿上来看，有云纹亮色，银质斑点；拿到鼻端来嗅，清沁凉气扑鼻。平凹说：“这是云母石，说不准是个矿苗呢!”下行十几里水路，河道开阔，柴排泊在白浪镇的江岸边，平凹与撑排小伙拱手道别。这个丹江南岸的小山镇，三十几户人家，百十米长短的小街，偏就坐落在三省交界处。南是湖北，东是河南，西是陕西。街心乌油油一块卧石，是个一脚踏三省的“街徽”。这里人家，门窗凝重锃亮，全用浑重土漆刷成，而墙壁烟囱，却全然白灰涂抹，所以外人一到这里，第一印象便是黑白分明。一条街人分三省，便有了三省的政策、语言和习俗。商品经济在这里表现得很奇特，三省人三家商店，门牌上都写明各自的省份，店里货物俱是该省优质名牌的特产名货，三省的粮油布票这里全部通用，所以这白浪人家几乎家家做生意，开饭店、酒店、粮店、烟店等等，这里成了远近闻名的商品集散之地，于是便有了“小香港”的别称。晚间，平凹拜访了一位陕西的荆老汉，这日适逢老汉 63 岁寿日，他便做了“上河人”的代表，花三元钱去行了人情。荆老汉人称三省总督，他的八个女儿，嫁武汉的，嫁南阳的，嫁商州的，三省都有人叫他岳丈，今日八个女婿一齐出现，南腔北调煞是热闹，各色礼点花红柳绿。平凹抓住了这个透视窗口，于对比反差中洞见了人情地理的歧异和同化，他兴奋得夜不能寐……

根据这些素材，贾平凹创作了中篇小说《小月前本》，发表于上海《收获》1983 年第 5 期；同年《中篇小说选刊》全文选载，陕西电视台将其拍成多集电视剧；次年春，北京电影制片厂委托阿城将这部作品改编成电影剧本《小月》，秋，电影拍成，发行全国。

《小月前本》是贾平凹的第八部中篇小说。在文学评论界对这部作品赞叹迭起的叫好声中，贾平凹的文心享受到了自《满月儿》得奖以来的第一次滋润。他给转载《小月前本》的《中篇小说选刊》杂志写了如下的自我简介——

贾平凹，文如名，其形、其音、其意，不规不则，不伦不类。名如人，文如名，丑恶可见也。生于 1952 年 2 月 21 日，少时于商山下不出，后入长安。曾怀以济天下之雄志，然无翻江倒海之奇才，落拓入文道，魔入蚀骨髓不自拔；作书之虫，作笔之鬼。22 岁，奇遇了乡亲韩俊芳，各自相见钟情，三年后遂成夫妻。其生于旧门，淑贤如静山，豁达似春水。又年后得一小女，起名浅浅，性极灵惠，添人生无限乐气。又一年入城合家，客居城北方新村，茅屋庐舍，然顺应自然，求得天成。为人为文，作夫作妇，绝权欲，弃浮华，归其天籁，必怡然平和，则处烦嚣尘世而自立也。

1983 年 9 月，贾平凹成为西安市文联的专业作家。此前，他在《长安》编辑部当了三年零五个月的小说编辑。专业作家，自然是以“坐家”为职业的。他习惯于晚上写作，但晚上 11 点以前却写得很少。11 点以前的时间，大都被各类来访者“割据”了。严格来说，他的写作时间是从次日零点开始，一般要持续到 3 点钟左右。之后便大睡，若无人狠命地敲门，他这一觉要睡到上午 10 点钟。之后，他到南院门街头的报栏读读报，或者远远站着看市民吵架，或是静观五味杂陈的菜市。有时候，也去南院门的古旧书店买上几册打折扣的旧书。中午饭，他喜欢独自在街上的小饭馆进食，或是一碗红油辣面，或是四只地软包子，或是一碗粉汤羊血。如无客人打搅，他自然要睡一个午觉。午觉他是在书房的小床上度过的。这午觉常常就很沉，要到下午4点钟才醒来。醒来了，又怕起，就在被窝里想心思。不过，他睡足的时候不很多，常常是梦正甜着，门便“咚咚”地响起来。有段时间，他在门上挂了纸条和铅笔，请客人留字。但这效用不大，客人们不管他的纸条，却依旧是要敲门。他人心软，拿不起架子，谁来了他都诚恳接待，都要陪着聊天。有不少来访者问他：“你写作时到底激动不激动?”他说这类问题实在不好答。因为许多大作家名作家都说过，作家首先激动自己，而后才能激动读者。这似乎成了一个定论。而他这个人，一般不愿意去冲撞别人的主张，但他的实践告诉他，苟同又是违心的，所以他有时候也做一些模棱两可的答复。

1985、1986年，人们津津乐道“传统文化”，继承呀，扬弃呀，等等。其实早在1982年4月，他已就此问题做过明白而果决的“宣言”了。只不过他的“宣言”未被人们重视，直到三年后人们普遍醒悟了，才忽然意识到他那观点的价值。若再和他的创作实践对照来看，便可以看清他的理论思考和文化选择是有着许多提前量的。人们一问到“寻根文学”，平凹总要叫大家去读韩少功、阿城、郑万隆、李杭育的文章，然而，当人们把“寻根文学”当作一种文化现象来研究的时候，有人“考证”出了，“文化寻根”的先行者，正是贾平凹。陈剑晖在《当代作家评论》上著文说：“寻求历史文化的根，首先必须寻求哲学的根。因为哲学是文化的骨骼，是一个民族的灵魂的体现。可贵的是，这一群‘寻根’的作家，不仅对哲学有着强烈的自觉意识，而且对文学理论表现出了强烈的兴趣。他们几乎不约而同地撰写理论文章，发出了‘寻根’的宣言。在这方面，我认为首先要提及的是贾平凹的《卧虎说》。这篇发表于1982年的‘创作谈’，虽然没有引起人们的注意，但它却最早流露出了一代青年作家反身历史文化寻根的动因。在这篇文章中，贾平凹由霍去病墓前的‘卧虎’，顿悟到了他应追寻的美学境界。而作为理论的解释，是他一年后写出了《商州初录》《鸡窝洼的人家》《腊月·正月》等作品。在这些作品里，作家所推崇的重整体、重气韵、狂澜深藏、平波水面的‘卧虎’精神与商州山地的古朴、拙厚的生活取得了同构的对应。作家不仅寻到了民族生活的根，悟到了东方韵味，同时还找到了‘中国农村的历史演进和社会变迁以及这个大世界里的人的生活情绪、心理结构变化的轨迹’。”

在《卧虎说》里，贾平凹说：“卧虎重精神、重情感、重整体、重气韵，具体而单一，抽象而丰富，正是我求之而苦不能的啊！……但是，这竟不是一个仰天长啸的虎，竟不是一个扑、剪、掀、翻的虎，偏偏要使它欲动，却终未动地卧着？卧着，内向而不呆滞，寂静而有力量，平波水面，狂澜深藏，它卧了个恰好，是东方的味，是我们民族的味……以中国传统的美的表现方法，真实地表达现代中国人的生活和情绪，这是我创作追求的东西。”

陕西镇安县，去过的人都说：祖国处处可爱，镇安山水除外。贾平凹不信这话，他要去看个究竟。这一年秋，他又偕了丹萌，往镇安考察。他俩在县城小住多日，所见人等，并不恶咒镇安山水。相反，他们很自豪，竞相介绍镇安三宝——核桃、油桐、龙须草，竞相请他品尝米中皇后“岭沟红”和名扬海外的镇安大板栗；他们还赠他贝壳纹的大理石台板和“胜过金玉良药”的刺五加……县城街巷转遍，他们又到最为偏远的深山野洼去，见识了山里人的质朴和勤劳。回到西安，平凹用这次进山获得的素材创作了中篇小说《鸡窝洼的人家》。

1983 年岁末，陕西人民出版社出版了贾平凹的第七本书《野火集》。该集收入中短篇小说 22 篇。他说：“我不知道我将来能否有什么花果，但好赖还有叶子长上来，虽然弱小、寂寞、艰难又不景气。”他感谢身下这块土地：“黑色的土里有着五颜六色，它给了我一点淡淡的绿；我梦想着那花果的红艳，我得加紧着掘进我的根。”他说：“我不想去鼓起风，也不敢想要哗哗喧响。蜂儿不要来，蝶儿也不要来，我想静静地思索，就像我头顶上的一片云朵，然后一点一点地，走圆我的每一圈年轮。我珍惜我身上的每一片叶子，但我希望它很快就脱落。当我长出第一片叶子和最末一片叶子的时候，我都在清醒：叶子不是树木的目的。”外懦内悍的贾平凹宣布：“我注视着森林顶上的天空。”

据统计，1983年，平凹发表小说包括《鬼城》《小月前本》在内共15篇（部），发表散文包括《商州初录》在内共18篇，另有诗和文论若干。写出这些作品的贾平凹，已非昔日闪着童稚眼光，或者苦觅中流露出孤独感伤眼波的贾平凹，而是一个在思想艺术上有了新装束的贾平凹。在他已趋成熟的眼光中，闪现着坚定、自信、豁达，他于冷静观察中流露出幽默情趣。《商州初录》是他创作发生新的转折的第一个成果，获取了江苏省《钟山》杂志首届文学奖。这部作品为他带来了很大的声誉，评论家说他“几乎创造了一种文体”，是一部“冗繁削尽留清瘦”的传世之作。同时散文《流逝的岁月》获《青年一代》好稿奖。

此年，贾平凹被选为陕西省第六届人民代表大会代表、西安市第九届人民代表大会代表、全国青年联合会第六届委员。一个作家，在他31岁的时候，用他的笔，获取了人民对他的肯定。

做起文章来，贾平凹是顺水行舟，春风得意，自由得如世间第一文人。可是，碰到蛮横事，论起筋力，他却常常怯得如老鳖一般。转眼到了1984年春节，他一家三口照例要回棣花过年。在5路公共汽车上，俊芳抱着孩子，平凹背着拎着包儿卷儿的年货。有人见俊芳抱着孩子挺艰难，就对一个占着两个座位的男子说，请他拿下背包，腾一点儿空位给抱孩子的妇女坐。俊芳也对那人说：“您让一点点，都将就着，一会儿就到站了。”那人先是不吭声，接着便要起蛮横，说：“我凭什么给你让，你脸儿好看吗?”俊芳一下气哭了，她把平凹朝那蛮人跟前拥了一下，指望着他给她出气壮胆。可是，平凹话未出口，脸先红了，憋了半天，嘴唇只是“别……别……别……”一阵抖，未说出半句话。俊芳委屈得直掉眼泪。到了解放门长途汽车站，俊芳向平凹那个开长途汽车的堂兄四哥诉说，四哥气得直跺脚，叫着要去寻那个蛮横的家伙，好在有几个乡党相劝，说要过年了，惹出事端大家都不美。这堂兄军人出身，高大汉子，30万公里的行车里程使他养成了刚强暴烈的性子。及至车都过了灞桥，他还怒气冲冲地教训平凹："对那号人别客气，软的怕硬的，硬的怕横的，横的怕不要命的……"平凹一路无语。车到张村，上来几个流氓拥挤一位农村妇女，那堂兄揪下一个狠捶了一顿。俊芳终于长长地出了一口气。

商州的春节，不但是娱乐活动的大展览，更是祭祖拜神虔诚反思的心理净化过程。那些高堂健在的，初一清早要去磕头。那些二老过世的，初一到十五夜夜去坟头送灯烧纸；灯送至冥门上，纸烧到伤心处，多少孝男孝女便要放声悲哭，念说老人在世时没有在吃喝上优待，便要蒸上大馍敬献；供品垒上堂案，香烛一齐点燃，合家群跪，三叩九揖之后，他们堂前共仰遗徽，垄上数说劳绩。这样，先辈俭朴勤劳的家风就一代一代地续接了下去。春节，正是这传统长龙上的连接点。透视这"连接点"，上可察知先辈的劳绩道德，下可寻视后人意识观念上的变化，从而感知整个商州山地在当今时代所处的经济文化上的层次。平凹带着妻子女儿回来了，贾家上下免不了一阵欢愉。如今的贾氏一门，已非昔日那个拥挤的小院儿了。小弟兄们已各自成家，独立门庭，老弟兄们也如山野寓公，水烟清茶象棋，诗文稼穑儿孙。棣花的乡长族老来了，齐齐簇拥了一院子，俊芳端茶递烟，平凹鼻翼翕动，眼里溢满了泪水。

春联是家家户户都贴，平凹摆了笔墨给自家写春联，村人邻家也赶来相求，平凹是有求必应。他幼时随大人进山砍柴，见深山人家的春联上尽是圆圈，问大人，才知道深山里没先生，无人会写字，便将红纸贴在门边，再用碗底蘸了锅墨灰拓上圆圈，充作春联。平凹那时就想过，将来学会写大字，一定要来这深山坳填上文化的空白，用文字的欢笑驱除那圆圈的丑陋。所以上学时，他上写字课极认真。长大后，在父亲的指教下，也读过几本子古帖。后来入大学、当编辑、当作家，笔墨动得多了，逐渐写得顺手，便形成了他那种稳健厚重、笔笔搁实的书体。

平凹为乡邻乡亲写春联，处处地地都写到了。畜棚门儿上他写了"槽头兴旺"，楼板上他写了"五谷丰登"，米面罐上他写了"吉庆有余"，房柱上他写了"全家和睦"，柴棚里他写了"小心烛火"……最可爱的是一群翁媪，他们信神信仙，过年节第一要贴对联的是庙宇神龛。平凹就应他们的要求给灶王爷写

“上天言好事，下界降吉祥”，给土地爷写“位列中央德泽长，光临下土神明远”。写给各家的对联，有偏重和气生财的，有祝福高堂长寿的，有昌明忠孝节义的，有提示勤俭持家的，有揄扬耕读并重的……如今的农民，你写给他颂扬传统美德的诗句他高兴，平凹摸准了这个脉搏，据实写来，家家皆大欢喜。

天还在麻麻明的时候，场院里便响起了“踢里嚓啦”的挑水声，便有了“哗哗呦呦”的扫地声。这是平凹，不是他有意给父老表现，而是他在农村养成的习惯。他幼时这样，少时这样，成人了，还是这样，最爱脚底清洁，见不得院子地面有一丝脏物。是日，大年三十。远远近近的人家有了红红绿绿的亮色，鞭炮声一阵紧似一阵。性急的贾塬人家，敲响了佳节的第一阵锣鼓，鼓调儿“上南山”，寄寓了庄户人家日月红火的酣情和快意。

贾家，二老在灶上忙着，平凹弟兄俩在贴春联。院子门楼上是：“文明之系系于此，人才之出出于此。”上房正门贴着：“良辰美景天，赏心乐事家。”堂屋正厅贴着：“天时地利人和，福满名盛寿高。”厨房门上是：“蚁浮乃腊味，绛人亨正月。”鸡棚上也有：“雄鸡一唱天下白，雌鸡下得满地蛋。”他的心情极好，回归故里，甚有鱼跃阔海、鸟飞高天的自由感。是夜，平凹弟兄先去牛头岭下的祖坟送灯烧纸。这里曾埋下了贾家的列祖列宗，早年是一处翠柏森森的园子，现在被夷为平地，那些坟穴的具体位置很难说清了，唯一的标记便是地中间那两棵老柿树。平凹提着蜡烛灯笼，弟弟挟了烧纸，两人在麦苗葱茏的田地里转。他们找不着一块可以跪烧的场地。麦田中烧纸，是要毁坏青苗的呀！灯笼挂在柿树上，烧纸选在前边的硷畔。平凹正襟跪了下去，磕头、作揖，思维随那先辈劳绩游走，祭火映照着这里的山山水水。

家里，红烛在堂上燃着，供在列宗牌位前的糖果和大馍叠山一般垛着，一炷线香静静地逸出烟气。除夕夜，兄妹四人都沉浸在父亲的说教里。父亲说：“在社会上，咱们是不能凭靠谁，也不能投靠谁的。你们要自立自强，除非依靠自己、发奋努力，不然便是庸碌之辈了。处人处事，以谦让为怀，以忍让为先；不拉朋党，不非议他人，不为时利虚名误了大志，不为安逸享乐疏了学识……”平凹默默地记着这些话，把一颗云蒸霞蔚的心，静静地在父亲思想的清水里浸洗。

初一，平凹叔伯弟兄十个，相约轮流坐庄。十场酒席下来，平凹已是神志迷糊，浑身疲软了。弟兄们幼时在一条河里耍水，一座山上放牛割草，现在都成了各行的人物，平凹如不去，也是要被他们拎着胳膊摁到酒桌上的。平凹很明智，他没有被骂作死狗，反倒很积极，走东家，串西家，凭着小机智，三场酒下来，便斗歪了两个最为嚣张的弟兄。

初二，平凹一觉睡到9点。吃罢早饭携妻女去岳丈家拜年。他搅在“走丈人”的女婿流里，和他们一样，挎着方形的“马蹄笼子”，上面覆盖着印花手帕。他的礼物严循乡俗——四样水礼，二十个实心蒸馍，两把挂面。俊芳牵了浅浅，花团锦簇，汇在回娘家的媳妇流里。这一天，女性最光彩的容颜在她们脸上招展，中国女婿们大鞠躬的节日来到了！可是酒过三巡，地区挂来长途电话，说是文化局的一帮朋友执盏静候，三轮摩托前来接人，已驶在途中。平凹谢了泰山泰水，留下妻女聚乐，急匆匆返回家府……晚间，访一老者。老者年轻时武名极盛，说是某年有土匪闯入棣花，满村人都跑光，独他坐在门前吸水烟。土匪入村，他即手提两个碌碡迎上，说是“请坐”，吓得土匪连忙逃窜。

初三早晨，天下小雪。平凹说服了劝阻的父亲，携了干粮，骑了自行车，顶风冒雪去看望一位已是养鸡专业户的同学。这是一户独院，鸡棚鸡圈顺院墙砌了一圈儿，50只鸡一个间隔，里边笼窝呈楼房形，构造极复杂。棚门上有木牌，上写：未消毒者不得入内。同学介绍说，给鸡们喂食喂水、入棚清扫捡蛋均有专用工具，院内有一口水井，井水汲上加温至20℃供鸡饮用……在这里，科学显得特别重要，否则随时可能“鸡飞蛋打”。平凹问为何要在大门口拴着黄毛狼狗，同学答说夜间用狗防贼。

初四，平凹约了何丹萌骑自行车访王那村孙家。孙家老父备酒宴招待，平凹却不悦，反诘道：“父老们平常吃什么？我们做儿子的，满年在省城，天天如过年，可父老兄弟们，酷暑寒冬，苦劳苦做，衣何物？食何物？好不容易到了年节，筹得些许酒肉，我们就来大嚼特嚼，难道心下无愧吗？”于是，晚饭改为酸菜洋芋糊汤。这曾经是商州人的“州饭”。有道是“洋芋糊汤疙瘩火，除过皇帝就是我”，在困顿年月，这饭食州官县令都吃得，要在百姓，自认是天下第一等的美味佳食了。孙家老父讲了一件真事，说是商县杨斜区有一位七十多岁的老太婆，在秦王山采药时打死一只金钱大豹，有记者去访，问平日饭食何物，这老太婆竟答：“糊汤。”他说商山四皓名盛，活到八九十尚童颜鹤发、思辨无敌，其实也是糊汤给的精神。

初五，上午9点食小米汤豆芽菜，之后去打猎，这是原定的活动之一。两米长的老式火药枪，七八公斤重，是一位养貂人自造的。养貂人以此枪猎取野兔、岩鸡等，饲养他的水貂。先到唐匪沟里打岩鸡，再到堡子梁上寻野兔。可是，沟里充满了烂泥残冰，又有芦苇荆棘挡道，一群人喊的喊叫的叫，相扶相拥而至，早把岩鸡吓得呼啦啦飞个精光。养貂人说，打猎不是这种打法，讲究潜行和偷袭，如此赶集上会一般是不能成功的。他给枪里装了火药、铁砂，压了底火，将枪和火药袋交给平凹，指示了路线，让他一人进到沟里边去。沟里险峻而幽深，平凹有点胆怯，说：“打不着猎不要紧，可别叫狼把我吃了！”一行人说笑着看平凹进了沟。丹萌说：“我得跟上，别叫有个啥闪失。”不久，沟顶上的梢林边出现了平凹的身影。猛然，“砰”的一声，只见梢林上有几只乌鸦飞起。养貂人说：“那林子里有一窝老兔，是我故意留下的！”丹萌出现了，他举着两只手臂，朝平凹喊：“把枪口朝天，不要对着人！”回到沟口，平凹问养貂人：“今日打猎没过枪瘾啊！”养貂人指着三十步外一棵椿树，说：“你就朝那椿树开一枪，看树上能打出几个铁砂眼！”平凹瞄了瞄，把帽子掀到脑后，很正经地伏到一个沙堆的后边去。他瞄准，变换了几种姿势，枪口一会儿指着树冠，一会儿又对准树根，很难下手的样子。养貂人朝他喊：“肩膀抵紧枪托！”一语未落，枪响了。平凹在那沙堆上侧着滚了一下，众人惊慌，急奔到沙堆前。平凹却坐起来，黄着脸说：“枪口压得太低，火力冲起了沙子，眯了眼。”有小伙子去那树上验弹洞，回来说一个没有。平凹说：“这椿树是树王，有灵性的，枪子儿前头穿过，后头树皮就长住了，怎么会有弹洞呢？”养貂人也乐了，说：“是的是的。”丹萌拿过枪说平凹：“你个臭手，铁砂打出去是一片，那么粗的椿树竟能脱了靶！”养貂人给枪里装了药，把枪掷给丹萌。

平凹说："你看丹萌，空中抓枪，座山雕的势啊！"正说着，椿树顶上落了两只鹊雀，叽叽喳喳说什么事，丹萌就势把枪架在了椿树的一枝横杈上，树、人、枪的构图非常优美。平凹朝树上吹了一声口哨，枪响了，两只鹊雀飞走了。丹萌朝平凹把脚一跺恨恨地"嗯"一声，把枪掷给养貂人说："要不干扰，一枪下来俩鸟！"养貂人又给枪中装了药，示意丹萌，丹萌摇手。这时，空中飞来一只鹞子，在椿树梢上将落未落，养貂人枪口一甩，"叭"地一响，那鹞子掉落下来。一群小孩吼叫着去捡那鸟，养貂人说："今晚上正缺貂食呢！"

平凹便随养貂人去看他的貂。貂在铁笼里养着，那釉黄的皮毛泛着金属般的光泽，那瓷核儿一样的黑眼珠斜一下便逸出一束亮光，尖尖的嘴瓣翕动着，长长的触须抖抖地探索着……共 20 只成貂，价值 3 万多元；每日进鲜肉 4 斤，五谷杂粮 8 至 10 斤。养貂人悲怆地说："有 15 只貂是死于自咬病，这病无良方医治。"他说貂的自咬症是自己咬自己，咬腿，咬腹，咬得血淋淋的还要再咬。没办法给敷了外伤药，伤好了它还是咬。这就奇怪了，世间万物，有异类侵害的，有同类互伤的，还没见过这貂竟自己咬自己。那些咬破的伤口反复发炎，感染，这样就死了好几只。到了夏天，又有十来只貂不活泼了，同时口流唾液，不进食，痉挛，大便稀、有泡沫还带着血液，这病来得很快，只一两天它们就都死了。平凹低头走了几步，又到养貂人家里看了那满面忧愁的妻子，看了那泥地上爬着的孩子，看了家中锅里粗糙的年节食品，看了板柜里面不多的苞谷和麦子，私下对丹萌说："有啥办法帮一把？你妈还在副食公司当经理吗？"

春节后，贾平凹编妥他的第八本书《晚唱集》，这本书列入了天津百花文艺出版社的出书计划。正月初十，平凹在商州城与一些搞文学的乡党小聚，他应邀谈了对当前散文的看法："中国散文的一兴一衰，皆是真情的一得一失。"现在散文要振兴，关键是要为真情招魂。

1984 年 2 月 17 日，上海文艺出版社的编辑陈先法因没有收到贾平凹散文集《爱的踪迹》书稿，写来急信询问。平凹回信说，根据他的判断，书稿肯定还在路上走着。他有这个经验，不久前他寄给侯琪一个稿子，一直到第 35 天对方才收到。中国的邮路，慢是慢一点儿，但邮件一般不会遗失。早在

1979 年，陈先法就担任平凹短篇小说集《山地笔记》的责任编辑。在平凹的心中，有这么几位编辑占着极重要的位置：第一位，西北大学中文系教授费秉勋，使他的第一篇习作变成了铅字；第二位，《西安晚报》的张月赓，在他创作初期，给过他重要帮助；第三位，北京《十月》杂志女编辑侯琪，他的许多重要作品都是由她推出去的；第四位便是这位陈先法；第五位是《上海文学》的唐铁海；第六位，北京《十月》编辑部的田珍颖……《爱的踪迹》是他的第二本散文集，也是他的第九本书。这个集子中所收 42 篇散文大都是他 1982 年和 1983 年的作品，如《五味巷》《走三边》《黄土高原》等。这部散文集记述了他两年间的诸多见闻和思考，语言以西安地区人民群众生动活泼的口语为基础，汲取朱自清、孙犁等现代作家文学语言的长处，还兼容古典文学的简洁和方言土语的风趣等，由此提炼出自己清丽雅致又明白简洁、细腻优美又活泼流畅的语言风格。这本集子的另一特点是幽默。有论家说，这种幽默，不是契诃夫式忧郁的幽默，也不是塞万提斯式明亮的幽默，而是一种具有“左右社会的力量”和“将来的希望”的创造性意味的幽默。

不久，贾平凹应四川文艺出版社编辑金平之约编辑他的又一本散文集《心迹》。这是他的第三本散文集，也是他的第十部著作。

1984 年早春，大妹将要出嫁，弟弟又想买队上一院场房；母亲刚刚病愈，近亲远戚都来探视；棣花镇上的个体户突增，许多人为办营业执照求父亲帮忙……一时间，家事、族事、村事将他搅了个一塌糊涂。事后回到西安，酌茶思想，总觉这万端事态中有一个隐隐流动的、挟着强烈时代色彩的脉搏在跳动。灵感瞬间闪烁，他即刻抓住不放；顺蔓追思，他琢磨到了 80 年代中国农村世事变迁、人情翻转的社会底色……由此，他创作了中篇小说《腊月·正月》。3 月 24 日，平凹给侯琪写信说：“新近又写了一部中篇，正好北京电影制片厂的朋友来，他们看了稿子，建议我给《十月》，因为他们想抓这个中篇改拍电影。当然我的中篇才试着写，掌握不了规律，写得也较粗。在这个中篇的写作中虽听取了他们一些意见，但还是觉得力不从心，现将稿子寄上，你先看看，若不行，退我就是了。”信中所言的中篇，就是《腊月·正月》。稿子一到编辑部，就“哇”地引起了一片叫好。《腊月·正月》很快发表在《十月》1984年第4期，引起强烈反响，并获得第三届全国优秀中篇小说奖，及至十年后，还有评论家撰文认为这是新时期文学中的代表性作品。后来，十月文艺出版社以此篇为名为平凹出版了一部小说集，珠江电影制片厂还将此作拍成电影《乡民》。

西安市作家协会及《长安》编辑部要组织一批文学新人去华山改稿，贾平凹是西安市作家协会副主席，当然应该去。平凹之于华山，曾去过两次，都没勇气登上去。他的心里，这一次是非要登上巅峰不可。改稿会上，平凹同文学新人共同讨论了文学创作的语言问题、意境问题、主题开掘问题等等。改稿会进行了几天后，大家决定上华山。平凹也很认真，他谢绝了文学青年们要帮他拿行李背吃喝的好意，一个人晃动着两条瘦腿信步山间。正心里快活着，却蓦然见有一精瘦的人卧在脚前。他问他做什么的，精瘦人却答：“捞尸的。”他吓了一跳，再问，人家躁了：“捞尸的！你捞吗?”他递上一支烟，捞尸人接了，他把随身的干粮给了些，也接了。然后，他问“捞尸”是怎么一回事，捞尸人答：“游华山的人，每年都有从山上失足滚下来的，这就需要人从山崖下面捞尸首，捞一个，能得几十元钱的报酬。”平凹惊问：“真有那么多失足的?”捞尸人答：“也有很多是跳崖自杀的。”于是，他和捞尸人卧倒在一处山窝子里聊天，直至太阳西沉……

有一天，贾平凹忽然大声吟诵起来：“有这样一个后生，性情乖觉，不愿披露名姓，但祖籍商州，诞生于鼠年，属十二相之首，相推则为金命……”这是他的一部新作，他给文学青年们介绍说：“我想用散文的结构，大起大落地写出商州的历史、民俗、人情和地理风貌的长幅画卷。……我极推崇略萨。我也想试探一下结构现实主义的创作方法。这部作品分八个单元，每个单元分三章。在内容上，以每单元的头一章分别叙述商州各地的山川河流、自然风貌及风土人情、历史掌故和现实社会的变革状况；后两章，则以男女主人公的爱情故事为线，连贯地加以铺叙，附带出一系列商州社会世相，又同头一章的独立叙述互相呼应，内在地融为一体……”回到西安，北京作家李陀来访，两人以前在北京就认识，李陀对结构现实主义也很感兴趣，他鼓励平凹就照这个办法往下写。李陀认为，一个作家缺乏了艺术探索精神，这个作家大概底气将要尽了。平凹的脑子一下子宽松开来，许多原来封存的思想又一时活跃起来。他讲了《商州》的故事和人物，引起了李陀的极大兴趣，李陀说，这部作品他就替郑万隆主编的《长篇小说》专辑约下了。这便是贾平凹的第一部长篇小说《商州》，发表于1984年第5期《文学家》。后来，北京出版社将此书出版了单行本。

1984年7月中旬，在陕西人民出版社三楼会议室，陕西的大型文学刊物《文学家》的主编刘成章和出版社领导一起，主持召开了贾平凹作品讨论会。出席会议的文学评论家、文艺理论家共十多人，大家认为，贾平凹自《小月前本》开始，小说创作跃上了一个更高的层次；他的作品更贴近生活了，对社会的包容面更大了，他对变革时代的一些人物的心理透视更准确了。王愚说，平凹“艺术上保持了细腻熨帖的特点，在写人状物的清新明丽上则更有所发展”。费秉勋认为，自《小月前本》以后，贾平凹小说的创作方法由非现实主义转向现实主义，原因有三点：一是生活的推动，二是文艺社会学的影响，三是中篇小说自身的规律所导致。他认为贾平凹在现实主义的道路上迅速地走向深入和成熟。阎纲说贾平凹是“关中才子”，他惊叹平凹文学作品的独特和丰富，他希望平凹建树起大家的风度。

贾平凹是怎么想的呢？他在给上海评论家蔡翔的信中说：“一切变革，首要的是民族性格的变革，也就是不能不关注到这个民族的文化基因。”由此，他思考着中国古典文学与哲学的关系，思考着“独特的中国诗的形式、书画的形式、戏曲的形式”，他说：“如果能深入地、详细地把中国的五言诗、七言诗同外国的诗做一比较，把国画同外国的油画做一比较，把中国戏曲同外国的话剧做一比较，足可以看出中华民族的心理结构、风俗习尚，对于整个世界的把握的方法和角度，了解到这个民族不同于别的民族之处。如果能进一步到民间去，从山川河流、节气时令、婚丧嫁娶、庆生送终、饮食起居、山歌俗俚、五行八卦、巫神奠祀、美术舞蹈等等做一考察，获得的印象将会更丰富更深刻。”

1984年9月，甘肃平凉地区文联的朋友接平凹一家去他们那里过中秋节。已经连续两年了，平凹一家的中秋节是在平凉度过的。当然，那里每年一次的文学讲座也必在这时候举行，平凹在讲座上说："搞创作要有狠劲，要下大苦功，要给自己不停地定目标，定大目标。有的人搞创作是为了改善环境，或者是为了捞个好名声、挣几个钱等等。这样，他绝不可能取得大的成就。"他勉励当地作者："搞创作是马拉松运动，看谁能坚持到最后。别人发一两篇东西，不要眼红，要看后劲。一个作者熬到最艰苦的时候，再坚持一下，就到了另一番天地。"除了讲学，他还游了崆峒山。崆峒山的道人告诉他，山之东台阳崖有"玄鹤洞"，高五丈，阔半丈，深难测，洞口常罩薄云，相传自帝尧时即有一对玄鹤栖息洞中，时人以为祥瑞，历代以观玄鹤为眼福；康熙年间还修建了"招鹤堂"；据载，玄鹤翅如车轮，长嗉修胫，丹顶皂身，白腹朱喙，神态俊逸。如此妙物，却于日寇侵华之时绝迹。平凹感叹："如此珍贵动物，却灭绝于战火，看来生态平衡问题首先是人类和平问题。"

广州《家庭》杂志的主编李骏在唐代风格的酒楼曲江春宴请西安的十几名中青年作家。《家庭》发生稿荒，李骏索稿急如星火。可是，大家皆无现货可交。怎么办？老作家景平提议："请平凹即席赋诗，以解燃眉！"众人拍手叫好，可平凹面色庄重、凝目于酒，手中玉杯微微颤动……在景平的示意下，女服务员将一方素笺在桌上铺开，那是"烹饪学会"的餐巾；这餐巾上印有素淡兰花，质地皮韧绵软，平凹伸手捻了捻，饱满的上眼皮闪了两下。

墨笔润好了，几十双眼睛瞧着他，宴席上失去了杯盘之声，大厅里静默得令人窒息。平凹的商州乡党京夫，急得手心里出了汗，他暗暗为他的商州才子着急，祈祷他千万别露了丑。还是在景平的示意下，女服务员将毛笔双手平托着呈给平凹，每一个动作都做得认真。接笔时，平凹的手抖了一下；接着，笔杆在他的指间捻转了一下，笔尖就势按到餐巾上，众人看时，是两个方正稳实的墨字"杆杖"，接后是一行小字"为《家庭》杂志作"。

平凹一气写下去，这是一首诗。曲江春的女领班漂亮而有风度，她是一位文学爱好者，京夫认识她。她接过平凹手中的笔，又捧起这方题了诗句的兰花餐巾，忍不住吟出声来：

把杆杖插在土里，
希望它开出红花；
把石子丢进水里，
希望它长出尾巴；
把白纸压在枕下，
让梦绘出图画；
把邮标贴在心口，
寄给远方的她……

掌声响起，平凹长出了一口气。叫好声响彻大厅如噪鸦旋天；服务员们奔走传告，步态裙裾如落英缤纷。平凹揩了汗，仰靠了软椅，叹曰：“啊呀，分明是七步诗嘛！”老友刘大鹏嘲笑：“人家温酒斩华雄，也不至于如此‘汗颜’嘛！”追索起来，平凹还是从写诗起家的。第一首诗登在70年代初丹凤县苗沟水库的《工地战报》上。那诗受到好评，激起了他写诗的狂热。入西北大学后，他更把诗作为主攻目标，还与人合出过诗集。多少年后，谈到自己的创作，他说：“一个人要善于发现自己的长处，只有知道自己的特长后，才能扬长避短。例如你硬要叫一个善武的人给你唱一首悦耳的歌，即便要打他一顿，他也唱不好。文学创作跟上述例子相同，有的人善于抒发情感，而有的却见长于刻画人物。我是写过许多诗，并且文学起步是从诗开始的，但诗写不好，够不上发表的标准，不如写小说。”

然而，在小说创作取得一定成就的时候，他并没有泯灭了自己的诗心。从1982年开始，他常常按捺不住一颗激跳的心，不时将许多感受发而为诗。纷纭的中国当代诗坛，虽鱼龙混杂，莫衷一是，可对贾平凹的诗，竟众口执一，说是“有味道”。于是，不少刊物向他索诗了，他也有兴即写，无兴作罢。这样，中国诗坛的权威杂志《诗刊》上也陆陆续续地登出了他的诗作，连内蒙古的《诗选刊》竟也接二连三地选载他的作品，如《平凹情诗》《一个老女人的故事》等等。并且，不止一次地有诗论专家为他的诗写了专门的评论文章。有些地方搞诗会，他是重点邀请对象；有些刊物办诗专号，他的名字和北岛、舒婷、顾城等列在同一行。到 1986 年秋，他发表过的诗作大约有 2000 行之多。于是，老诗人邹荻帆找上门来——要为他出诗集！平凹是多么兴奋啊，他上小学时就唱老诗人那首“对面山上的姑娘，你为什么这样的悲伤……”，也一直对这老诗人怀着神秘感，没想到今天，老诗人索要他的诗了！邹荻帆在中国新文坛上是一直睁大着眼睛的，这位老诗人以他灵慧的触觉早在 1978 年便捕捉到了贾平凹，发现了他的《满月儿》，并率先著文向文学界推荐。更令邹荻帆兴奋的是，这个已经成长为小说家的“青年”，原来诗歌创作上竟也有颇不浅的功底。于是，他力主出版平凹的诗集，尽力把平凹推荐给广东花城出版社的总编辑李士非先生。李士非也是老诗人，60 年代就以长诗《向秀丽》闻名于文坛，他还在 1985 年就专程到西安邀平凹去广东写作，他们曾在西安宾馆畅谈了六个小时。邹荻帆给李士非说：“平凹的诗集一定会受到读者欢迎。”这样，贾平凹的诗集便列入了花城出版社出版的“诗人丛书”第五辑，诗集名为《空白》，一版印数 5000 册。同时，他的诗还受到一些作曲家的青睐，他们在他的诗中发现了极强的乐感和行板式的节奏，就把他的诗谱成了歌，朋友们希望这些歌能流行开来，但又希望不要成为流行歌曲。

平凹的书法，最早受人称赞的是苗沟水库高处山崖上的“农业学大寨”，每个字都有斗大，工地上的人都说好，他也从此有了写大字的信心。到西安后，他的书法被人正视，还是方新村草屋那“静虚村”三个大字。写作累了，他便书几幅墨的“作品”挂到书架上，有一时心血来潮的戏言，有夜读偶得的佳句，也有古人思想的哲言。在这样的环境里坐了，写作心力充足，读书精神焕发；可是不久，他发觉每有朋友小聚，他那些随意书写的条幅便少了几张。搬至南院门横巷居住后，屋内面积增大，平凹除隔三岔五自制书画装点壁室外，还接纳朋友的呈赠。当然，赠他书画者，俱是行内人士，这些书画作品为平凹启智明志发挥了积极作用。也是从这时起，他的字画陈设才开始做专业装裱，他的几幅书法才进入公开的展览馆。1984 年在陇东，一次为百十人题字；1985 年在延安歌舞剧院，他应邀挥毫写到深夜……早在 1980 年时，陕西咸阳人王炬刻印了一部《平凹书画集》，据说都是他随手丢弃的玩意儿，但被有心的王炬收拢来翻印成书，有美术收藏家高价求索而不得。1986 年，西安市某书画店经理执意要和平凹签订合同，以每幅 500 元收购价，要求他每月供给 10 幅书法作品，此事遭到平凹的拒绝。

1984 年，陕西《艺术界》编辑部来人，以平凹的诗书画为题对他进行采访，他谈了如下的观点："我之所以作诗作书作画，正如去公园看景，产生于我文学写作的孤独寂寞，产生了就悬于墙上供我精神的受活。既是一种私货，我为我而作，其诗其书其画，就不同世人眼中的要求标准，而是我眼中的、心中的。"对于诗，他认为，诗应该充溢着整个世界，人无论从事什么事业，要取得成功，因素或许是多方面的，但心中永远保持着诗意，那将是最重要的一条。他说他做文章，点灯熬油笔耕于案，劳作的艰难常常使他陷入疲倦，而苦中寻乐的，唯有这诗。诗给他以休息的安妥，使他保持不竭的精力，永远感到工作的美丽。他说："诗要流露出来，可以用分行的文字符号，当然也可以用不分行的线条的符号，这就是书法，就是绘画。当我在乡间的山荫道上，看花开花落，观云聚云散，其小桥、流水、人家，其黑山、白月、昏鸦，诗的东西涌动，却会意而无言道出，我就把它画下来。当静坐房中，读一封家信，抚一节镇尺，思绪飞奔于童年往事，串缀于乡邻人物，诗的东西又涌出，却不能写出，又不能画出，久闷不已，我就书一幅字来。诗、书、画，是一个整体，但各自有不可替代的功能，它们可以使我将愁闷从身躯中一尽儿排泄而平和安宁，亦可以在我兴奋之时发酵似的使我张狂而饮酒般地大醉。"

1984 年 8 月，《十月》编辑部邀集在京评论家陈骏涛、陈丹晨、张炯、杨世森、蔡葵、雷达、吴泰昌、张韧、李陀等在《十月》杂志社座谈平凹近一年来连续发表的三部中篇小说《小月前本》《鸡窝洼的人家》和《腊月 · 正月》，贾平凹赴京参加了座谈会。是年，陕西人民美术出版社的青年编辑王新民责编的《平凹游记选》出版。

10月，应花城出版社之约，平凹为该社编辑他的中篇小说集《小月前本》，这是他的第十二本书，1985年出版。入冬，他又邀了何丹萌去山阳县。那里发现一棵古树，枝上共生九种叶子，是稀世之物。来到九叶树下，二人合抱，尚余两拃零四寸。何丹萌算出这树有20个立方的木材，贾平凹算出这树有500年以上的历史；看那蓬如巨伞的枝冠，果然有奇伟傲岸之势，天空虽在飘雪，可那些各色粗细的枝干上，有冬青阔叶的墨绿，也有刺柏针叶的碧翠；看得清一掌枯黄的桐叶占着枝头，也捡得了几片橙黄美妙的柞树叶。是夜，在人家四面漏风的柴屋里，在如豆的漆油灯下，平凹写成散文《九叶树》。山阳县归来，平凹应青海人民出版社之约，为该社选编他的第十三本书《平凹文论集》。文论集刚交出，娘因胆囊炎在西安住院做手术，这样平凹便要天天去伴陪。母亲病愈后，《鸡窝洼的人家》在《十月》杂志发表。这部中篇小说一经推出，很快受到评论界关注，几家电影制片厂轮番派人来争抢改编权，最后平凹授权西安电影制片厂改编。剧本完稿，班子搭就，定名《野山》，平凹便不得不陪颜学恕导演去看外景，不得不陪演员去体验生活。他对饰演女主角的岳红印象颇佳，岳红临离西安，向他索字，他题赠她的条幅上写：“山上桂，涧下兰，色壮野山。”岳红在《野山》里饰桂兰一角，他将片名和剧中人的名字巧藏字里，又一次要示了机智和聪敏。小说《鸡窝洼的人家》因思想深刻、艺术精湛，荣获《十月》文学奖、西安市作家协会1984年“冲浪”文学奖。由《鸡窝洼的人家》改编的电影《野山》，荣获文化部新时期十年电影奖之最佳故事片奖、第六届金鸡奖最佳故事片奖、法国南特电影节优秀影片奖、巴黎亚非拉电影节大奖；在荷兰鹿特丹电影节上，连续五天观众评比得分最高……

一个偶然机会，贾平凹在大街上碰见了《教师报》的女记者樊继真。樊曾向他约稿，可他早忘记了。今天在街上“逮”住，她不能轻易放过他。她要他立马就写，“报上不是说你饮一杯酒的时间就给《家庭》杂志写了一首诗吗?”平凹自知今天是跑不掉了，就背靠了街边一棵法国梧桐，展开一个空烟盒。平凹掏出了那支老式的金星笔。樊继真一眼一眼瞅着，看这个被称为才子的人如何变戏法。不大一会儿，烟盒纸递过来，樊继真细看，竟是散文《游寺耳记》，她又一一数了，全文共286字。樊继真抬腕看表，却说："我忘了记时间。"还要说些感谢的话，却见平凹已疾行在人流里。

贾平凹前脚进门，后脚就接到侯琪的电报。她是《鸡窝洼的人家》和《腊月·正月》的责任编辑，北京十月文艺出版社领导要她将这两部中篇连同《小月前本》结集编书，她发稿在即，却迟迟不见平凹寄来"后记"。这是贾平凹的第十五部作品集，系《十月丛书》之一。三部中篇，三个艺术台阶，贾平凹跃上一个新的高度。这一点，全国著名的文艺评论家大都写过评论文章。这些文章汇集起来有40多万字。那么，到1984年底，贾平凹的小说从艺术总体上究竟达到了怎样的高度呢？请看中国作家协会创作研究部研究员季红真在《文艺情况》（1985年3月29日）上为贾平凹作的评语："贾平凹形成了自己旨远蕴深的美学风格，达到了中国当代文学三十年中少有的艺术成就。"之后，《腊月·正月》荣获全国中篇小说奖、北京市建国二十周年征文奖、第二届《十月》文学奖、陕西省"开拓"文学奖等。另外，《宿州故涉台龙柘树记》获《羊城晚报》优秀散文奖。至此，他历年累计共获全国和各省市文学奖19次。同年，《丑石》作为教材编入中学课本。

1985年1月上旬，在北京召开的全国作家协会第四次会员代表大会上，贾平凹当选为全国作家协会理事；12日归来，他又被接纳为中共党员；同时，中共西安市委宣传部决定给他晋升两级工资。

他在为《中篇小说选刊》作的一篇题为《关于"冰炭"》的文章里说："我觉悟到愈是别人都写的，尽量少写，愈是别人不写的，详细来写，越是要表现骇人听闻之处，越是落笔冷静，不露声色，似乎随便极了，无所谓极了。这种大涩、大冷、铁石心肠，才能赢得读者大润、大热、揪心断肠吧。"

初夏，广东花城出版社总编辑李士非来访，在西安宾馆八楼一套房间的红地毯上，平凹席地而坐。他们品尝着大荔的沙瓤西瓜，谈论着中国当代小说。李士非是位温厚长者，他邀请平凹到广东去，说秋天他们要在珠江口办一个笔会，岭南文学界的朋友都希望平凹能参加。7月，应作家出版社之约，平凹为该社编选小说集《天狗》，这是他的第十八本书。这部书30万字，包含了他1984年下半年到1985年上半年发表的七部中篇小说。他在为《中篇小说选刊》做的一篇名为《说“天狗”》的创作谈里说：“叙述语言，尤其交代事情过程的语言，一向令我头痛，写起来总觉得并未表达清楚，别人读起来却感到太啰嗦了。我吸收当今颇为流行的一些方法，但不想生搬硬套，亦不想自己跳出来议论，便这么不停地变化人物角度，以其身份发感慨，又全然是以其感觉为依据。这样，没想则有了一些淡淡的味道，或者说有了一点小小的冷的幽默。”谈到小说的“诗意”，他说：“我一直认为诗人固然需要写诗，但弄小说的人心中也需要充溢诗意；诗意流动于作品之中，是不应提取的，它无迹可寻，这是不是一种所谓的‘气’呢？文之神妙是在于能飞，善断之，善续之，断续之间，气血流通，则生精神。”

1985年8月20—30日，陕西省作协长篇小说促进会，红碱淖合影（左起：子页、白描、贾平凹、路遥、京夫、陈忠实）

8 月，香港举办“电影与文学”研讨会，特邀他参加，因肝病作祟，未能成行。月底天稍凉，“澳抗”降为一个加号，他赴陕北参加省作协举办的“长篇小说创作突破与提高研讨会”。他身为省作协副主席，是这次活动的领导成员之一。他和李小巴、路遥、陈忠实一起为这次会议的实施竭尽张罗，他们试图通过这次研讨，对陕西的长篇创作来一个促进。

10 月，平凹到安康考察。1982 年早春，他来过一次，但那时心情沉郁，且春寒料峭，还有紧张的讲学任务，所以来去匆匆，未及“细读”安康；尽管如此，他还写了散文《紫阳城记》，以及小说《鬼城》。他对《汉江文学》的负责人陈长吟说：“这次来使我认识了陕南的多层次。安康与商洛是有区别的。比如商洛的山更雄浑，民更拙朴，接近秦川；安康的山愈峻秀，民愈精巧，接近楚地。真是同中有异，异中有同。”贾平凹此次来安康，是应《汉江文学》之邀来为他们文学讲习所的 500 多名学员讲课。讲课之余，他去旬阳县、白河县，一路采访，奔波不息。不巧痔疮又犯了，他就拄着拐杖且行且看，安康山水的钟灵处他一处也不愿放过。他的肝炎未痊愈，旅行箱里就携带着特效药水，每天两次注射。就这样，他日间归来，夜里朋友散去，还要挑灯熬油，继续着他的第二部长篇小说的创作。最后几天，是编辑部特意留给他的，请他给《汉江文学》写一篇小说，这就是《火纸》，一部两万多字的小中篇。《火纸》正式发表在 1986 年第 2 期的《上海文学》上。作品发表之后，给小说界带来一阵骚动，评论家常智奇在给《小说评论》的专论里认为这是“一篇哲学意识萌动的作品”。在安康，除了讲学、采访、写作之外，他还和同行的评论家董子竹、作家和谷及当地作者张虹一起玩扑克。平凹打扑克非常认真，谁要漫不经心，他就要严加指责。他规定，谁输了牌谁唱歌，没想到他自己倒先输了，作法自毙，无奈就唱那“后院里有棵苦李子树”。安康归来，有朋友做出统计，平凹在陕西考察过的县有 70 多个。

这期间，上海评论家蔡翔来信待复。论及中国文化，贾平凹说：“一切变革，首要的是民族性格的变革，也就是不能不关注到这个民族的文化基因。”

1985 年，北京有朋友称小说上这一年是“贾平凹年”。这一年，他发表了整整十部中篇，这在中国现当代文学史上显然是一个空前的奇迹，请看：《山城》，载《朔方》1985年第1期；《远山野情》，载《中国作家》1985年第1期；《天狗》，载《十月》1985年第2期；《冰炭》，载《中国》1985年第2期；《蒿子梅》，载《上海文学》1985年第3期；《初人四记》，载《花城》1985年第3期；《商州世事》，载《中国作家》1985年第4期；《人极》，载《文汇月刊》1985年第7期；《黑氏》，载《人民文学》1985年第10期；《西北口》，载《当代》1985年第6期。

如何宏观地评价贾平凹这个时期的创作？西北大学教授费秉勋及时地推出了自己的研究成果。他认为：一、贾平凹接续了历史性断线的中国表现性体系小说的创作，并把对西方现代派艺术的吸收，与之冶为一炉；二、在对美的追求和对人生意义的探寻中，贾平凹感性地、不成体系地接受了中国的古典哲学；三、客观地理上的文化熏染，加上作家主体方面强大的艺术吸收力，形成贾平凹创作上所谓的"秦汉风"；四、转益多师，广泛沾溉于古代文艺以摄取营养，使贾平凹创作的艺术风貌获得了丰富性，并不断走向深化；五、贾平凹吸收中国传统文化以造就自己，这条道路给了一代作者有益的启示。

1985年底，侯琪知道贾平凹写就一部长篇，就写信给他，希望将稿子寄给她看看。平凹将稿寄去，她看过后，认为写得不大理想，就将她的意见告知平凹并希望他细细地修改一遍。不久，平凹给侯琪回信说："我现已将原稿一并作废了！从头一个字一个字地重新写。因为小修改已不起作用，要修改就彻底重写。我现已开始写了一万字。光开头就改写了七次！每日只能写出几百字，但写出来的，感觉还可以。我想扎扎实实，真正弄些好东西出来。恐怕1986年大部分时间就磨这部作品了。我衷心感谢您！"

1986年，新春伊始，陕西的大型文学刊物《文学家》在第1期推出"贾平凹研究专辑"。2月，中篇小说《古堡》在《十月》第1期发表，该作被授予1986年度"西安文学奖"。《古堡》是贾平凹1980年以来创作探索的综合体现，也是他六年来各种创作探索的集大成作品，无论在对各种题旨命意的不

1986 年，贾平凹

同深浅层次的艺术揭示上，和对生活存在的自然形态尽量较少提纯的叙写中，还是在渗透于生活形象描写中的关于哲理内涵、时代氛围、人生奥秘、历史运动等的自觉思考方面，都显示了作家思维空间的空前广阔。3 月，广州《羊城晚报》授给他优秀作者奖。4 月，他的乙肝“澳抗”出现两个加号。5 月，《散文选刊》推出“贾平凹散文特辑”，所选八篇作品代表了他近期的散文成就。6 月，应商洛师专邀请回商州讲学。

7 月 8 日，西安大暑，贾平凹到户县写作《浮躁》，这是他的第二部长篇小说，在听取了侯琪及理论家董子竹对这部作品初稿的意见后，他将原稿推倒，重新构思，从头写作。户县距西安约 40 公里，有丹凤乡党连成在该县供职，连成住房宽敞，且可天天供应他浆水漏鱼儿和糁子面，又有武打录像供他调节神经。户县归来，收到湖北长江文艺出版社赠他的古朴高雅的陶瓷工艺品——瓷质编钟，此为湖北八家出版社联合制作。

9 月，上海文艺出版社一编室主任刘征泰送来聘书，聘请贾平凹为“第五代作家小说丛书”编委。作品入选这套丛书的作者还有王蒙、邓友梅、从维熙、冯骥才、陆文夫、张贤亮、张洁、张一弓、张承志、蒋子龙、谌容，一共十二人，入选的名作大体可以代表十年来中国文学的思想和艺术高度。同月，福建海峡文艺出版社出版《贾平凹集》。这是他的第十九部著作。他在《贾平凹集》的后记里说："艺术的最高目标是在于表现作者对宇宙人间的感应，发掘最动人的情趣，在存在之上建构他的意象世界。我追求一种莽苍的旷达的东西，追求一种硬的和谐，追求自己的成熟。"平凹曾在与费秉勋讨论小说"散点透视结构"的艺术手法时，认同"仰观象于玄表，俯察式于群形"的文学主张，认为"史诗式"作品应当对宇宙人间有巨大的历史感应力。

10 月，《青年散文家》编辑部发来聘书，聘贾平凹为该刊顾问。该月，平凹应张辛欣之约为香港一出版家编就了《贾平凹精品专集》，这是他的第二十本书。11 月，为中原农民出版社编就他的第二十一本书《故里》，短篇小说《水意》在南京《钟山》发表。12 月 28 日，作为陕西代表队的领队，平凹率九人赴北京参加中国作协召开的"青年文学创作会议"。同时《人民文学》在年终号上刊出他的中篇新作《龙卷风》。年底，平凹接到上海《收获》编辑部李小林的电报，告知他 33 万字的长篇小说《浮躁》将于 1987 年第 1 期《收获》全文刊登；同时得知，作家出版社将同步出版《浮躁》单行本。这是他的第二十二部著作。时年他 34 岁。《上海文学》主编、著名评论家周介人发现了平凹思维上的特点，在几个场合都说"平凹是文化的苦旅者"。

贾平凹的盛名，依靠的是他丰硕的著作成果，他认为："今天有人请，是因为昨天写了些作品，今天不写，明天想热闹都没有人请了。"他站在贾平凹之外审视贾平凹："纵观他的创作，似乎有一个奇特的现象。即他的创作步子始终与文坛上的风潮不合拍，不是快一步，就是迟一步。他是个体格上相当孱弱的人，因为形象不佳，门第不显，做人十分小心，甚至一派猥琐，实则骨子里极尽固执和强硬。""四人帮"之后，中国文坛复苏，占主导地位的是伤痕文学，一大批中青年作家的作品应运而生，贾平凹也是此时冒出来的，但他的作品不是伤痕文学，而是一篇写新生活的《满月儿》。现在看来，《满月儿》的立意和境界都是很小的，它仅仅是以一股清新的微风拂进文坛而赢得了读者的欢迎，并获得全国首届优秀短篇小说奖。之后，文坛兴起改革文学，读者狂热地追逐一个又一个“爆炸”性的作品，他却在两年里大量写了《厦屋婆的悼文》《山镇夜店》《年关夜景》《晚唱》《二月杏》《鬼城》等“暴露”式的作品。恰又是快了一步，于是引起许多人不理解，人们叹息，甚至愤怒。一时间批评文章很多。他毕竟初涉文坛，也初涉人世。他极其委屈和孤独，相当长一段时间不写小说了，读者很替他惋惜时，他却一口气写了两年散文。这些散文正如孙犁所言“不同凡响”，从而引起更大关注。众多的读者争购他的散文，手抄的，剪贴的，写毕业论文的，不断反馈回来的信息给了他安慰和激励。或者可以说，是散文拯救了他，使他征服了读者又战胜了自己。而恰恰此时，散文在文坛上处于最冷落的阶段，以致许多散文家都开始改写小说了。许多人见了他，说：“你的散文可以留下来，你的小说则随生随灭。”这话本是真诚之言，他却大大赌了气：偏不写散文了！在他第二次进入小说阵地时，中篇小说已经在全国举办了两届评奖，虽势头未尽，但已过了当初的热闹时期。这对平凹来说，无疑是一次重要的裂变。于是便有了《小月前本》《鸡窝洼的人家》《腊月·正月》，于是他便在第三届全国中篇小说评奖中获奖。之后，他从《腊月·正月》大转折，到1985年，他一下子推出《天狗》《黑氏》《人极》等十部中篇小说，这似乎又在内核上和《二月杏》那一批作品衔接了起来。他转了一个螺旋又回到原点，但拧一圈就有螺距在作用，他的视角被抬高了许多，视野更扩大开来，这就又有了《浮躁》。他说：“有意以这部长篇总结以前的创作。”《浮躁》写完，是《龙卷风》和《故里》等，这里他又在实行新的变法：在存在之上建构自己的意象世界。这对于他，又是一次质的裂变。

1987年1月，全文刊登《浮躁》的大型文学月刊《收获》刚刚上市一个星期，上海的《海上文坛》杂志主编、著名评论家程德培率先发表评论，他说：“《浮躁》值得一读，它有许多地方使人产生难得的痛快感，当然，它也许有许多不足，但我敢说，它是贾平凹创作中最有锋芒、最痛快淋漓的一部作品。”

2月，北京的大型文学刊物《十月》，发表了贾平凹的中篇小说《故里》。

中国小说学会的机关刊物《小说评论》2 月号上，刊出了费秉勋先生的文章《论〈古堡〉》。费先生在文章中谈到一个情况，就是在 1986 年，贾平凹集中精力写作《浮躁》的同时，还发表了一部中篇、两个短篇。两个短篇是《火纸》和《水意》，一部中篇就是《古堡》。值得指出的是，《古堡》发表后，很长时间里评论界反应冷漠，个中原委，恐怕是那些年过分强调了“改革文学”，一些批评家俯仰于时政功利而将纯粹的文学边缘化了。《古堡》由安徽省电视台改编为六集连续剧搬上荧屏后，曾在许多省市电视台轮流播出。

阳春三月，平凹为中国文学出版社选编了《贾平凹作品选》，该书被译成英文向海外发行。因“自由化”问题，著名作家刘宾雁、王若望被开除出党。

6 月 9 日，平凹偕夫人赴桂林参加旅游文学笔会。这是他平生第一次远游江南。会间游广西桂林、南宁和云南昆明、四川成都等地，每有感触，便即时笔记，后发表“南国游品九篇”。此次会上，始识老作家汪曾祺和漓江出版社负责人彭匈，汪戏称平凹“鬼才”，平凹戏呼汪老“文狐”，三人成了朋友。平凹说一口陕西方言，彭匈只能听懂百分之六十，于是汪先生便充当翻译。6 月的桂林，绿肥红瘦，江水盈盈，三人游山玩水，其乐陶陶。其时，香港《大公报》连载平凹的中篇小说《黑氏》，英文版《中国文学》杂志头版转载了他的小说《蒿子梅》。

7 月，英语“熊猫丛书”《贾平凹集》出版。7 月 21 日至 22 日，《小说评论》编辑部在西安召开《浮躁》讨论会。30 多位评论家、理论家、作家、教授参加了讨论会。一些与会者认为，《浮躁》最引人注目的是它从整体上所做的对时代情绪的准确概括——浮躁！在新时期文学中，视野如此开阔，时空如此宽广，气度如此恢宏，而且十分自觉地把笔墨放在展现中国当代社会文化心理形态上，实在是过去所未曾有过的，平凹对当代中国人人性建构的展现、社会心理的挖掘、社会情绪的把握，都达到了相当的深度。在这个讨论会上，董子竹的观点有一定的代表性。董先生是西安市戏剧研究所副所长，在平凹构思这部长篇之初，曾听取过他的一些建议。董先生对释家学说颇有研究，他在题为《成功地解剖特定时代的民族心态》的长文中提出了著名的太极“四抱合”

说，其解析的着眼点在于平凹笔下州河人的文化形态。

9 月，《浮躁》由作家出版社正式出版。

10 月，《贾平凹散文自选集》第一版问世。平凹曾担心："出这么厚一本，怕要赔了经济。"对此彭匈表示自信，他说："一本书一上市就能产生轰动效应，锣鼓喧天，鞭炮齐鸣，固然兴高采烈，而那种'随风潜入夜，润物细无声'，循序渐进地获得读者认可，终于后劲十足，长效的图书，就更显出其难能可贵之处。"果然，彭匈的话在三年后得到证实。

稍有空闲，贾平凹就随时记下自己的读书笔记："今日购施蛰存一书。吾极喜施氏的心理层次的描写。心理描写要传神，一是变形，二是细腻，三是层次。吾数多年前便欲以现代意识写古事，但不成，读施氏大作倒颇有启示。……浓重的背景，使一个很平淡的故事枝蔓起来，丰厚起来，而施氏叙之从容。"当人们正埋头研究《浮躁》的宏题奥旨的时候，平凹又潜水而进了。"以现代意识写古事"，直到四年之后《美穴地》发表，人们才知平凹又做了一次"变法"。人们当然不知，早在 1987 年夏，从这则读书笔记始，他就为这几年后的"土匪系列"奠定了新的艺术视角。

11 月 24 日，作家出版社也在北京举行了《浮躁》讨论会。对此，上海《文汇报》于 11 月 26 日发表了著名记者陈可雄的专电，《人民日报》也于 12 月 1 日做了专题报道。《文汇报》的文章说："要了解当前的中国社会，不可不读《浮躁》。它的出现，是近年来长篇小说创作中的一个重要成果。"讨论会上许多专家认为，《浮躁》是表现农村现实生活的扛鼎之作。几年后，在北京召开的一次省级干部会议上，与会者每人得到一部赠书，这就是《浮躁》。一段时间里，《浮躁》被划入"改革文学"的范畴。

"改革文学"之于新时期文学的意义，张炯说它是历史进行曲、时代的进军号，它拓展了文学之于社会的实际功效。王蒙说，这批文学作品对社会改革的贡献有三个层次，第一是反映改革，提出问题，号召人们奋起变革现实；第二是反映人民群众精神的解放和精神潜能的发挥；第三是通过提高全民族的文化素质、审美水平对改革给予积极促进。总体而言，1987 年中国的小说创作跃上了一个空前的高度，代表性的长篇作品包括张炜的《古船》、黎汝清的《皖南事变》、邓刚的《白海参》、柯云路的《夜与昼》、王蒙的《活动变人形》、张抗抗的《隐形伴侣》、贾平凹的《浮躁》、张承志的《金牧场》、梁晓声的《雪城》、马原的《上下都很平坦》、莫言的《红高粱家族》等等。

12 月，美籍作家陈若曦索平凹著作集在台湾出版。

《浮躁》之后，贾平凹因肝病住院。出院后，他发表了一批堪称新潮的奇文，这是一系列风格诡异的魔幻之作：《龙卷风》《瘪家沟》《太白山记》《白朗》《烟》等等。这些作品直接取材于民间传说，或写得亦真亦幻，或写得荒诞不经，都意在展示神秘文化心态的深不可测，寄寓高深玄奥的禅机佛理。评论家樊星说："在当代中国的'新潮文学'中，贾平凹的魔幻之作具有十分特别的意义：不同于那些或多或少借鉴西方现代派手法的作品，贾平凹直接从民间文化中汲取素材，写成极具神秘意味的当代志怪，堪称'具有中国文化特色的现代派文学'。"

第四章
从美人琴到飞马奖

贾平凹作了一幅画，挂到墙上，正扬扬得意地欣赏，来了方英文。方英文说：“你又作画了啊！”平凹笑笑地说：“你看看。”方英文念那画上的题目：“山之舞。”平凹说：“你再看看。”方英文就做挠头状，看了半天，也笑笑地说：“你这是一个女人嘛。”平凹笑着说：“嘿嘿，我知道你对女人敏感。”方英文说：“不过，你这腿只有半条。”平凹说：“腿是蜷着的。”方英文就不言语了，一支烟在指间燃着，目光却还在画上。平凹依旧笑笑地望着他。终于，方英文转过脸来，却故作轻声云：“这只脚是六个指头。”平凹收紧了脸，反问：“六个？”方英文严肃起来：“你数数。”平凹拿食指一一数过，说了一声“你这人”，猛然又问：“世上人难道没有六个脚指头的？听说杨贵妃就是六个脚指头。”

方英文一脸占了上风的怪相，平凹眉眼也乱动起来，说：“你赏画怎么光挑毛病？”方英文较起真儿，又指着画说：“这另一只脚才四个，你数数看是不是？”平凹一二三四数了。方英文问：“几个？”平凹就不同他赏画了，过去写字，毛笔提起来，倔倔地说：“反正两个脚指头加起来是十个。”

平凹从北京开政协会回来，整理出租车车票准备报销。他把十元五元的一沓票据贴好，忽然一咬牙说：“这五角钱就给国家省了。”说着把一张票揉成纸团丢进垃圾桶。旁边的方英文很奇怪，心想平凹今天怎么这么大方，连五角钱都不要了？遂捡起那团纸抚平，观之，见是北戴河疗养院的一两饭票，质问之，平凹说："这饭票是在北戴河疗养时剩下的，回来一直保存在身上，准备寻机会再去吃一顿。今天报车票，又摸出了，你平常老说我吝啬，我就做一次大方给你看，谁知叫你逮住了。"方英文说："狐狸总要露出尾巴。"平凹说："其实你比我还啬。"方英文说："作何讲？"平凹说："你连垃圾桶里的一两饭票也不放过，你好好保存着，到了北戴河可以买半个馍。"

王新民乘出租车来接平凹赴宴。到楼下，王新民上楼去叫平凹，方英文在王新民坐过的出租车座位上捡到一把铜钥匙。王新民接平凹下来，方英文就问："这是你的钥匙？"王细观，摇头。方英文又问司机，司机也否认。平凹就伸手过来说："这是我的。"方英文就反讥他："你还没上车怎么会有钥匙遗在车上？"平凹说："我看这二两铜能卖些钱。"

1988年，中国的改革开放日见火热。入春，谈论《浮躁》一时成了中国文学界的热门话题。据不完全统计，半年间，各类报刊上发表的有关《浮躁》的评论文章达30多篇，其中不少是万字以上的长篇大论。

1988年三四月间，平凹随几个气功师去了一趟南国。有人问他对广州的印象，他说："四月的羊城，终日欲雨无雨，无雨衣潮，混混沌沌的，它不像北方有雨就倾盆，无雨则炎日。这是南方的温柔呢，还是气功师到来的缘故？看城无城墙，人皆着浅色衣，或许乏之凝重，但满城楼多且高，势在空中拥护，而一街随处可见花木，又令人放松了那种古板。以往只知广州人喜欢体育，又往往不解广州人怎么会喜欢体育，如今方知广州的体育大有一种各自表现的意味。随着几十层高的电梯上来下去上来，偶尔看见一只胖胖的蚊子也在电梯上，一时倒觉得这蚊子的可爱。羊城真是个五羊而无头羊的城，一个随便的城，一个适意的城。街上的木棉花开了，觉得惊奇，又觉得疑惑，说一句'塑料做的花'，周围人皆笑了。"

贾平凹狂热于体育，除足球外，还有棋类。下棋瘾大，但棋艺不佳，无论象棋还是围棋。平凹说他最崇拜体育明星，就把小鹿纯子的名言挂在书房："我的目标是奥林匹克运动会！"有时静望或默念，从中汲取一种力量。小鹿纯子是日本电视连续剧《排球女将》中的女主角，很有拼搏精神。平凹曾冒雨去见中国女篮队长邱晨，如追星族那样在泥泞中静候心中的明星。为了看一场体育比赛的电视转播，他不惜“以大欺小”，和妻女吵翻。朋友曾讥笑过他这些行为，问他：“凭你这样子还想当运动健将吗？”他反驳说：“我就是个子小，篮球场上你们不给我传球我偏不打了！我是平板脚跑不快，我就不踢足球了！难道四肢不发达的人就只有永远坐着躲着？你永远不能当官出人头地为何喜欢放风筝？你发表不了作品，批不了文件，为啥在游览胜地要写‘到此一游’？”

守候家园

贾平凹喜玩古董，他的书架顶上放着一排汉代陶罐，朋友曾劝他放到阳台上去，说这类从死人墓里掘出的东西有一种阴邪之气，可他珍之如宝，说：“夜深人静了，我一个人伏案写作，熬煎累了，就看这罐罐，不知怎么，它会给我一种力的感悟。我将有人送我的一只景泰蓝也放在那里，我的感悟就更强烈。汉罐简拙大度，景泰蓝却繁琐小气，而唐代的三彩马和汉罐相比又是太华贵，以致后来到霍去病墓前看石雕，才知道了什么是汉代，也体味到我们民族文学艺术的骨骼是汉而非唐。应该说，我的文章也是因这瓦罐而渐变为古拙旷达的。”平凹还收藏着一幅绥州拓片，字面是一首七律诗，描述绥州景色感物抒怀，书者为明朝张三丰。张仙人漫游到绥州天宁寺，见山环水匝，碧空秋树，一时诗兴大发，就随手捡一块西瓜皮在山门楼壁上信手写来。其字态刚强洒脱，布局得当，笔笔叫绝，在书法行当里历来有神品之称。一段时间，平凹每于写作之余，常展卷把玩，忽一日，揣摩那诗后的立碑小记，知“天宁寺门楼建于乾隆十三年”，就不明白，明朝的人怎么会在清朝的建筑上题字？有绥德县文化馆一文博专家来看平凹，他把自己的疑惑说出来。这位专家友人反问：“要不怎么被称为仙迹呢？它得仙于天，寄身于尘世，所以谁也不知此字写于何年何月。而立碑人购石勒字于其上，是恐神物通灵，会穿破楼壁飞去，才摹而存之，以为山水之一助也。”平凹惊讶：“竟会破壁飞去？”友人说：“你看第三句！”平凹细观，果见第三句字迹漫漶，只留一个“落”字。这位友人说：“大凡杰人圣事，世上不可多得，稍有不留意，或许就埋没了，糟蹋了，这如同你们作家的灵感一闪即逝啊！”

贾平凹好古，延及枯树、朽木、老根。1986 年初，他游终南山至仙游寺。在这白居易写《长恨歌》的地方，他临风抚塔，感慨万千，又在小河边踽踽踏沙而行，不觉脚下踢出一截朽木，一触眼，他就惊呼：“琵琶！”这朽木腐得中空，形象活脱脱是一柄琵琶，他如获至宝，回来时小车上放不下，宁愿将在当地买的一袋上好红薯扔掉。这件黑脏野怪的东西，被他拿回来置于红丝绒台布上，每日揣摩。他说：“你这样看，它是一个残美人，有头颅，有硕大的双乳，有一握细腰，有宽大臀部，而体腔又中空，或许能奏出器乐。”一友人去，以掌拍之，朽物发“硿硿”之声，且音质纯净，就告诉他：“这东西空腔有共鸣音，可以做成乐器。”他来了兴致，就找来三根琴弦，当下拿出榔头、钉子，哐哐地朝那“琵琶”上砸，怎奈朽木不堪钉锤，一下子就裂了缝。他不死心，又找到一处坚固的节疤，六颗钉子竖起来，三根琴弦绷紧，他“嗡”地一弹，又以左手揉那余音，一时妙若天乐，美不可言，他高兴得如小儿一般，整个半天里，他都处在这美妙琴声的兴奋里。及晚，他又兴致大增，索性提笔在那朽木琴上题诗。诗云：

手操美人琴
目送雁南飞
几多怅惘事
谁知其中味
一曲清音里
盼有神鬼泣
哪天得长风
邀得嫦娥妹
相与羲和兄
同弹美人琴

题罢，又翻琴于背面题曰：

千古寂寞事
抚弦觅知音

又写小字记之：“仙游寺前得此琴，状若残美人，故曰美人琴，又曰长恨琴。”

贾平凹收藏有十多方砚台。有两个“活眼”的洮砚，有牛形的五台砚，有桃形的南阳玉砚，也有蓝田砚和大理砚，等等。这些砚台中，平凹最爱的是一方砖砚。这砖砚笨硕，粗糙，无工艺图案，更无讲究的砚盒，连那墨池也是一种刀耕的随意挖凿。一次，几位墨友在他书房切磋书艺，中间用饭，饭毕继续作书作画，那些高贵砚台里的墨汁全部凝固，唯这砖砚里的墨汁新鲜如初，从此大家就知道了这方砖砚的奇绝。这砖砚到他手里已十年了。当时，平凹的一位朋友去姨母家走亲戚，帮姨母搬酸菜缸时，缸底下垫一块砖。这砖太厚，缸就不稳，姨母让他取下这砖，换上几块瓦片。这砖被弃置到院里，太阳光下，才显出是文房之物。于是砖砚传到平凹手里。平凹将这砖砚仔细察看，见砖背面有布纹，还有一个深槽，槽里阴刻“官近张”三字。平凹找了一些人来分析，大家都说这砖可能本是墓砖，后又用锯子割开，再制成砚台。再经考证，知这砖砚属一个早已作古的私塾先生，“文革”时，私塾先生的许多书本和文房四宝都被付之一炬。私塾先生无后人，他的房充了公。平凹不明白，这砖砚是作为殉葬品被人从墓中挖出送给私塾先生的呢，还是私塾先生自己掘来墓砖制成砚台的？平凹用水果刀在砖砚的背后刻了“不眠斋”三个字。字成，刀子却废了。

1986 年 5 月，贾平凹陪一位导演去秦岭里的镇安县选外景。导演要将他的中篇小说《古堡》改编成电视连续剧。他在一个叫米粮乡的河滩上行走，突然发现了“老子”。这老子是化印在一块石头上的，头顶光亮饱满，颜面皱纹密集，七绺长须垂胸，整个形象惟妙惟肖。当时有人说这是齐白石，但平凹说齐白石没有这般高大；又有人说这是印度诗人泰戈尔，但平凹说泰戈尔没有这般飘逸。平凹认定，这只能是老子李耳，只能是那个主张“天人合一”的大哲学家。于是，这尊老子坐化石被请进了平凹的书房，在一个专门腾空的书架上，他庄重地为这位心仪已久的哲人供香。几年前，文坛刮起一股“否古”风，因平凹读过几本有关老庄的书，写文章时引用过道家的一些观点，一时就有人沸沸扬扬谈论平凹的不是，说他远离现实呀，思想退化呀，推崇死人死学呀，等等。但世事无常，天不转地转，又过几年，中国的思想文化界整个地都在谈论老子和《周易》，一时间研究家风起云涌，当年批评平凹的先生们也开口必老庄，放言必国粹，对此平凹著文说：“这种怪人怪事怪风，说明聪明人有时也糊涂，老子既已作仙作神，神仙心中自会清楚。”平凹将楼观台老子讲经处的一副对联书于宣纸，高高挂在书房，来人皆忍不住都要念诵：“玉炉烧炼延年药，正道修行益寿丹。”

1988 年 5 月 20 日，贾平凹在《读湘子庙小学的儿童诗》的评论中，对“童心”做了阐述：“孩子们之所以可爱，是他们有童心；孩子们的诗之所以惹人喜欢，是他们写出了童心。童心是天真的，无邪的。在我们大人一天天失去童心而竭力在保存和追寻童心的时候，我们多么希望我们孩子的童心更丰富更多彩，写出更多的童诗来。”在贾平凹的关心指导下，该校学生在省内外共发表儿童诗500余首，获各类奖百余次，其中获国家级大奖20次。平凹的女儿贾浅，从学前班到五年级一直在该校上学。在1988年全国中小学“宝葫芦”诗歌大赛中，贾浅的《黑板擦》获三等奖。《黑板擦》是这样写的：“粉笔写一个字/黑板擦就吃一个字/粉笔写完了/它也吃饱了。”贾平凹捧着女儿的奖品“宝葫芦”，高兴地说：“这个‘吃’字写得好，很有儿童的童心童趣，一个‘吃’字就把诗写活了。”

长安县的神禾塬畔，有一处藏在竹苞松茂里的建筑，这就是唐代离宫常宁宫。宫台之南，是大片水田，夏日艳荷浓香，晚来蛙鸣一片，更有稻菽涌浪，流水潺潺，身着红裙的村姑赤足浣衣，天然一幅图画。如今，常宁宫是陕西省卫生厅直属的疗养院。1988年盛夏，平凹来到这里，创作他的又一部长篇小说。这部长篇小说的名字叫《忙忙人》，是以旧时商州土匪生活为题材的一部小说。平凹在此才思涌流，日泻万言。早上，随疗养员一起做气功；傍晚，又独自到松林里散步。时令大暑，山上草蚊凶猛，又有菜花蛇随时入房安卧，这就不时给平凹造成一些惊扰。稿子写到17万字时，平凹突患腹痛，连续吃药打针却不见效，他被送回西安，经大医院化验确诊为肝炎。

1988年8月12日，他住进了西安市传染病医院。他渴望自由的创作生活，但护士不准他看书，更不准他动笔写作。每天打过吊针，他木木地坐在房檐下，看院子里红红的阳光，看房顶上的蓝天，看天边洁白的云朵；又嘘一声口哨逗引树上的小鸟，小鸟飞去了，遗落一支羽毛，他拾在手里不亦乐乎。他的行动被栅外一个小孩瞧见，小孩趴在栏杆上看他，眼中流露出在动物园看猴子的神气。可那孩子的母亲立即扯走孩子，同时教训说：“离远点儿，那是传染病！”平凹就潸然泪下。他背过身去，看院中那株月季花。花坛上有一群黑色的蚂蚁，他立即就感动了，心想美丽的月季花不怕传染，勇敢的小蚂蚁不怕传染，花儿为我们舒散芬芳，小蚂蚁为我们表演负重运动，我们不孤独。

10月，经北京方面与医院反复联系，主治医生终于同意平凹赴京。他的长篇小说《浮躁》荣获美国美孚飞马文学奖，隆重的授奖仪式上不能没有获奖者。大修中的潜艇不得不浮出海面。早在1988年夏，中国作家协会对外联络部多次向平凹索取个人简历、著作目录及历次获奖的详细情况，据说是要为他安排一次出访活动。但这一年平凹无意远游，且他的第四部长篇小说《忙忙人》未写完就患了肝病，所以作协外联部反复同他联系时，他并不经意。但事后才得知，外联部索要这些材料是为参选美国美孚飞马文学奖做的一个准备。因为当时尚在评选阶段，所以不便明说。飞马文学奖由美孚石油公司赞助，1977年以来已经授给四大洲七个国家的文学作品。该奖的设立是为了促使很少译成英文的优秀作品获得国际认可。1988年度的飞马文学奖将授予一位中国作家是根据美籍华人作家聂华苓的提议确定的。聂华苓为该次文学奖评选的顾问。中国作家协会接到1988年度飞马文学奖授予中国作家的决定后，成立了由唐达成、汪曾祺、刘再复、萧乾、茹志鹃五位专家组成的评选小组。在有关部门的协同下，经半年多的认真工作，他们由初选出的十六部长篇小说中复选出三部参加终选。最后，贾平凹的长篇小说《浮躁》夺魁，平凹成为该奖的第一位中文得主。侯琪在得知这一消息后说："平凹的谦虚美德实在是他不断取得成功的法宝。"

10月26日上午，中国作家协会和美孚石油公司在北京举行新闻发布会。本届飞马奖评委会主席向新闻界、文化界宣布：由美孚石油公司设立的"飞马文学奖"，经过中国评委会的认真研究和讨论，并广泛听取了中国文学界的意见，已决定将该项文学奖授给中国的优秀小说家贾平凹创作的长篇小说《浮躁》。评委们认为，《浮躁》是中国新时期文学带有标志性的重要作品。新闻发布会上，香港美孚石油公司董事长兼总经理华嘉利先生及美孚南方公司总裁麦高乐先生也发表了热情洋溢的讲话。麦高乐很自豪地说，《浮躁》的获奖为世界各地的英文读者了解中国打开了一扇窗。

新闻发布会上，贾平凹也应邀讲话，他说荣获此奖，不仅是对他个人的嘉许，也是对中国当代文学的嘉许，他感谢美孚公司，感谢诸位评委。他介绍了《浮躁》的创作经过，说这部作品始写于1985年，后历经两年，三易其稿，于1987年在《收获》杂志和作家出版社同时发表、出版。他说《浮躁》是力图表现中国当代社会现实的，力图在高层次的文化审视下来概括中国当代社会的时代情绪的，力图写出历史阵痛的悲哀与信念的。他说他在描写那一条河的时候，希望人们意识到那块土地所蕴藏的意义，企图把这种意义导向对于历史、对于传统、对于现实的民族生活、对于种种人生方式及社会人性内容的更深刻的醒悟和理解。他说愿《浮躁》成为中美文化交流的信物，增进中美两国人民之间的友谊。26 日中午，美孚公司为这次授奖活动举行了鸡尾酒会，会后召开了中美文化交流座谈会。26 日晚，在著名的香格里拉饭店隆重举行本届飞马文学奖的颁奖仪式。美孚南方公司总裁麦高乐先生亲自把一块镀金的飞马奖牌和奖金支票的放大模拟样品交给贾平凹。全场响起热烈的掌声。之后举行了宴会。中央电视台当晚向全国做了实况报道。授奖活动原定一周，但考虑到贾平凹的身体情况，由他参加的活动集中在两天进行。11 月 28 日，贾平凹乘机返回西安，继续在南郊住院治疗。

为什么在众多的中国作家和作品中，贾平凹的《浮躁》能独入青钱之选？他的成功之处何在？几位评委曾就如上问题详细回答了《瞭望》杂志记者的提问。唐达成认为："平凹是当代中国文坛享有盛誉、具有独特的创作个性和审美个性的作家，他的作品所蕴含的文化批判精神和文化历史内涵，使《浮躁》成为新时期文学带有标志性的重要作品之一。"刘再复说："作为当代中国农村社会世相与心相的一幅形象画卷，《浮躁》有助于人们认识我们这个农业大国的经济、政治和文化上的诸多特点，也使人们更真切地看到了改革对于我们社会的迫切和必要，以及它在古老的土地、古老的心灵所引起的深沉颤动。"汪曾祺认为，"平凹把州河两岸人们文化心理的嬗变概括为'浮躁'，是具有时代特点的"，他说"平凹是平易淡泊之人，身上无'作家气'；在稠人广众之中，他总是把自己缩小到最小限度。他很寡言，但在闲谈之中极富机智和幽默，作为飞马奖的评委，我觉得我们选了一本好书，也选了一个好人"。萧乾说："我一直以为贾平凹是一位年在五六十岁之间、戴老花镜的老先生，饱经世事，文字古朴。从《浮躁》的自序，知道他写此书时才 33 岁。"他说从这本书，"看到中国落后的东西，看到封建残余势力多么根深蒂固，也看到新一代在成长，他们是中国的曙光”。香港天地图书公司征得平凹同意，在香港出版豪华本的《浮躁》繁体字中文版，同时该书在台湾的出版事宜也由天地公司代理（后由皇冠出版社出版）。接着，英文版的翻译工作也开始进行，并议定1990年在美国路易斯安那州立大学出版社出版，届时平凹将赴美参加英文版的首发仪式。

1988年到1989年，贾平凹出版了如下著作：作家出版社出版的他的第三部长篇小说《妊娠》、再版《浮躁》，陕西人民出版社出版的中短篇小说集《冰炭集》，天津百花文艺出版社出版的散文集《商州三录》，广西漓江出版社出版的《贾平凹散文自选集》，日本德间书店出版的日文版《中国现代文学选集·贾平凹卷》等。在方新村住的时候，有人送他一方印章，刻“凹石”两字，他甚宝爱，藏书用之，作画用之，以为是自我的形象。说凹石里盛一掬水，清夜星疏，便有一盘圆月浮在水里。追索回去，是老家门前的碾盘，他自小心性孤独，唯一的游玩处就是这里，清晨看碾盘上蚂蚁搬运米屑，雨后看碾盘上积水微风成波，夏夜是凉床，冬雪如宣纸，他写字作画演算术全在这里。雪填平了碾凹，雪消融成积水，水上浮一层桃花，他就在四季转换中延续着关于石头的联想。

1989年夏天的一日，平凹弟弟再娃陪父母亲从丹凤来了。父亲的脸色很不好看，问他身体情况，他撩起衣襟让儿子看他过去做手术留下的刀口，说你看长得平平儿的，天晴下雨都没啥感觉，只是这一向拉肚子，吃了几十服中药，还是肚子疼。次日，兄弟俩送父亲到医院检查，结论是胃癌转移。医生上次手术时就有言在先，说第三年冲不过就不会有太大的指望，果然就照实来了。

平凹说他父亲来的那天早晨，他的双眼无缘无故地红肿，下午父亲一到，他就立即感到有悲苦之灾了。父亲在他这里住了15天，病情日渐深沉，后听从医生的建议，必须立即回棣花。当时因连成上西大作家班的事未落实，他一时走不脱，就由妻子俊芳将父亲护送回家。平凹说，连成上学是大事，关系到前途问题。他把朋友的事看得比自家的事重要。父亲走后，平凹整天心揪成一团，几乎每晚都为父卜一卦，有几回的卜辞挺吉祥，他就猜想父亲的病会出现奇迹。父亲回家后第 12 天，他接到家中拍来的加急电报，说是父亲病危，他还以为是父亲的意思，要他回去交代后事。但他一下车，看见接他的堂兄戴着孝帽，就知道自己是见不上父亲了。

父亲躺在灵床上，双目紧闭，口里衔一枚铜钱。以往，平凹一进院子，父亲听到儿子的脚步，就急忙奔出来，同时很欢喜地朝平凹妈喊：“你平回来了!”放下行李，平凹先递一支烟给父亲，父亲摆摆手做个拿烟锅的样子。然后，父子二人坐到堂桌前，有一句没一句地叙说家常。若是冬天，两人就坐到火盆架边，四只脚踏在火盆架子四角，平凹拿火筷子撮火，父亲就咕嘟咕嘟吸水烟，只要儿子在跟前，父亲吸水烟就不用火纸，一哨子吸完，儿子会夹一蛋儿红亮的火炭给父亲点烟……

如今，贾彦春永远不能和儿子亲近了。平凹和兄弟姐妹一起，合身坐在灵床四周的草铺上。他要陪父亲度过最后一个长夜。小妹子告诉平凹，父亲垂危的当天，他饲养的那只猫也不吃东西，后来就死在了院墙角，过了七个小时，父亲突然一个微笑就去世了。小妹还说，院墙根儿那棵碗口粗的梨树，是父亲亲手栽的，往年硕果累累，今年竟独独结了一个果子。平凹说父亲为了他姊妹几个，一辈子都在受苦，该到享福的时候，却自己不行了。当初，为了让再娃参加工作，他提前退休。再娃顶班当了教师，平凹的小妹又到了工作的年龄。若按有关规定，凭平凹父亲的教龄，满可以把老伴和小女转为城镇户口，但他提前退休，就不能享受这个待遇。为了这个小妹子，平凹的父亲就三番五次上县求人。小妹安排了，平凹的大妹又横遭灾祸，她携不足一岁的小儿住回娘家。为了大女儿的生活和出路，父亲又开始了更艰难的奔波，他一次次碰壁，一夜夜难眠，熬煎得手颤病犯了，吃烟几次点不着火。

坐在麦草铺上，听院里龟兹队吹吹打打，看灵堂前香火明灭，平凹回忆着父亲辛苦的一生。“文革”中，父亲遭诬陷被打成“历史反革命”关进牛棚。那年春节，母亲将过年仅有的一小块肉装在茶缸里，伯父买了四包香烟，平凹把这些东西送去让父亲过年。他跑了老远的路，天傍黑才赶到父亲被关的地方，但看管的人硬是不让他见，他哭着求情，才在院子的拐角处见到黑瘦的父亲。父亲才遭人殴打，脸上有血迹。他把东西给父亲，父亲说，烟我留下，肉你带回去让你妈给你们过年。平凹忘不了父亲趴在栏栅缝儿呆呆看他的情形，也忘不了父亲微弱的呼唤："平儿，天黑了，我娃回去走快些啊！"

父亲的寿棺停在院子里，几绺阳光从云缝里投下来，棺头那个大大的"福"字金光闪闪。棺材通体油黑，这是商州的讲究。这副棺板五寸厚，柏木，是父亲在世时亲自从东山购回的，当时500元一副，这在商州是最高价。商州人做寿棺以柏木为上上品，次之为桐木、松木、香椿木，下品为杨柳木、杂木。阴阳先生往棺材里砌灰包，灵堂前跪了一溜棣花街上的行礼者。棣花是个大镇，公社化时镇上共十几个生产队，近千户人家。贾先生去世，他们前来送烧纸，烧纸在灵堂前摞起来，他们伏下身长跪不起；两支红烛在灵桌上燃烧，三炷土香烟气悠悠，供盘里摆着油炸果子，摆着老碗大的"献吉"。"献吉"是五个带有花饰的大馍，下边三个做底，上面两个相对摞起，最上头是面捏的花顶。几位中年男女在堂前大哭："好叔哩，你走了，有啥事我给谁说呀！"父亲早年得过胃病，后来好了，"文革"时又重犯，复职后就基本上痊愈了，退休后在家也偶尔邀三五相好喝酒。儿子出名后，村人但凡见报上有平凹的文章，就拿来讨酒喝，做父亲的自然高兴，花钱买酒十分慷慨。那时的商州人喝烧酒只有两种，要么是三块五一瓶的秦川大曲，要么是四元一瓶的城固特曲。贾彦春常常喝得酩酊大醉。

父亲的老衣已经穿戴停当，阴阳先生指导几位乡贤用白被单将父亲抬起来。寿棺里放上了枕头，枕下放着几包香料。入殓在即，平凹跑过来把一瓶茅台酒放在枕旁。父亲一生没喝过名酒。一次平凹得了稿费，就给父亲买了一瓶茅台。正要托人捎回，父亲就来西安看病，一查竟是胃癌，后来便做了手术。手术后医嘱不能喝酒，这瓶茅台就一直珍藏着。到这次病犯，俊芳送父亲回棣花时，平凹让她带上这瓶名酒，说是父亲如若不行了，一定让他喝一口。父亲去世，平凹回来，见这酒还是原封，问及，俊芳说，父亲回来就滴水不进，给他喝酒，一定烧得他更难受，所以就没给他喝。平凹哭着，说让父亲带着这瓶茅台到另一个世界去享用。还在西安的时候，平凹明知这病已经无望，却还不断请医生来，来了又告诉医生检查要认真，多说宽心话。父亲看在眼里，心里明白，却还一大把一大把地吞食药片。吃完药片，他自己先就泪流满面，一边抹泪，一边对儿子说："平呀，现在咋办呢?"

要起灵了，一群壮汉将棺材抬起来，贾家大院一片哭声。平凹作为长子，烧了纸，又"咚"的一声摔破孝盆。唢呐队一哇声吹着"祭灵"曲，引导着这支队伍朝牛头岭进发。弟弟和两个妹妹扶灵而行，平凹端着父亲的牌位一路前导，纸钱满天翻飞。这一天是农历的八月十一日。

坟在牛头岭的阳坡上，四周一片庄稼地，玉米、大豆、谷子，父亲就在这五谷芬芳中长眠。棺材推进墓室，要封墓门，长子须掷第一锨土，可平凹怎么也拿不动工具，是堂哥帮他铲了一锹土慢慢朝墓穴撒下去……之后接连数天，他们兄妹四人每天都去坟上化冥钱烧麦秸火。这也是习俗，意思是不让亡人孤单。不让亡人受寒。麦草火燃起，黑灰如蝴蝶飞舞，平凹给父亲说："大大，你安息吧，这面黄土坡上，有爷爷奶奶，有大伯，还有许多你的同辈和朋友，你不会孤单，这里离咱家不远，你随时来家里看看，我兄妹惦记着你的养育之恩，清明给你送扁食，中秋给你送寒衣，年节给你烧纸钱……"

1990 年春，天日渐和暖，灞河上的柳梢先泛出明亮的黄点，后来黄点绽开，成了绿絮，成了碧海，成了游子的思乡梦。平凹就和朋友商量：回一趟商州。3 月 6 日，春和景明，他们夹杂在一车工农商学兵当中，欣然东去。车到蓝田县的九间房，司机让旅客解手。有两个河南青年和一个商州青年动了口角，一方说《小月前本》是写河南的，一方说是写陕西的，各有根据，互不相让。商州青年出言不逊，说："贾平凹是丹凤人，你知道个屎?"河南青年就说："你奶奶的，贾平凹他爷是光绪年从南阳迁到丹凤的，你懂个伢子?"商州青年仗着本土优势，河南青年凭着二打一，但双方一交手，就遭到了膀大腰圆的司机一顿臭骂，司机推开双方，说："一个贾平凹把你们争成这，贾平凹是你爷?""停战"的双方就一起去排尿，但还"贾平凹贾平凹"地嚷个不停。

贾平凹就在旁边的茅坑上蹲着，双手捂了脸，看不清是啥脸色。出来，朋友说："你今儿可好?"他气得直摇头："不说了不说了。"

中午到商州，他买只锅盖大的锅盔提了，说是给文化局局长屈超耘送的礼。进了文化局院子，不少熟人老远就喊："哈，平凹，回来啦，还提着干粮啊?"饭后，又到商洛报社去看了两个当地作家张中山和鱼在洋。鱼在洋说："一帮子文学青年早就嚷着要听你说文学，这次回来咱们好好聚一聚。"平凹说："走到哪儿都是说文学，说得人都厌倦了。"张中山说："走到哪儿都是说文学，自家门前的文学娃，不说就不行。"张氏是温厚大兄，报社总编，又是杂文家，平凹便不再犟嘴。从报社得知，城东三十里的石门沟出了一个"活神仙"，一把野草能起死回生，平凹便决意去拜访。次日，《陕西日报》记者站的负责人老李向地委要了车，在《商州报》记者麻斌峰和文化局专业摄影师康铁岭的陪同下，一行人驱车来到石门沟。

时值雨后，沟里一路稀泥，车只能停在沟口。一行人沿小渠畔的泥泞小径蹒跚而行，有狗子在村头汪汪，平凹说叫得真好听。有村姑端了老碗喝着糊汤，平凹说，这姑娘长得真美。坡上菜花铺开艳黄的色块，硷畔的樱桃树蓓蕾初绽，沟里溪水淙淙，渠边青草鲜鲜，一沟的空气是一沟的养分。平凹说，咱干脆不走了，在这儿住两天。说话间就到了苟家砭。一条小径，从葱茏的麦田里曲过去，扭了两扭，通那人家去了。老神仙苟百忍就住在上头。有黄狗在硷畔上跳叫，麻斌峰上去挡了，说是来寻苟先生，樱桃树后头传来女人声，尖尖地喊："你甭上来，人不在。"

大家就很扫兴。平凹把脚下一块石子踢到远处，看石子滚着上了路，就说："人肯定在!"一行人又朝坡上走了半个"之"字，老李说："我再去看看。"康铁岭已在硷上拉开他的长镜头，向平凹瞄准。平凹说："你朝屋里去，你朝屋里去。"康氏就陪省报记者进了人家堂屋。麻斌峰就在院里四处探看。堂屋里，康氏将长镜头一扬，对女主人说："这位是省报来的记者，来看你老汉的。"女主人就招呼两人落座，东小房的炕上就有老人咳嗽。麻斌峰赶紧跑出来喊："贾老师，快上来!"狗不认贾老师，只管咬，女主人在门槛里"哎"

了一声，狗就把嘴凑到地上去。

几个人拥进苟百忍的小屋，才见小屋里还有五六位客人，问之，俱是山阳县来的。苟百忍戴一顶毡帽，人形清瘦，又目亮如电光。他叫大家看他的“档案”，那是他给人治病行善事的记录，姓名、年龄、住址、事由、结果，俱写得清楚。

女主人就进来了，连说这卧室里肮脏，还斥责老汉来了客也不下炕。她连拖带拉，大家才回到堂屋。堂屋里挂了许多神像，其中一尊是孙悟空，装粮食的板柜上放一升子，升子里插着土香，香烟袅袅，屋里弥漫着柏籽味儿。苟百忍在中间坐定，扬臂演讲，很有神仙风度。平凹和他讨论手相、面相、耳相、骨相，苟先生出口成章，他能背诵许多相书上的口诀。他为每人相了命，大体十之七八是准的。康氏一再要他给平凹“说细些”，苟先生也一再说平凹“是歪人，心劲最大”。歪人是商州土话，即有本事的人。康氏又连连拍摄，专业摄影家的机敏老练表现得淋漓尽致。事后，康氏把这一组照片交花清香发表在《女友》杂志上，由方英文配了很幽默的说明文字，惹得读者一时喜欢。

这一日天气晴好，友人和平凹搭车到棣花去。房子还是老房子，院子还是旧院子，只是少了一个人。平凹在院里凄凄地站了会儿，弟媳忙着去梁岭小学喊他弟弟再娃，又忙着烧火做饭，一边还解释说妈到姨家去了，走了好几天，就说这两天回来。弟弟在院子东边盖座小小的二层楼，楼上走道还没装上栏杆，一切都毛糙糙地尚未竣工，他夫妻和一双儿女已住到了楼下。

上房门锁着，妈的灶房门锁着，弟媳解释说妈走得急，钥匙带走了。平凹就趴在上房的窗上朝里瞧，又伏到小灶房的格子窗上伸胳膊朝里掏，掏出半碗酸菜、一个干萝卜，又掏出一个辣子盒、一个醋瓶瓶。弟媳在她的灶房瞧见了，说：“哥，你甭在那儿掏，我这边啥都有。”平凹做这些全是下意识的，其实他也不知道要掏这些做啥，弟媳这么一说，他又一样一样放进去。很快，再娃就回来了，跑得一头汗，先问媳妇做饭了么，答复说“你不管”，再娃就给哥说：“忙得很，楼上也没顾得收拾，钢筋也弄下了，只说闲了就把栏杆装上。”还说楼上给哥准备了一间房，回来了住上去光线好又安静。平凹对弟弟的汇报不置可否，再娃又说：“上房后房碜子坏了，水泥都买下了，天暖和了就修，爸在的时候——”平凹脸色就不好看，再娃不往下说了，转而问浅浅的学习。正说着，大门里蹦进了再娃的一双儿女，一哇声跑过来喊伯伯，平凹转身去取了一包糖果说你俩分去，不要打架。两个孩子就爬到碌碡上去数糖块，那边的再娃媳妇就喊：“饭好了，再哎!”（在这家院子里，平凹简称“平”，再娃简称“再”）几个人就坐到小饭桌边，平凹拿筷子在吱吱冒气的油泼辣子里反复搅拌，再娃不停地说家里的事，说和人家合伙育了稻秧，洋芋苗子出得不好，本家一个哥过什么事，行了多少钱的礼，叫妈把两只老母鸡卖了，妈舍不得卖……吃过饭，再娃的媳妇拉着小女出门去寻人给妈捎话，再娃下午还有课，又急急蹬车而去。平凹就上牛头岭去。地里小麦刚能藏住鸽子，到处绿油油一片。侄子贾佳在前头跑着引路，不时给伯伯说这是谁家的大麦，这是谁家的菜花。平凹腋下夹着一卷烧纸。

来到半坡，从很细的田埂上过去，有丛坟堆，贾佳说，要给爷栽几棵千枝柏，他爸把苗子都瞅好了。在贾彦春的坟前，平凹和贾佳跪在坟前烧纸，一张张地焚化，看着黑色的纸灰飞上半空，又和贾佳一起磕头、磕头、磕头。几只燕子在菜花地上空徘徊飞翔，贾佳眼尖，锐声叫麦地里有一只老鹳。平凹站在坟前随贾佳的指向观察了许久，说：“老鹳是稀客，往常来了只在江边水里站着，今日却是立到高坡上。”

从坟上回来，平凹来到他上过小学的庙里。庙里一片狼藉，窗子和门没有了，地上布满碎砖烂瓦。看到山墙顶上一幅壁画，黄黄的却还完整，他就出去向人家借了梯子铲子，艰难地攀上去，把那一块墙皮铲下来。这是一幅童子指路图。铲下时虽然残破了，那图画的意趣却还盎然。他又转了一趟二郎庙，看了摇摇欲坠的旧戏楼，在稻地中间的小渠边摘了一把水芯菜，就又讲了一通吃野菜的好处。

第二天逢集，棣花街上，山货土产堆积如山，在竹木市场，他看上了几个小背篓，编工精致，惹人喜爱，平凹说他当年上山割草，背的背篓死沉，老愁割草装不满，装满了又背不动。

4月，平凹听一位老人说，陈湾有一风水先生在四乡很有名望，一辈子给人家瞧风水，定阳宅，勘阴宅，说后代哪一辈人发财哪一辈出官人，经人几辈验证，绝准不误。这先生到晚年给自己选墓穴，老两口跑遍了四山八坡，选中一美穴，穴兆孙子辈里当大官不疑。几十年后，他的孙子果然当了大官——只是在戏台上当包公。经真人验证，原来他给自己选造的美穴是一处假穴。还听人讲，北宽坪大地主姚某的四姨太解放后多次改嫁，现在第三次嫁到后堡子，如今老老的人了，上集市还穿水蓝衬衣月白裤，打得一手好麻将，和村里小伙子搓同台，小伙子们都不是对手。平凹立时来了兴致，要去看风水先生的墓穴，又执意要上山去见四姨太。

坡后头，一户人家正盖新房，平凹蹲在房后的坡上看人家上大梁，吸了主人几支“金丝猴”，观邻近的一家人衣着破烂，他就进人家屋里去看。屋里几乎没有光线，他的眼睛还黑着，就有女人的声音传来：“你们是泥房的吗?”“泥房的”是一种专修屋漏的匠人。这女人把平凹当作了泥房的，平凹就随话答话，那女人就说泥一间十五块行不行二十块行不行，平凹一直无言摇头，她就说丈夫是瘫子，娃娃又多，价说不上口就算啦，叫屋子漏去。平凹揭开人家的锅，锅里有剩饭，是糊汤煮红薯干，那人就问：“吃呀不?”平凹还是摇头不语。他出门走了，女人在黑屋子给谁说了句：“这泥匠像下河人。”下河人，丹江下游的人，就是居住在河南的荆紫关、湖北的老河口一带的人。

穿过一片灌木丛，爬过一段刺荆路，来到山洼子一个独户人家的门前。一个老妇弯腰在猪槽里操弄什么。他就走前去，刚要搭话，白净老汉从屋里出来，见来了客人，就赶紧招呼老婆倒水，又嘱咐水中要放白糖。屋里很整洁，啥是啥摆法都有讲究。手表在粉白的墙上挂着，半导体收音机在板柜上的毛主席像前小声唱着，屋里很有温馨的气息。白净老汉叫补正。补正说：“老婆今日心里难受，槽上一口大猪只说过了清明交售呀，谁知他娘的今早上吃了一个死老鼠，我屋里楼上放着老鼠药，这死老鼠肯定是吃药死了的，你说这猪吃了药老鼠该不咋吧?”他又说：“老婆抱怨我不早早交了，这猪喂了一年半，值几百块呀！刚才给灌了些绿豆汤，谁知有用没用!”

平凹安慰补正，说这洼里地土还好，多刨些窝窝，点些豆子，种些北瓜。补正就说：“好你哩，山里人可怜得很哩，我春上拉老婆看病去了，回来门叫人撬开，把一斗麦仁都偷走了。这不，这条狗，村里人嫌是亮鞭，不要了，我收留回来，抓十几服中药，老婆天天熬了给喂给洗，毛病治好了，可谁把腿给打断了！好娃哩，狗给咱们看门呀，贼来了它要咬呀！”沉默片刻，补正叹道：“山是好山，住不成呀！”转身又喊：“老婆哎，川里同志上来游门子，你过来坐坐。”

老婆来了，拿个小烟袋让给平凹。平凹接了并不吸，只在手中把玩。老婆又问平凹何方人氏，家丁几口，内人芳龄。平凹答着说，自己先不自然了。朋友趁势说：“给你俩合照一张相。”平凹就很乐意地靠过去，他刚进入取景框，朋友“咔”一下按了快门。这便是平凹和“四姨太”的合影，他的小说《美穴地》中的四姨太就是以此为原型写成的。下山时，平凹说：“能想来人家年轻时的风采，陪老地主打麻将，吸水烟，戴银手镯，穿宽袖绲边衣，你看人家走路那架势，说话那捏腔，还‘内人丁口’的。”

一个昏黄天里，有朋友要带平凹去北宽坪。北宽坪是远离丹江的一处山沟，早先是商州地下党的革命根据地，李先念经商州赴陕北时曾在此地养病，其夫人在80年代曾专门回访旧地。这里被确认为革命老区，国家有规定，对革命老区的教育和建设实行优惠政策。北宽坪的大地主远近闻名，他们割据一方，剥削佃农，却也同情革命，给过地下党许多好处。

平凹他们在312国道边等候商州市通往北宽坪的班车。突然，江边骤起大风，一时飞沙走石。他们赶紧躲到路边一个沙坑里，紧裹了风衣，缩头做龟状。顷刻风停，又艳阳当空，沙坑里就十分暖和。平凹索性在沙坑里倒头睡觉，一时觉得挺美。有赶集的农人路过，纷纷议论，“这人睡在沙坑里是喝醉了吧?”“哪里是喝醉了，是城里下来摇宝的。”“摇宝的都是这屎式子。”（注：摇宝的，指赌徒。）

车是大轿车，烂烂哐哐的样子，乏乏地在山路上爬。车票却贵，20多公里路程索价4元。车过白杨店，过罗公砭，入会峪，沿河北上。车上一位老乡告诉他们，1984年会峪发大水，石门沟的苟百忍从夜村赶集上来，在沟口一户人家喝水，告之今晚全家不要在屋里过夜，问其故，曰："要出蛟。"时天色无异，地相照常，这家人就不信，说老汉是想喝水胡说哩。及晚，男主人突然决定：全家撤离，房门上锁。果然，子时即暴雨山洪骤发，至天明，沿沟人家俱不存在，始知苟百忍乃道天机。朋友惊怪那天见苟百忍时，怎么未见他言及此事，平凹说，真人不自夸。到了北宽坪，始知此地不宽也不平。还是那条会峪河，上游的水真小，河道更狭，平地是有，在河边窄窄两绺；有一座大镇，是北宽坪区政府所在地，镇街不宽，但板铺门面挨挨挤挤，显出商业景象。街市已散，空余几条游狗在地上寻食。派出所的门口停了一辆三轮警车，一个小偷合抱了树，双手被铁镣铐着。平凹说，这小偷要逃跑只能拿胳膊夹着树爬上树梢。朋友说，赶紧走，别让人家把你当成小偷他哥。

街道很短，走过去走过来也只二十几分钟。现实的问题是：在哪儿住宿？在哪儿吃饭？平凹说，住有小旅馆哩，吃更容易解决，先看。他们就沿河边沙路走上去。忽见一海报贴在树上，是商州文工团在此演出。平凹大喜，说吃住都不用管了，侯占良在该团吹笛子，丹萌爱人庞小霞在该团是演员部主任，团长、

贾平凹在商洛向庞小霞和李忠民采集民歌

书记都是他的朋友。有人给平凹说，你们来此地采风，应该向当地政府打个招呼，或许还能获得新的采访线索。平凹说：“也行。”到区政府，见到一位“秘书长”模样的人，说明了来意，他表示欢迎，又显出很严肃的样子，急急出去，又回来，说某书记不在，某区长上县了。最后，他果断地说，你们随便参观，有什么困难就来说，送出门，又说：“区税务所才盖了一座小洋楼，很干净，我叫人安排你们住到那里去。吃饭嘛，到咱灶上搭伙。”

在区政府大门口，平凹观赏一株老柏树。一位女士在远处打量他。他们信步而行，打算去寻找剧团人员。那女士尾随着。女士穿着一件得体风衣，人长得粉面桃花，行为举止显出某种修养。行不到十步，他们就被一位青年截住。青年淡淡地笑着，半天不说话，朋友一时感到安全上会出问题，庆幸到区政府“报了到”。他俩警惕着，穿风衣女士也从后边逼近。右边是河，左边是墙。朋友跨前一步，厉声发问：“你要干什么?”青年的笑依然淡，却柔着说：“贾老师！是我啊!”平凹茫然。男青年说：“我在商洛师专中文系上学时，你给我们讲过课，我现在是北宽坪中学的语文教师。”

穿风衣女士就笑得十分美丽。她说，看贾老师从区政府大门出来，一时有些惊讶，无法相信贾老师会来北宽坪。男青年说：“群，你快回去收拾屋里。”又说：“贾老师，一定到家里去，我几天晚上都梦见您——”平凹说：“你不急你不急，我们先到剧团去打个招呼。”这男青年就不依，无论如何让先到他家里去，说他爱人发现平凹在这里散步没敢认，专门回去叫他，他激动得不行，心想哪有这号事。又说：“我俩就一前一后辨认，认准了才敢叫你的。”

男青年叫王卷仓，女的叫王群，是一对夫妻。王群毕业于丹凤师范，现在北宽坪小学教书。到卷仓的家，王群已将他们自己的卧室腾出，隔壁灶房的炉膛里劈柴呼呼燃烧。卷仓说：“你俩就睡这儿，饭也在这儿吃。”又问此行经过，以及文学界的情况。王卷仓也是文学爱好者，几年来一直学习写小说，王群全力支持，两口子攒钱买了一台打字机，卷仓的文稿整整齐齐挂在墙上。王群说：“卷仓是个好青年，人诚实，很有事业心。”还说，凡是贾老师的作品，他两口子千方百计都要找来阅读，说他们真正是贾老师的追随者。

正说着，卷仓把一盆红亮的木炭火端进来，说：“先吃碗鸡蛋面，明日了赶街上买菜去。”话毕，王群就端了饭来，平凹就夸王群麻利，卷仓说：“北宽坪人都烧木柴，做饭快得很。”饭后，平凹和朋友到剧团去，寻到一处大院子。戏还没有演毕，庞小霞的秦香莲正唱到苦处，侯占良吹着笛子，花音颤得房檐掉土。团长、书记过来迎了，一起到草铺里去。草铺里是演员的临时宿舍，两大屋里平地铺了麦草，演员自携的被褥铺了两排。平凹在草铺上平身躺下，说在水库上那几年就是这么睡的，平地躺下给人很踏实的感觉。团长说他和书记及女演员被安排在税务所的楼上，那边条件好一些。平凹说，区上也安排我们住到税务所，团长就说那好呀，今晚上好好聊聊。平凹说中学已给腾好了房子，算了。他们又去看女演员宿舍，几位未上角色的女子坐在被窝里织毛衣，人均一床，是很像样的集体宿舍。正看着，侯占良和庞小霞就回来了，一阵簇拥，来到占良的住地。他们乐队住在街南头一户人家屋里，这家主人老唐一听是贾平凹，就激动得不知说什么好。老唐贷款 16 万元从东北购回蓝狐饲养，还养了一群羊、几头牛，感觉他日子过得挺红火，仿佛那种带头致富的角色。他领着大伙参观他的家畜家禽，并详作介绍，说蓝狐是珍贵动物，一张皮子时价几千块。

晚饭时，老唐招待吃豆腐，还备了酒，酒后安排大家搓了几圈麻将。平凹要到中学去，老唐送了老远，路上吐露真情：家里现在只剩下二斗黄豆了。平凹就给他算了笔账：连人连畜，他家的张嘴活物 37 口，一个月没 1500 斤粮食就没法儿过。老唐说，他在这里开展多种经营最早，可他的貂、长毛兔、奶山羊，第一批扶持了困难户，困难户把养殖发展起来，有的盖了房脱了贫，可到他这些经济动物该出手的时候，养殖进入低潮，市场情况不好，蓝狐又太娇，专用饲料人手都不能沾，临产期受惊容易小产，去年死了几窝狐仔，丢了几十万！老唐说，当初当队干部，老想集体致富，现在自己遇到困难叫天天不应。他想给蓝狐重盖笼舍，再买一批精饲料，可银行不但不贷款，还要收贷。他说现在人心都瞎，去年时，晚上有人跳进院子偷偷放走了一只种狐，第二天他雇了十几个小伙子围了一条沟才逮住。平凹安慰老唐，叫他不要着急，说会帮着把他的困难朝上面反映一下。

回到卷仓家里，区上两位领导已在等候。领导问有什么困难需要解决，说北宽坪条件差，接待上不行，大灶上没有好茶饭。平凹趁机把南街老唐家的困难反映出来，说希望区上能出面帮扶一把。领导说，老唐也曾是我们树立的一个典型，他这两年搞得不好，是有一些问题要解决，明日了派人过去看一下。

领导走了，又来了学校里几位教师。这些教师都是平凹的读者。他们纷纷向平凹讲述自己对他作品的看法，讲述北宽坪的风土人情、地质地理、历史掌故、革命英烈。平凹始知，北宽坪地形如船，地下是空的，河水在上游一里许突然消失，在下游一里许又恢复如常，在北宽坪这一片，水是从地底下走的。又知，北宽坪后山上有桶粗一个山洞，每逢夏洪出水，有鱼儿从洞里涌出，繁密如柳叶子漂了满河。还知，有名的豪绅何某，某年夏夜正拥妾美憩，“咔嚓”一声雷响，云霄里蹿下一条火龙，直将何某抓走，天明人们发现，何某被丢在后坡上，人已成一堆黑炭。平凹再知，姚某的四房姨太太每一房生的儿子女儿，每位姨太太的晚年景况，地下党当年如何与姚某相争又相处；李先念藏身何地，走时几个人抬了几顶轿子，翻的哪道岭，过的哪条河，留下了几条枪，这枪又传给谁……

平凹得知北宽坪镇对面的黑山叫五缝山，山上有五条巨大的裂隙，裂隙里热天朝外吹冷气，冷天朝外吹热风……于是决定：第二天一早去爬五缝山。

一行人老早就起了床，吃了饭。卷仓在前头引路，侯占良携短笛相陪。平凹说，上了五缝山，一定要叫占良豪吹一曲。这山看着近在眼前，攀登起来才知山路遥远。山上碗粗的树木全砍了，白茬茬的树桩墩子一片一片，次生林艰难地覆盖着山崖，老杏树惨惨地开着粉花。时在 1990 年 4 月 4 日。

一个山窝子一户人家，一丛树木掩着几间房子。始上山时，觉寒气袭人；上到半山，太阳出来，又大汗淋漓，需要喝水。卷仓领大家到一户人家，在堂屋里坐定，环视四周竟不敢动了，看人家屋子墙皮洁白，地面光整，连盆盆罐罐都擦得明光锃亮，一架台式收音机摆放在板柜上，精致的丝帕盖了，木座钟清声敲着。没有人招呼他们。卷仓问了一声有人吗，才听有人反问：啥子事？

卷仓说借一口水喝，人说水在缸里你自己舀。卷仓就用大木瓢舀了凉水，几人一阵牛饮，顿觉沁脾入骨，腿脚也灵便了。平凹从不喝生水，饮后也说甜凉甜凉的。从来到走，没见主人的面，听声音是位老妇。侯占良问卷仓："也不怕人来偷了东西?"卷仓说："偷啥?偷粮食你背不动，偷木料你下不去，屋里顶贵重的半导体收音机，也只值三十几块钱。"

他们来到院场，看这一处深山民居。平凹说这处民居的最大特点是隐蔽，山路上你根本看不见有房子，原因是屋场边沿植了一圈树木，密密遮挡了，不到跟前不知道是人家。占良说，在这里过日子，一年下山一次买些盐就行了，粮油棉菜草药甚至肉蛋都自给自足，媳妇生孩子十个八个没人知道。卷仓说，所以中国普查的人口数肯定比实际数少得多。

一行人攀到主峰脚下，平凹却说什么也走不动了。大家让他在主峰下的平地上休息，附近有岩石若人若羊若马。寻不着上山的路径，就正面强攻，几乎是九十度垂直的石梯，平凹在下边喊："上不去了不要硬上!"终于见到了两道石缝，果然名不虚传。占良探得一条便道，便指示平凹上来，平凹上来，掷石块于巨隙，只听得石块跌落滚动，声音拖延许久。卷仓说，"文革"中有一年夏，三个红卫兵来此探险，将红旗在隙口上扰动，突然就有巨蟒蹿出，三人坠山而亡。查看这巨隙，约有三米多宽，环山延伸，宽阔处可见缝壁上长有小树。

一行人下到河滩，平凹摆了"大"字在石头上躺着，大家怨他不该独自下山，他却说："我才睡了一觉。"大家围坐一起，生出万千感叹，说天人真能感应，山有病而裂巨隙，人感应之便要生疾患。笑说了一回，下河道捡石头，平凹发现一麻石状若古堡，就到水边淘洗后随身装了。

是夜，皓月当空，他们在荒地里久站，平凹说他想躺下，被制止。平凹说："地球上所有的宁静都集中在了北宽坪。刚才我们坐在荒地上，除过小虫的苏醒声，草木的发芽声，你的心跳声、思维声，再就什么声音也没有了。享受这宁静是一种福。"返回时，正巧撞着王群，她气喘吁吁。问之，才知她跑老远的路去找宣纸，希望平凹老师能为他们家留一幅墨宝。

纸铺平，墨磨浓，专从一位美术教师那里借来的书法笔已用清水泡好。平凹在吸烟，坐着不动，很严肃的样子。卷仓夫妇不敢吭声，心想贾老师写书法原来如此庄重。

许久，平凹问："写啥?"卷仓说："随你，你随便。"

王群适时隐身，一杯热茶在两只空杯里来回倒凉。她最会察言观色。朋友就激平凹："你不是吹说下笔千言，不打草稿么?"卷仓就附和："对对，贾老师你就随心所想，作一篇文。"平凹把手晃了一下，起身提笔，滤了水，润了墨，又把宣纸摆正，正要落笔，忽抬头问："哪边正南?"卷仓指示了，他就转身，面南而立，似做一口深呼吸，才稳稳书写下去：

1990年清明吾游北宽坪，闻有西山崩裂有缝，窃思地为何震怒，遂登之一观。沿途路瘦如绳，不知绳引人入山还是人牵绳登高。松错落排列，犹然幼塔，风过其中，花草使风显形，麦田葱茏，野兔耸耳，石屋竹林，红衣闪动；攀之高顶，乱石裂空，有石如猛虎拦道、如卧牛寂然望月，更有不规则之物黑粗似铁、满身苔斑，境界为之森然，疑入恶鬼世界，行至五缝根，果见五条巨隙，视之不见终底，呼之轰然如瓮鸣，以石投之，回音许久不绝，众人缘隙沿坐之，皆默然不能语，猜想山何以能裂，不可思解，闷闷下山，再见路边石包若一巨人，五官丑陋，似作暴怒呼喊状，恍然白之。时，同游者孙氏见喜先生、王卷仓先生及侯占良先生，侯先生善吹横笛，故众人游山受惊而未中邪气也。

书毕，坐而饮茶，有劳思状。卷仓喜不自胜，悄然卷了，又使一眼色与妻。王群就轻步而来，柔声道："贾老师，卷仓不讲理，他说那一幅字没我的份儿。"平凹浅浅一笑，做大智若愚状："那我把一碗水端平，男女平等嘛!"就又起身润笔。观者窃笑，卷仓窃喜。纸又铺平，墨又吸饱，平凹又写：

县志上曰：北宽坪为船形穴。暮时游至其镇，四山严合，雾起露潮，一时感觉恰若海上荡舟，听松风涛起，看鸟疾山黑，待月出中天，冰雕玉冷，也是一轮小船。遂恍惚作想：天船暮而东始，朝而西终，一夜畅游，何等壮哉？而北宽坪船千百春秋怎不移动？是船上载人太多？但人都七十皆亡，代代替换。是河水过浅？而年年夏秋暴洪。茫然不解，踏月色独行，忽见鱼洞崖，崖头有字，依稀辨得："有灾鱼出洞也。"问路人洞可否出鱼？答之百年数次。哦，地船不动，是灾过多，灾多而民苦重，岂是区区之舟能载？夜深入村借宿，梦船突然浮起，直过万重山中东去。喜惊而醒，天竟大白。闻钟声长送，问主人何事，主人急出门不语。起见满山人影晃动，修田植树，欣然记之，书与王群女士。

平凹又歇，嘱人将两文一气念过，自觉通顺，一时来了意气，就叫大家都写。朋友说："卷仓，你把这两篇文字整理一下，交张中山在《商洛报》发表。"平凹说："哎，不要不要，游戏文字，别让人说咱不严肃。"朋友说："那你就不严肃着再写一幅。"于是，第三篇戏文就又产生：

宽坪河无水而卵石生，石多彩亦纹线纵横行。看似虎跃龙吟山林莽，人物狼藉酒不醒。吾来世上累人处，只喜顽石寄骸形。捡石捡得背不动，脱衣敞怀卧石中。梦里身作天上客，醒来石垫脊背疼。

1990年10月15日至29日，平凹应邀参加《家庭》杂志办的作家笔会，往广州、汕头一游。笔会由汕头妇女联合会协办，所以一些主要活动在该市进行。汕头是侨乡，住在海外的同胞达1000万人。平凹到汕头，有文友黄庭杰陪游，心里十分愉快。黄庭杰是汕头市作家协会副主席，1988年冬出版散文集《南方情话》时曾求平凹题写书名，当时平凹因住院治病，就用钢笔为他题了书名并附信说："我的字并不行，但喜欢写些毛笔字。我从七月份就住进了医院，至今未能出院，医院离家又特别远，这里没笔没纸，所以难以用墨笔在宣纸上写，只能借用钢笔写几个字，笔又不下水，实在是狼狈。我写几个，你看看，若不能用就算了。依我之见，书名用扁形的正楷字印出效果最好，庄重典雅，尤其是有些石印或木印的，更显拙朴有趣；次之，就用钢笔或铅笔字。”

广州归来，平凹回丹凤料理小妹出嫁事宜，此事父亲生前曾特意叮嘱。处理完家事，平凹又调查了故乡人的生活状况。他或许不能为某一家某一户解决婚丧嫁娶的具体问题，但他由此而思考的是我们这个社会、这个民族的精神出路和人文走向。在最偏僻的山林，在社会的最底层，有时会保存着历史的真正声音。

秋天，方英文从绍兴开笔会回来，夜宿平凹家。浅浅就很高兴，因为有客留宿，她便可以挤到大床上与父母亲近了。方英文睡在浅浅的小床上。入睡时，在浅浅的枕头边，方英文发现了一个揉得皱巴巴的纸团，展开，原是平凹的手迹。这是平凹写给女儿的“教子书”。方英文大喜，心想这可是一件上好的藏品，读之，却惊心动魄！

贾平凹与贾浅

是我把桌子弄乱的！

我警告你：

1. 我不知向你提出几次说书桌要收拾，你总是不听！

2. 家里的笔全部让你弄坏！这种不爱惜笔墨纸书的行为我们这个家不允许！

3. 从小养成不清洁的习惯是可怕的！

4. 你要乱，我帮你弄得更乱，你看着舒服不舒服！

5. 今天床也不给你叠。

6. 12 岁的孩子，太不像话。

7. 不知钱来之不易。不知养成爱整齐的习惯，就不会静下心来，不静下心，学习就入不进去。你一定要改一改了！

父写

方英文说，平凹虽是驰名中外的大作家，写尽人间万象，论说世道人心，阐发古今哲理，但对付一个十来岁的小姑娘，方法却蠢笨至极。方英文说这哪是教女儿生活，这是治安管理条例！其效果怎么样呢？女儿将他的手令揉成一团，不屑一顾。方英文评论说："与其说平凹在管教孩子，不如说是一个大孩子对一个小孩子施行报复的恶作剧。"

1992 年，西安文化圈里流传一则费秉勋用《邵子神数》给平凹算卦的故事。后来，在费先生的一篇回忆文章里看到了这个神奇故事的若干细节。费先生介绍《邵子神数》这部奇书，说此书向无刊本，只以手抄本在关中的西部和甘肃的天水一带秘传，一般人很难见到。不知怎么却传到台湾，前几年有台湾退伍军人陈某，将此书刊行于世，却抽去书前的一册"钥匙"，故弄玄虚地写了一个"真解"。这个真解其实是误解，移花接木，未触及此书实质。传说《邵子神数》是北宋邵雍（康节先生）根据他的《皇极经世书》编写的，是留给他智能不全的傻儿子的一个金饭碗。对此传说费先生不以为然。他认为全书语言浅陋俚俗，属近代伪托。但仔细研究，费先生又觉得此书规模宏大，结构气象不凡，非数学思维开阔深邃者不能为。全书共分子、丑、寅、卯、辰、巳、午、未、申、酉、戌、亥十二册，子册之前还有一册"钥匙"。世界上每个人命运的贫富穷通寿夭贵贱，都非常确定地排在十二册大书的迷宫中。1992年正月初二，景平与夫人邱祁及平凹携妻女来给费先生拜年。先生一时高兴，也知平凹喜好神秘事物，即让他报出降生的年月日时，是为壬辰、癸卯、辛酉、丁酉，然后推导一番，给了他一些数字，如2261、3712、5522、5457、6214、后3314、后4246等，让他到手抄本上去查。其他人也都围拢过来看结果：

3712："鸾凤交结是前缘，妻宫主定小三年。喜逢鸳鸯成佳偶，一对蝴蝶舞蹁跹。"大家急问双方年龄，知女方是五五年生，属羊；男方五二年生，属龙，两人正好差三岁，众人一时惊异，急看下边。

5522："数中命定亦非偶，福禄荣华命中有。若问生身何日降，父年方交二十九。"父亲究竟比平凹大多少岁？经周密推算，平凹说："五二年我出生时父亲正好29岁！"

6214："运交己巳见悲声，家宅不利人不宁。破财口舌闲气有，克去严父如幽冥。"费先生先解释"己巳"，他说：1929年、1989年都是己巳年，1929年平凹还未出生，这个己巳就应该是1989年。平凹说："对着哩，我父亲正是这一年去世的；还有，这一年为打官司没少折腾！"众人面面相觑，一时说不出话来。

还有更神奇的：5457说平凹能活到85岁。后4246破解他的婚姻是："婚姻配合是前缘，鸾凤和鸣两相全。一双鸳鸯双双舞，洞房配妻定姓韩。"一时大家齐声欢呼，个个称奇。平凹则把这些判词意义抄在纸上，装进上衣口袋。他为此很激动了一个时期，见了朋友便从上衣掏出那张纸来叫看。费先生反复叮咛此事不足与外人道，可平凹三传两传，西安文化圈的人几乎都知道了，几乎天天有人找先生推算《邵子神数》，费先生不堪其苦，就把这部手抄本藏到渭北亲戚家里，如此才算清净。

后来，平凹写中篇《废都》、长篇《废都》都写到《邵子神数》，林青云、孟云房因解开了这部书的部分奥秘，泄露了天机，都瞎了一只眼。费先生说，这种玄秘当然是作家渲染，其实《邵子神数》虽可算一部聪明的书，却并不泄露什么天机，更不存在瞎眼的问题。瞎眼的不是玩这部书的，而是盲目信奉此书的世人。曾因听了平凹煽惑来找费先生用《邵子神数》推命的青年雕塑家陈云岗，因给费先生塑铸过铜像，不好拒绝，当他查到某年会生双胞胎儿子而应验时，大叹真是遇到神人神书。之后，不少人士找费先生求读费先生的两部《邵子神数》，他说这只能“潜龙勿用”，让它静静地躺在渭北那旧式厅房的高楼上。先生不想让它搅扰自己的清净。

1993 年平凹在陕南讲学，得到 60 元讲课费，出门就买了一双皮鞋穿上，没走 500 米断帮裂底，人看了说是牛皮纸做的。旧鞋扔了，新鞋是假的，他就买了五毛钱一双的草鞋穿上。有人送他真丝睡袍，他说没意思。柞水县送他工艺五扇屏，他也不置可否。回西安过秦岭，车在半山加水，有人去山民的茅坑小便，见猪圈粪尿中有一块狗样的石头，用棍子戳翻，未见鼻子耳朵，便弃之而去。车加了水翻越山梁与逆驶车辆错车让路，人们又议起刚才猪圈里的石头，平凹突然动了灵机，叫司机掉头朝回开。他要看那猪圈里的石头。此时车已开出了十几里。返回猪圈，他跳进了尿水，把石头掀出来，细心用河水洗了，正面看，反面看，就找来主人说要买这块石头。主人不在家，他婆娘说烂石头有啥稀奇的，喜欢了搬走。几人正要动手，主人从坡上下来，问清事由，说：“这石头不是一般的石头，你知道我为啥把它放在猪圈里？”平凹的心只是颤抖，急问：“卖吗？卖吗？”主人不做回答，只说这是前清的遗物，原先在老爷庙里，“大跃进”时拆庙，他看这石狗怪可怜的，就搬了回来，原先这里养不成牲畜，豺狗子把猪牛全咬死了，可自安了这石狗，豺狼就再不来了。一伙人都给打圆场，平凹的手一直在兜里握着钱。主人就咬了咬牙，说交个朋友你给 300 元算了。平凹的手在衣兜里抽出抽进的，心里有点急慌。几位朋友就对主人说，你还搞价钱哩，下去给省文物局一说，连茅房都给你端走了，你一分钱也得不上。这位山民害怕了，说真有人来收缴过，只是嫌臭不好拿。后来，大家说给你 30 元是奖金，要有人来问千万不敢说是卖了，盗卖文物要坐牢的。山里人诺诺着接了钱，将信将疑地用抹布擦了石头，眼看着一伙人把石头抬到车上，车屁股冒一股黑烟就不见了。

回到西安，请行家看过，说虽然残破，却是正宗的北魏石雕。这石雕曾经安放在西北大学平凹寓所的门里。平凹说，凡心术不正者，一进门，这狗的脸色就不对。一次，一位熟人来访，平凹不在，他母亲开了门，让这熟人在客厅喝茶，就又到里间忙别的事。这客人到灶房续水，见平凹刚写的几幅书法晾在案桌上，就信手卷了一幅藏在怀里。回到客厅，叼上一支烟，思忖平凹的书法在书院门文化市场时价 1000 元一幅，就一时心里美实。烟吸够，水饮足，喊一声“大妈我走呀”，平凹妈在里间答说“不送了有空再来坐”。临出门，熟人害怕了，门口的石狗怒目凶恶、欲扑欲吠的样子。终于，这熟人将怀中书法掏出，慌慌地放到茶几上，一路奔逃而去。两年后，这熟人自动给平凹讲了这件事的经过。平凹说：“贼娃子三年不打自招哩，你才过了两年就招了。”熟人说：“你这狗实在怕怕，想起来至今心有余悸。”平凹说：“你现在看这石狗是啥感觉?”熟人说：“现在看它只是块石头。”平凹说：“对着哩，你现在心术正着哩，狗当然不咬你。”

前几年，平凹到泾河、洛河捡石，到兰州的黄河滩捡石，到汉江、丹江捡石，足迹几乎踏遍中国西北的名川大河。收藏石头的过程中，他也结识了一批石友，有陕西地质局前局长李饶，有丹凤乡党山地，有地质学家胡小林。一尊菊花石，黑底白花，傲霜而怒放；一尊秦俑，呈倒卧姿势，是战死前不屈精神的凝固；几页片石，上有游鱼戏乐，下有飞鸟浩翔；一颗紫色椭圆麻石，置于沙发扶手，冬抚之温，夏扶之凉，平凹为之题名“龙胆”；另有一浑圆白石，平凹说是“天鹅蛋”，他在上边写了孔子的话：“朝闻道，夕死可矣!”另有安徽友人赠送的巨型灵璧石，云南友人运来的火山石，军队友人赠送的昆仑硅化木，新疆古格王国的佛像石；还有广东英石，南京雨花石，江苏太湖石，湖南钟乳石；有一乌黑的石头琵琶，敲之琴音悦耳，人说此乐只应天上有，人间能得几回闻……笨、拙、憨、愚，是平凹这些石头的个性，也是他建构大家器象的逻辑支点。平凹不喜欢小聪明、小精致，如景泰蓝鼻烟壶之类。

1995 年春，花城出版社肖建国、刘钦伟到西安向平凹约长篇小说，大叹平凹对石头的痴情，随平凹参观了李饶的藏石，更是大开眼界。刘钦伟就策划出版一本关于石头的书，商定由李饶精选国宝级奇石照片100幅，每幅由平凹配文一篇，图文相映，创造出版奇观。1996年3月，这部名为《小石头记》的奇书面世，一时给全国的贾平凹迷们带来惊喜。平凹在《小石头记》的序言中说："人是要有嗜好的。古人说，没嗜好的人不可交，所以我也就多嗜好，写字，画画，下棋，唱卡拉OK，收集陶罐、瓷瓶、木雕、石刻，最痴心的是玩石头。我玩石头但没有好石头，又爱那类大一点儿的，粗一点儿的，拙笨憨朴的。"他说："我平日吝啬，吝啬花钱吃饭和穿衣；写字能算作书法了，也不肯轻易为人留字，可谁若送我奇石，我会当场挥毫答谢的。以后明知有人投我所好，以石索我字画，我也甘心落其圈套。世上的人都是世上的别物所变的，我疑心我的上世就是石头。"有朋友批评他玩物丧志，他说："我玩石绝不丧志，我玩的是奇石，属于发现的艺术，不是谁都能玩得出的，玩石需要澡雪的精神、淡泊的态度，天真，美好，这是一种缘分。"

第五章
缘线接通即死亡

1990 年的秋季，杭州以她特有的斑斓和妩媚吸引了来自国内外的游人。西湖边的花家山宾馆，住进了一位服饰怪异的女士。有人立即认出了她：“这不是台湾作家三毛吗?”适逢国内一个省市广播电台的联会在这里举行，几位记者就相约前去采访。三毛说她很累，与大家照了一张合影之后就很随意地和大家聊了起来。自 80 年代中期始，三毛的一些游记作品在大陆出版，并很快受到青年读者的喜爱。采访结束，交换名片时，三毛的目光在一位青年的脸上凝视着。他叫孙聪，是陕西广播电台的记者，再看看他的名片，三毛一下子激动起来：“陕西的?”她似乎抑制不住某种情感，喃喃地诉说：“陕西是我在大陆看到的最好的地方，那里的人特别好，很厚道。我下次回大陆一定要在陕西多住些时间，一定要上古城墙，要吃羊肉泡馍，要和那里的人多接触，好好写写陕西人。”看着三毛言犹未尽的样子，大家又随她走到她的房间。尚未落座，三毛又说开了：“今年 4 月，从很洋派的广州转到了黄土高原上的西安，一下飞机就感到城市平静，古味来了，看到那么雄伟的城墙，又觉得这是真正的大气派来了。在西安虽只待了很短的时间，但一直感到井井有条，同胞很安然。陕西的人就像她的土地，大大方方的，宽宽厚厚的，好像热水瓶，外边不很热，但里边热，人们喜欢穿大红大绿，没有过多修饰，这很好。小商贩也不要脾气，买东西时可以还价，价格不合适你就别买。关键是陕西人不排外，非常和善。”这种念念不忘的情怀，浓浓地感染着青年记者。孙聪身边没有更好的礼物，只有一匹受伤的三彩马。当他把这匹三彩马送给三毛时，她说：“这匹马受了伤，你送给我我非常高兴，因为你没把我当外人，我看到这匹三彩马就会想到陕西人。”三毛又讲了不久前她亲身经历的一件事：她从苏州乘船去杭州，乘客很多，连过道也临时加了座位，人们要去船边观赏风景，过来过去要打扰坐在过道的人，有一位先生就很耐烦，每过一个人他都要站起来让出地方叫大家经过，不厌其烦，她就问：“你是北方人吧？”他说：“是的。”她又问：“你一定是陕西人吧？”他说：“你怎么知道的？”三毛就说：“除了陕西人会这样待人宽厚，其他恐怕很少有人这样。”孙聪问她对陕西文化有什么兴趣时，三毛说话的声音缓了、轻了，她说：“贾平凹吧，我特别喜欢陕西作家贾平凹的书。这个‘凹’北京话念‘ɑo’，但陕西人都念‘wɑ’，这样很亲切，我也就一直念‘平 wɑ’。”

孙聪问她读过平凹哪些著作，她说：“在台湾只看到平凹的两本书，一本是《天狗》，一本是《浮躁》。我看第一遍时就非常喜欢，连看了三遍，每个标点我都研究，太有意思了。他用词很怪，可很有味儿，我每次看完都要流泪，眼睛都要看瞎了。他写的商州人很好，这两本书我都快看烂了。”一时间，说得孙聪也心酸起来，他不知说什么才能劝慰她。三毛的直率、纯真，浓浓地感染着在场的每一个人。终于，三毛醒悟过来，她凄然一笑，对孙聪说：“你回去转告他，他的作品很深沉，我非常喜欢，今后有新书就寄我一本，我一定付钱。我很崇拜他，他是当代最好的作家。他的书写得很好，看许多书都没像看他的书这样连看几遍，有空就看，有的看着我就哭了。”看她又沉浸在一种情绪里，孙聪就打断她说：“欢迎你再到陕西来，陕西有很多东西值得看，平凹也非常平易近人，你再来我一定约你和他见面。”三毛陷入她的情绪里难以自拔，依旧往下讲：“有空儿我就看平凹的照片，研究他，他脑子里的东西太多了。我很想见他，但又不想见他，从他的作品来看他很有意思，隔着山去看，他更有神秘感，如果见了面就没意思了。但我想我一定要拜访他，什么时候，还很难说。”孙聪说：“那你就早些到陕西来啊！”三毛好似还有不尽的心绪要表达："陕北民歌我也爱听。到了陕西，要多住些日子，到商州去，到州河边听人家唱歌。大陆作家中，除了平凹外，我还爱读张贤亮和钟阿城的作品。"孙聪说："请你给陕西人写几句话吧！"三毛说："话就不写了，你代我向陕西人问好，就说三毛喜欢陕西，喜欢忠厚的陕西人。"说着她拿出两张名片，在一张上签了名送给孙聪，又沉思了一下，在另一张上写道："平凹先生，您的忠实读者三毛。"又叮嘱孙聪一定尽早转给平凹，还把一张她的彩照签了名送给孙聪，说："到了陕西一定去找你，到时候可别忘了我这个台湾朋友。"

回到西安，孙聪把他访问三毛的过程写成文章，发表在1990年12月15日《陕西日报》上。同时，他找到平凹，送上三毛的名片，又转达了三毛对平凹小说的喜爱之情。平凹按照三毛名片上的地址，将自己刚出版的《贾平凹散文自选集》等四部著作航空挂号寄往台湾。书中附信叮嘱："千万不要寄钱来。"平凹给孙聪说："下次三毛来西安，我们约几个人，弄几辆自行车，到乡里转悠几天，也好让三毛了解一下陕西的风土人情，那才有意义。"

然而，就在1991年1月4日晚，中央电视台《新闻联播》报道：台湾著名女作家三毛当日凌晨在台北一家医院自缢身亡。之后，台港和大陆的新闻媒介大量报道了三毛自杀的背景材料，不少报刊发表了对三毛的回忆和悼念文章。

远在西安的贾平凹关注着有关三毛的一切报道。他陷入深深的悲痛之中，他哀悼这位未曾谋面的知音。他猜想他寄去的书和信三毛还没有收到。他在心里疑问：一个如此钟爱艺术的人，何以说死就死了呢？他在家里闷了三天，不会客、不接电话。1月7日，他写出悼文《哭三毛》交报社发表。

三毛死了。我与三毛并不相识，但在将要相识的时候三毛死了。三毛托人带来口信嘱我寄几本我的新书给她，我刚刚将书寄去的时候，三毛死了。我邀请她来西安，陪她随心所欲地在黄土地上逛逛，信函她还未收到，三毛死了。三毛的死，对我是太突然了，我想三毛对于她的死也一定是突然，但是，就这么突然地三毛死了，死了。人活着是多么的不容易，人死灯灭却这样快捷吗？

……三毛不是美女，一个高挑着身子，披着长发，携了书和笔漫游世界的形象，年轻的坚强而又孤独的三毛对于大陆年轻人的魅力，任何局外人作任何想象来估价都是不过分的。许多年里，到处逢人说三毛，我就是那其中的读者，艺术靠征服而存在，我企羡着三毛这位真正的作家。夜半的孤灯下，我常常翻开她的书，瞧着那一张似乎很苦的脸，作想她毕竟是海峡那边的女子，远在天边，我是无缘等待得到相识面谈的。可我怎么也没有想到，1990 年 12 月 15 日，我从乡下返回西安的当天，蓦然发现了《陕西日报》上署名孙聪先生的一篇《三毛谈陕西》的文章。三毛竟然来过陕西？我却一点不知道！将那文章读下去，文章的后半部分几乎全写到了我。……我并不敢以三毛的评价而洋洋得意，但对她一个台湾人，对于她一个声名远震的作家，我感动着她的真诚直率和坦荡，为能得到她的理解而高兴。……孙聪先生详细地给我说了三毛让他带给我的话……说是明年或者后年，她要以私人的名义来西安，问我愿不愿给她借一辆旧自行车，陪她到商州走动。又说她在大陆几个城市寻我的别的作品，没有寻到，希望我寄她几本，她一定将书钱邮来。并开玩笑说："我去找平凹，他的太太不会吃醋吧？会烧菜吗？"……于是，送走了孙聪，我便包扎了四本书去邮局，且复了信，说盼望她明年来西安，只要她肯冒险，不怕苦，不怕狼，能吃下粗饭，敢不卫生，我们就一块骑旧车子去一般人不去的地方逛逛，吃地方小吃，看地方戏曲，参加婚丧嫁娶的活动，了解社会最基层的人事。这书和信是 12 月 16 日寄走的。我等待着三毛的回音，等了 20 天，我看到了报纸上的消息：三毛在两天前自杀身亡了。……三毛死了，死于自杀。她为什么自杀？是她完全理解了人生，是她完成了她活着要贡献的那一份艺术，是太孤独，还是别的原因，我无法了解。作为一个热爱着她的读者，我无限悲痛。我遗憾的是我们刚刚要结识，她竟死了，我们之间相识的缘分只能是在这一种神秘的境界中吗？……三毛死了，消息见报的当天下午，我收到了许多人给我的电话，第一句都是"你知道吗，三毛死了！"接着就沉默不语，然后差不多要说："她是你的一位知音，她死了……"……以后的这些天，但凡见到熟人，都这么给我说三毛，似乎三毛真是我的什么亲戚关系而来安慰我。我真诚地感谢着这些热爱三毛的读者，我为他们来向我表达对三毛死的痛惜感到荣幸，但我，一个人静静地坐下来的时候就发呆，内心一片悲哀。我并没有见过三毛，几个晚上都似乎梦见一个高高的披着长发的女人，醒来思忆着梦的境界，不禁就想到了那一幅《洛神图》古画。但有时硬是不相信三毛会死，或许一切都是讹传，说不定某一日三毛真的就再来到了西安。可是，可是，所有的报纸、广播都在报道三毛死了，在街上走，随时可听见有人在议论三毛的死，是的，她是真死了。我只好对着报纸上的消息思念这位天才的作家，默默地祝愿她的灵魂上天列入仙班。

1月15日，平凹带他的朋友冯天海去看病，一回到市文联，老编辑李志清就冲他喊："平凹平凹，三毛给你来信了！"平凹不相信自己的耳朵。他接过这封台湾来信，手先不由自主地颤抖起来。身边围了一堆人，拆开信，一看落款，由不得他就泪眼蒙眬了。信在人们手中传着，沉重的气氛把每个人推入一个巨大的空洞。陕西省作家协会的机关刊物《延河》杂志，敏锐地感觉到这封信的新闻价值，快速推出特辑，抢先发表三毛致平凹这封信的手迹。另外，新华社1月18日就此事发了专电；《文汇报》于2月5日以"最后遗笔"为题也发表了这封三毛《致贾平凹》，并附"编者按"说明这封信的前因后果；《光明日报》于1月19日发表一则消息称三毛在这件"绝笔"里向平凹"剖露内心深处的孤独和落寞"。一时间，国内外的大小报刊都转载和议论这条热点新闻，人们又一次把注意力集中到贾平凹和他的著作上。作为当代文学的一份重要史料，这里记录下该信的全部内容：

平凹先生：

现在时刻是西元1991年1月1日清晨2点。下雨了。

今年开笔的头一封信，写给您：我心极喜爱的大师。恭恭敬敬的。

感谢您的这支笔，带给读者如我，许多个不睡的夜。虽然只看过两本您的大作，《天狗》与《浮躁》，可是反反复复，也看了快二十遍以上，等于四十本书了。

在当代中国作家中，与您的文笔最有感应，看到后来，看成了某种孤寂。一生酷爱读书，是个读书的人，只可惜很少有朋友能够讲讲这方面的心得。读您的书，内心寂寞尤甚，没有功力的人看您的书，要看走样的。

在台湾，有一个女朋友，她拿了您的书去看，而且肯跟我讨论，但她看书不深入，只能够抓提一些味道，我也没有选择的只有对这位朋友讲讲《天狗》。这一年来，内心积压着一种苦闷，它不是来自我个人生活，而是因为认识了您的书本。在大陆，会有人搭我的话，说："贾平凹是好呀！"我盯住人看，追问："怎么好法？"人说不上来，我就再一次把自己闷死。看您的书的人等闲看看，我不开心。

平凹先生，您是大师级的作家，看了您的小说之后，我胸口闷住已有很久，这种情形，在看《红楼梦》，看张爱玲时也出现过，但他们仍不那么"对位"，直到有一次在香港有人讲起大陆作家群，其中提到您的名字。一口气买了十数位的，一位一位拜读，到您的书出现，方才松了口气，想长啸起来，对了，是一位大师。一颗巨星的诞生，就是如此。我没有看走眼。以后就凭那两本手边的书，一天四五小时的读您。

要不是您的赠书来了，可能一辈子没有动机写出这样的信，就算现在写出来，想这份感觉——由您书中获得的，也是经过了我个人读书历程的"再创造"，即使面对的是作者您本人，我的被封闭感仍然如旧，但有一点也许我们是可以沟通的，那就是：您的作品实在太深刻。不是背景取材问题；是您本身的灵魂。今生阅读三个人的作品，在二十次以上，一位是曹雪芹，一位是张爱玲，一位是您。深深感谢。

没有说一句客套的话，您赠给我的重礼，今生今世当好好保存，珍爱，是我极为看重的书籍。不寄我的书给您，原因很简单，相比之下，三毛的作品是写给一般人看的，贾平凹的著作，是写给三毛这种真正以一生的时光来阅读的人看的。我的书，不上您的书架，除非是友谊而不是文字。

台湾有位作家，叫做"七等生"，他的书不错，但极为独特，如果您想看他，我很乐于介绍您这些书。想我们都是书痴。昨日翻看您的《自选集》，看到您的散文部分一时里有些惊吓。原先看您的小说，作者是躲在幕后的，散文是生活的部分，作者没有窗帘可挡，我轻轻的翻了数页，合上了书，有些想退的感觉。散文是那么直接，更明显的真诚，令人不舍一下子进入作者的家园，那不是“黑氏”的生活告白，那是您的。今晨我再去读。以后会再读，再念，将来再将感想告诉您。先念了三遍《观察》（人道与文道杂说之二）。

四月（1990 年）底在西安下了飞机，站在外面那大广场上发呆，想，贾平凹就住在这个城市里，心里有着一份巨大的茫然。抽了几支烟，在冷空气中看烟慢慢散去，而后我走了，若有所失的一种举步。吃了止痛药才写这封信的，后天将住院开刀去了，一时里没法出远门，没法工作起码一年，有不大好的病。如果身子不那么累了，也许四五个月可以去西安，看看您吗？倒不必陪了游玩，只想跟您讲讲我心目中所知所感的当代大师——贾平凹。

用了最宝爱的毛边纸给您写信，此地信纸太白。这种纸台北不好买了，我存放着的。我地址在信封上。您的故乡，成了我的“梦魅”。商州不存在的。

三毛敬上。

信中，“今生今世当好好保存，珍爱，是我极为看重的书籍”这句话下，横画有一条粗实的线，以示强调。信纸的右上角，写着她的电话号码和通信地址：台北市南京东路某段某巷某弄某号某楼，后边注着真名：陈平。三毛的字，虽一律向右倾斜约十五度，但笔画绝不潦草。改动的地方有五处九个字，看得出是一气呵成。从信得知，三毛不仅收到了平凹寄的书，也收到了平凹寄的信，平凹于此又获得了些许的安慰。他只说这是一个渺无信物的空想，没想她竟还读了他的几篇散文，只是有些“惊吓”，不敢直接面对无窗帘遮挡的“大师”，不敢进入他的“家园”。然而，缘线在她死亡前刚刚接通。

读过三毛的信，当日下午，平凹又悲痛著笔，写出《再哭三毛》一文。平凹是个重情感的人，对能理解他的人，对能参透他小说散文内涵的人，引为终生知己。作家的苦，内心创造的艰辛，故事上不连贯思想上却一线贯通的那些独立作品，一般把读书作为消遣的读者，或许不大在意；但职业的读者、鉴赏家、评论家、文学史家、比较文化研究的学者，就不能不在意。艺术个性鲜明的作家，艺术个性鲜明的作品，硬着头皮任其生灭，或故作动机不明的沉默，能按得住艺术良知的跳动，这或许是出于艺术观念的不同，或许是昧了职业道德的不善者。但三毛不是这种人，贾平凹不是这种人，千千万万的正直的读者不是这种人，学术界刚刚正正的研究家也大有人在。三毛死了，学术不死。

平凹写给三毛的第二篇悼文，是面对亡人直剖心意的道白，也是对三毛的文章和她选择的死亡方式的理解。

我只说您永远也收不到我的那封信了，可怎么也没有想到您的信竟能邮来，就在您死后的第11天里。今天的早晨，天格外冷，但太阳很红，我从医院看了病返回机关，同事们就冲着我叫喊："三毛来信啦！"信是十点钟收到的，地址是台湾，且署一"陈"字，大家就鼓动我快拆开。信纸拿出来，大家就啊地叫了起来，不少人就抹眼泪。有人说先复印下来，不要把原件传污了……

收到了，是收到了，三毛，您总算在临死之前接收了一个热爱着您的忠实读者的问候！可是，当我亲手捧着了您的信，我脑子里刹那间一片空白呀！清醒过来，我感觉到是您来了，就在我的面前，您充满在所有的空气里。……这封信是您1月1日夜里两点写的，您说您"后天将住院开刀去了"，据报上登载，您是2日入院，那么您是以90年最后的晚上算起的，是91年的1月1日白天休息起来后，还是在3日的去医院的路上？这是您给我的第一封信，也是给我的最后一封信，更是您48年里最后的一次笔墨，您竟在临死的时候没有忘记给我回信，您一定是要惦念着这封信的，那亡魂会护送着这封信到西安来了吧！……前几天，我流着泪水写了《哭三毛》一文，后悔着我给您的信太迟，没能收到，我们只能是在朦胧中结识的缘分。写好后停也没有停就跑邮局，我把它寄给了上海的《文汇报》，因为我认识《文汇报》的肖宜先生，害怕投递别的报纸因不认识编辑而误了见报时间，不能及时将我对您的痛惜、思念和一份深深的挚爱献给您。可是昨日收到《文汇报》另一位朋友的谈及别的内容的信件，竟发现我寄肖宜先生的信址写错了，《文汇报》的新址是虎丘路，我写的是原址圆明园路。我好恨自己呀，以为那悼文肖先生是收不到了。今日正考虑怎么个补救法，您的信竟来了，您并不是没有收到我的信，您是在收到了我的信后当晚就写回信来了！……读着您的信，我的心在痉挛着，1 月 1 日那是怎样的长夜啊，万家灯火的台北，下着雨，您孤独地在您的房间，吃着止痛片给我写信，写那么长的信，我禁不住就又哭了。您是世界上最具有真情的人，在您这封绝笔信里，一如您的那些要长存于世的作品一样至情至诚，令我揪心裂肠地感动。您虽然在谈着文学，谈着对我的作品的感觉，可我哪里敢受用了您的赞誉呢，我只能感激着您的理解，只能更以您的理解而来激励我今后的创作。一遍又一遍读着您的来信，在那字里行间，在那字面背后，我是读懂了您的心态，您的人格，您的文学的追求和您精神的大境界，是的，您是孤独的，一个真正天才的孤独啊！……现在，人们到处都在说着您，书店里您的书被抢购着，热爱着您的读者在以各种方式悼念您，哀思您，为您的死作着种种推测。可我在您的信里，看不到您在入院时有什么自杀的迹象，您说您“这一年来，内心积压着一种苦闷，它不是来自我个人生活，而是因为认识了您的书本”，又说您住院是害了“不大好的病”。但是，您知道自己害了“不大好的病”，又能去医院动手术，可见您并没有对病产生绝望，倒自信“四五个月”就能恢复过来，还详细地给了我您的通信地址和电话号码，且说明四五个月后来西安，一切都作了具体的安排，为什么偏偏在 4 日凌晨的两点就死了呢？三毛，我到底是不明白啊！您的死，您是不情愿的，那么，是什么原因而死的呀，是如同写信时一样的疼痛在折磨您吗？是一时的感情所致吗？如果这一切仅是一种孤独苦闷的精神基础上的刺激点，如果您的孤独苦闷在某种方面像您所说的是“因为认识了您的书本”，三毛，我完全理解您作为一个天才的无法摆脱的孤独，可牵扯到我，我又该怎么对您说呢，我的那些书本能使您感动是您对我的偏爱而令我终生难忘，却更使我今生今世要怀上一份对您深深的内疚之痛啊！……这些天来，我一直处于恍惚之中，总觉得常常看到了您，又都形象模糊不清，走到什么地方凡是见到有女性的画片，不管是什么脸型，似乎总觉得某一处像您，呆呆看一会儿，眼前就全是您的影子。昨天，却偏偏没有看到什么离奇的脸，对您的来信没有丝毫预感，但您却来信了，信来了，您来了，您到西安来了！现在，我的笔无法把我的心情写出，我把笔放下了，又关了门，让我静静地坐一坐。不，屋里不是我独坐，对着的是您和我了，虽然您在冥中，虽然一切无声，但我们在谈着话，我们在交流着文学，交流着灵魂。这一切多好啊！三毛，就让我们在往后的长长久久的岁月里一直这么交流吧。三毛！

三毛死后，香港一家报纸派记者访问贾平凹，说："三毛在给您的信中一再表示爱慕之情，她因为读您的书而感到'闷'和'孤独'，您两人是否在感情上有什么瓜葛？"平凹说："三毛给我的信，只表明她喜欢我的书，理解我作品的内涵，别的没有什么。"香港记者又问："那么三毛死后您以明白无误的怜爱之情发表了《哭三毛》《再哭三毛》，这又说明了什么？"平凹说："第一篇文章是我听到三毛死讯时写的，第二篇文章是我收到三毛临死前给我的信后写的。我感谢三毛对我小说的理解，引她为创作上的一个知音。两篇文章都表达了我对台湾这位有着独特艺术个性的女作家的悼念，也道出了我对她的人和作品的理解。"香港记者显然不需要这样的解释。他不再绕圈子，单刀直入地问："有传言说您和三毛在搞精神恋爱，您能证实这一点吗？"平凹说："这种传言是没有根据的，谁能证明这个传言的真实性呢？我们两个人没有更多的交流，我仅收到她第一封信，也是最后一封信。大陆一些朋友在三毛死后对我说：三毛喜欢上你了。这种说法，就庸俗化了。她去年4月到西安来时，并没有找我。"记者反问："你们两个人的文字，流露出那么强烈的互相的向往，这难道不是事实吗？"对这种固执的追问，平凹来了情绪，他严肃地说："你这样的说法是对死者的不尊重，人已经不在世了，拿一些莫须有的事说来说去，这很无聊！"记者争辩说："说是精神恋爱也不是什么贬损，大陆人不是常赞美崇高的爱情吗？"平凹一下黑了脸，站起来说："您一定要坚持传言，我只有拒绝您的继续采访了。"他"噌"地划着一根火柴，举起亮光在空中绕了一下，点燃烟，深吸一口，又呼呼地把烟气喷到空中……

针对香港一些报纸有关“精神恋爱”的传言，三毛的堂兄陈懋文先生向记者发表谈话说：“关于三毛和贾平凹先生在感情上有纠葛的传说，不仅有损三毛的形象，也使贾平凹先生颇为尴尬。这种说法纯粹是一种误解，一种臆测。如果不解除这种误会，就难以理解三毛的思想、人格、感情，特别影响人们鉴赏三毛作品的美学价值。自然，对贾平凹先生也是不公正的。对那样的说法，贾平凹先生也以一个作家的真诚和他对三毛的敬爱之情，明白无误地对香港记者做出了否定的回答。”

1991 年 6 月，三毛生前的好友和邻居陈达镇先生受三毛父母之托来到西安，带来四本三毛的影集，找到平凹和孙聪。陈先生向平凹赠送了三毛最后的作品《滚滚红尘》和有关照片，平凹向陈先生赠送了登有他的《哭三毛》和《再哭三毛》的《延河》杂志特辑作为纪念。陈达镇先生是三毛在《我的宝贝》一书中称为“闲云野鹤”的复兴中学的国文教师。他此行的目的是受三毛父母之托将三毛生前部分遗物送葬于敦煌。他到敦煌莫高窟，找到当年三毛曾交代过后事的画家张伟文。张伟文回忆了三毛在莫高窟的游历过程，就同几位朋友一起领陈先生来到三毛亲自选定的归宿地。这地方在佛窟的正面，过一道沙梁，越一条沙沟，是一面平坦的沙坡。站在沙坡上往前看，刚好是莫高窟的正面大特写。伟文执锹，十分认真地挖出一个沙坑。他信守对朋友的承诺。其他朋友都一齐动手，扒土、捡石子，将挖出的沙坑围成一个圆。达镇拿出三毛一条牛仔裤、一盒百乐门香烟、一顶便帽、一只挎包，还有一条红红的发带，十分鲜艳。他们点燃这些遗物，望着一群黑蝴蝶般的灰片冉冉飞去。每人的杯子里都斟满了酒。达镇举起留给三毛的那一杯，与每个人碰过之后，轻轻地洒进沙坑。饮了酒，大家一捧沙一捧沙将那些遗物化成的灰烬掩埋。银粉般的细沙拢起来成一个小小的冢，伟文从沙沟里采来一束马兰花，郑重地插在冢顶。这时候，红日西沉，血色的光辉勾勒出对面那一排排佛洞的轮廓，一时间沙漠分外辉煌……

第六章

从香港到美国

一万米的高空，云如岩石，坚硬如金属，机翼锯过，座舱簌簌抖动；云如浓雾，漠漠铅灰，机声沉闷，如潜航海中；又时而云如浪涌，云如泥浆，飘荡的，黏稠的，种种感觉袭上心头，使人不知这是奔赴天国还是坠入黄泉……

贾平凹倚窗静思。一支不曾点燃的烟卷捏扁了还夹在手里。从北京起飞时的兴奋已经平静，飞越黄河时的联翩浮想已经消散。此刻，他正琢磨，云层之上不知是何等景象？可是，云层之下的航路竟这么长、这么长。云不一定是雨的象征，但作为自然形态，作为水生成转化的中间环节，若以纯功利的眼光看待，那真如商州民歌唱的：云不下雨枉占天……

那是一首非常优美的民歌。何丹萌改编《鸡窝洼的人家》为歌剧时，他曾特嘱一定要把这首民歌用上。在北京时，他曾反复演练过这歌子，此行出去，演讲或交流，唯有唱了民歌，才能传达他商州系列小说的质感和韵味。这点他是做了准备的。

贾平凹此行出国，时在1991年10月。事为应美孚石油公司“飞马文学奖”顾问委员会邀请，出席美国路易斯安那州立大学出版社出版英译本《浮躁》的首发式。途经香港将停留三天。飞过广州，天一下子高远起来。云层漫在脚下，起起伏伏如海波荡漾，有时也平柔如丝绸锦缎。但无论形态怎么变幻，却都是光灿灿的金色世界。平凹忍不住就要惊呼：“云层之上一片光明哟!”

妻子在旁边微闭双眼，她略有不适。平凹不忍去唤醒，就一遍一遍在心里念说："一片光明、一片光明……"

飞机落地，平凹夫妻在出口处原地等待。这是他们平生第一次站在中国内地以外的地界上。有两个年轻女子朝他们跑来，这是香港美孚公司的接待人员，其中一位在1988年飞马文学奖北京颁奖会上和平凹认识。住所安顿之后，平凹夫妇接到一份"贾平凹先生访港行程表"：

10月8日抵港星期二

下午1时香港美孚接待午宴

10月9日星期三

下午3时美孚石油、天地图书公司、香港作家联谊会联合举行座谈会；地点：怡东酒店3/F解颐阁；下午5时：欢迎酒会

10月10日星期四

上午11时45分，香港大学比较文学系接待午餐；下午1时，和港大师生座谈，联络人：黄德伟先生

10月11日星期五

下午4时，沙田中文大学中国文化研究所：座谈创作经验；主持人：黄继持先生

10月12日星期六，赴美。

另外，还有一些活动的详细计划，如"记者采访安排""每日活动程序""美孚及有关团体的联络电话"等，皆用电脑打出中英文的程序表。平凹心下微微发紧。如此的一丝不苟，一切都有条不紊，秩序化了的资本主义以它自身的

内在机制运行了上百年，平凹来到这里，即刻变作了这架机器上的一颗螺丝钉。

8 日下午，参加美孚公司的接待午宴，由于有香港作家彦火的陪同，气氛轻松愉快。公司想得周到，贾平凹不是采油工程师，也不是地质钻探专家，他是中国内地的小说家，接待午宴的话题总不能围绕着陆相沉积或海底石油，作家的交流需要作家来对接榫眼。一场饭局下来，平凹虽不喜西餐大菜，却也因心情适然多吃了几片牛排。精心的安排在不经意的交际中实现。

昨夜睡得挺好。当黎明的第一抹海曙投向窗棂的时候，门铃响了。侍应微笑着呈上一张“表示”，平凹观之：

10 月 9 日座谈会及酒会程序：

（一）上午 10 时，游览

（二）座谈会

下午 3 时开始

主持：潘耀明先生（《明报》月刊总编辑）

（三）欢迎酒会

下午 5 时开始

程序：1. 司仪简介；2. 美孚石油代表致辞；3. 贾平凹先生致辞；4. 贾平凹先生赠纪念品予美孚石油代表；5. 美孚石油代表致送纪念品。

按此程序，平凹夫妇的胸前被别上了作为贵宾标志的红绢花，他们由侍者引导朝解颐阁走去。紫红地毯很庄严又柔软，故乡甘河沟那厚厚的秋日落叶在他耳边嚓啦嚓啦地响……

天津《今晚报》特约记者虞锡圭发自香港的专电，描绘了这一刻的贾平凹：“这位 39 岁的贾平凹第一次来香港，也是他首次离开黄土地出国访问。他那充满大西北乡土气息的作品，使香港许多读者对他产生了一些有趣的好奇心，甚至有人把他想象成他作品中的人物，‘两道粗壮的剑眉和一把浓密的络腮胡子，说不定头上还扎着白毛巾’，是个‘巍巍乎彪形大汉’。但当他穿一套剪裁得体、式样入时的灰色大方格双排扣西服，偕夫人风度翩翩地步入会场时，人们一看这位文质彬彬的白面书生，不禁哗的一声惊赞，接着便是一阵热烈的掌声。”

座谈在无拘无束中开始。潘耀明代表大家致欢迎词，平凹简单讲了此行的目的和初到香港的感受。有记者这样描述平凹：“他确实带有八百里秦川所固有的乡土朴实，口讷而不善言。他那陕西味的普通话虽然不多，但句句坚实。”于是，话题一下子就围绕着他的得奖作品《浮躁》而展开。

香港《大公报》记者蕴晴提问：“书名为什么叫《浮躁》?”

平凹款款道来：“在那些故事中，人不分老幼好恶，都在浮躁之中，而作者本人，亦被浮躁情绪笼罩。浮躁正是那一段社会裂变时期社会形态和社会情绪的典型形象。国门开放前后，自尊与自卑情绪交织，主体意识高扬与自身素质低下的矛盾，都必然产生浮躁情绪。浮躁代表活力但不代表成熟。只有走出了浮躁，一个社会、一个民族和一个作者，才能走向成熟。”

有人请他谈谈东西方文化的差异，他说：“佛家有言，穿过云层都是阳光。这话正好反映出东西方文化的分野，因为在两者之间，能相互借鉴的就只有其创作的境界，而彼此的思维差距，产生的将是不同的云层，因此如何穿过云层而得到阳光的方法也就不一样，故而在创作上，形式是不能借鉴的。”

贾平凹又说：“我不主张影射什么或逃避什么，作家应当忠实于生活，忠实于自己，从容、自在、超越激愤，以平和大度之心传达情感。”

问他来香港想看看什么。他说：“希望了解别人的云层下发生了什么。尽管云层之上的阳光是所有人追求的，但到这中西文化交汇的地方，想看看不同地方的人们的思维及关于大自然、关于人生的感觉究竟有什么不同。”

座谈会开得有滋有味。参加座谈者兴趣盎然，时间到了，人们仍围着他问这问那。香港作家艾袁说：“和贾平凹站在一起，觉得他厚实而可靠，不像有的新秀那样，一见面就吹得神乎其神，拉着你和他一起腾云驾雾，叫人担心不知他们何时会从空中摔下来。而和平凹在一起，大可放心，他的根牢牢扎在土地里，深着呢!”

10 月 10 日，香港大学比较文学系组织港大师生和贾平凹座谈。诚挚的港大师生最关心平凹的身体情况。对此提问，《今晚报》记者发专电报道：“据说贾平凹近年来身体欠佳，香港朋友都为这位才气横溢的青年作家的健康担忧。但他有一位温柔美丽的妻子随侍左右，平凹到哪里，她都紧紧相随，成为他离不开的‘保健监护’，随时照料他的生活起居。据她说，平凹并无大病，只是体质较弱，常患感冒。但到了香港，也许这里的气候比较湿润暖和，平凹身体一直很好。平凹本来相当善饮，很有几杯酒量，但现在面对美酒，在爱妻温柔深情的目光注视下，也只好向敬酒的朋友们表示由衷的歉意了。”

港大的学生们提出一些他们感兴趣的问题：

“你在写作之外还有什么爱好？”

平凹认真回答：“我还对书法、绘画、下棋有浓厚兴趣。”

“你爱音乐吗？”

“我对音乐较为迟钝。”

“听说你对文艺理论很有研究？”

“我研究不多。”

“除文学书之外，你还爱读什么？”

“还爱读建筑、历史、兵法等其他门类的理论书。”

“你是杂家吗？”

“是作家，也是杂家。”

港大师生中，不少人是贾平凹迷，他们以收藏各种版本的贾平凹著作为人生乐事。他们中不少人正在从事或将要从事文学创作，他们希望从平凹那里获益，哪怕一句话的启示也行。有人问：“你对从事创作的青年人有何勉语？”平凹答：“多培养想象力，这是从事创作的起码条件。”

问他的格言是什么？

他答：“忠于生活，忠于自己，忠于艺术。”

有关这次座谈，《今晚报》发自香港的专电还写道：“通过这次座谈，香港同行们感到，贾平凹虽然不喜招摇，也不愿抛头露面，但他却是个淡泊地生活在艰苦的文学田园里的脚踏实地的令人尊敬的作家，也是一条极富感情的热血汉子。人们还记得，台湾著名女作家三毛生前访问大陆时，曾强烈表达了她崇拜贾平凹的情绪，不料她回台后不久，竟会带着未能见到贾平凹的遗憾而魂归西天。贾平凹得悉这一噩耗后，悲痛欲绝，发表了《哭三毛》的悼文，对死在另一世界的知音，倾诉了无限哀思，情意真切，催人泪下，香港读者至今还为他这种情谊所感动。”

10月11日，在位于沙田的香港中文大学的中国文化研究所内，又开了一个座谈会，题目是“贾平凹谈创作经验”，话题仍然围绕《浮躁》展开。贾平凹说：“《浮躁》确实是我创作生涯中一部很独特的作品，也是我第一次用这样长的篇幅，来正面地、现实主义地表现中国当代社会。现在回过头来再看看这部五年前的作品，我觉得它还是能够反映当代中国社会的形态和表现出中国农民的巨大变迁的。所以我认为，《浮躁》重视生活，属于正面的写实作品。从反映当时农村生活的深度和广度上来说，我还是比较满意的。”

他又说：“《浮躁》作为一部小说，它只是反映了当时的社会现状，它所表现的也是当时的社会情绪。我自己对当时当地的农村情况和农民情绪是比较熟悉的，而中国农村当时正发生着巨大的变化。所以我认为，可以把那个地区的情况，作为一个概括反映中国面貌的缩影来写。而且由于我当时对于生活环境的强烈感受，也产生了同样强烈的愿望，要把它尽快地表达出来。但是我并不主张要影射什么或逃避什么。如果一定要把中国当代作家的作品分为政治性强和艺术性强两大类型的话，我自信自己属于后者。”平凹还一再解释说：“由于大陆文坛一度对《浮躁》的热烈讨论，使‘浮躁’一词成为人们概括社会情绪的专用词。”同前两次座谈会一样，平凹一再强调，他今后的创作将“超越激愤，以平和大度之心去传达中国人的感情”。

有人问：“你如何看待‘中学为体，西学为用’的观点？”

平凹答：“我个人的体会，西方文学的境界可借鉴，因为追求境界是大多数作家共通的。但是形式不能借鉴，像水墨画和油画、京剧和话剧，体现了东西方不同的思维方式，如果形式是借鉴来的就类同于翻译式的语言，丧失了民族性。虽说穿过云层都是阳光，但云层各有不同。”

香港《大公报》1991 年 10 月 13 日第 3 版以近乎整版的篇幅配三幅照片报道平凹在香港的活动。该报写道：“此次来港，贾平凹实现了多年的愿望。他渴望首次跨出内地之行，能对香港中西文化的交汇有所认识。随后的美国之行，贾平凹盼望通过接触西方文化，从而得到参照物，更准确地认识自己的民族。”平凹告诉香港朋友，他也喜欢武侠小说，特别是金庸的《笑傲江湖》，他认为金庸的武侠小说气魄大。

据不完全统计，仅 1991 年 10 月 10 日这一天，香港七八家大报如《明报》《世界日报》《大公报》《新晚报》等均辟专版或专栏对平凹在香港的活动做了突出报道，一时形成轰动效应。在中文大学座谈之后，平凹被新闻记者包围，一时走不脱身，几位朋友欲去解围，被当地朋友阻挠。香港新闻界的朋友说，内地作家学者到香港受到新闻媒体如此重视，实属空前之现象，此地新闻媒介注重的热点人物一向是影视和体育明星，对作家学者的欢迎从来都是小圈子内的事。最后，还是陕西去中文大学的访问学者陈华昌前去解释，说平凹从早到午还未吃饭，才把他“解救”出来。

港大一位教授，带研究生从来都是在海滨授课，此人在香港学术界颇有地位。此次，教授特邀了平凹，亲陪他去海边，让他感受香港地理上的某些独特之处，并与他讨论大陆文学的前景和现状。平凹由此获得不少启发。一次，在香港的内地朋友同平凹一起去吃自助餐，人家都去吃了什么生鱼片之类的海鲜，分门别类地品尝，之后还要来点黄油面包之类的西餐，连同品类繁多的饮料也要一样样地享用。看平凹，他却只拿大盘盛了面条在那里大嚼，对那众多的花色食物一眼也不瞅。饭后，朋友问他，他说：“没啥吃么，只有面条，还缺油泼辣子。”朋友说：“你连自助餐费用的十分之一都没有吃下。”平凹说：“但我想得多，这用自助餐费十倍的钱也买不来。”

1991 年 10 月 12 日，贾平凹和夫人韩俊芳、翻译纽保国一行三人从香港飞抵美国纽约。之后，平凹将在纽约、华盛顿、丹佛、洛杉矶等城市参观和讲学。

就在平凹一行到达美国的前一天，全美最大的报纸《纽约时报》刊出美国作家协会主席索尔兹伯里对《浮躁》的权威评论。该评论用极热情的赞语向美国读者推荐这部描写中国农村改革的小说。索尔兹伯里在这篇评论里写道："很难想象贾平凹这部反映黄河深处农民生活的小说该怎么写，那里充满传奇和浪漫，贾平凹却写得很朴实。贾平凹把世界颠倒了个儿。自明代古典小说《三国演义》《金瓶梅》以后，对主人公的刻画，他们的生死、欺骗，甚至上床睡眠、爱情及个人本能的需求，等等，《浮躁》是最精彩的写作。贾的所有作品受那种意识形态哲学的影响很少，他用最丰富的语言装饰小说，贾描写的生活现象、落后的中国人的愚昧、封建大家族的一言堂、喝一种水、闻一种味道、把自己吃得很饱很撑，对我来说，这是中国真正的写实、真正的现实主义。这本书是充满艺术活力的、不朽的。"83岁的索尔兹伯里，是美国文学艺术学会主席、全美作家协会主席，他的身份和成就决定了他这篇评论的分量。早年，索尔兹伯里曾任国际合众社（UPI）记者、编辑，《纽约时报》记者、副总编辑。1984年初夏，这位年近八旬的老人，带着心脏起搏器，以他特有的热情和智慧，踏上了中国工农红军长征时走过的路线。一年后，他用那台跟随他半个世纪的老式雷明顿打字机敲出的书稿出版了，这就是风靡世界的大作《长征——前所未闻的故事》。索尔兹伯里被中国领导人称为"中国人民的老朋友"。

贾平凹一到美国，就受到了这位老作家的欢迎。他仔细地听平凹朗诵《浮躁》的片段，听平凹唱书中那些民歌，之后，他紧紧拥抱这位年轻的中国作家，深情地说："我曾经到过中国的农村，那是在山东，这次读了您的《浮躁》，听到了州河上美丽动听的民歌，我决心一定要重返中国，去看看'浮躁'的州河，去听听州河里的民歌。"在纽约，平凹还受到了著名华裔女作家聂华苓的盛情接待，她和丈夫说服美国政府设立世界笔会中心并不断邀请中国作家到美国访问写作，她是中国作家和美国作家保持联系的重要桥梁。把本届飞马文学奖授予中国作家就是缘于聂华苓的提议。她不仅关怀平凹的生活，还千方百计安排平凹会见中国及各国旅居美国的作家。人民、和平，这两样东西把全世界的作家联系在一起。聂华苓是个热心人。

在哥伦比亚大学，贾平凹同许多美国著名的文学界人士进行了座谈，讨论了中国及世界文学的现状和未来。平凹还回答了大学生们的提问，为不少读者题字留念。这座世界著名的私立大学，已有近250年的历史，贾平凹参观了这座大学城，为其宏伟的建筑和现代化的设施而惊叹。之后，平凹应邀到纽约市国立图书馆演讲，谈了他对文学及其功能的理解，赢得了阵阵热烈的掌声。他还参观了纽约大都会艺术博物馆。在这个全美最大的博物馆里，平凹几乎走不动路了，他为这里丰富而精美的藏品所震撼，特别看到中国古代的艺术品，他的心情十分复杂，他说，“拿”人家的艺术充门面虽有“盗”的嫌疑，但这恰恰形成了美国人全方位吸收的心态和性格。

在乔治梅森大学，贾平凹与该校师生进行了座谈，他应邀演唱了商州歌谣，讲了他有关商州的小说中那些动人的故事，有许多听众与他合影留念。他特别谈到中国传统女性的性格特征，以及他小说中“小水”这位女性生长的环境和文化氛围。

10月21日早，平凹一行飞抵美国首都华盛顿。美国政府的重要机构如国会大厦、国务院、总统府所在的白宫、国防部所在地五角大楼，以及国家的科学文化机构如科学院、国会图书馆、博物馆、美术馆等皆设于此。美国方面尽可能地安排平凹参观游览了上述机构，对此，平凹说很难用几句话来概括他的印象。早在平凹到来的前一天，美国国会图书馆和麦迪森纪念馆就散发了有关《浮躁》的宣传品，并在公众场所的显著位置张贴有关平凹演讲的海报。

报告会开得很热烈，有关寻根文学的讨论涉及非常广泛的内容：中国西部的风俗、农村改革的现状、传统文化的现在时态、不可遏止的经济潮流、民歌中的文化成分等等。最使平凹难忘的，是参观美国国会图书馆。该馆的藏书量堪称世界第一，其丰富的中文藏书使平凹大为惊讶。有一部名为《皇清经济》的书引起平凹注意。它共有366卷，内容是十三经及其注疏，是道光十年（1830）木版印刷的。书上有一张标签，写明“同治八年夏大清皇帝赐赠美利坚合众国政府”，这是国会图书馆珍藏的第一部中文书。该馆负责人介绍说，这里的中国藏书主要来源于一位专门研究中国农业的美国博士的捐赠。在国会图书馆的东方部，美国人最爱查阅的书是《古今图书集成》，这是世界上最大的一部百科全书，总共1万卷，仅目录就有40卷。问及这里有无贾平凹的著作，工作人员在电脑上敲了几下，屏幕立即显示，截至1991年10月，美国国会图书馆收藏的贾平凹的著作有《远山野情》《浮躁》《冰炭集》《商州》《平凹文论集》《腊月・正月》《黑氏》《小月前本》《爱的踪迹》《心迹》等等。

参观结束，平凹一行感慨良多，比起国内一些图书馆，这里不仅仅是购书资金雄厚，对作家的珍爱、对文化积累的重视、管理的现代化等等，都有许多值得借鉴的地方。最有意思的是，平凹应邀到“美国之音”广播电台直播室接受采访。这家国际电台，在一段时间里，紧密追随美国政府的立场，对中国人民不那么友好。自改革开放以来，这家电台也客观报道了中国经济建设的巨大成就。现在，贾平凹被美方的工作人员领进一个深邃的通道，连过了三道大铁门，连中方的陪同人员也被隔离在外边，平凹心里产生了深深的恐惧，他想起了朝鲜战场上的美国大兵，想起了中央情报局的“恐怖故事”，他后悔接受这个采访，尽管美方的朋友告诉他大胆去没有事儿。来到辉煌的演播大厅，见到了华裔的记者和播音员，几句亲切的问候和交谈，一下子把他心中的恐惧扫除掉了。说到他刚才的紧张，几位华裔都说，处在工作状态下的美国人都非常严肃，但你不要害怕，该咋就咋。果然，采访非常轻松。他们问他的成长道路，问他文学创作的历程，问他对中国文化的思考，问他对美国的印象，等等。他都一一回答，这些都是些老掉牙的问题，在国内时已无数次地回答过记者的采访。谈到高兴处，他甚至唱起了陕南民歌，《后院里有棵苦李子树》的凄美和含蓄最容易勾起他对国和家的思念。就这样，全球最大的对外广播，以其强大的无线电波，载着一位中国作家沙哑而略带忧伤的歌唱，传遍天涯海角。

回到宾馆，平凹立即打越洋电话问候远在西安的母亲。母亲惦念着儿子，她不止一次给人念叨：“我娃长恁大没出过远门。”现在，她听到了儿子在地球那边的声音，就急不可耐地问：“我娃能吃饱不？不管瞎好我娃吃饱饱！”平凹说：“好吃的多得很，就是吃不饱。实在想吃妈擀的浆水面！”妈说：“实在不行，我娃早早回来。”

怎么能早早回来呢？这是国际访问，是国际文学奖的重要活动，又不是去南山拾柴火，肚子饥了就早早往回走。这里的一切都按事先排好的程序进行。每有变动，就牵连着一竿子的人马，牵连着许多国际机构。

10 月 23 日，美国文学界及美孚公司为《浮躁》的英译本出版举行了隆重的首发式。简短的仪式之后，平凹为美国读者签名。一位金发碧眼的美国小姐坚持要平凹当场教她学写“贾平凹”三个字，她说“中国”两个字她已经会写了，现在再学会这三个字，她就会了五个汉字，到了东方的古老国家，她就可以使用这五个字获得旅游上的帮助。人们都笑这位姑娘的天真，说学汉语得从最简单的拼音学起，可这位美国姑娘不服，她说她在大学是攻电脑的，她懂得汉字的编程原理。

《浮躁》的英文译者葛浩文，是美国人，时年 50 岁，在美国文学界是颇有影响的人物。在这次首发式上，平凹终于和他见面了。平凹说，我原以为葛先生是华裔，没想却是纯粹的洋人。葛氏也笑说他对平凹形象的猜想。他们一起讨论商州风情，讨论中国现实主义文学的新发展。葛浩文说：“中国作家，包括国外的汉学学者，一般关心的应该不是语言问题，而是作品里表达的情感内容与精神内涵；只不过他们用‘华文’作为表达工具。举例来说，一般提到法国文学、美国文学，主要是以‘文化’为主，而不是‘文学’，不是光分辨它‘用什么语言’来写。所以当人们说到‘EnglishLiterature’，我们立即的反应是‘英国的’，而不是‘英文的’文学（美国文学也用英文）。”平凹说这是对的，作为汉语言文字，和世界所有的语言文字一样，是作为传达思想的工具在使用；此外汉语言文字本身可以成为独立的审美对象，这不仅在于汉字结构上的表形表意，且在于许多单个汉字排列上的讲究，这种排列组合形成的汉字群在内涵上产生了有趣的、微妙的变化，这种变化的本身就是艺术。这里说的不包括汉字特有的书法艺术。平凹感谢葛浩文先生为英译本《浮躁》所付出的劳动。当晚，中国驻美国大使馆为平凹举行了招待会。

10 月 24 日，平凹一行来到美国西部城市丹佛。第二天下午 3 点半，在科罗拉多大学东亚系海伦斯教学楼 204 室，贾平凹以中国现代文学及他的创作经验为内容做专题演讲。他一一回答了听众感兴趣的问题。之后，又在中文系召开了小型座谈会，与会者多为专家，讨论的问题也较深入，贾平凹谈了文学与人类的相关问题，引起了众人的强烈兴趣。关于这次活动的情况，《丹佛华报》都做了连续的详细报道。

10 月 28 日，来到洛杉矶的第二天，平凹应邀到加州大学洛杉矶分校东语系进行访问并于当晚在该校演讲。人们对他的陕西口音很有兴趣。《世界日报》和《国际日报》对这次演讲和他在洛城的访问情况也都做了详细报道。

在洛杉矶，平凹意外地见到了一些旅美的陕西乡党。著名导演吴天明请他到家里吃岐山面条，省博物馆原画家范炳南带他去沙漠之城观光，在一所大学他为著名学者刘再复算了一卦，还给一位旅美的作家介绍了改革开放的新局面、人民生活的新变化和中国建设的新成就。

近 20 天时间，贾平凹走马观花看美国，他说他理解了三个问题：一是为什么美国政府鼓励公民负债消费，比如分期付款买房买车，先用再付钱，政府相信你，同时也促进消费，双方都不存在信誉上的障碍。二是为什么世界各地的精英人物都往美国跑，二战以后美国的发展主要依靠外来的精英移民，比如高科技领域，华人和犹太人所占的比例相当大。这使美国尝到了甜头，他们也就采取了许多吸引人才的措施，搜罗人才始终是美国有关方面的一个固定政策。第三个问题就是美国为什么以老大自居，爱管世界上的事，被称为“世界宪兵”，因为它是一个全面开放的国家，人才要从世界各地来，资源要从世界各国来，产品要向世界各地倾销，哪儿发生了战乱都要影响到它的利益；国内又是多党轮流执政，一个紧盯着一个。一句话，一切为了美国利益。这也是美国常受各国攻击的原因。

10 月 30 日，平凹一行回国。他把带回来的几样小礼品分送了朋友，他给方英文一只美国产的打火机，给另一友人一部英文版本的《浮躁》，给费教授一支高级水笔，给陈彦一张美元说这是世界上最硬通的东西。给丹萌一个什么，丹萌还秘不示人，英文说可能是床上用品，计划生育的。丹萌说：“不是的，绝不是的，绝对是正经东西，但你们猜不透，你们智力不够。”

第七章
创办《美文》

1992 年农历二月二十七，平凹携妻女从西安回到棣花，为父亲办最后一次祭祀活动。贾彦春先生逝世于三年前的农历八月十一，他的生日是二月十九，商州的讲究是老人死后三年之内，要像生前一样每年都过生日，而在逝世后的前三年每逢忌日亲戚朋友都来聚会悼念。而平凹的生日是二月二十一，他弟弟说了几次，一定要在家乡为哥哥过个生日。如按常规，这一年连办三个节事，是很劳人的。平凹家里人手又少，按当地风俗，像平凹他们家这样的人家，办如此节事，少则三五十席，多则百余席，如此大的应酬是一件很够负担的事。今年是父亲逝世三周年，三年一过，灵魂西归，儿孙不再举办任何悼念节事，只在春节里每夜送灯烧纸、清明里祭坟挂幡就行了。为此，平凹便和母亲及弟弟商定：将三个节事合并，一日里过！免除重复待客的烦劳，也让亲戚朋友省事。平凹回家的第二天，亲戚朋友聚集一起，平凹穿丧服、戴孝帽，走在前往牛头岭墓地的人群前边。墓地四周，贾佳栽的四棵千枝柏已高过人头，人们同平凹弟兄一起为坟堆重新培土、整修墓地，然后上香烧纸、五体投地。

家事尚未料理完毕，一个紧急电话又把平凹召回西安，是关于市文联筹办刊物的事。市文联办过一份综合性文学月刊《长安》，但在 1989 年以后停刊了。作为西北文化重镇的西安，没有一份与其地位相称的文学杂志似乎说不过去。于是，文联打了报告，市上领导就指示由平凹牵头筹备，并希望尽早出刊。但办刊物不像摆夜市饭摊，办刊物一要人、二要钱、三要办公场所、四要作家支持，这些都是具体事务，都可以由宋丛敏和王大平两位老编辑去跑，反正大政方针已经批了下来，事情怎么办只要有人盯着就行。要紧的是刊号一时批不下来。市上的红头文件早报到陕西省新闻出版局，省出版局也于 1991 年就向新闻出版署呈文申请，平凹访问美国回来也曾滞留北京找有关部门疏通。口头都答应好了，说要办纯文学的刊物当然支持，但因好多省市都申办刊物，署里就排队审查，时间上就需要等待。批文下不来，市文联就一次次派人赴京，一次次补送材料，包括已有多少经费、多少平方办公用房、主编履历、编辑组成、栏目设置等等。

贾平凹担任主编，报上去了；宋丛敏、王大平担任副主编，报上去了。适此万事齐备单等北京佳音之时，他们内部却有了新的想法。杂志要办成纯散文的月刊这一点早就定了，只是在刊名上众说纷纭难以决定，甚至报了改、改了报，终未确定最佳名称，事情又不能再拖，就召平凹回来一锤定音。

平凹看着一大堆候选名称，一时间也头有斗大：《西北风》《西北角》《黄土地》《黄河水》《秦风》《泾渭》《太白》《新长安》等等。平凹发现《新长安》三字下有人画了一道横线，问人这是啥意思，人说这是领导的意思。平凹就说先按领导的意思报，报到了省出版局，省出版局说这不像文学刊物的名字，就又改成《长安文学》呈上北京。也是没办法的办法，对这个名字，平凹始终觉得不大理想。但他说，先推着往前走，名字再慢慢想。于是，新调的编辑立即上岗，组稿的信件发往全国各地。

编务会上，大家再一次分析全国文学刊物的现状和前途。散文刊物，在全国有影响的是天津的《散文》和广州的《随笔》，另外河北的《散文百家》和福建的《散文天地》也刚开张不久。在这样的天地里，平凹这一伙人要开出一片属于自己的天空，没有独特的视角和力量显然不行。有人提到平凹 80 年代初创办的《散文报》，平凹说，那时年轻气盛，办事靠一股热情，现在要冷静，要宏观天下大势。他介绍一本中国古典文学的书，说他非常喜欢文后的短评，精致而美丽，过目不忘，而现在的散文弄得很琐碎、很干、不鲜、内里无气韵流动，特别那些专业散文家的作品，形成了固定的程式。我们这个刊物，要避免这条路，要继承中国古典散文的精华，不搞浮艳的花花草草，要注重从诗人、剧作家、小说家、画家、建筑家、自然科学家甚至电影家的作品及野庙古碑中寻找好文章，要搞大境界的东西，从题材题旨到意境，都要大一些，是概念上的大散文。

三说两说，“美文”两字就反复出现在大家嘴上，老宋吼一声“美文”，平凹一拍桌子，大家就说：“定了，就是《美文》!”平凹说：“打死都不改了，就这啦!”就立马向北京发了补充报告。

1992 年 5 月初，新闻出版署批下来《美文》的刊号，识别条码也随刊号同时发下。编辑部人员欢呼雀跃，当下兵分四路往中国的东西南北去组织稿件，平凹却沉下了脸，说：“不忙，我说几句，大家走在路上好想。一是编辑部要团结，齐心协力办杂志；二是外出组稿要讲方法和策略，我当编辑的时候有人传授了老实法、谈心法、磨缠法、拐弯法、亲戚朋友爱人情人顺杆子爬法等等；三是坚持大散文观念，人人脑子里要有一个大概一致的办刊宗旨。”

老宋说，办刊宗旨，平凹写了一个，但他的意思是大家出去各人凭嘴说，这样灵活，也显得真诚。大家就说，那不行，说走嘴了咋办？说漏嘴了、窜嘴了咋办？既然平凹有现成的，人手一份不是更方便？也好提高工作效率。于是，连夜赶印，第二天一早，平凹宣讲，大家校对，编辑部里时而静如太虚，时而哄堂大笑。

平凹朗读他写的创刊词，仿佛面对着全国的读者：

亲爱的读者，我们开办了这份杂志，这份杂志是散文月刊，名字叫《美文》。……我们倡导美的文章。为什么办的是散文月刊而不说散文，却说是文章？我们有我们的想法。我们确实是不满意目前散文的状态，那种流行的、几乎渗透到许多人的显意识和潜意识中的对于散文的概念，范围是越来越狭小了，含义是越来越苍白了……散文是大而化之的，散文是大可随便的，散文就是一切的文章。……中外文学史已经证明：真情实感在，文章兴；浮艳虚假，文章衰。文学史上之所以有大家，大家之所以出现，就是在每一个世风浮靡、文风花拳绣腿的时期有人力排陈腐，复归生活实感和人之灵性……

我们的杂志不可能红爆，我们不是为了有一个舒适而清雅的职业办杂志，也不是为了敛钱发财，我们的杂志挤进来，企图在于一种鼓与呼的声音：鼓呼大散文的概念，鼓呼扫除浮艳之风，鼓呼弃除陈言旧套，鼓呼散文的现实感、史诗感、真情感，鼓呼更多的散文大家，鼓呼真正属于我们身处的这个时代的散文！

我们的鼓呼，虽然竭力却可能微乎其微，但我们确是意气相投的一帮散文的爱好者，我们涌动着一种崇高的感情而勇敢起来办这个刊物的。我们是一群声音不大的小狗，挥动的可能仅仅是大人肩头上的小孩子手中的小三角旗子，所以我们相信读者会可爱我们、可爱我们的杂志，为我们投稿，为我们提建议把杂志办好……

大家说这是编辑部的“一号文件”。

“一号文件”全票通过，大家提议与主编共进午餐，老宋就在身上掏钱，满共二十块，吃什么呢？平凹说，羊肉泡馍吧？羊肉泡馍就羊肉泡馍，一人一大海碗，王大平说就算为各位壮士饯行吧，盼望大家都有个好收成！有人就即兴唱歌，众人附和：“猪啊，羊啊，送到哪里去？送到咱们的《美文》去！”

编辑们就是带着如此激动的心情奔向全国各地的。从陕南调进的陈长吟在南国组稿时用诗一般的语言向作家们游说：“《美文》编辑部设在莲湖巷。莲湖巷和莲湖公园一墙之隔。《美文》的窗下就是公园，人在风景之上，美在刊物之中；荷叶青碧，莲蓬粉红，微风荡漾，花香扑鼻，市声远去，幽静天成，临窗读美文，很对文人的心境；朋友们到西安来，看了兵马俑就到《美文》喝茶，祭拜了黄帝陵就来《美文》吃酒……”

编辑归来，收获颇丰。平凹依次评价每人在外的工作：“长吟不淫，好；志清不请，好；穆涛不掏，好；安黎不犁，不好；老宋不送，不好；大平不评，不好。”请是请吃；掏是掏钱买礼物；犁是犁地，安氏在黄土高原上有责任田，二老有病曾叫他回去种田；送是往某处送字画以打通关节；评是对稿子总体和各篇要作出评语。编辑们都知道编辑部经费紧张，所以在外找作家都是干指头蘸盐凭关系硬蹭哩。安黎全身心投入工作无暇家顾；王大平是因为正在从中国古典文论的角度寻找“大散文”的历史依据和《美文》的经典之作，他是这本杂志的理论神经，平凹要求他的神经反应要快速准确。

创刊号稿子集齐，平凹终审。

他一边阅读，一边在稿笺上写下批语：“《卖车记》：要注意选发此类贴近现实生活的作品。《石钟山乱弹》：这类文章应注意采用，虽然写得太学者化了点。《五十心境》：前头和前半部确实不错，后边拖了些，能否改动后边，彻底模仿生活会失去散文的独立品格。《初恋之恋》：这是文学新人张青野的自然来稿，写得平实，但很感人，文字很干净。《儿子》：何立伟是有灵性的，要用。”

篇目审定，平凹又针对几篇重要稿件写了“读稿人语”：“读老作家文章如进寺遇长老，想近前又不敢近前；不敢近前，怕他早看穿了肠肠肚肚，不近前又不知那是一双什么佛眼，如何看我几多忙人？读《五十心境》，说尽了不惑，到底还惑。想起一友人游杭州归来，极力夸赞某一公园门口的对联怎么怎么好，问对联内容，他说，上联是啥啥啥啥啥啥啥，下联是啥啥啥啥啥啥春。他只记得最后一个字。王中朝淡，《雾村》懒，一个是老僧吃茶，吃茶是禅；一个是黑中求白，乖人说憨。周涛善冰山崩塌，与之可论天下英雄；何立伟独坐听香，你只能意会他却不能言传。同是女人写女事，《我与董小宛》人为狐变，《小黑》狐为人变，《我开餐馆》华而不实，却有独立之姿。”

200 余字，评点了 12 万字的一本刊物。

刊物的封面和“美文”两字，平凹要求大气而厚重，他曾托友人从香港版的《书法大字典》里寻找老宋体字，而且最好有一点儿残缺，如古碑拓印的效果。内文版式，平凹要开阔清朗，注重文字本身，不要花花草草的题头尾花什么的。但封面校样拿来，大家认为底色太重，红色刊名沉而不稳，整体效果陈旧，放在书摊上跳不出来。征求大众读者的意见，一位工人把刊名念成

“美女”，一位青年把刊名读成“姜文”……一时纷纷扬扬，老宋就把样子送正在外地写作的平凹裁定。平凹放在阳光下，站在三米外眯眼一瞧，过来提笔在“美文”旁写了“大散文月刊”五个大字，原样退回。

王大平说：“拉出这个旗号，只有平凹敢。大，是气魄，也是气场。”

有人说，这个提法太霸气。编辑部的人却说：“这是我们的气度，也是我们采用稿件的范围。”

平凹继续在耀县的锦阳川水库写作。中国文坛有关贾平凹艺术思维方式的讨论却产生了几种观点。有代表性的是李星发表在东北的学术刊物《当代作家评论》上的专论《东方和世界：寻找自己的位置——关于贾平凹艺术思维方式的札记》：“贾平凹最基本的艺术思维方式，我以为可以用感应式的艺术思维来概括。”

就此问平凹，他说：“真心身的人生社会的体验，是创作的‘蹈大方’处，真用不着注意那些技巧，技巧是自然而然就会有的。踩上了正道，创作并不是什么十分受累的活计，只要放松，也就是不要有‘我在创作’的心态，天才也便产生了。”李星认为，一块无人问津的丑石是不大不全的（《丑石》），一个风水先生爱上了财东的四姨太（《美穴地》），一个山里背媳妇的壮汉爱上了他背来的媳妇，几次救了她的命，最后又因自己圣洁的爱而置她于死地（《五魁》）也是不大不全的；仅仅赋予丑石以物有其用的意义不算全，赋予风水先生和五魁之爱以社会、历史、文化的意义，也不能算全算大；但由丑石之用悟到人经磨历劫，到天生我材必有用，到人之价值的实现，由风水先生、五魁之爱悟到人对美的执着追求，人对幸福的向往，人的热情和局限，美在人心中的永存，它就发现了从人的社会、历史、文化的存在到人性、人的生命、人的感情世界的极大极全的景致。不只这几部作品，也包括《天狗》《黑氏》《火纸》《故里》《远山野情》《冰炭》等等，都表现了贾平凹对存在和存在的终极意义的关心和思考。贾平凹大量作品的意义就在于他永远追求着人的心灵及其生命的阳光，关怀着曳尾于人生之途的人的精神的自由和解放。很少有像贾平凹这样具有点石成金的才能和艺术想象力、穿透力的作家，他创作面对的题材可以琐碎、怪诞、滑稽，可以有时代和地域的限制，但他却能从具体发现一般，从猥琐、畸形中发现庄严和完整，使它们的蕴涵像电磁波一样地扩大、升华。

对此，平凹的说法是："它妙在逼真得到了抽象，抽象得又归于逼真，穷极物理，若不可言出，囫囵地使你感受到了天地自然充盈饱和的人情的东西，美的东西。"

1992年4月30日，贾平凹接到美国马奎斯世界名人录中心的通知，他的生平简历已列入将于当年12月出版的《马奎斯世界名人录》。贾平凹自1989年被选入美国传记研究中心等几家有世界权威的名人录以来，这是第三次入选。不少人都知道，国外有些名人录只要交钱就予入选，有些作品只要付款就给发奖。对此，平凹说："人都知道我啬，叫我交钱买个入选名人录，我还心疼我的钱哩，我要保持我啬的名节。"

读者马迅和他父亲都是贾平凹迷，他父亲是教师，喜欢现代作家，在当代作家中，对贾平凹情有独钟。一日，两人为贾平凹的年龄发生了争论，父亲根据一本书上十来个字的简介推算出了平凹的确切年龄；而对《文友》杂志上一位作家的头像，两人又做出了不同的猜测，父亲咬定是赵树理，而马迅说是贾平凹，他的根据是"单眼皮、厚嘴唇、长脸"，经查目录，是儿子说对了。父亲问儿子凭什么，儿子答："凭脸，反正很面熟，好像脸上写着《丑石》。"这位父亲除了写东西、养花、吃饭之外，就是收集贾平凹，读他，谈他，有时还亲热地骂他："这小子！"马迅父亲的一个学生是当地的诗人，他说，有人将贾平凹和张贤亮的作品一同拿给一个专门研究中国当代文学的外国专家，问他如何评价。这个外国专家说："张贤亮的作品有灵气、有才气，贾平凹却很平淡，作品里好像什么也没写，但阅读起来就是放不下，不知为什么。"这一家，每有朋友来访，父子俩就滔滔不绝谈平凹，有时争得面红耳赤。马迅说，贾平凹是他们家餐桌上的茅台酒和对虾。马迅花三元四角钱买了一本《抱散集》，父亲硬是夺去要先睹为快。

一天，平凹收到孙犁来信，信中对办《美文》谈了许多有益的意见。孙犁说："知道你要办一个散文刊物，名叫《美文》，我很赞成。美术、美声、美文都是很好的名称。当然要看实际。现在，散文的行情，好像不错，各地报刊争办随笔一类副刊，也标榜美文，但读之，名副其实者少……"

他最后说："文坛现状，使我气短，也很想离得远些了。写东西也很少，也写不好了。但如有像样的东西，我一定寄您请教。"

平凹在写作小说之际，不时发表言论鼓呼他的"大散文"观念。他在6月20日的《光明日报》著文说："换一种思维看散文，散文将发生一种质的变化。我们不喜欢准散文，它不仅是为文而文的抒情和咏物，以至于沦落到要做诗人和小说家的初学的课程，轻、浅，一种雕虫小技，一种'大丈夫不为也'的境地。先人讲，文章千古事。做文章怎能是千古的事？我们理解，做文章的人不要一天到黑脑子里总是想着我的文章怎么做，怎样就凤头豹尾，如何起承转合。做文章的人应该'平常'下心来，明白做文章是一种'业'，同当将军一样，或同当农夫一样，……生命都一样，'业'或许有高下尊卑之分，但都是体证自然宇宙社会人生的'法门'，'法门'在质上归一。若把自己的生命重点移到体证，而文章只是体证的一种载体，一旦有悟有感要说，提笔写出，这样的文章自然而然就是好的文章，好的文章自然就有千古价值。"

平凹张扬起大散文的旗帜，频频发表有关散文建设的言论，加之《美文》勃发，风力强劲，一时间在中国散文创作界、评论界掀起轩然大波，几十年来形成的散文观念和创作模式受到强烈冲击，一些专家学者纷纷发表文章，就散文的历史和现状展开热烈讨论。

对于理论界的种种说法，平凹一面指示老宋在《美文》上选发各派观点，一面反复陈述自己的见解，说提出"大散文"的概念是针对当前散文作品的"境界"越来越小这一实际情况而言的，离开实际谈问题就很难说到一块儿。有人归纳说：当前的争论是作家一个板块，理论家一个板块，理论家总要用他理论的床单覆盖创作，而作家总以突破为己任，这实际是散文升腾的力耦，缺一则滞，缺一则亡。

著名学者兼散文家、台湾"中山大学"教授余光中先生致信《美文》编辑部说：

平凹先生：

《美文》稿约收到，谢谢。贵刊在稿约中，将美文的定义开放到包罗万象，连杂文也在其列，实为通达之见。我一向认为《过秦论》一类文章，虽不以美为务，其为美文则一，盖言之有物，始能成其为美也。目前我在香港中文大学访问一月，客中为文，未能尽兴。俟回台湾之后，从容执笔，再向贵刊投稿如何？匆祝编安。

余光中拜上

1992. 11. 5

友人给平凹说："当年空空道人读《石头记》，能因空入色，由色生情，传情入色，自色悟空。你弄'大散文'，是入色，传情，还是悟空？"

平凹说："你说'红学'我不懂，你说羊肉泡我懂。外地朋友到西安，第一顿饭肯定请人去吃羊肉泡。一上桌子，朋友就发愣：这也叫饭？这么粗笨的大碗，这么肥烂的肉，这么浓厚的汤，这么折磨人的手掰馍，就一肚子的不理解，但看在朋友分儿上，硬着头皮吃吧。吃着吃着，气顺了，寻思：这陕西人吃饭何以不循定义？待鼻子里有了香、浑、喷的嗅觉，口舌间有了筋、光、汪的味觉，肚子里有了松、空、烘的感觉，就不再说广州的肉粥怎么样、四川的麻辣怎么样、天津的包子怎么样，只一味询问羊肉泡的来历。来历当然悠久啦，至少比上海的建城历史要早。店家就趁机解释说，这实际是商周祭祀用的'片羊肉羹'，隋炀帝御食的'细供没忽羊羹'，苏东坡所谓的'秦烹惟羊羹'，元明之后的天锡楼、义祥楼、英盛楼、老孙家、老童家等等羊肉泡名店专馆，誉满三秦，连慈禧西逃也为之亲题，蒋介石背时也不忘前往，周恩来请客专点此食……是老先人传下来的，但吃到肚子管用，耐人回味，有想头，汤、菜、馍圆融为一，不像现代人进食，分凉菜、炒菜、甜盘子，还有什么煲、汤、饮料、三明治，搞那么复杂吃那么精细，到头来搏击能力还不如古人。周秦人吃什么？汉唐人吃什么？粗纤维，杂食，综合的，也不分析维生素化验氨基酸，能强壮体格就行。这是一种‘大’饮食，钟鸣鼎食，不像现代中西菜系，尽管几十道菜垒满八仙桌，但仍然是个小，想来想去它小，气小。景泰蓝和周鼎比较起来怎么样？不是比体积的，气势谁大？大散文就占住个‘大’字，大境界，大啥啥的，只要囫囵。那么小的篇章，你一会儿分成抒情的，一会儿分成叙事的，还有别的啥的，这是西方人的思想方法。不排斥西方，但你也允许我按老先人的办法弄。”

友人说：“你这大散文里边包含有非文学的因素。”

他说：“我只说要好文章。”

友人说：“文章只传达思想和信息，主要是工具性的价值；而文学虽有种种价值，但主要是审美的。文章是文章，文学是文学，你现在好像要把所有的文章都包括到文学里边去，搞混搅龙儿一锅煮恐怕不行。”

平凹对曰：“晋时，一伙朋友在一起作诗游戏，有人记下这场事，现在说是优秀的古典文学；唐时，有人写一篇文字鼓励他的学生刻苦好学，现在也是传世文学的典范。你说他当时写的时候是要写文章还是要写文学？文章写好了就是文学，写得不好就仅仅说了件啥事，你说没啥审美就没啥审美。所以我说，不管谁，不管啥事，只要写了好文章，咱《美文》就发，大是内和外的范围，好才是实质。太精细了就人工了，人工了就离自然远了，你说是不是？现在《美文》是我主编着，我就举这个旗帜，倘是你主编，恐怕就举别的旗了，是不是？”

7月15日，天津《散文》月刊的资深编辑董令生等二人来访，令生是平凹第一本散文集《月迹》的责任编辑，和平凹已有十年的交情。在大莲花池街市文联平凹的办公室里，西安散文作家李佩芝、朱鸿、李玉皓和《美文》副主编宋丛敏，陪同天津客人一起同平凹讨论了有关散文和散文刊物的一些问题。

董令生：平凹呀，我在报上看到了你写的《美文》发刊词。

贾平凹：那不能看，被改得只剩两段了。

李玉皓：他们敢改你的文章？

贾平凹：怎么不能改呢？

宋丛敏：也要看怎么改哩。

贾平凹：现在有些作者很牛气，打长途电话来说文章非上创刊号不可，很让人作难。

董令生：你这儿的办公条件还不错。

贾平凹：也拥挤，比不上你们那儿高雅。

董令生：有你的大名撑着，就好弄。“美文”的提法是对朱自清、周作人观点的发展。

贾平凹：没有好稿子也难弄。“大散文”概念要通过作品来体现。只说好好出去跑跑稿子，但光申请刊号就花了一年半时间，现在一没人二没钱，出去寻稿子连差费都没有。

朱鸿：打电话、写信，去了有时候还不一定能寻着人。

李玉皓：这一期封面挺好的。

贾平凹：这一期还不错，下期的如果没有月亮或太阳就好了。

董令生：你有多少栏目？

贾平凹：不确定。想展示一下各个方面。设了栏目没稿子也是空的。今中午没回家，看了一批稿子，很让人生气，没好稿子咋办，老宋?!

宋丛敏：现在的晚报日报行业报，都争着开办随笔扩大版，好稿子竞争激烈，南方的有稿费优势，京津沪的有政治经济的位置优势，咱啥也没有。

李玉皓：嗯？咱有咱的优势么，中华文化一路下来，咱这儿是源头嘛！

朱鸿：嗯，光凭这怕不一定行。

某女士：孙犁就不愿意给杂志写，而喜欢给报纸写，快。

贾平凹：我们要了一批老头子的稿，撑场子，但买刊物的是年轻人，没有适合他们看的文章不行。有些散文怎么就写得那么长。

董令生：周涛在《人民文学》上有个长散文，几万字吧，还挺好的。

贾平凹：高红十给了个六万字的长散文，有些内容很动人，争取用一部分。红十在陕西人民出版社的时候和我是同事，一直写着，老和尚了，那时候这几位还没出道呢！陕西作家多，但好稿子都给了外地，要说这也符合一般人的心理，我有时也是这样。

董令生：我们的《散文》也难办，再不突破，就被甩到后边去了。这次出来到各地走走，就是想学习学习，取取经。

贾平凹：我们或许要放哑炮。提倡什么什么，不是容易的事。人和人差异不大，若故意追求什么，还可以矫枉过正。你找名家约稿，人家能给就不错了，你还能提这要求那要求？坐在这里想得很好，组些像钱锺书啊林语堂啊那一类的，再来些少男少女想看的，有品位，又有发行量。但想象归想象，实际又是另一个样子。稿子种类不容易弄全。也想从报上选，又怕是投机心理。

董令生：我们也搞过一个小栏目，转载最好的文章，搞了几期，后来按最初的办刊宗旨一看，就把这撤了。郑荣华问候你，你的《晚唱》集发稿了，印数两万，这部书拖了些时间，我们百花文艺出版社对不住你。

贾平凹：嗨嗨，十多年了吧，谁都有谁的难处。

董令生：我们议论，一部书稿放这么多年了，平凹也不写信问一声，这就越发使我们惭愧。其实纸样早打好多少年了，责编也从小说组调到《小说家》杂志社，后来又调回来，中间还害了一场大病，病中还一直惦念这部书稿，交代这交代那的，病好了，稿子还在那里，就分外着急，出版社的工作是一人一绺各忙各的。可也好，稿子延误了时间，可等来了图书市场上的“贾平凹热”，所以一版就是两万。

某女士：这书读者反应很好。上次搞全国评奖，各出版社搞平衡，最后评了上海的《爱的踪迹》。

李玉皓：反正都是平凹的著作，这个不得那个得。

贾平凹：你们还要去哪里？

董令生：我们要去昆明大理参加笔会。

某女士：《美文》应该上一下中央电视台，好好宣传一下。

李玉皓：最好把平凹的形象也打上去。

贾平凹：那可就砸了！当年上海的《文汇月刊》要用我的照片登封面，我说你用了我的照片，那你的杂志就卖不动了。最后《文汇月刊》考虑再三，还是没敢用我的照片。

董令生：那个美国朋友来过吗？

贾平凹：来过。我在美国时此人还来看了我。那年他来西安，买了一只打火机，又买了一条美国烟，要送给我；为了纪念，他在街上找了一个刻字的在打火机上刻了他的名字，名字刻好，他的旅行包不见了，里边还有护照、美金什么的，关键是这时候离飞机起飞只有一个半小时了，真把人能急死，最后没办法，还是公安局出证明才把人送走。

7 月 17 日，平凹又接到英国剑桥世界名人传记中心通知，他的生平简历已被列入 1992 年春季英国剑桥世界名人传记中心出版的第 22 版《世界名人传记大辞典》。这是他的生平事迹第四次被世界权威的工具书录用。

北京著名评论家白烨发表论文谈“贾平凹近作的风度”，他认为，“有一点可以认定，平凹有变动不居的创新追求和深不可测的艺术潜力，目前所有的作品都不是他当之无愧的代表作，好戏刚开场，杰作还在后头”。

9 月 14 日那天，平凹郑重其事地写了一封道歉信。哪怕忙死累死，这封信不寄走他一日不得安宁。收信人叫马鹏举，是一位贾平凹著作的收藏迷。他一年前就买了书寄来请平凹签名，先是地址邮编不清，寄了退、退了寄，后又因平凹四方游走，踪迹不定，他的邮件就埋在信件书报堆里。延误时间久了，马鹏举就反复写信查问，很有一些牢骚。对此，平凹写信说——

马鹏举先生：

您好！

因我去外县一偏僻地写作，长久未在西安，未能及时给您回信。书寄来后，有一次回来就签了名，托人去寄，等回来问，他说把邮政号码遗失，没有寄走。先生发牢骚是应该的，但杂事实在太多，写作条件根本谈不上，老一辈作家是大家，大家办事不用大家去办，小字辈可没那份环境。且邮局很远，在邮局那儿又不能停放自行车。

感谢您的错爱和鼓励。

（信中说有四封信追查过，但我没有看到。我的信每天很多，因长期不在家，是不是有人搞丢了？书寄不走，也是我的心病，因为书是您买的又寄来的，我哪有不签名寄去之理?!）

再一次致歉！

贾平凹

1992. 9. 14

9 月 23 日，《美文》在莲湖公园的湖滨酒家举行首发式。这天上午，平凹早早就来到编辑部，上楼后立即在编辑部一张桌前坐下，掏出一只旧牛皮纸信封，急匆匆在上边修改他的讲话稿。老宋进来问：“平凹，你看今日吉利不吉利？要不要放炮？”平凹翻开案头的台历，说今日是“秋分”，下个节气是“寒露”，就手指一阵乱动，然后果断地说：“放！”

10 点整，党政领导、新闻界、文学界、企业界各方客人陆续到齐，鞭炮鸣过之后，《美文》创刊号正式与公众见面。

平凹致辞说：“《美文》的出刊，使汉唐一路下来的西安城里毕竟有了一个集中发表散文的园地。陕西是散文大省，《美文》出在这里，适宜于这里的气候和环境，也顺应这里的天时地利人和，所以是应运而生。我们虽是西安市的杂志，但要同天津的《散文》、广东的《随笔》三足鼎立，用咱们的声音向国内外散文界说话。封面上写着‘大散文’，从内容上讲是要大气大度大境界，从题材上讲是要大开放大范畴大而化之。现在是一个宜于产生散文大气象的时代：议论、杂感、随笔、纪实、信简、序跋、小品、日记、访谈录、回忆录等等，万事万物入文法，描绘七彩版图，要让时代精神进来、日常生活进来，摒弃矫揉造作，让真情实意勃发。”

时任西安市市长崔林涛说：“西安要重开丝绸之路，重振汉唐雄风，需要一份高品位的杂志。平凹来说要一点儿办刊经费，市上大力支持。我个人希望刊物有一个带点‘长安’字样的名字，后来叫《美文》，我以为又搞迎合读者口味的东西了。平凹为这专门向我做了解释。我说平凹你别担心，钱我会给的，至于刊物怎么办，你是专家，我听你的。”

市长的一席话，迎得了热烈的掌声。

编辑部的人都说，以后我们要把9月23日定为“美文节”。

1992年，《美文》连续出版了“创刊号”“创刊二号”“创刊三号”“创刊四号”，这种反复强调“创刊”的编序方法，在中国出版史上从未有过。

《美文》的特色还在于每期都发表平凹评价本期内容的“读稿人语”。在“创刊二号”上，他写道：“如果能把文章写得辉煌灿烂的莫言，能在他的文章中读出如莲的喜悦的史铁生，能不断地制造高峰的王安忆，还有我们又忌妒又不得不叹服的刘恒、苏童、余华们的作品，都能组织来，我们会怎样的欢呼呢？为此，我们微笑着向他们约稿。”

有人说，这种公开点名索稿的事，只有平凹敢做。

不久，老作家冰心、孙犁、萧乾、汪曾祺、碧野、施蛰存、季羡林、流沙河、从维熙、李国文、菡子、牛汉、林斤澜、周汝昌、张中行等人都相继寄来新作。徐迟致信给平凹说：“祝贺美文文学从贵刊上散发出巨大光华来兴我华夏文学。”新闻出版署期刊司司长张伯海说：“我寄希望于《美文》。”

《美文》上，确实发表了一些“大散文”，如张艺谋的《〈红高粱〉导演阐述》、张村拓印的《菩提寺志》、四通公司的《四通广告语》、肖语的《征婚启事》、陈忠实的《悼路遥》、李敦复的《在欢迎美国客人会议上的致词》、湘仁的《老同学聚会上的开场白》、王金岭的《读画录》、谢园的《他叫陈凯歌》等等，不少读者说，《美文》给人打开一片阅读的新天地。

在连续刊出的“读稿人语”中，平凹也不断发出自己的体悟和思考：

之一：问：古镜未磨时如何？僧答：照破天地。再问：磨过如何？僧答：黑漆漆的。谁在问僧？你在问僧。僧是何人？僧就是你。于是明白文章也是古镜，是不需要磨的。别把一切都收拾得干干净净，美人不是绢人，雪花并不算花。人生原本有太多的尴尬，活人就活人的日子吧：生死病老离别娶嫁，油盐酱醋米面茶麻。陈放已经四十岁了，他说四十岁是半杯水，那么，面对了半杯之水，是哀叹已经半杯了，还是惊喜还有半杯哩……

之二：有手就有纹，纹使手不同。但不能说形式即内容，婴儿生下来常常满脸皱纹，老翁做新郎仍是老翁。入而在五行之内，出而在五行之外，形上形下，我们就有好文章读了啊……

之三：原本是文化业需要经济，却反了，兴文化搭台，经济唱戏。数年一度的艺术节，话剧也多演出小品，戏曲也多有清唱，可演员毕竟能当一回他们的表演艺术家了……

散文创作正繁荣着，平凹对此又多有微词，那么到底应该如何看待当前的散文创作？平凹说："经过许多年许多人的努力，散文创作质量是比以前好得多了，假大空的抒情文没了市场，路子也拓宽了，但还缺乏很厚重的、很有个性的东西。似乎现在什么都写，但写的又都没有多大意思，翻开报刊，常看到什么'初为人妻''初为人夫''初为人母''初为人父'的题目，我真害怕以后还有'初为人爷''初为人奶'的文章；再是散文成了许多人发怨泄愤的东西，这又和先前散文总是老年人的回忆一样令人觉得唠叨。唠叨也得唠叨得有点意思，叫人家有些看头。现在，散文主要是缺乏清正之气，毛病也不在多了闲逸气、酸腐气或激愤气。"

友人问："现在的小小说有时和散文混在一起，让人觉得体裁都不好分了，你如何划分这个界限？"

平凹答："我也一直搞不准这个界限。这几年，想得多了，才醒悟了小说是一种说话，散文是一种沉吟。有的小说为什么没有散文耐读？问题在于它不是自然从容地去说话，还是在'做'小说。而散文篇章短，易从容心想，小说篇幅一长，要'做'就难以不露败象了。也有人提倡小说散文化、散文小说化，我以前也这么认识过，现在不了，还是要两者分化，最大限度的两极分化。”

有人曾问：“三十几岁的贾平凹就写出了四十几本书，他到底苦不苦?”

对此，费教授的回答是：“既然审美活动已经成为他贯穿于整个生活的生命需要，艺术创造活动也就成为他最大的精神满足，这不但不会苦，反而会得到身心深层的愉快。这种愉快不是创造成功之后的踌躇满志，恰是与创造活动同步的一种过程。所以他没有曲迎时笔的艰涩，在常年的生活中，他照样游乐、下棋、打麻将、看录像，也不放过电视节目中的每一场足球赛，还经常写诗、写字、作画，因为对他来说这些都是艺术活动。诉诸笔墨的艺术活动与不诉诸笔墨的艺术活动相互转换、相互渗透，相得益彰。总之，贾平凹是以艺术为生命的，他的艺术形象化了是生命，他的生命溶解于艺术；他的生命审美化是一个完整的状态。”

10 月份，商洛地区的高层领导接待了欧洲经济共同体的高级官员赫纳女士。这位曾经担任过丹麦外交部副部长的高级官员赴中国前，特意买了贾平凹法文版的小说集和散文集带在身边。在飞机上，她读，在宾馆里，她读，仿佛贾平凹的书里有她投资的秘密。当接待人员知她读的是他们“平娃”的著作，就告诉她贾平凹正是商洛丹凤县人。赫纳一听高兴地大叫起来，立即提出要会见贾先生。商洛地区专员就急召文化局局长屈超耘进省城。

不久，一个小个子的男人站在了赫纳面前。专员说：“这就是我们的贾平凹。”赫纳稍作迟疑就合臂揽住平凹的双手，激动地说着她读他小说的感想，并提了许多问题要平凹解释。赫纳此行目的是专门考察丹凤葡萄酒厂的，但在谈判桌上，她满脑子只装了个贾平凹，又是送他化妆盒，又是询问他书中的民俗风物，直把我方的谈判对手晾在一边。平凹就十分着急，他又是给家乡的主谈人员递眼色，又是把话题往“酒”上引，终于引了过来，赫纳就问厂子的设备、生产程序、消毒及卫生状况、工人文化素质、管理体系、经营方式等等，并且同意次日就去丹凤考察。事后，商洛一些干部说，平凹是咱商洛的药引子，也是咱同外国人联络交友的国际名片。

10 月 23 日上午，友人和平凹从市文联出来，到大莲花池街口给他补车胎。师傅在那里忙着，两人就蹲在路边说话。

友人问："你是不是和屋里人闹啥矛盾？"

平凹说："没有啥，好着哩。"

"咋看你脸上像土布袋摔了一样？"

"这几天身上难过得很，不知道啥地方有了毛病。唉，我实在不想进医院，你有啥土办法？"

"土单验方也讲对症，你哪儿有病也说不清，得先把病弄清楚。"

"感觉哪儿都好着哩，哪儿又都不舒服。"

"一个人身体有没有病，看四条就能判断，只要吃饭快、拉屎快、睡觉快、走路快，这人就是好人。"

"我睡觉快，拉屎也行，走路也罢咧，就是吃饭不太行。"

"你恐怕是需要调节一下了，西医诊断一下，中医调理一下。哪颗螺丝钉松了，拧一下，胎扎了钉子慢跑气，补一补，不补只管跑就连外带车圈都扎坏了。"

"还是自行车好，不吃不喝不烧汽油，哪儿吱哼了拧一下补一下就好了。"

"袁西安说作协那条街上新开了一家胖子火锅，一定要叫去吃一锅子，人家看你写的书，说你在成都吃得走不动了。"

"我最逊（关中方言，意为反感、厌恶）谁请吃，人家摆一河滩，咱又吃不进去，来叫的人死拉硬扯不去不行，有时我就生气说，哪怕你把吃饭的钱给我，就算我吃了你的请了。"

车胎补好了，平凹和友人骑车顺莲湖路往西走。到老关庙食品街人多走不通，再往西，到玉祥门马道巷又遇上堵车。友人说，今儿我领你走一个好地方。说着就进了玉祥门外的环城公园，两人骑着车子顺城墙下的林间小道逍遥南行。一路宁静，满地落叶，平凹说想不到西安还有这么好的地方，难得幽静难得清闲。就跳下车来，两人散步而行，快到西门，见小道两边各有一座土丘，土丘上各有一块竖着的秦岭石，两石相对如门，很有一些境界，平凹就注目沉思。

突然，他幽然一笑，说：“若我死到你前头，埋在这地方就好。”

友人也笑：“那还看市长批准不批准哩，崔市长不是很关心你吗！”

“崔林涛不退休也就升了官了。”

“你看上这地方了？这地方风水有些窄。”

“这石头竖在这土丘上很得体，将来在我的墓前也竖这么大个石块，上边刻上字。”

“刻啥字？”

“就刻谁谁谁墓。”

“贾平凹之墓。”

“不要那个‘之’字。”

友人就想：正活得风光无限，却怎么想着身后之事？是生活中遇到了什么解不开的疙瘩吗？

第八章
中国文坛大爆炸

1992年8月，西安老作家景平随贾平凹及其爱女浅浅前往耀县。时值第25届奥运会热闹红火，晚间家家争看电视实况转播。贾平凹看足球是上了瘾的，可是此时，创作如山压顶，他只能唯此为大。耀县是丘陵地带，位于秦川平原北部。唐代医药学家孙思邈就诞生在这里；还有耀州陶瓷，在唐代已很有名气，到北宋达到鼎盛。耀州瓷与官（浙江）、哥（浙江）、汝（河南）、定（河北）、钧（河南）五大名瓷齐名。另外，西晋哲学家傅云，唐代史学家令狐德棻、书法家柳公权，北宋画家范宽，都是耀县人。这个地区有丰厚的历史文化积淀。平凹一行到耀县，受到县委领导和劳动局段、杨两位局长的热情接待，并陪他们参观香山寺。香山在县城西北45公里的柳林乡，佛教史上，香山寺和浙江普陀寺齐名。“不吃三碗面，不算到耀县。”耀县面食跟蒲城的蒸馍、乾县的锅盔一样名闻三秦。平凹在耀县吃了面，县上领导才把他们送到桃曲坡水库管理局，局里的韩书记和吴副局长又把他们安排到水库管理站。这是一座小楼，依山傍水，四周翠绿。前边是锦阳川，川里水波潋滟。平凹一来到桃曲坡水库，就全身心活跃起来。在这里，平凹三人的生活得到最好的安排，几乎每顿饭都另炒几个油多肉肥的菜，这惹得平凹很不安，几次向站长提出和大家同吃份儿饭。后来，站上同意了他们的要求，但他们确实难伺候，吃大灶了，又整天饿得不行。每天早上9点和下午4点是开饭时间，一日两顿，顿顿馒头。平凹和老景，每顿只能吃一个馍，晚饭后再带一个回来做夜餐。但一天三个馍显然不能支持繁重的写作劳动。上午 9 点一到，他们就极响地敲着碗筷去吃饭。十几名水库工人，吃饭时都要拿筷子敲碗，一则为互相传告，再则为了娱乐。平凹吃饭有两恶，一恶饭中有苍蝇，二恶饭中有头发。后来听水库上人说，这里的苍蝇不和厕所的同种，名叫饭蝇，和人一样是靠吃饭长大，后来他吃到苍蝇就不在乎了。

他的写作从早上 8 点持续到下午 4 点，除了大小便不再出门。平凹写作有个习惯，他要关紧门窗，窗帘也要捂严，据说这样容易聚气。他写作时烟要一根接一根地抽，老景来喊他吃饭，开门总是一句话："哎呀烟雾把你罩了!" 4 点的饭吃过，浅浅要补睡午觉，他和老景就趿着拖鞋去库区游泳。远近没有人，只有后半晌的太阳毒着。他们剥光衣服，从树林子走到水边，跑呀，跳呀，用日光浴着裸体；观众很多，有松鼠、山雀和草丛里的蚂蚱。两人都是旱鸭子，到水里只会狗刨，累了就互相撩水，把污泥抹在脸上。这是他们的娱乐，很解乏。后来，这娱乐闹不成了，水库领导严肃地对他们说，这座水库十几年间每年都要淹死三个人，今年已死了一个，还有两个指标空着。他们就不敢再去，说招工有指标，提干有指标，评职称有指标，想不到水库淹死人也有指标，中国的事真是说不清。"上班"时间，他们互不干扰，平凹写他的长篇小说，老景写他的电视剧，浅浅写日记。有时，他俩领上浅浅去摘青核桃，回来砸开青皮剥果仁，弄得满手黑紫，洗也洗不掉。树顶上的核桃够不着了，他们就去打酸枣儿。平凹扛根长竿子，浅浅拎个塑料袋，老景在旁边"保驾"，但他们打回来的全是青蛋蛋，偶尔有一颗熟红的，咬开一看，核仁里必卧一条小青虫。老景说："虫咬了的果子熟得早。"平凹说这是一句哲理，浅浅赶紧记到日记本上。

眨眼到了 9 月。要开学了，俊芳来接孩子。俊芳来的时候，已经很晚了。浅浅一见妈妈，高兴得直蹦跳。听说她还没吃饭，平凹便架起电炉煮方便面。之后又端来洗脸水、洗脚水，然后抱着妻的脚，拿个剃须刀片，替她修挖脚后跟上的鸡眼，把个俊芳感动得心里热乎乎。第二天一起床，俊芳把三人的被子、褥子连同枕头，统统抱到二楼的平台上晒晾。平凹说，还是得靠老婆！饭后，一起到水库的坝上去玩，一路上，他们夫妻你唱我和，你呼我应，山谷回荡的满是他俩的歌声。平凹一边唱着，一边端个照相机，也不管光线、焦距、角度、取景，只是一个劲儿地对着俊芳拍，急得俊芳直喊：胶卷都让你给糟蹋完了！

傍晚，三个大人一个小孩，漫步来到塬上，看见缨花刚蔫的苞谷穗子，就互相用目光探询。买吧，主家不在地里，自己动手掰吧，四周都有干活的农民，他们便在田间小道上转悠。终于，他们商议，寻找时机去偷！可是问题又来了：该谁去下手？浅浅吗？怎能叫孩子去干这般勾当？俊芳去吧，年轻媳妇漂漂亮亮，叫人拿住了这张脸往哪儿搁？平凹？国内外的著名作家，国家的政协委员，省市人大的代表，文联的主席，万一翻车，岂不给政府抹黑？说来说去，只有这老景不怕丢人。不过，还是俊芳仗义，自愿陪同前往。写作之余，他们还策划过偷南瓜、逮长虫、抓松鼠、刨红薯。有一回，老景甚至支好电炉和小锅，说出去逮住什么都要拿回来炸了吃，不想捅鹞子窝时竟捅了马蜂窝，蜂子顺手电光追过来，二人抱头鼠窜。

然而就在两个多月后的 11 月 26 日，周四，费教授在电话里告知朋友，贾、韩已于今日上午 11 时正式离婚。后来大家得知，他俩是托熟人“走后门”到南大街街道办事处办的离婚证。当时要填一张表，有一栏须写离婚原因，俊芳不知填什么，问工作人员：“人家一般都填什么原因?”工作人员答：“一般离婚的原因是情感破裂。”俊芳说：“那我们还没破裂。”工作人员说：“那你们回家继续过日子。”贾、韩就商议：说好的今日来办，就今日办吧，人都忙，拖下去又没有时间。两人就给工作人员说：“那我们破裂了。”遂办。其时，平凹的《废都》写作已从耀县转移到了户县。拿到离婚证已是中午，平凹要去户县，俊芳从柏油巷送至含光门。两人相对无言，又小坐。平凹推自行车过含光桥，俊芳隔城河相望。平凹回头，见俊芳还僵立着，就喊：“回去，给娃做饭!”言未毕，心里一硬，骑车而去。他来到西北大学新村，将车子在车棚存了，上 5 楼费教授家，听室内人声喧哗，复又下楼；绕楼，彷徨，二上

5 楼，鼓起勇气敲响费家门。费家正来了一屋子蓝田亲戚，两人进书房，平凹泪流满面，言事已办，嘱费夫人刘岚嫂去柏油巷看看，以免意外。稍事休息，即乘车去户县。

第二天一早，几位朋友赶到费教授家，他夫妻俩正用早餐。询问事情何以至此，刘岚尽道事件始末。原来，事情已闹了八个月了，八个月来，费氏夫妇、景平夫妇曾做了大量思想工作。俊芳向朋友哭诉事件过程，言平凹与人有染，她是受害者，要求平凹把第三者的情况说清楚，并做出承诺。平凹不允，言正当同志关系，无诺可承。

后又得知：早晨，刘岚至韩办公室，言及平凹调往西北大学事，原来母校不忍平凹四处流浪，召唤他回母校，想干什么就干什么，不想干什么就不干什么，以创作为主。韩当即将此情况向文联书记王琦汇报，王立即汇报给市委书记傅继德。得到指示：人不能调离西安市，有什么困难市上负责解决。

28 日上午，费教授赶到户县见平凹；没多时，景平也代表文联来找平凹；下午及晚上，又陆续有朋友赶到户县。当天夜里 11 点，五位朋友齐集平凹在计生委楼上的写作间，商讨挽救这场婚变的方案，直至第二天凌晨 3 点。大致的意见是：平凹主动认错，争取对方原谅，然后复婚。

平凹说："都说我有错，我究竟错在何处？我接触的女性不少，但都是同志关系。"接着说，夏女士曾在一部由他小说改编的影视剧中饰演角色，后参观韩城时相识，彼此都有好印象，但关系是纯洁的。平凹又坦言，就此离异，俊芳母女今后怎么过，丢心不下；复婚再回去，俊芳脾气太犟，常给他心里造成不悦，他接济一些穷亲戚往往受阻，在俊芳面前他没有自豪感，收到稿费拿回家像小偷偷了钱回来，自己的劳动成果得不到尊重。又说韩没有追求，哪怕学裁剪、学画画都可以，只要有精神上的追求就行。

几天后，有乡党来户县，说见到了夏女士，泣哭不止，咬定平凹不在西安，操心平凹身体。夏女士对乡党说，你们是平凹的朋友，你们真正不了解他。乡党对她说费教授正领一帮人捏合复婚，夏女士说要了解平凹，你们读一读他的近作《晚雨》。此时，《晚雨》才发表，仅见报上目录，几人都未读过。

夏女士又断言，平凹现在正写的这部长篇将是爆炸性的作品。朋友们就估计平凹和夏女士常在一起探讨创作问题。于是，大家判断：

1. 贾和夏的关系仅仅是两诚相悦，没有婚外情证据；2. 贾韩复婚难度甚大；3. 可能这是一场误会。

12 月 3 日，老马返回大荔县，为平凹搬去大荔写作做安排。宋丛敏和陈彦当天也来到户县探视平凹。第二天，连成亲自开车送平凹去大荔，陈彦随车返回戏曲研究院，到文艺路下车，平凹泪眼凄迷，自言："这个城市里，已经没有了我的家。"三天后，连成开车给平凹送棉衣。他到俊芳那里取衣物时向她诉说了平凹的话，俊芳听了泪花闪烁。9 日，何丹萌、刘小平赴大荔县探视平凹，告诫平凹"生活实际中必须克己复礼，有些事该忍耐时必须忍耐……"

在大荔待了约 20 天，平凹又回到户县，依旧住在计生委的那间房子里继续抄改稿子。他说，"这本书的写作，实在是上帝给了我太大的安慰和太大的惩罚，明明是光亮美艳的火焰，给了我这只黑暗中的飞蛾以兴奋的追求，但诱我近去了却把我烧毁"，"二十年苦心经营的天地毁于一旦，一切都从头开始。住的地方也不好，'柏油巷'不就是又悲又忧么？在大车家巷住时地名也不好，叫'横巷'，横者，不通顺么！还有一位乡党王宏麟住在冰窖巷，可怕！"

这一年腊月二十九日晚上，平凹抄完了全书的最后一个字。面前尺把高一摞手稿——洋洋 40 万言的长篇小说《废都》，朋友们赶来祝贺。有的说，平凹你冻了一冬，得了这么个大果，值得；有的说这是你文命中一段新的路程。对此，平凹不以为然，他神情凄寞，只讷讷地说："多事的 1992 年，终于让我写完了，我不知道新的一年我将会如何生活，我也不知道这部苦难之作的命运又怎么样。从大年三十到正月十五，我每日回坐桌前注目这 40 万字的手稿，不愿动手翻开一页。这一部比我以前的作品能优秀呢，还是情况更糟？是完成了一桩宿命呢，还是上苍的一场戏弄？一切都是茫然，茫然如我不知我生前为何物所变死后又变何物。我要记住这本书带给我的无法给人说清的苦难，记住在生命的苦难中唯一能安妥我破碎了的灵魂的这本书。"他先将手稿送费秉勋教授阅读并听取他的意见。费教授阅后坦诚告诉他："这部书目前最好不要出版，出版了很可能带来麻烦。”

年三十，连成叫平凹过去包饺子。平凹包得认真，每个饺子的接口他都捏严合实。午后，连成请他写春联，他持笔在手，久久地望着连成当年得来的宝贝儿子，突然运笔。平凹手写的春联在连成家门口出现，引得户县不少文化人前来观赏：

佛无量祥猴护法得西方一籽籽成栋梁

人勤劳闻鸡起舞凭汗水万点点石成金

从正月初二开始，他开始对原稿进行第二次修改。连成将原稿用八开纸复印了，平凹在上面勾勾画画，要删的地方他浓墨涂抹，新增加的内容他清楚地抄在旁边并用引线标明。书中有许多男女性爱的描写，需要掌握一个“度”。但许多描写出于人物塑造和故事情节的需要，他就在删去的地方画上若干框格，且标明“此处删去×字”。若从作品的完整性考虑，他是不愿删的，但为了不惹麻烦，也只好这样。与此同时，十几家出版社激烈争夺该书的出版权。四川文艺出版社致函贾平凹，说经社委会慎重研究，决定以千字60元求购该书的出版权；天津百花文艺出版社再三致函，说希望继《月迹》之后再推出《废都》，版税条件让平凹提，相信会得到满足；同时又有广西漓江出版社、上海文艺出版社、作家出版社、河北人民出版社、西安出版社的编辑朋友通过多种渠道和平凹接触，希望拿到该书的出版权。有的甚至拿着省市宣传部官员的信找到平凹索稿，还有的说他们要将此书列入“八五”规划中的什么工程，等等。1993年2月13日，北京十月文艺出版社一位负责人三次长途电话、两封加急电报已基本同平凹敲定，《废都》由《十月》杂志全文刊发并由北京出版社同时出书。3月初，《废都》手稿由中国社会科学出版社文艺部主任、著名文艺评论家白烨亲自带到北京。

后来，有人问平凹为何把《废都》交北京出版，平凹说这很简单，一为友谊，二为信任。文学圈的人都不会忘记，80年代初平凹因《晚唱》那一批

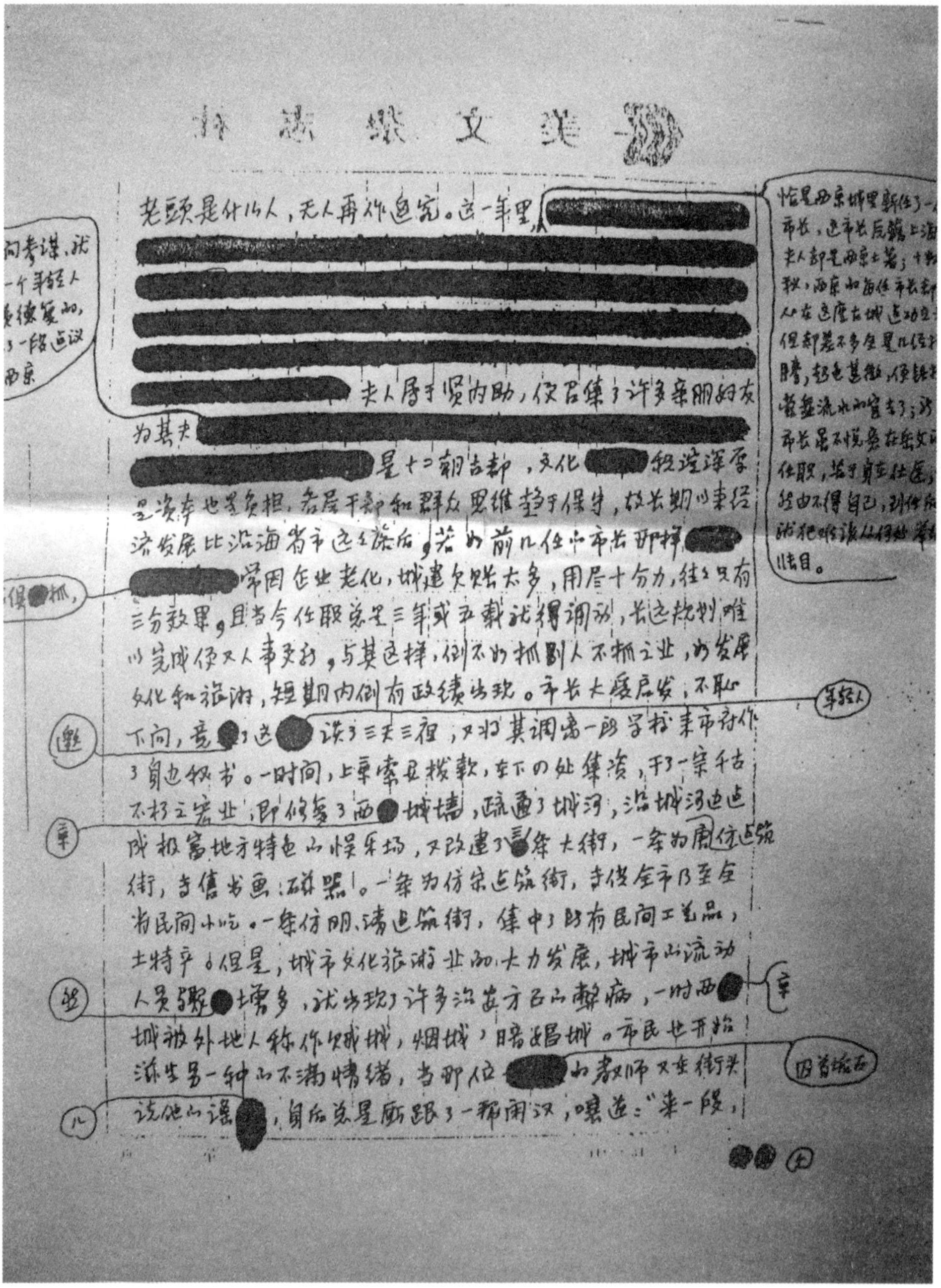

老头是什么人，无人再作追究。这一年里，[redacted]夫人属于贤内助，便召集了许多亲朋好友为其夫[redacted]是十二朝古都，文化[redacted]积淀深厚，是资本也是负担，各层干部和群众思维趋于保守，故长期以来经济发展比沿海省市远远落后。前几任的市长那样[redacted]常因企业老化，城建欠账太多，用尽十分力，往往只有三分效果，且当今任职总是三年或五载就得调动，长远规划唯以完成便又人事变动，与其这样，倒不如抓别人不抓之业，以发展文化和旅游，短期内倒有政绩出现。市长大展宏图，不耻下问，竟[redacted]了这[redacted]谈了三天三夜，又将其调离一般学校来市府作了身边秘书。一时间，上京索要拨款，在下四处集资，干了一宗千古不朽之宏业：即修复了西[redacted]城墙，疏通了城河，沿城河边造成极富地方特色的娱乐场，又改建了[redacted]条大街，一条为唐代建筑街，专售书画、瓷器。一条为仿宋建筑街，专售全市乃至全省民间小吃。一条仿明、清建筑街，集中了所有民间工艺品，土特产。但是，城市文化旅游业的大力发展，城市的流动人员骤[redacted]增多，就出现了许多治安方面的弊病，一时西[redacted]城被外地人称作贼城，烟城，暗娼城。市民也开始滋生另一种的不满情绪，当那位[redacted]的教师又在街头说他的谣[redacted]，身后总是跟了一帮闲汉，嚷道："来一段，

《废都》手迹

作品遭人批评而陷入苦闷时，正是《十月》编辑部向他伸来了声援之手。他们不认为《晚唱》这一批作品有多少不好的倾向，相反，从这些作品里他们看出了平凹的艺术潜力。而且，他们及时且重点推出了《鸡窝洼的人家》和《腊月·正月》这两部切近现实反映农村改革的中篇，平凹由此精神大振，创作迈入新境界。同时，他们又将这两部中篇连同《小月前本》合编出书。早在1984年6月9日，平凹就说："对于我的创作，《十月》的同志一直给以极大关心，该批评时，是严厉的；该鼓励时，是热情的；该支持时，是竭力的。每当我与他们打交道的时候，我就想起范仲淹的话来，'先天下之忧而忧，后天下之乐而乐'。"北京出版社请编审田珍颖当责任编辑，可见该社对平凹的重视。在长达七页的审读报告中，田珍颖详细分析了该书的思想和艺术特点，提出了责编的初审意见。出版社编辑委员会同意了田珍颖的意见。特决定：7月号的《十月》杂志上全文刊出《废都》，出书同时进行。

1993年，贾平凹

1993年2月以后，在朋友们的劝说下，平凹同意复婚。球又踢给韩俊芳。她也同意复婚，甚至同意陪平凹去北戴河疗养。但她的复婚又是有条件的，对此"条件"，平凹又有诸多保留。

进入7月，就有西北、华北、东北、中原等地区的发行商开来大卡车堵在了北京出版社的门口，有的还雇请了武警押车，他们准备书一到手，就日夜兼程赶回去抢占市场。尽管有火车可以发快件，但他们仍然嫌慢，"人人紧张得像上战场似的，烽烟火色，火眼金睛，不知是否真严重到系着身家性命?”。原定7月24日《废都》在北京首发，届时贾平凹将到王府井书店去给读者签名。北京出版社上下协同，严密防范，唯恐出现像《白鹿原》那样正式书还未上市，已有盗版书抢先占了市场的现象。对于《废都》，他们虽然从印刷厂到发行部，各个生产环节严密监视，但在7月23日下午，仍有人报告，在北京虎坊桥的一个小书摊上，出现了“盗版”的《废都》。顿时，出版社上下炸了锅，赶紧报案清查，竟原是一场虚惊。这个书摊卖的《废都》是从印刷厂流出来的，是真本，不过他们是抢先上市而已。7月23日下午，出版社终于扛不住了，书商们死磨硬泡，吵吵嚷嚷，不得已决定提前半天给外地书商发货。当时，真像过节，有人点燃千响鞭炮，几辆大卡车轰隆隆开进印刷厂，大铲车呼啦啦往车上装书……挨到第二天，对于贾平凹的签名售书，有记者欲做事先报道，出版社派人制止了，唯恐到时引起读者混乱，平凹被人扯碎瓜分，所以他们只在书店门口贴了一幅红字海报。但是，北京是什么地方？十几亿人的首都，外来客流量每日100万！王府井又是什么地方？北京的中心，商品的中心，九州游客八方路人，每日到此花钱购物的有多少谁能说得清?

原计划下午2点半开始签名，但在早上9点钟书店一开门，就拥上来大批读者。事前，柜台前的一个位子被工作人员用拦绳围了起来，十几个身强力壮的小伙子在维持秩序，四名保安人员手持电棒铁塔般站在四个方位。即使这样，仍然不行，后边的读者往前拥，前边的无处可站，哇哇哇叫着受不了。这会儿离正式售书还有五个半小时呢！有人开始吃干粮，卖饮料的生意特别好。几十位记者有了采访的机会，有人把录音机的话筒伸向排在第一位的读者。她叫黄丽芝，是位文静的姑娘，来自内蒙古师范大学。问她何以来得这么早，她说她在当代作家中特别敬慕贾平凹，宁愿等几个小时，也要做第一个幸运的读者。排在第二位的女读者来自中国计量科学研究所，她说她曾在西安工作，但无缘见到自己敬仰的大作家，所以今天无论如何也要买一本作家亲自签名的书。一位北京人说，其实在北京买东西一般秩序还是好的，人们排队基本上形成自觉。立即就有外地人反驳：“买贾平凹亲自签名的书可不比买紧俏家电，家电是工厂批量生产，贾平凹，中国可就这一个。”好像他不是来买书，而是来买贾平凹的。排在第三位的是来自大庆油田的一个小伙子，他说他是偶尔遇上这个机会的，他读了不少贾平凹的书，原以为一辈子也见不上这位西北作家，没料到今日竟在这里签名，太好了，他要买许多本，回去送给重要的亲戚朋友……

下午 2 点 15 分，贾平凹出现在读者面前，长龙般的队伍顿时骚乱，人们在暑热中熬过了五个多小时的等候，心急火燎可想而知。首先是记者群，镁光灯闪烁，匆忙记录，飞快跑回去发稿。许多人竟不认为这是贾平凹——瘦蔫蔫的，一只手还捂着小腹。他没有说话的欲望，连坐相也软塌塌的。有读者见过京津沪的一些作家，他们滔滔的言辞，鲜亮的风采，目光横空那么一扫，有唯我独尊的气势。可这个贾平凹，怎么是这样？像个山沟沟的民办教师。有记者报道说：“这位大器早成的青年作家，被文坛称为奇才和鬼才，国外更是把他敬之如半神。可他丝毫不为这些浮云草芥一般的名利所打动，依然故我地保持着西北汉子的谦和、执着、凝重。”

平凹在接过黄丽芝捧上的《废都》时，努力地微笑了一下，然后在有自己照片的那一页下面，庄重地签上自己的名字。后边读者见状，也都把手中的书翻到这一页。秩序还不错，只是天热。第一小时，平凹为 400 位读者签了名。王府井新华书店经理讲：“作家签名售书我店每年都要搞多次，可贾平凹签名售书，却是我店自建国以来，社会效应和轰动最大的一次，你不服不行呀！”北京香河县一位政府工作人员，凌晨 3 点从家里起程，赶天明到书店大门前；京郊一位留着蓝心涓发式的小姑娘，为了拿到贾平凹签名的书寄给远在美国的姐姐，竟把拄着拐杖的奶奶也拖来了……事后，中央电视台在《文化生活》节目里对此次签名售书活动做了报道，全景镜头，煞是壮观。

至此，陕西五位作家的长篇新作一齐在北京亮相，最先是陈忠实的《白鹿原》，继之有高建群的《最后一个匈奴》和京夫的《八里情仇》，还有程海的《热爱命运》、莫伸的《中国第一路》，一时间陕西作家在文坛大展风光，新闻界称此现象为“陕军东征”。

贾平凹与高建群

7月26日，西安七大书店同时竖起了广告牌，销售《废都》。到上午11时，一些主要街道的书摊上也纷纷挂起自制的招牌，招牌上用大字书写着极富诱惑性的广告词。后来，陕西电视台新闻部约请评论家董子竹、畅广元、费秉勋、王仲生及贾平凹本人就《废都》的题旨和艺术特点进行过一次座谈，座谈的实况在陕西电视台8月8日晚的《新闻纵横》节目里播出。几乎同时，中央电视台在《文化生活》和《艺林》两个节目中，先后三次播放平凹在北京为读者签名的实况。平凹在西安钟楼下为西安读者签名的盛况也由陕西电视台和西安电视台及时播出。另外，法国、新加坡等国家和香港、台湾地区的新闻媒介也对此有报道。

早在《废都》面世之初，著名评论家肖云儒即会晤平凹，谈他对《废都》的看法。肖是评论界对此做出理论反应的第一人。接着，肖云儒和贾平凹受陕西文艺广播电台之邀，于8月5日到直播室以谈话的形式分析了这部作品的结构和人物形象。8月6日中午，中央人民广播电台播出了《废都》上市引起轰动的消息。8月11日，陕西经济广播电台和陕西省作家协会在电台播音室联办《废都》座谈会。在这个被称为“特别节目”的座谈会上，专设多部热线电话，听众可以随时打电话进来参与讨论。座谈会由省作家协会副主席王愚和戏曲研究所助理研究员王东升主持，到直播现场参加讨论的评论家有董子竹、费秉勋、王仲生、邢小利。这次特别节目持续了一个半小时，讨论议题涉及这部著作的文化意蕴、思想内涵、社会背景、人物形象、语言形式、结构技巧等，可以说是面对听众的一次文学普及讲座。其中，有六位听众打热线电话参加讨论。作为大众读者，他们的提问大都从自身的阅读经验出发，坦诚地谈出自己的看法，或者提出问题请专家解释。一位女读者问：庄之蝶和唐宛儿的关系令人费解，庄之蝶是作家，唐宛儿是闲人，他们不是一个档次，怎么能成为相好？董子竹解释说：李白和李清照是一个档次，即便生活在同一个时代，他们能成为相好吗？他们可以唱和，但若要这两人终日相伴，岂不把他们累死？和李清照游戏的是她的卷帘人、她的丫鬟佣人；伴李白娱乐的是艺伎，是教坊乐师、歌女。庄之蝶和唐宛儿不是文朋诗友的关系，是互为消费者的关系。唐宛儿是庄之蝶精神产品的消费者，是庄之蝶人格的崇拜者；庄之蝶是唐宛儿秀美姿色的悦己者、欣赏者，也是对唐宛儿做审美体验的消费者。他们为什么不可以一起游乐玩耍甚至相悦相爱，这样的人际关系中不应该存在什么档次问题。

牛、埙、《废都》

陕西经济广播电台还在午后 1 点半的《谝闲传》节目里约请有关人士就大型埙乐协奏曲《废都》进行了座谈。其中，播放了平凹的独唱《后院里有棵苦李子树》和他对广大听众的告白。将一部长篇小说改编为大型埙乐协奏曲，这在中国可能还是第一次，埙演奏者为刘宽忍，作曲为陕西省歌舞剧院崔炳元。

旬月之间，全国图书市场出现了“《废都》大爆炸”，大街小巷的书摊前挤满了索购《废都》的人。西安莲湖路一书摊五天售出《废都》200 多部，摊主喜滋滋地对人说：“卖小说从来没有这么好的生意，批发商发大财咱发小财，贾平凹这本书不知养活了多少人哩！”陕西师大书亭，一天售出 180 部。西门外一家书摊的主人说：“城西工厂多，不比南郊文化区，在这里卖书，纯文学作品从来没人问，很久以来我不卖小说。去年有一阵子进过王朔十几本书，前后扯了两个月算卖完了；接着又进了八本柯云路写气功的书，也没赔钱；有同行让我销售北京一位大作家的书，同行说这个作家比贾平凹牛气多了，我信了他的话，因为折扣给得好，我大胆进了十本，嘿，卖了俩月，只卖出去三本，赔大啦！我们小本儿生意，可不敢跟着啥大作家转，你作家再大，读者不买账，我也不给你脸，你的伟大著作我照样送收购站当废纸卖！你的书不能养活我，我不敬佩你！想着也怪，贾平凹碎碎儿个人儿，前年我进他几十本选集卖得就挺好，当时也没在意，我这摊子几次都想改办烟摊儿呢！没办法，一面对市场就看出了你是几成作家，市场是硬的，它不管你吹得有多大，是骡子是马拉出来遛遛呀！这不，《废都》今天又卖了 20 本，我儿子每天早上去东六路批发店驮几包来，今天已过了 12 点还不见回来，我担心是不是没货了。”

到 8 月中旬，在京津沪的文化圈里，在西安古城墙下的西瓜摊上，到处逢人说《废都》。反应最敏感的反倒是一帮年龄大的读者。他们中有离退休干部，也有普通工农和市民。在西安环城公园，几年来，每天早上都是老人的世界，这里有名目繁多的气功教习班、健身班、武术班、唱歌班、诵经班、乐器班，老人们在这里或锻炼或遛鸟或玩音乐歌舞，在这里安享太平、娱乐盛世。然而，突然间他们乱了往日的秩序，有人抚须长叹，有人拄剑怒骂，也有人口出秽语争争吵吵，或字正腔圆严肃讨论。他们退休了，但没有退出世事，他们依旧关心意识形态和精神文明建设。面对一部小说，他们这个原来祥和的队伍出现了严重分歧。一部分人的意见认为，这不是一本好书。甚至有人骂北京，说国家恐怕因此而完蛋。也有人说不要把事情看得太严重，一本书亡国论可以休矣！他们的分歧集中起来有两点：一是收破烂老汉唱的民谣，二是性描写。某单位一位白头发的政治部前主任说："当年清查政治谣言是火急一时的政治任务，现在贾平凹集其大成，往党脸上抹屎，政治倾向上应该抓一抓。"又有人反对，说不在其位不谋其政，拿二两棉花纺一纺（访），那些民谣多半说的是实情。也有人扪心自问："后世人看了这书会说，原来那时候的世事是这样？我们精心搞了几十年，写蓝图、做规划、写党史，这不白弄了？"还有一位扶杖而泣的老者说："当年毛主席叫知识分子深入工农、改造思想，这十来年把这个学说给翻了，没有人再敢提让知识分子学习工农兵，知识分子成了国家的希望，成了'四化'的代名词；这下可好，看看吧，《废都》里他们自我暴露，叫工人、贫下中农、革命战士都来看看，这群灵魂肮脏的知识分子要不要改造？要不要永远接受工农兵的再教育？"对性描写，老人们则众口一词，集体谴责。有激动者说要联名写信给北京，要求查封《废都》。陕西省新闻出版局也不得安宁了，某党史办的一位读者打电话到图书处质问，"扫黄"不扫《废都》要扫什么？作家京夫到《小说评论》编辑部找李星谈一篇文稿，正寒暄着，闯进一位老者，身体清瘦却有精神，他显然按捺不住激动，进门就批评作家协会不管作家，直言《废都》诸多错误。李星给他解释了作家协会的职责职能，又告诉他如对某一部作品有意见可以写文章来，老者立即兴奋："你给发表？"李星说："可以发表。《小说评论》就专门发表评论小说的文章，但你要言之有理，持之有故，不能光扣大帽子，要有分析，要讲出道理。"这老者说："实话给你讲，我是老文化工作者，当年王倍愚就在我下面。"李星说："王倍愚就是王愚，他现在也是我们的主编，你要找他吗？"老者说："我也多年没见了，他——他妈的，前几年你们文艺界出《红高粱》，我就写文章批判，稿子送到《西安晚报》，说写得还行，就是不给我发表；我又送到《陕西日报》，人家说上头不叫批。这样弄下去，不亡党亡国才怪哩!”接着，他又放肆地点了几位党和国家领导人的名字，并且把这几年文艺上的问题说得非常严重，话中不时夹杂着“他妈的”，京夫驳他几句，他躁躁儿地说：“说不清。”李星提示他可以把“言之成理”的文章拿来，他只是倔，只是“他妈的”，后来就走了，大约是找当年手下那个王倍愚去了。事后京夫见到王愚，问及，王愚笑着说：“跟他说不清。”人们议论，就凭他一口三个“他妈的”，大约也不是共产党的优秀干部，共产党不骂人。也有干部说，贾平凹基本上不了解官僚主义内部的生活，他写的那些实在是皮毛小事，真正的腐败现象他连边儿都没沾。

据说，市上某部门派员收集了一些读者的意见行文上报，有人见到了打印的这个材料。西安晚报社的一位资深编辑说，北京评论家曾镇南评《废都》的文章版已排好，突接上级指示，叫把这篇文章撤下。《陕西日报》文艺版拟发两篇评论，也因同样原因压着。8 月下旬以来，一些宣传部门、新闻出版部门频频向北京拨长途电话，或中宣部，或新闻出版署，或北京市委有关部局，电话拨通了，人家答复了。这答复的内容从各种渠道传到民间，一致的说法是对于《废都》，上头还没有发什么文件，也没有谁代表官方否定这本书。还有人传来三条意见：不表扬、不批判；不改编影视作品；不再安排印刷。问是否形成了书面的文件，问谁都说没有。一段时间里，禁止评论《废都》形成了事出有因、查无实据的局面。也有小道消息说，中央现在的精力是铆足劲儿争办北京奥运会，顾不上管这些事，一旦这事儿忙过去，就该收拾贾平凹了。

对于《废都》，不少读者骂了还要看，看了还要骂。对党有深厚感情的，骂他不该写那么多政治民谣；试图通过《废都》教育子女的，骂他不该描写两性关系；自持坚定的唯物主义的，骂他不该宣传“岳母”式的封建迷信；喜欢歌颂正面英雄人物和批判反面坏蛋的，骂他书中那些人物算什么东西……还有一个奇怪现象，许多人求人办事以签名本《废都》做礼品，拿去了，绝不鬼鬼祟祟，将那书大大方方往主人面前一推，说：“送你一部《废都》，贾平凹的新书。”主人或许是一位五十开外的政府官员，哈哈一笑，又呼啦一下把书页翻滑过去，说：“好，好，省委书记白纪年说贾平凹是咱陕西的宝贝蛋儿嘛！”然后，正儿八经地摆到他家书橱的显要位置。更有风雅的，说：“你认识贾平凹？嘀，你啥时候给咱索一幅墨宝么！”于是，这位送礼者就寻路子，找门子，看谁认识贾平凹，然后三转两转地拿上润笔求来一幅平凹的书法，又急急火火地送到官员手里，官员依旧哈哈笑着，评论这幅书法如何如何，又说在一个什么会上贾平凹走过来同他握过手。有人办急事，就在城墙外的小树林里，以56元价格买一本有贾平凹签名的书。西安市文联因公关需要，满城买不到《废都》，派车到咸阳市，最后以每本高出定价5元的价格买来。1993年8月25日以后，西安城区有数家书摊又挂起《废都》的广告纸牌，上前打问，人家说：“20元一本不让价。”问他为何卖高价，答曰：“我进货时就高出了定价，你不买了你走。”

一时间，小道消息传得沸沸扬扬。有人问：“听说贾平凹已被开除了作家协会会籍？”又有从商州来的消息说：“听说印刷厂工人把《废都》的版给砸了？”还有人传达内部消息：“贾平凹吓跑了，公安局要拘留他。”更有人说：“贾平凹在西安待不下去，深圳特区派人来接他去当作协主席去了。”

没几天，上海《文学报》在头版刊出中国新闻社通讯稿《〈废都〉的性描写引起争议》。文称：“《废都》以古都西京城里四大文化名人的沉浮映出变革中的社会现实。作者的重笔落在作家庄之蝶身上，这位名作家身不由己地被牵涉进一桩文学官司中，对手竟是他的初恋情人，一切脉脉之情皆被撕破，庄之蝶看到了功利的无情。于是他幻想沉溺于情场之中以摆脱功名的负累，但一个个情人与他演出一幕幕悲剧。他最后的结局——出走时中风倒在火车站。初看《废都》，写的是饮食男女，但贾平凹将人生社会大道寓于琐细的世态人情的描述中。他纯粹将文学还原为生活，毫无雕琢痕迹，写出了流动的生活状态。在全书富于文人生活情调的叙述中，读者看到的是理想的沉沦、价值的衰落、文人心境的悲凉，全书笼罩在沉重阴郁的世纪末情绪之中……其实，不同读者是以不同态度去看待性描写的。一位当代文学研究者兴奋地说，好久没读到这样的好书了，阅读时我注重的是作者对生活状态的真实还原，我并未过多留意

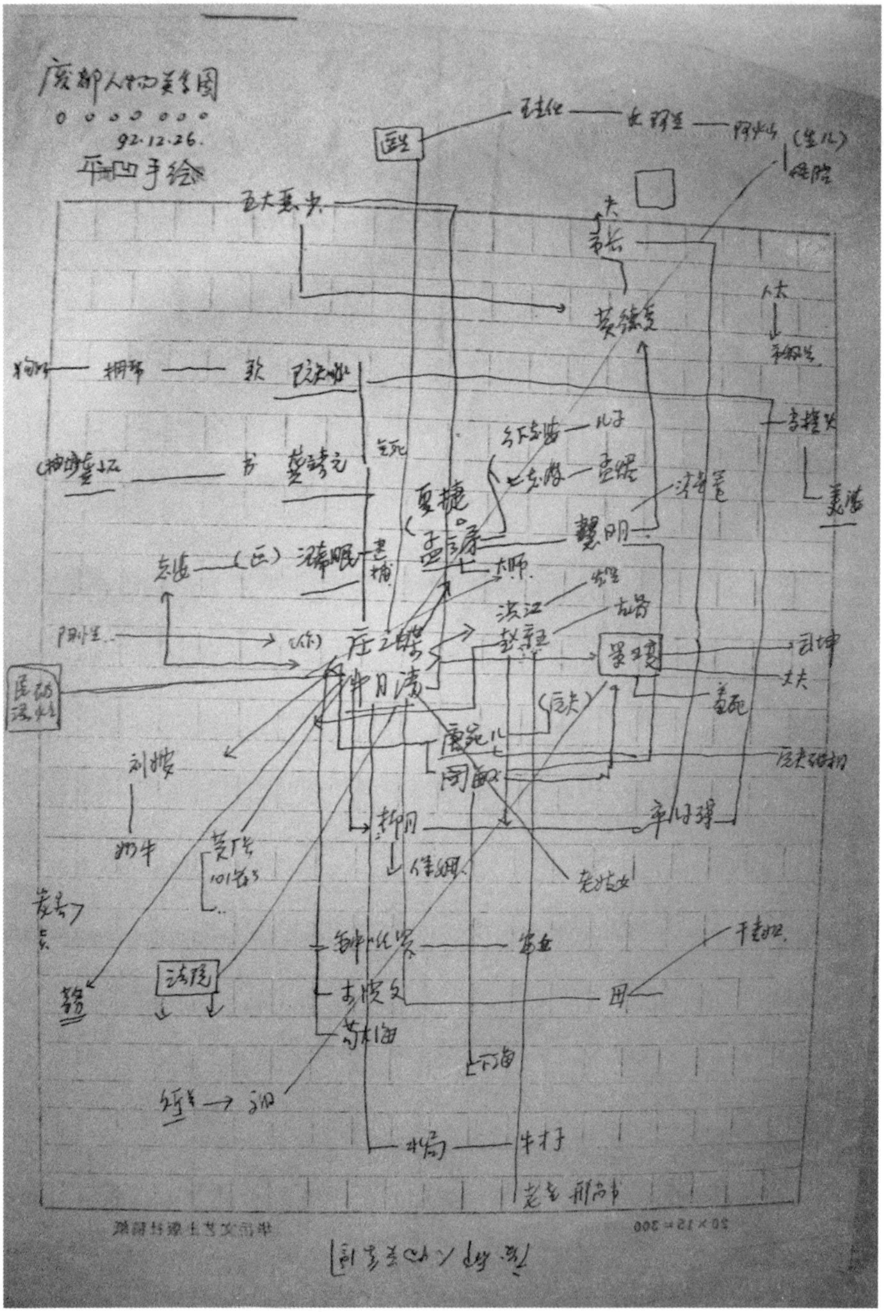

贾平凹手绘《废都》人物关系图

性行为的情节；令我高兴的是当代中国文学不再回避人类情感的这个方面，《废都》第一次以真实、准确、艺术的笔触写出一些现代人的性意识和行为，可视为文学的突破；我还喜欢该书返璞归真，平淡中见功底的文体。一位古典文学学者说，如果除去庄之蝶与阿灿灵与肉的结合那个闪光的情节，庄之蝶与其他情人的所有性行为描写均未超过古典小说……”一部小说出版了，社会毫无反应，自生自灭，那么无论对作者或编者都是十分可悲的。但若一部小说刚一面世，便给社会造成剧烈冲击，恐怕也不是什么好事。

就这样，身处是非旋涡中的贾平凹在惶惧中度日，无奈之下，他一走了之。《废都》责任编辑田珍颖承受着巨大压力。她身在北京这个政治、经济、文化的中心，神经上的一切细胞都活跃而敏感。她首先操心平凹，他身体不好，生活动荡，她怕这场“大爆炸”给平凹造成伤害，就想同他谈谈心，聊一聊。以前，她也不止一次在电话中对平凹说：“对这部作品你要自信。”然而现在，面对大众读者的压力、新闻媒介的批评、评论界人士的争吵、行政部门的沉默，一切劝慰、宽心都是多余，于今能够作用于平凹情绪的，唯有对《废都》的理解。可是，平凹在西安失踪。田珍颖托朋友探寻平凹的下落。

《废都》爆炸的冲击波震撼着人们，可是，制造者失踪了。整个9月，人们不知平凹去了哪里。有小道消息说人在四川，《美文》副主编宋丛敏就打电话给四川作家包川，包川说她也没见人。宋说，他是文联主席，身体又有病，市上有关领导叮嘱一定要找到，尽量叫他回来，他一人在外，出了事市上负不起责任，回来住院治病也行，住宾馆写东西也行。市长崔林涛说，工厂还出次品呢，何况平凹写过那么多的好书。

入秋，贾平凹依旧远行未归。但对于《废都》的指责和批判忽如一场龙卷风，唰啦啦遍扫大江南北。各地的报刊几乎在一夜间发出无数篇文章批评《废都》，那些从文化批判角度、从社会思辨角度肯定《废都》的思想艺术价值的声音，暂时被激动而愤怒的讨伐淹没了。《文摘报》载文称：“贾平凹很清楚当今文人的地位和价值，所以，他编织的庄之蝶风流走天下的故事，只能是一种逆反性宣泄，是文人群体失落后的自恋情结作怪。”美籍女作家陈若曦说，她 1993 年夏到庐山参加世界华文文学会议，当时《曼哈顿的女人》走红全中国，而会上人们争论最多的却是《废都》，不少评论家为此争得面红耳赤。一位财经界的女强人说她读到一半就呕吐了，一位评论家说里面的性描写绝对是败笔。陈若曦说："我相信，以平凹的才华加上现代生理卫生知识，再版时绝不难把那些故作空白的部分缀成艺术品。性是现代文学不可或缺的题材，尤其在疏离感充斥的现代社会，当人们无法以常态互相沟通时，作为'食色，性也'的原始动力之一，它是人在自闭症世界里摸索的一线生机，一道迈出自我封闭的突破口。我只读过一遍全本的《金瓶梅》，实在嫌它啰唆。拿起洋洋 500 多页的《废都》，却能挑灯夜读，只因全书刻画出当前中国大陆的浮世绘，作者的生花妙笔包罗万象，宦海政要、商贩走卒，三教九流全有，但最入木三分的却是文人，从他们迷卜卦、气功、股票到下海经商，诸如请客、送礼、走后门，到吃喝嫖赌，包括招摇撞骗和出卖朋友，真是淋漓尽致。《废都》有'痞子文学'的调侃和幽默，但不耍贫嘴，这点也深得我心。我大概不会再读《金瓶梅》了，但要重温中国转型期社会众生相，还是愿意再读一遍《废都》的。"

几个月之内，随着人们对《废都》的猛烈批评，几乎同时，全国十多家出版社都出版了有关该书的评论文集或文章汇编，如《贾平凹怎么啦？——被删的 6986 字的背后》《废都之谜》《多色贾平凹》《废都及废都热》《废都废谁?》《失足的贾平凹》等等。

香港《亚洲日报》10 月下旬开始连载《废都》。设在英国伦敦的欧洲出版有限公司发来信函，说平凹的个人简历将载入 1994—1995 年的《世界名人录》，平凹未作答复并不予提供个人资料。有人问他："入选世界名人录是很重要的事情，你怎么能当耳旁风呢?"他说："以前入过几次，也没啥意思，我还忙着呢。"

他忙什么呢？忙着读书——老学者张岱年的著作。

突然，一条爆炸性新闻在全国传开：《废都》引起了凶杀案！据天津《今晚报》报道，9 月 19 日，是某县一个女孩的 12 岁生日，家长送她到学校，嘱其中午到二姨家吃饭，并让她请二姨、二姨夫和17岁的表哥晚上一同来她家庆祝她的生日。可是直到晚上，这个女孩仍没有回来，家人四处寻找无踪影，便向公安局报了案。后经公安人员调查，案情浮出水面：女孩在建筑队干临时工的表哥那几天在家休息时一直读《废都》，中午打扮得花枝招展的表妹出现在他面前时，他抑制不住被书中情节撩起的欲火，便不顾一切向她扑去。但表妹拼死反抗又大声呼喊，他就用手堵住她的嘴，终致她窒息身亡。她二姨夫妇知事已闹大，一面打发儿子外逃，一面挖坑埋尸。一朵含苞待放的花就这样被摧折，其表哥已被捕归案，父母也因包庇罪被依法收审。这则消息经发行量颇大的《文摘报》转载，一时传遍四方。于是，声讨《废都》的呼声如燎原烈火，有人致电媒体要求禁毁《废都》，有人向公检法写信要求严惩作家。一时间，无数的人要找他，反对的要打他、骂他、斥责他，支持的要声援他、保护他、供养他。新中国成立40年来，因一部小说而触怒普通民众并让官方棘手的事件，这是第一桩。

其时，在四川省的绵阳市，绵阳师范专科学校的花园里，贾平凹正神情坦然地和一群画家聊闲话。他是悄然离开西安的。几个画家要去绵阳写生，事前说好他要同行。可是临行前，张之光、江文湛怎么也找不到他，焦急中忽听平凹正在广播电台通过热线电话答读者问，就赶紧给电台打热线，接通了，画家说："你答应随我们去一个地方，现临行在即，你做完节目原地不动，我们的车子到电台接你。"这就有了绵阳之行。后来，人们从绵阳政协的接待人员口中，方知道平凹在四川的行踪，也从姚衡发表在成都的《舞台与人生》杂志上的文章里，了解到平凹在绵阳的细枝末节。

说是一到绵阳，绵阳政协出面接待他。有市上官员欲宴请他，他说："不是说不参加社会活动吗？不去了吧，一是说不了话，二是也吃不动。"后来还是去了，席间只是以"嗯""啊""好""对"应声。有官员就说，下笔滔滔的作家怎么是这样，原想听他一席精彩讲话哩，没想到只会说些嗯嗯啊啊。他们被安排游览剑门关，路过梓潼大庙山，山上有一合抱的晋柏，枝干盘曲若虬龙横空。民间传说此树已成精，其皮可治百病。为防止游人剥皮，管理人员用砖砌墙围护，就这也有人在墙上掘洞而入。树皮被人剥光，连木质也被削去许多。平凹到此，非要钻进去看个究竟，他前身进去，屁股尚在墙外，就有人拍了照片。人问摄影者，这照片印出来谁能认出是贾平凹的屁股呢？摄影者说，画面上注上文字不就得了。平凹又从那洞中爬出，手中捏着从地上捡拾的木屑，问："谁吃哩？"大家摇头，他便将木屑投进口里，津津有味地吃完，又说味道好极了。平凹给绵阳做了一首打油诗："天雨地不湿/辣椒甜如瓜/公园假石头/家家种桂花。"

参观了多处风景名胜后，回到绵阳，适逢国际目连戏研讨会在此地召开。目连戏可以不间断地演几天几夜，内容讲因果报应、罚恶扬善，是当地著名的传统鬼戏。这个戏在新中国成立后一度被认为是宣传封建迷信而遭禁止。近几年经专家整理，重新上演。该戏的特点是演出时，舞台上下融为一体，观众演员不分，在场者根据剧情需要可以随时参加进来。平凹了解到上述特点后，嚷叫一定要看。票子送来，平凹持票进场，神情严肃。坐到场子，随剧情亦喜亦悲，还不时掏出本子做详细记录。场间休息时他还对舞台装饰做了速写，画了详细场景，又一一标明饰物方位。正在这时，拥来一群记者，要采访要合影，平凹请随员一一谢绝，他发现有摄影者在远处用长焦镜头瞄准他，赶紧低头转脸，又用捉笔之手捂了嘴巴。后来有人到后台做了策划，便有剧中新娘子下台来给观众礼拜，送一些糖果瓜子之类。轮到平凹，新娘子敬上香烟并为他点火。戏做得很细，几位记者抓拍了许多珍贵镜头。事后谈起，平凹说他还以为剧情就是这样。

看了五场目连戏，平凹大叹此戏绝妙，说不仅有地方特色，有野味，更重要的是它全方位地表现故事，时空处理非常自如，台上台下都有戏，观众演员从角色到情绪高度一体化。他觉得说"引子"的演员很像电影中的旁白者，通过其引导，一会儿把观众推向历史，一会儿又把观众拉回现实，时空交错，如读一部荒诞小说。回住地后，他根据记忆画了一张题为《目连戏鬼谱记》的画，画中他题款云："目连戏是中国戏曲之活化石，场上场下，演员观众，阳间阴间，人与鬼，古与今，相互混淆，吾叹为观止。"

平凹在绵阳共创作了36幅书法和绘画作品，这些作品由绵阳师专中文系整理后，为他办了一个小型的书画展览。绵阳文化界人士几乎全部出席了画展的开幕式，之后，参观者盛况空前。消息传出，又有附近地区及成都、重庆等地的人士前来观赏。再传到西安，宋丛敏、王大平他们始知平凹在四川办画展，但又一时搞不清具体地址，就托了好多四川的朋友协助联系，因为市上领导指示，务必要尽快找回平凹，为之检查身体并妥善安置。画展中有一幅画在当地引起了争议。这幅画的中心位置是一持书望天的黑衣女郎，她的身前足后全是跃跃欲试的牛、熊、猪、独角兽等等。有人说这是作者的自写照，有人说这表现了人与自然的关系，还有人认为这是现代对传统的围剿、美对丑的审视、东方美德与西方意识的对抗，等等。有人问平凹，他说："我具体也说不清，脑子里有个囫囫囵囵的意象，你们咋理解都有理。"

诗画唱和中，当地一位姓姚的画家画了一幅翩翩起舞的古装仕女，请平凹为之题款，平凹运笔在手，略作思维便写道："谁家小碧玉/临风忽轻狂/隔墙偷瞄者/必是姚氏郎。"姚画家就说平凹真正是才思如泉，调侃人如顺水推舟，大才！大才！笑说中姚画家又作成一画，画面是一古装男子起舞于月下，画笔又传到平凹手里，众人一齐屏息，且看这关中才子如何下笔。平凹细心掐去笔尖一脱毛，猛然落笔疾写："画罢美人图/足顿手亦舞/月下夜难眠/愁闷溢满壶。"众人拊掌大笑，画家便说这是他最杰出的作品，要藏为家传。正说着，平凹又在画旁注小字云："乘兴手足舞，长夜不觉眠，一壶又一壶。此姚氏自画像也。"姚氏便说："我老婆看了要吃醋哩！"平凹闻言，又题之曰："老婆要吃醋，给你石枕头。"就有人解释说，给你石枕头就是叫你挨砖头，这老婆凶着呢！

平凹在绵阳期间，不断有北京、成都、深圳、香港等地的文友赶来探望，座谈必通宵达旦。一日，他问随行人："入川几日了？"答："算来已45天了。"平凹说："不长，才一个产假嘛！"就有人怂恿他游富乐山。一个云雾茫茫的日子，一行人就去了。在一片竹林掩映之中，有飞檐翘角斜出，又有粉墙画栋隐约可见。平凹以为又逢着名胜古迹，抬腿就要奔了过去，不想被人扯住衣角。他问这是哪个年代的古迹，导游的姚画家说："我出一联谜，若猜中，你便自知。"平凹就嘟囔说："又卖关子，又卖关子！"画家便说："多少贞女烈妇来此宽衣解带，无数英雄豪杰于斯忍气吞声。"横批："听涛轩。"

众人就眼睁睁地看着他，说你是关中才子，说你思维敏捷，现场检验，你是出丑还是现演才情？未几，平凹释然而笑。画家问："笑于何故？"平凹说："你们绵阳人真奢侈，连出恭之处也造得如此堂皇，可叹，可叹。"说罢一闪身钻入篁间小径。众人正在这里纳闷，他却提着裤子出来，一边往裤腰里扇气，一边说："真真是享受，真真是享受。"

不断有电话从西安、成都打过来，问他的行踪，催他回去，都是殷殷之情、切切之心，平凹就有些不耐烦。当地朋友说："回一封电报过去，就说一切都好，也算是音信报平安。你是大家的公共财产，绵阳人不敢私贪。"平凹就说："好吧，打一个电报。"当下口授了电文，着人去电报局发了，然后又安然作他的画。

终于，《美文》杂志的宋丛敏、王大平二位副主编收到一封未注明具体地名的电报。电报发自四川。电文是一首诗：

老大入蜀川，永不思长安。
一把辛酸泪，谁人能揩干？
涪江多仙尾，太公无钓竿。
佩剑学韩信，破帽遮羞颜。
美文已成功，无须要主编。
待到天晴时，拨鞭回潼关。

1993年10月30日，平凹住进了西安医科大学第一附属医院干部病房5层18号34床，为了减少干扰，朋友们给他化名为"龙安"。这次住院的直接原因是他离开绵阳后又去了乐山、甘南的夏河县等地，在甘南还写了散文《夏河的早晨》。劳累过度，肝病复发。接着就不断有各种消息传到病房：新加坡

《联合早报》从1993年10月15日起连载他的小说《三十未立》；泰国《亚洲日报》从1993年12月起连载《废都》；《欧洲出版者》杂志评选贾平凹为1994—1995年度的世界文化名人……1993年12月，贾平凹当选为陕西省青年联合会副主席，开大会时，一位副省长问："平凹怎么没来?"有人告诉说住院了，副省长说："派人接来坐一会儿再送回去。"于是，平凹的朋友冯天海就被派去执行这项任务。车上，冯天海说："你再不要写了，身体要紧!"

近两年来，中国文坛不断损兵折将，老作家秦瘦鸥、吴组缃、葛洛相继逝世……就在中国作家协会的会议大厅里哀乐连绵响起的时候，一个重要的文件送到中国作家协会的办公室：查禁《废都》!

这就是北京市新闻出版局下发的〔1994〕37号关于收缴《废都》一书的通知。

各省、市、自治区新闻出版局：

今年一月，北京出版社出版了小说《废都》。该书出版发行后，在社会上引起了很大反响。社会舆论普遍认为，《废都》一书对两性关系作了大量的低级的描写，而且性行为描写很暴露，性心理描写很具体，有害于青少年的身心健康。书中用方框代表作者删去的字，实际起了诱导作用，在社会上产生了很坏的影响。

根据上述情况，按照新闻出版署《关于部分应取缔出版物认定标准暂行规定》第一条第1、3、5款的规定，《废都》一书应属于夹杂淫秽色情内容，低级庸俗，有害于青少年身心健康的出版物。北京市主管部门于1993年8月7日已通知北京出版社停印停发该书。

…………

本市各区县文化局如发现市场上仍有《废都》销售时，请立即收缴；请各省、自治区、直辖市新闻出版局帮助做好本地区《废都》的收缴工作。

北京市新闻出版局

1994年1月20日

这个文件以明码电传和特快专递的方式急速下达各地。面对这个局面，一部分读者拍手称快，一部分读者目瞪口呆，最尴尬的是中国的作家们，反对的赞成的都一时哑然失语……

1994年1月22日，陕西省新闻出版局发出“陕新出发字〔1994〕第1号文件”:《关于收缴〈废都〉一书的通知》。文件在重复了北京市新闻出版局的通知之后，补充说：“请各地对书刊市场上正在销售的《废都》一书立即进行收缴，被没收者的经济损失按原进货渠道索赔。”

腊月天了，冷是正常的冷，风也是正常的风。五豆、腊八、二十三，过年只有七八天，在肉食粮油涨价的骚动中，中国作家协会的资深人士周明先生来到西安。他受王蒙等北京文化界朋友之托前来看望平凹。

不管政府还是民间多么贬损《废都》和平凹，平凹的创作并未停止。他的新小说《异虫》动机于目连戏，有人说这是《废都》余震冲击波。这部小说构思于1993年秋天，动笔于1994年7月，脱稿于同年11月14日凌晨。写作期间，平凹并未与社会隔离，他曾一天接待过28批来访者。在这部书稿尚未脱稿之际，已有人民文学出版社、中国作家出版社、花城出版社、天津人民出版社、云南人民出版社、陕西人民出版社等出版机构来人来电求购版权。后来，华夏出版社副总编陈泽顺亲赴西安，几轮谈判之后，双方正式签约。陈泽顺原在陕西人民出版社主持过大型文学刊物《文学家》，与平凹有过不浅的交谊，他奉调回京后曾一再要平凹在适当时候给他一次出版新书的机会。这次他看了书稿，兴奋不已，认为这部书在思想和艺术质量上是优秀的，对该书的社会效益和经济效益充满信心。

双方协议，该书起印数40万册，版税10%。只是，陈泽顺觉得书名叫《异虫》不大理想，他建议平凹换个名儿。几天后，平凹答复，书名改成《市声》。对此，陈仍觉不甚合适。后来，二人当面讨论，反复磋商，定名《白夜》。后来有人写文章批评说，苏联有一部著名的小说叫《白夜》，贾平凹此次出书，重复别人的书名，说明他外国文学知识欠缺。对此，陈泽顺说，此

《白夜》非彼《白夜》，故事内容截然不同，那种批评重名的观点站不住脚。他说，这部《白夜》是写社会转型期中国人从意识形态到文化观念的无阴影状态，像北极的白夜，日不落却永远贴着地平线，无星月之夜却什么都模糊不清，是白天的黑夜，是黑夜的白天，人们处在价值观念重新确立的前夕，或者可以说改革的冲浪开始向人们心灵深处浸润，平凹的贡献在于准确呈现细枝末节的变化，一如当年他写《鸡窝洼的人家》的改革，在看不见处，在灵魂里，那些写表面的、场面宏大的形式上改革不是平凹的笔法。关于《白夜》的宣传，平凹定了两条原则：第一，要凭作品吸引读者，不搞媒介炒作，不靠新闻引导读者；第二，咱自己不组织评论，暂不搞作品研讨会。

1995 年 7 月 19 日，平凹应邀赴京。8 月 2 日上午，由华夏出版社和北京新华书店联合举办的《白夜》首发式暨为读者签名活动在北京外文书店四楼举行。事前，主办方没有在任何新闻媒介上做宣传广告，只临时在外文书店门口挂了个很小的牌子。很多市民路过这里才知道贾平凹在此签名售书，一时间蜂拥而至，半小时之内签出去 300 多本。在哈尔滨的情况也如此。这是贾平凹第一次走出山海关。8 月 4 日，在哈尔滨市新华书店，元森文化艺术发展公司为平凹抵哈举办了新闻发布会。会上，黑龙江省人大、省政府办公厅、省委宣传部的主要领导赶来参加，作协、文联的文化文学界知名人士及驻哈的十多家新闻单位也前来座谈和采访，一时间，话题繁多，热闹非凡。与此同时，道里新华书店门前已排起了百人长队。10 时，平凹来到书店大堂，还来不及回答电视台记者的提问，就被热情的读者层层包围起来。有人还拿来以前购买的《浮躁》《坐佛》等请他一并签名，一位 70 多岁的白发老太竟也挤到桌前请他为其正在上班的孙女签名，两个小时签出了 1000 多本。时间到了，平凹难以离开，工作人员只得将他从后门送往宾馆。

9 月 11 日，《中国图书商报》根据全国 30 多家省市新华书店提供的数据做出统计，《白夜》列畅销书前茅。

一年后，贾平凹又将中国转型期社会的城乡故事延伸到《土门》。

《土门》为辽宁春风文艺出版社的“布老虎”丛书之一。该社宣称：“《土门》——一部具备世界性题材的小说!”在为该书单独印制的广告画上，有如下的文字：“感觉土门，是千年积淀的精神痛苦；倾听土门，是抵抗漂泊的内心挣扎；细吟土门，是民主与进步的启蒙悲歌；透破土门，是城市包围农村的滚滚洪流!”又称“《废都》《白夜》之后的贾平凹，以其柔韧刻画着时代的阳刚之美，又以其拙朴眷恋着古老的侠义精神”。“布老虎”丛书向来以宣传攻势引导市场运作，这套书在商业效益上取得了极大的成功。那么，贾平凹自己是怎么谈他的这本小说的呢？且听夫子自道：

这一个夏天，西安特别热，其实西安已经热了好几个夏天了。过去一年中有四季，现在冬天一完就是夏天，夏天一过就是冬天。人进入了45岁，光阴如流水，这年轮也转快了。我没有春秋的衣服，要么羽绒衣从头到脚把自己裹得严严的只拿眼睛看世界，要么剥个三分之二精光，留三分之一的短裤，把大肚子和细胳膊细腿让世人看。冬天可能使人也去蛰伏的，冬天我不写文章，我老实在家待着，将一副弘一字体的对联贴在门上：有茶清待客，无事乱翻书。夏天里我就写作呀，《浮躁》是夏天写的，《废都》是夏天写的，《白夜》是夏天写的，今夏里就写《土门》！知我德性的人说我是“在生活里胆怯，卑微，伏低伏小，在作品里却放肆，自在，爬高涉险，是个矛盾人”。想一想，也是的。活到现在是44年，从事写作是21年，文章总是毁誉不休，自己却常常度过危境。为什么来着？人活在世上的作用不同，像一窝蜂，有工蜂，有兵蜂，也有蜂王，蜂王专吃最好的蜜浆。我恐怕命定的就是文人，既然是文人，写文章的规律是要张扬升腾，当然是老虎在山上就发凶发威，而不写文章了，人就是凤凰落架，必定不如鸡的。路遥在世的时候，批点过我的名字，说平字形如阳具，凹字形如阴器，是阴阳交合体。他是爱戏谑我的一位朋友，可名字里边有阴阳该能相济，为何常年忙着生病，是国内著名的病人？我只是在当今气候变了，四季成了两季，于不适应中求得适应罢了。文人如果不热衷于奔走政治权贵的门庭，又不肯钻在象牙塔里制作技巧，要在作品里得大自在，活人就得要能受亏。我患肝病十余年了，许多比我病得轻的人都死去了，我还活着，且渐渐健康，我秘而不宣的医疗法就是转毁为缘，口不臧否人物，多给他人做好事。在夏天里写《土门》，我自然是常出没于土门街市。或者坐出租车去，坐五站，正好十元，或者骑了自行车，我就哼曲儿，曲儿非常好听，可惜我不会记谱，好曲子就如月光泻地，收不回来了。土门街市上百业俱全，我在那里看绸布，看茶纸，看菜馆，看国药，看酱酒、香烛、水果、铜器、服饰、青菜、漆作裱画命课缝纫灯笼雨伞镶牙修脚，看男人和女人。在小茶楼里看谈生意、领小姐，也看人红了脸打架。楼窗外边是十字路口的大圆盘，车在那里兜圈子，人在车间穿梭而行，想到那里是水的旋涡，人和车，就要掉进去。土门为什么叫土门？历史的沿革里是当年的城乡接合部呢，还是老城里的四面门之外又多了一门？土门有门，门扇却闭着，我想推门进去。写《土门》，有缘就有了一片街叫土门，写累了就逛土门，逛了土门再回来写《土门》。我写作的时候有点像林彪，窗户要拉上窗帘，不要风扇，也不要空调。有龙井，有面条，有烟抽，摘掉电话，内锁房门，写自己愿意写的事，这是多么愉快的事！每日除了逛土门，从早上可以写到晚，屋里只有上帝，上帝就是我。统治我的小说世界的一个是耶稣，一个是魔鬼……

当朋友把一大堆有关《土门》的评论拿给平凹看的时候，他的面前正摊开一份传真文件，这是北京大学教授季羡林先生在广州的演讲记录，先生演讲的题目是《源远流长的东方文化》。平凹在这份文件上标了好多记号，足见重视。

1997 年 1 月 26 日晚 11 点 17 分，中央电视台《读书沙龙》栏目记者李潘就小说《土门》等对贾平凹进行了访谈。

李潘：你把原来的名字改为贾平凹的时候，这里边是否包含了别的含义？

贾平凹：中国人重名多，改这个名字不会和谁重名，别的没有考虑那么多。

李潘：你原来的商州系列小说是写农村的，后来转化到写市民的《白夜》，这部《土门》又回来关注农民的生活，这是出于什么样的考虑？

贾平凹：我对故乡的熟悉和热爱使我写了大量的以商州农村为题材的小说、散文，现在我在这个城市生活了20多年了，比在老家的时间还长，也积累了不少素材，这次写《土门》，其实也主要写了仁厚村，写大城市的发展将农村吞噬掉的故事。这类城乡接合部有城市生活也有乡下生活，我比较熟悉，写起来也得心应手。

李潘：你主要想传达给读者一些什么样的东西？

贾平凹：想给这个时代做一点记录，也想对城市和农村做双重批判，传达一种理想，寻找更好的人类生活形态。农村是传统的，保守封闭，而现代的城市又产生许多文明病，作品的最后写到"神禾塬"，这是一种理想。人类究竟怎么样才生活得好，这在世界范围内都在探索。

李潘：您从女性的视角、以第一人称来叙述故事，这在您以前是没有过的，这样的写法您是不是感觉到有什么困难？

贾平凹：男性作家以女性视角来写是有一定的难度。选择这种方法是结构上的需要。我曾经征求各界人士的意见，五易其稿才定下来的。我原来写过不少女性，大家都认为我的女性形象描写得好，这次真的站在女性的角度写女性心理，就感觉比较难。

李潘：这本书你用的是短句式，但这种句式包含的内容特别丰富。好像一个特别壮实的人穿了一件紧身衣，那么你在语言问题上是怎么考虑的呢？

贾平凹：说到语言，杜甫有首《兵车行》的诗，里边有一句"牵衣顿足拦道哭"，牵、顿、拦、哭，四个字是动词，如果是电影要配四个画面。一个准确的动词能顶许多形容词。

李潘：就是强化了语言的张力。这本书的开头和结尾都写了杀狗，开头有许多狗被吊起来，有一只叫阿冰的小狗逃脱了，书的最后也写到杀狗，连阿冰也未幸免，这个杀狗好像寄寓了一些象征性的东西。

贾平凹：在这本书中，有整体象征，也有局部象征。但总体属于意象方面的。狗属于土命，在农村杀狗都要把狗吊离地面，在农村城市化的过程中，失去土地的农民无奈又挣扎。

李潘：你认为一个真正的作家应该是什么样子？

贾平凹：作家应该对社会做真实的记录。作家的责任主要是写作。至于写出来的是不是好作品，看它能不能经得住时空的考验，一部作品如果经受不了50年的考验，它绝对不是一部好作品。是不是一本好书，就看50年后还有没有人来读。

从央视归来，他带回一篇章国锋的文章，该文是专谈解构主义的。他反复研读这篇论文，在有些段落上打上记号。

1996年11月18日，贾平凹到西安医科大学附属二院看望病中住院的北京作家浩然。浩然因在“文革”中出版长篇小说《艳阳天》和《金光大道》而名重一时。新时期以来，这位作家的创作理论和实践一再受到批评和争议。这次他是因脑血管病经朋友介绍来西安治疗。平凹说，他这么多年还一直在写着，一直在坚持着，这就很不容易，人年纪大了，都是吃作家饭的，有了困难还应该多给些帮助。

第九章
从海南到江浙

咸阳机场候机厅。贾平凹拿一支烟叼在嘴上，正准备点火，突然瞧见了对面巨大的警示牌上写着“请勿吸烟!”犹豫了一下，把烟拿下来。送行的母亲机警地向周围瞅了一圈，悄声说：“这会儿没人，我娃赶紧吸。”

这是 1995 年 4 月 15 日下午。平凹和友人应邀赴海南省旅游考察，乡党山地开车送他们到机场，送行的还有友人的妻子和他四岁半的儿子。看着他们即将进入安检大门，那孩子突然喊：“爸，飞机爆炸了咋办?”平凹母亲赶紧呵斥：“把嘴给缝上!”这一老一少的话引起了众人一阵哄笑。

安检、验票，工作人员从票据上的名字认出了贾平凹，签名留念是必不可少的。他们被领到一处视野开阔的地方休息，大落地窗前可以清楚地看到各航班的飞机忙忙碌碌地起飞或降落。平凹还在专门的吸烟室里过了一会儿瘾。19 时，飞机离开地面。看三秦大地尽收眼底，一望无际的碧绿麦田里，镶嵌着油菜花的大黄色块，而那些紫色的团块使人想起土炕的气息，因为那是笼罩着一家家四合院和一座座村庄的阔叶桐树，桐树这阵儿正盛开着繁密的紫色花朵；最让人动心的是那些安卧在春风田园之中的大冢，秦始皇的、霍去病的、汉武帝的、武则天的、唐玄宗的……

他们趴在小圆窗上往下瞧。平凹说：“关中气象宏伟。”飞机升上 9000 米高空。地上的一切，全成了一片片流动的彩汁。有人抱了儿童俯身过来，大声喊叫，哎呀贾老师咋在这儿见上您咧！说着就掏出孩子的飞机票，让给题词留念，说这孩子是咱机上最小的旅客，才半岁。平凹接过这张仅成人十分之一票值的机票，问了孩子的名字，郑重地在票面上写道：“祝华颖好好长，长大成为一个人才。”在“贾平凹”三字之后又注明：“95.4.15 于西安至海口的飞机上。”知道有大作家在此，周围的人都骚动起来，纷纷请求签名。有人对抱孩子的汉子说：“这张票可要保存好，现在是 92 元，等娃长大了就是一笔资产啊！”抱孩子的汉子显然还在激动之中，他一定要平凹摸摸孩子的头，平凹不好意思着，汉子就说：“我是海南建筑公司的员工，这次带女儿回家看父母，在万米高空见到您是有幸有缘，这娃将来必定会有大出息的。”他把平凹的手拉过来，平凹摸了一下那颗胡摇乱动的小头。汉子抱着女儿回到他的座位上，还对旁边的人说：“我读过他写的《五味巷》，就永远记住了贾平凹的名字。”一小时后，飞机上开始摸彩奖。结果出来，头等奖在平凹前排，二等奖在平凹后排，友人说三等奖就是你的了，他说人家没设三等奖。他双手紧紧地抓住腰间的安全带，仿佛这是最靠得住的东西。友人告诉他机上有三对紧急出口，他说他看见了。胆小人心细。友人说椅子上的坐垫在海上可以当救生圈，他有气无力地说：“你别说这话。”

夜里 9 点多到达海口机场。下了飞机，海南地面温度为 30℃。这比两个半小时之前在西安时高出 20℃。平凹喊着热，正解开衣纽要脱去外衣，一群同机的旅客拥来，要和他合影，背景是美国产的波音 737。闪光灯闪了十几次，一些非同机的人也混进来把平凹拉来拉去。友人说，咱赶紧走，别让接站的人等得太久。在机场出口，海南省新华书店的林琳经理和西安下海南的作家和谷等已久候多时。一位美女还给平凹献上花束。在海南宾馆住妥，平凹先向家里打电话报了平安。然后，和谷领他们去狮子楼吃消夜。喝了白粥，吃了海鲜，晚上 12 点，京剧班子开始表演，他们离去。到宾馆，三人聊到凌晨 3 点，主要听和谷讲海南的风土人情和历史掌故。

按照约定的安排，4 月 16 日上午贾平凹在省新华书店的门市部给读者签名售书。友人陪平凹 9 点赶到省店会议室，已有海南省电视台的采访组等在那里。

问：贾先生以前来过海南吗？

答：这是第一次。

问：初步印象如何？

答：挺好。

问：你这个“凹”字怎么读音才正确？

答：“在陕西方言里读“wɑ”，在标准普通话里读“ɑo”。

正说话间，经理来说门市部门口拥了一大堆读者，公布的签名时间到了，他们嚷叫着要见人，平凹就说：“赶紧走赶紧走！”平凹一出现，就有几个人自动出来维持秩序。队伍很快排好，海南的日头晒得人头皮发麻。有人小声议论：“没想到那么矮的个儿？”“大人物矮子多，邓小平呀、鲁迅呀、拿破仑呀……还有希特勒呀！”有人马上议论说，不能把好人坏人放到一块儿比。

这里的人买书是一摞子一摞子买，很少买单本的。读者来骑的摩托车在对面空地上存了一大片。几乎每辆摩托车上都盖着纸板，友人一时莫名其妙。和谷说，大太阳下车子晒一天，下午回家人骑上摩托车就像骑了一匹火驴。

11 点准时结束签名。林经理向外发话：“把贾老师往回架，谁嚷嚷也不行！”海南大学一女生缠住林经理，要贾老师到她们大学去演讲，和谷也在一旁帮腔。经理说：“一切计划都是安排妥的，实在不好更改，到后边看有时间的话再商量吧！”有工作人员喊：“闲杂人员退出，贾老师要洗脸了，贾老师要喝茶了！”和谷小声说：“贾老师要尿尿了！”看贾老师按部就班进行那些生活事务，心想当这名人真是活受罪。然后是午宴，但吃的时候少，说的时候多。

平凹问海南话是属于哪种语系，林经理就介绍万晓耕先生。万先生是省新华书店总经理，1965 年毕业于北京政法学院，在海南几十年了，知识非常渊博。他介绍说，海南话是由闽南话、马来语、英语、印尼语几种语言融合而成的，听起来像外语，呛音重，但时间一久，也不难听。万经理请平凹抽红塔山，说这烟市面上假的多，但他这条烟是从昆明带回来的，绝对假不了。平凹说，他学了一招，鉴定红塔山真假，有这三条：一是看烟盒上这个门必须是关起来的；二是这条线是两道；三是看手感。大家传看了平凹鉴定过的那盒烟，又讨论了他这“三条”，有几个人终是不得要领，林经理就说明儿闲了咱叫烟草局给咱办个假烟识别学习班，学会了好专门上街打假。说到抽烟，有人就建议平凹少抽，最好戒掉。万经理说，“烟是个宝贝，怎么能戒呢！我研究了几十年，总结出抽烟有十大好处！”

平凹闻言精神一振，说愿听其详。

万经理就掰着指头说：“中国革命的胜利，马列主义的产生，烟都是有贡献的；毛主席的著作就是烟熏出来的。斯诺去看毛主席，什么也没带，就带了两条前门烟……”

平凹说：“我戒过几天，一戒半边脸肿了起来，就赶紧抽，一抽又好了。当然在公共场合，被动吸烟不好。一个人如果在心里老想着吸烟不好，这样一边吸一边想更有害健康。”万经理瘦削而精神，说话是带海南味儿的普通话。他说：“我年轻时不抽烟不会唱歌，现在越吸烟歌唱得越好，嗓门好啊！今天晚上，咱们到卡拉 OK 好好唱一唱，贾先生能唱吧？”

平凹说：“简单的能唱一下，音高的唱不上去。”

林经理问和谷：“听北京朋友说贾老师很能唱哩？”和谷说：“他民歌唱得不错，《草原之夜》《敖包相会》最拿手。”平凹转个话题问：“不知道海南冬天能冷到什么程度？”

万经理说：“苏东坡概括海南的气候是：四时皆是夏，一雨便成秋。冬天最冷时一件厚毛衣就对付过去了。这里过去是被贬之地，仕途不幸的人到这里仿佛到了天涯海角，遥远得不得了，写下许多乡愁的诗。历史上有许多宰相遭贬后都死在这里。”平凹说：“古人的乡愁是真乡愁。走那么远的路，很辛苦，有的步行几年，甚至累死在半路上，和故乡有距离感，是真正的亲身体验。那样的乡愁诗当然成千古绝唱了。”林经理问：“听说陕西有个八大怪？”和谷说：“有几种说法，面条像裤带呀，房子半边盖锅盔像锅盖什么的。海南也有十八怪，我说不全，你给平凹说说。”

林经理就掰着指头计算：“蚂蟥像腰带，三个蚊子一盘菜，三个老鼠一麻袋，人不穿鞋牛穿鞋，牛头下雨牛尾晒，姑娘背上孩子谈恋爱，老太爬树比猴子快。还有几条——万经理能记起来不？”万经理说：“那是顺口溜，有几种编法，不过内地人一到这儿，老问海南怎么是猪大牛小羊更小？”

和谷说：“这里的羊是连皮吃的。”万经理说：“东山的羊肉汤真好，走遍全国没有。”和谷说：“东山那地方，原来是死火山，遍布奇山怪石，电视连续剧《红楼梦》的片头就是在那里拍的。”

平凹问：“海南人的思想观念到底是什么状态？从自然经济一下子转变成市场经济，现在又成了改革开放的第一线，作为人的心理、意识上，到底有什么特点？”

话题一严肃，场上一下子冷了。

万经理说：“这个问题确实值得探讨，不少内地的媒体都这样问。我们本地人也都是跟着潮流走，一下子从理论上概括几条出来也不行，海南人的变化确实大，原来是什么样子，你叫林经理说说。”林经理说：“原来什么样呀？山里的少数民族穷得无法想象，全家人的家当不足100元。进了村子去看，一家一间草寮，进门一根竹竿，晾几件衣服，竹床上两条线毯，地上一只鼎锅，角落里放一堆木薯，这就是他们的全部生活。”

万经理说：“现在不一样了，陪你照张相，手一伸，一元！海南曾有一个领导讲，商品经济条件下，请人办事，占用了别人时间，请吃一顿饭，送几条烟是正常的，时间就是金钱嘛！看见人家抽三五烟就问人家月薪是多少，这是不对的。但这个领导可怜，害癌症死了，他一辈子不抽烟嘛！”说得大家都笑了。平凹说：“看这里的女人都蛮洋气的？”林经理说：“街头上走来走去的，都是内地来的移民，真正的本地人长什么样儿你叫万经理说，他研究过这个问题。”万经理说：“脖子短，个子小，屁股大……”

一场哄堂大笑结束了这个漫长的午宴。

当天下午，海南宾馆二楼会议厅。万经理主持“著名作家贾平凹与本省作家座谈会”。

轮到平凹讲话了，他说：“我害怕讲话，我的口音是陕西话，平常也很少出门，到过的地方很有限。这次到海南来，受到很好的接待，感谢宣传部、文联、作协、书店，使我大开眼界，我们再次衷心感谢。今天又见到这么多同行，很难得。大家都忙，生活紧张，抽出时间来座谈，听了几位讲的，我很受启发。昨天才来，今天看了看，第一感觉挺好。这里和西安不同，环境上、市容上、气候上，都是两回事儿。古城西安黄土大，空气污染，这里空气好，一切鲜亮，干净。我俩来的时候有些想法，现在是社会转型期，看看海南作家是怎么从这个着眼点上写东西的，作品要反映变革，这里是变革的前沿，在这一点上，我也想请诸位开导开导。尽管有许多不同，但都是在中国，大的方面一样，西安物价上涨在全国是第一位的，问题也比较多。陕西搞创作的人数量可能多些，但省市作协都很贫寒，作家生病住院都没钱，路遥、邹志安、魏钢焰都先后去世，前年杜鹏程住院没钱结账出不了院还是省长写了条子。陕西作家兼职的人少，每年发表的作品也多，内部也时常交流，但到一起了聊天的多，而真正的交流都是私下朋友间的。陕西作家无论写农村写城市都还在探索中。西安在文艺理论上不太活跃，都是本地人，经济又落后；但创作上相对活跃，这有两点原因：一是经济落后，干别的事干不成；二是作者都从基层上来，有生活库存。作家的生活情况也不相同，有的很穷，有的好一些，路遥一天两盒中华烟，也是最早喝咖啡的。去年有人叫我调到深圳去，也可能明年我过去待上一年半载，但我不知道要多长时间才能适应。海南以前没来过，也听不少来过的同行说这说那；但这里很神奇，苏东坡，宋庆龄，很多大人物都在这儿活动过。和谷在陕西是很好的作家，92 年椰子节过来，就不回去了。我所在的西安市文联有 50 多人，也存在房子问题、经费问题。我这人不喜欢走动，北京是常去的，但不愿意到处走访，好多出版社杂志社在哪条街上都不知道。我个人更喜欢南方，对深圳印象好。”

当听到《海口晚报》副总编杨诗粮说叶蔚林、韩少功月薪 1800 元左右，海南省作家协会有 10 个正式编制，还有 4 个是内部编制时，平凹说：“北京文学界，搞评论的，中文系的教授，文学博士，都大量编书、写电视剧，目的是多收入。这和作家在海南开酒楼是一样的，先解决生存问题。商品经济，吃饭穿衣养家糊口是第一条。当然事业干大了，也就用不着操心衣食问题，有些作者搞地摊文学可能也是为了这。陕西一级作家十几个人，没有二级作家，评职称时我也被叫去投票，在编的作家月工资 700 多元，是海南的一半。我没查过我的具体工资是多少，别人送来我就收下，大概连各种补贴一共是 800 多元吧。西安的羊肉泡馍原来四块多一碗，现在涨到十多块，小铺子也要六七元。西安群众意见大的是物价问题，原计划今年控制上涨率是百分之十五；西安治安上也差一些，不久前才破了那个画家被杀案。西安吸毒者也多，玩古物的也多，收藏也相对容易，我住的楼下就是唐代鉴真和尚受戒的地方。西安的土语实际上是从上古语言中来的，有许多词汇是散落在民间的古代的官话文言话，这方面积淀厚，所以文化氛围好，但在社会转型期，如何审视这一切？海南是各路人马都朝这儿看，这里富集着各种文化信息，到这儿的人一旦安分下来，创作上就会出现大的气象。中国农村是村社文化，城市和企业是楼院文化，这样看虽然简单，却也直观。”

当晚，在海南宾馆，贾平凹接受了《海口晚报》记者王浦安的采访。王先请他先就三个问题谈谈看法：1. 您怎么看待纯文学？2. 您怎么看待海南？3. 在您的生活经历中有哪几件事对您的人生产生了重大影响？

答：原来对海南没有感性认识，现在一来，总觉得热，晚上挺热闹；白天空气很好，环境也美，我喜欢这地方。上午签名售书，书店虽不大，但这儿的人买书一买就是一套，深圳人也是这样，特区人有文化意识，在西安售书没有这现象。原来想南方人不读书，现在看来不是这样。外地来的人，都想变哩，生活方式呀、工作环境呀、事业理想呀，想发奋活个人样儿，所以都能折腾，文化层次也较高，经济上心理上都有一定的承受能力。改革开放在海南到底是怎么回事，人们都想探看。我人瘦，个儿矮，肤色又黑，好像还适合这地方。和内地比，这里的夜生活丰富多彩，狮子楼夜里 12 点节目才开始，听说一直要演到凌晨 4 点钟，人讲究娱乐，讲究吃。竞争激烈，消耗大，需要松弛。对文坛上的事，我很少发言。中国文坛太大，水太深，人事复杂，我向来不臧否人物，别人冲我来，我也能忍受。我觉得我没写出来啥，没资格指手画脚。这些年，各种主义，各种流派，不时产生，但我根据自己的实际情况，决定自己的创作行动，这方面我不想多说。每个作家的产生，都有大小环境和他本身的原因。20 世纪之末，中国社会转型，我所处的西北的地理人文环境，加上本人的性格、生活道路、所受教育，决定了我只能是这样的作家。我更热心地追求艺术的为人生。我出身底层，这决定了我只能是平民作家。西安的古文化积淀深，我更追求文化上的东西。我喜欢苏东坡，也喜欢司马迁，人到 40 岁以后，成熟了，把事看开了，我主张放达，我写不了政治色彩很浓烈的东西，为艺术而艺术咱也不可能，我不是贤达，而只能是放达。文坛上各人有各人的路数，生存嘛！文坛也跟社会一样复杂，虚伪的、矫情的、投机的，有各色人等，但我是把创作当生命来对待的。我搞其他都不如搞写作自在，我视创作为崇高的事业。这是我最好的生命形式。

问：艺术上，您今后向哪个方向发展？追求什么？

答：我追求更有中国味儿的东西，艺术上尽量靠近真实，同时又传达形式上的东西。我也是很严肃的写作者，一旦进入创作就十分认真。我后来的作品更贴近现实，貌似纪实，但传达的意象是形而上的东西。《坐佛》是《废都》以后的集子，这个社会充满浮躁气，要干成什么必须静下心来。本本分分地生活，平平常常的心态，把功名利禄看淡些，只要在艺术面前良心能放下就行了。不怨天尤人，不抱屈，那样太小气。搞创作的，在社会上要隐一点儿，不要太显。前两年有人让我避到乡下去，我没去，大隐隐于市么。我的办法是“默雷止谤，转毁为缘”，这是佛家的态度。在这个心境下我写了长篇小说《白夜》，35 万字。稿子到了北京，许多人不相信，说这人那样个处境，又跟人打官司，心里乱纷纷的，怎么写呀？临来前的 11 号我还在跑《霓裳》的案子。《白夜》这本书我写了一年，出版后看读者怎么说。去年事情太多，有人传说我死了，中宣部也有人打电话到单位问是怎么回事，外面不少朋友都操这个心。有的地方死了人，都给我栽赃，从心到身受的折磨，真是一言难尽。我省作协的小说家王观胜给我说，他现在才知道谁是最坚强的人。到现在还有人写文章举例子说我炒自己，说这话的人真是闭着眼睛不看事实。我这人有韧劲，小时候到山里砍柴，担一担柴走山路，很沉重，只能到某个特定的地方才能休息，我人小，咬牙跟着大人坚持到休息的地方。这样，慢慢有了意志和毅力。

问：您的病一时传得很玄，现在身体到底怎么样？

答：我 92 年 10 月底住院，住到 93 年 5 月才出院。以后身体恢复得还可以。我治肝病的经验是一切放松，精神彻底松弛下来。我父亲害病时，我身体不行；父亲一死，事情放下了，身体也慢慢恢复了。94 年春天我到北京开政协会时发高热，两天时间不退，后来吃了两包解热止疼散，一夜出了三身水，被子都溻湿了，我撑着，慢慢也就熬过来了。我常说，凡是治不好的病域才出著名大夫。一辈子和病纠缠，它治不倒我，我也治不了它。

问：您对当前的散文随笔热有什么看法？

答：热是热，水平不高。各类报纸刊物都要稿子，现在散文随笔也分开了档次，报纸一档，杂志一档，形成了专门性的作者群体，不少人写稿主要是为了谋生。但是不管怎么说，热着是个好事情。百花齐放，各人走各人的路子，都放，存着异好。

问：您如何评价您在新时期文坛的地位？

答：跟街上卖小吃的一样，卖啥的不吃啥。真正的评价是后人的事。成名容易成功难。你是颗苞谷，你永远高不过白杨树，但你在苞谷群里长成最大的个儿结颗最大的穗儿也就行了。是鸡，不喂它也一天下一个蛋，是狗，整天喂，它也下不了一个蛋。

问：您弟兄几个？您排行为几？

答：唉，永远不要当老大。

问：您和女人打过官司，有什么体会？

答：一个深刻的教训是，永远不要吹捧女人，千万不要说什么女人多么好。

问：您的书画作品流传很广，收润笔费吗？

答：也没画过多少，有时写写字。但现在成了负担，多少人用我的字来调工作、升官、搞外交，就都转弯抹角来索字，我实在应付不了。我的字是能卖钱，但挣钱还要有个命呢！

问：您平常读哪些书？

答：我读书没规律。最近才写完长篇，脑子休息了。今年准备跑些地方，走一走看一看。然后整理整理字画，写写小文章，总觉得精力不济，很累。

夜间，去和谷办公室。路过几间美发厅，有数名女子在门口冲他们怪叫，一时不知如何应对，和谷说不要理她们就没事。在和谷办公室看他办的《海南法制》杂志，讨论了一些栏目，又商量了约稿的事。未几，海南散文家黄宏地来，邀请去唱唱歌，平凹曾为黄的散文集作过序。穿过小巷，进一歌厅，平凹唱了《敖包相会》，终无意趣，就去吃大排档，平凹挑了东北手工面。

4 月 17 日，他们往海南岛最南端的三亚市去。驶上环岛东线的高速公路，过琼海市，水田里早稻已成熟，有农人正在收割。西瓜已经熟了，摘下来码成垛，大卡车直接开进农田，人们忙着装车。草地上散牧着一些精致如工艺品的黄牛，大水牛卧在泥里。平凹问，这里黄牛的毛色怎么这么红？司机说，这里土地是红土，牛毛发红是一种保护色。伴陪他们的是林经理的朋友小张。小张 30 多岁，精明干练，司机笑说他是省安全局的侦探，未知真假。公路两旁是大片的柳树林，幼小但拙茁，一律胳膊粗细。平凹问小张，海南的柳叶发白且厚实，是品种上的差异吗？小张说，那不是柳树，柳树是北方树种，在广东都长不好，这林子是小叶桉，人工种植的。问是防风的吗？他说是造纸用的，中国出版印刷业发达，新闻纸紧张，每年要进口大量的纸浆用以造纸，这纸浆的原料就是小叶桉，就是这树林，广东广西也有，但以海南的质量最好。平凹说，海南有此得天独厚的条件，可以优先发展造纸业。小张说，哪呀，这是专门给日本人种的。树长到一定程度，当地人伐下来，切片、压缩，卖给日本人。人家运回去加工成纸浆，再返过来出口中国。友人说，这是咱们出原料，人家深加工，再赚咱的钱。小张说，为这，多少人气不顺呀，可是没办法，技术在人家手里。众人沉默。

宽阔的高速公路笔直而平坦，左边是海，海里没有船；右边是山，山上没有树。友人问，海南雨量充沛，这山上怎么没有树木？小张还陷在小叶桉的深思中。平凹说，你想么，雨那么大，山上就存不住泥土，又时常受台风侵袭，有树也长不好。为了启发小张说话，问他海南有什么特产。小张说，文昌鸡、东山羊、和乐蟹、加积鸭、临高乳猪、益智果，还有东山茶。

东山岭旅游区集怪山奇石大海寺庙为一体，时序四月，游人如织。他们在一座寺前花十元钱买了四个椰子，平凹拿过弯镰，三挖两砍，仍旧不见椰肉。友人说这不是你在甘河沟砍柴，一脚可以蹬倒一棵枯树。他把弯镰交给卖椰子的妇女，人家两只脚一夹，“咔嚓”一声，正好从三分之一处切开，又手腕子一转，半瓢椰汁就送到面前。他们学着她的样子，剖开第二个，空的；第三个，椰汁极少；第四个，倒出来俩人没喝完。平凹问搭配销售么。小张说现在是旅游旺季，椰农急于销售，就把没长好的也拿来卖。平凹说，海南的椰子汁在西安销得很好，妇女小孩特别爱喝。

正说着，小张指给他们看不远处的山坳。平凹首先看到，说那是几只黑色的小羊羔在吃草吧？小张说，那正是成年的东山羊，东山羊就是那么小，咱们刚才在望海大酒店吃了连皮肉，这是海南的一种特产。小张还说，全国最长寿的老人在海南，107 岁的老太太可以爬树摘椰子；中国最辣的辣椒在海南，一位四川广元的客人不信海南的辣子辣，一下子吃得太多，结果晕倒在酒店不得不住院治疗。

有一座寺院是建在两块巨石的夹缝里，气象独特，平凹在这里照了一张相，相印出来，不见了寺院，只见自己夹在一道窄窄的石缝里。他问这是什么意思，友人说这叫老牛夹蛋。他说，你才是老牛夹蛋哩！

小张请大家到贵宾室去喝茶，说林经理已给这边打了电话，有老僧正等过去说禅哩！平凹说，算了吧，我们就坐在这石阶上，你看海风从那边吹来，爽爽快快的，眼界又宽，看得又远，要风景有风景，要人物有人物的。小张还要再请，友人说内陆人能欣赏到这些就很难得了，平凹不去就不去了。下午 2

点，到万宁县兴隆华侨旅游度假城，小张说今天的行程就到此为止，大家住兴隆温泉宾馆，娱乐活动是到温泉游泳场游泳。

他们没有去游泳，而是到街上去看热闹。街不长，几乎全是卖东西的，卖东西的又几乎全是妇女。大部分是农产品，蔬菜呀水果呀，用自行车驮的，用三轮摩托车运的。有一种水果长得比西瓜还大，人说这叫波罗蜜，一个 20 元。转到街尽头，竟是一座小园林。十多棵像北方柿子树一样的高大乔木，粗糙的老树桩上竟吊着波罗蜜，把子很长，他们一人端起一个，请人给照相。这园子还有杧果，结得很繁，平凹就说，这东西在海南并不稀奇，可“文化大革命”中谁给毛主席献了一只，就宣传得那么厉害，好像比天宫的仙桃还珍贵。

最奇怪的是那几棵“榕包椰”，榕树的气根连成片，把浑浑的一棵椰树主干严严实实包了起来，顶上，榕树是榕树椰树是椰树。旁边的小池塘里，疯长着水草，也横斜着荷茎，甚至还有几行橙黄的稻穗。偶尔响一声蛙鸣，平凹说这声音太苍老。

到了三亚市，住在金陵度假村。小张说，这里是海南岛的最南端了。平凹问：“往南呢？”小张说：“往南就是南太平洋。”又问：“再往南呢？”“再往南就是西沙、南沙、曾母暗沙、马来西亚、印度尼西亚……”一行人到一处海滨游泳场，20 元一张门票，小张买了门票，一再说这里是海南最浅的海湾，有最美丽的沙滩、最漂亮的仙人掌，两人一时心动，就随他向远处的海边走去。来到那些鲜花丛一样的遮阳伞下，才看清海边的浅水里“煮”着密密麻麻的人。

小张说：“脱吧！”

平凹说：“看一会儿。”

小张和司机就很快地脱了衣服，换上泳装，扑通扑通跳下海去。看蓝色的水面上漂浮着花花绿绿的男女，看白色的波浪律动着卷上沙滩，海鸟在空中翱翔，远天上淡云几抹，平凹长长地吁了一口气。友人想，他吁出的是经年来的疲倦和委屈吧！他把十个指头绞起来，在头顶上举了几下，似要走动，友人说到那边捡捡贝壳吧？

西边的沙滩上，横着一艘废弃的渔船。他们朝渔船走去，希望找到一半个贝壳或海洋生物的骨骼，可是，沙滩上什么也没有，除了沙子还是沙子，沙子洁如银粉、细如落尘；走了约200米，来到废船跟前。废船已经朽坏，黑色的船板散落在舱里，但有一顶崭新的草帽弃置一旁，草帽上缀有花格状的饰物，丝质的系带十分鲜艳。平凹就十分高兴，猜想着这顶帽子的故事。友人说你把帽子戴上坐到船帮子上。他坐了，举头遥望，作沉思状，友人适时按下了快门，把一个作家对海的思考定格下来。

远处，百十步之外，一片灿烂在向他俩招手。跑过去，果然是一望无际的仙人掌，横的卧的成堆连片，立起来的有一人多高，但都竖着尖锐的硬刺，或苍老发黑，或细嫩如毛，却都捍卫着它们的儿子——那些即将孕育种子的白花、黄花、红花！友人欲伸手采一朵，平凹说："不敢动不敢动！"

突然，平凹一声惊呼，跑了过去。原来，在这片仙人掌的边沿，有人筑起了半尺高的沙坎，沙坎上有人用少见的石片搭了一座尺把高的庙，庙里居然供着一尊观音菩萨，观音菩萨是用一种麻酥的石头刻成，前面还有燃过的几支香，旁边散落着几个啤酒瓶。

平凹问："这是咋回事？"

友人答："看来这里发生过一桩拧碎人心的故事，结局是悲剧。"

平凹说："我不敢往下想，那顶草帽是女主角的。"

两人就静穆而立。

友人说："你不是喜欢佛呀菩萨的，把这尊菩萨带走吧！"

平凹说："我不敢我不敢。"

两人又回到破船那儿，平凹说他想游泳。游泳就游泳吧，到了海边不把身子在水里蘸一下，实在是枉来了一回海南。两人就同时脱衣，但把裤子褪到膝盖上的时候，却都停住了——他们没有游泳裤！

两人互相问："脱吗？""脱吧？"

他们终于靠着破船脱得一丝不挂，200米开外的海滨游泳场，男男女女的嬉闹声隐约可闻。破船到水线尚有30米的距离。俩男人互相看着对方的光身子，一个问："怪不怪？"一个说："一个人怪了两人都怪，一个人不怪了俩人都不怪。"

两人捂着下身互相较劲："你先跑！""你先跑！"

最后是喊了"一二"同时跑，其实，这么大的海，那么多的人，再大的人物在200米之外都是小不点儿，谁管得着谁呢！海水确实浅，在水里走了几十米才及膝盖深，又走几十米才及腰，浪涌一卷过来水就上了脖子。平凹说，浪卷过来了你赶紧跳起来，要不就把你冲到滩上去了。同伴说我又不是干鱼。两人又往深处走了几步，水深及胸，浪卷过来，刚好漫过头顶。他们就做着跳浪的游戏，偶尔也狗刨几下，全是丹江河里的姿势。突然有人在破船那儿喊，他俩从浪下钻出来，原来是小张，小张不让他们往前游了，说前边水深。他们又回到齐胸深的水里，招呼小张不要管。小张就入了水一扑一扑朝人稠的地方游去。

平凹说他想尿尿，同伴说这么大的海再多的尿也盛得下。平凹说，看着水这么蓝，实在不忍心。同伴说，你朝后退，退远些，海浪一涌，尿就渗到沙滩里去了。于是，平凹站在没膝的水里，郑重其事地扎了势，大声说："朝太平洋里撒尿了！"同伴说："这是苏东坡式的豪放，有情风万里卷潮来，无情送潮归！"

终于觉得累了，肚子也饿了，就想赶紧穿上衣服回宾馆。可是，他们出不了水。

破船前头，湿湿的沙滩上，弯弯曲曲的水线边，两个身着连衣裙的姑娘把他们当风景在欣赏！她们各打一把小洋伞，鲜艳的连衣裙随风飘动，她们指指点点说着什么，看样子心旷神怡。

平凹喊："快蹴下！快蹴下！"这时浪涌上来，水刚遮到腰里，平凹说："一会儿浪退下去，我们必暴露无遗。"两人蹴下退到深水里，出不去，怎么办？平凹说"你叫她们走"，同伴"哎"了一声，就朝她们挥手，谁知那俩姑娘反而一齐朝他们招手，一个还张嘴喊着什么，阳光下可见她的满口白牙。平凹说："她们以为你叫她们下水哩。"同伴说："那你去给说。"

平凹说："我要敢去，我就穿上裤子走啦！"

同伴说："你只要敢站起来，她们自己就走了。"

平凹说："人家是来欣赏风景的，心情那么好，咋能让人家败兴呢！"

同伴说："这你就成了风景中的风景，那才叫锦上添花呢！"

正作难着，小张在破船那儿喊，他已穿戴整齐了。两人一边呼应着，一边扑腾着做着出水的姿势，俩姑娘大概觉得节目快要结束，就遮阳伞一转后背一扭一扭朝游泳场那边去了。

跑到破船那儿，平凹对小张说："多谢你搭救了我们！"小张说："这有啥，穿泳装游泳才是这两年的事，原来下海谁穿裤子哩？你上你的岸，你穿你的衣，她想看了看，她不想看了她走，谁又不碍着谁。"平凹说："我们在老家夏天到河里捞柴，男人都是精身子，女人往岸上背，各做各的活，把人紧张得也顾不得胡看。"小张说："是不是走漏了消息，或者谁认出了你，那俩人是过来等你签名的？咱走的时候，林经理可是一再叮咛要对你进行'三保'的。"

问是啥"三保"？小张说是"保护、保驾、保密"。他又一再叮嘱平凹，如果有人问你的名字，你千万不能承认你是谁谁谁，说着就又警惕地朝那远去的阳伞瞅了两眼。平凹说，那肯定是两个闲人，不会游泳，就胡转着乱看哩。

从游泳场出来，一行人来到天涯海角。这是三亚的一个重要景点，两元人民币背面的图案就是这里的"南天一柱"。说白了，就是浪潮喷溅的海边沙滩上，竖着大小不等的几块巨石。直观上，实在没有什么可看的。平凹离开这里，在不远处的水线边，见有一块石头，他便蹲了上去。波浪涌上来，石头上只能搁两个西瓜，波浪退下去，石头就有半间房大。

平凹点燃一支烟，用胳膊支了下巴，目光在水里淘摇。四周都是水，湛蓝的，青白的，浪涌裹着泡沫，一拥一纵地舔着沙滩，如一群未知生命沉重的小猫小狗；几尾小鱼在水线上蹦着，晶白的蚌壳里盛着一个世纪前的半盏青泥。一个黎妹挎着篓子走过，咀嚼着的槟榔使嘴角涎下血红的唾沫，粗大的脚辙延到远处。海天一线的地方浮着几朵白帆。有人在椰林里唱着无词的歌，蓝翅的白翅的海鸟在林边翔集……

平凹从石头上蹦过来，大概是涨潮了吧，那块大石逐渐漂到水的中央。两人在海滩上拾贝，这里的贝壳真多哟，掏一把全是，再掏一把还是，有几尺厚吧！这些贝壳，大者如碟，小者似钉，是遥远年代的生命，更是今人掌上的玩物，价值在历史中转换，水却永远是水！他们花 20 元钱买了一袋花色鲜艳的贝壳。看着日光在海平线上软成一颗蛋黄，遂打道回府。穿三亚城而过，高楼林立中洋溢着现代化的气息，灯红酒绿里蒙一层揣不透的神秘。

小张说："下一个节目是到'大东海'去吃海鲜。"

"大东海"真大！宏伟的楼宇临海而立，一、二层的大厅里都坐满了人，楼下的广场上依旧人满为患！他们在一面巨大的落地窗前坐下，窗外是大海，夜幕下的大海是黑沉沉的，偶尔可见浪涌滚动时的一道白线。咸湿的风吹进来，他们闻到了鱼的气息。一道道海鲜端上来，看小张和司机大嚼大咽，平凹他们却艰难地啃着蟹腿那无肉的骨头。

第二天去看"鹿回头"。返回的路线是穿越五指山。路虽不如东线的好，但步移景易，大家兴致蛮高。五指山的主峰近在眼前，烟雾缭绕着，森林笼罩着，使人敬畏。过苗寨，有一群十多岁的少女专与游人合影，她们的民族服装很有特色。合影当然是收费的，一次两元。车还没停稳，她们就雀儿一般喳喳叫着，飞过来包围了他们。只得合影。又没零钱，同伴刚掏出十元想在哪儿换一下零，她们齐声喳喳着，跳起来掰下胳膊，转眼间手中的钱就没了踪影。

沿路都是橡胶林，小张说这都是当年的知识青年栽的。到一个山区的小县城，叫通什市，在这里吃饭。大家边吃饭边看节目。节目还真不错，有一黎族青年用橡树叶吹奏乐曲，妙不可言。平凹兴趣上来，叫来那青年，看他的树叶，看他如何用嘴唇吹气，并且反复模仿。青年说，他自小在山上放牧，喜欢噙一片叶子吹出声音呼唤牲口，不料竟成了艺术。有人介绍说他上过中央电视台第七十五期的《综艺大观》，平凹就说你应办个学习班，专门教这种树叶音乐。青年说，他还能用纸张、树皮吹歌，甚至人民币也可以吹奏。

这一路小张极为辛苦，各种活动安排得非常周到，平凹他们休息了，他还和海口林经理他们通长途电话，商量第二天的行程，看什么景点呀，在哪儿吃饭呀，由谁作陪呀，等等，以致劳累上火，患了急性喉炎，路边小药店只有西瓜霜，他就大把大把地吞着，一边还叮嘱他们注意这注意那。平凹说这让人很觉过意不去，同伴说你回去了好好给写一幅字作为报答，他默默地点了点头。

终于回到了海口，晚宴已经安排，和谷执意要请两人到他家去。林经理说，看在你和平凹是大学同学，又在一块儿同事多年，那我就把人交给你了。得知和谷是在海南省司法厅上班，林经理说那我就放心了。在和谷家吃了饭，平凹作书法数幅，第一幅就是写给小张的；第二幅是给西安晚报社原记者谢强的，他去广西办事要用平凹的书法开路；之后又给陕西青年作家赵伯涛写了在海南谋职的推荐信。和谷说，你是走到哪儿管到哪儿，操不完的心。平凹说，我就是这命么。

和谷介绍来一个新朋友，是交警大队的周队长，他读过平凹许多著作，自己也写写随笔。他说：“今天这两顿饭我来安排，中午吃海龟，下午吃树熊，怎么样?”按平凹的习惯，是不吃这些的，但面对如此热情的读者，一个“不”字在嘴里转了半天，终没吐出来。

晚上去彩虹宾馆，海南西北大学同学会搞了个很隆重的仪式欢迎他，甚至聘请了专业演员为平凹献歌。大门口挂了横幅，身穿礼仪服的小姐手持鲜花夹道欢迎。见平凹面露不悦，同伴小声说，弄下这事了你说咋办？硬撑！平凹小声说：“太张扬了。”

在海南期间，平凹同海南散文作家曹大凡谈散文创作。他看过曹写的《种花小记》，颇有印象。他对曹说：“你的文章气息沉长，古文功底不错，文笔优美；你用自己的语言阐发自己对人生真谛的见解，有个性；这样的作品艺术生命是绵长的。”就又与和谷议论：“这个国家要治好，共产党应该鼓励干部多读多写这类文章，这有助于思考许多问题，修身呀，积德呀，人生意义呀，等等。”

一天中午，由和谷陪着到万泉河入海处观景，吃海鲜。看万泉河水那么清，平凹就怀疑这么清的水里怎么会有鱼，就揣想李双江站在这里唱他歌颂万泉河的那首歌不知是什么味道。在河与海的交汇处有一座酒楼，当地主人摆上盛大的海鲜宴，介绍这个多么名贵，那个多么稀有，说他们住在海边平常也难得享用，劝平凹要大吃特吃。感谢了主家的盛情，平凹悄声说：“这个那么难看，那个这么丑陋，海里的东西咋都长得那么怪呢?”和谷说：“可能海里的生存斗争更为激烈吧！”平凹说：“可是热带鱼长得漂亮，珊瑚也很美丽。”友人说：“凡事不可一概而论，陆地上的长虫、屎壳郎、穿山甲、鬼，长得都不漂亮，还有一个人外号叫‘鬼才’长得也不咋样。”平凹说：“你这人最大的毛病就是哪壶不开提哪壶，也讲究是作家哩，说话要注意场合，放屁时把尻子抬一下，不要发出响声，这毛病不改下次到哪儿去我不叫你。”友人说：“这次来海南可是我把你叫来的啊！”平凹说：“我受了多大的罪？给人写字呀签名呀，你只知道哼吃哼睡。”友人说：“你是促销自己的作品哩，但你也不要忘记我还替你签了几本哩。”平凹说：“你那个‘凹’字写得就不像。”友人说：“这个‘凹’字偏偏是我研究过的，你草书起来就是‘1212’，不信你写写看。”

宴席上只听见“咔嚓咔嚓”响，陪吃的人都忙着咬嚼蟹壳虾皮，谁也不知道他俩说什么。他俩也不是故意跑题，只是这些海鲜实在让人敬畏，掰呀砸呀咬呀，捣鼓半天，蟹腿里就那一点白筋筋；看人家，一个个面前的壳呀皮呀骨呀一大堆，服务员给换了一个盘子又一个盘子，他们两人忙得两手油污，面前也没有多少皮壳。和谷附耳悄声说：“海南人招待贵宾就这样，这是当地的特色，你就别指望还有臊子面金银馒头什么的。”友人说：“平凹今天肯定要饿肚子了。”和谷说：“我给他揣了一包方便面哩。”

到海边照相留念，平凹问，美人鱼不知道是啥样子？和谷说他没见过。友人说海里说不定真有龙王爷的世界哩？和谷说，没听说谁见过。平凹说，听说海沟很深，两个珠穆朗玛峰叠起来都填不平？和谷问，谁试验过？平凹说，你这人到了海南怎么连判断都丧失了？和谷说，这儿可不比内地，水深着呢，咱来时间不长，一切都还在认知阶段，判断事物压根儿就谈不上哩！友人说，那咱不说这了，提一个学术上争论很久的命题，咱也来个科学猜想？他二人互相看看。友人说，每年都有大量的鲸鱼冲上海滩自杀，是什么原因？它又是那么庞大的动物，它怕什么？平凹说，那可能是海里还有比它更庞大的动物，人家驱逐它吧！和谷说，也可能没啥吃了，要冲上岸去寻吃的。友人说，会不会它犯了龙宫的什么纪律，龙王处罚它自尽？

正说着，大风陡起，海上巨浪滔天。友人说：“赶紧跑呀，龙来啦！”平凹说：“急啥呀，咱是属龙的。”

晚上，海南日报社请吃，韩少功作陪。地点在潮江春酒楼，韩少功亲自开车来接。少功说他刚从国外讲学回来，就回去处理家事。平凹说，你能用外语讲学，又会开车，去世界上哪儿都不怕吧？少功说，怕是怕，怕麻烦。平凹说，我一提出门就发熬煎，要没人领，我哪儿都不去。少功说，能动还是多动动。少功一边说着，一边熟练地驾驶着他的小车在街巷人流中穿梭。

饭是一席，人有七八，先合影，后举杯，报社的同志同平凹讨论了一些副刊方面的问题，就随意聊聊海南的前景、特区的特点，气氛轻松，平凹颇感随意。

在海南待了约一周后，平凹一行人返回西安。

平凹给友人说，“43 岁之前，我曾作过无数次的日记，但每次记到十天左右，便生懒惰，愈记愈少，最后到了每日只写‘无事’，自己厌烦自己，就作罢了”，“公元 1996 年初，也即是阴历乙亥年的冬日，受中宣部、中国作协安排赴江浙生活，下定了决心要作日记，为这一段日月留下资料，一是将来易于做汇报，二是随时录下感受，既可练手，又可静心。庙里的和尚敲木鱼，除了传递信息，那一声一声的‘笃笃’里，也好一心念佛，不生他想吧”。

平凹 1996 年 1 月 12 日先到的北京。

日记上说：

早晨起来，天下起了雪。下起了雪好！入冬一直干旱，西安病毒性感冒流行，差不多家里都有一个两个病倒的；虽然千注意万谨慎的，屋里还熏了醋，母亲还是卧床数日，不进汤水，挂了三天吊针，病情也刚刚好转，昨夜还听到她的咳嗽声，这雪一下，我就可以放心去了。披衣过来，母亲和郭梅已在厨房包饺子，郭梅的右眼上还沾着一些面粉，看见我，上齿咬着一点下唇，默默地笑。家乡的风俗，由母亲带进城来，也成了我家的风俗：出远门要吃饺子，意在囫囫囵囵地走，无牵无挂。可我怎能无牵无挂呢？数月里等待北京的消息，只说今冬是要免了，几日前忽接到作协张锲的电话，要我务必十三日前到京，这几天忙乱地料理单位上、家庭里以及许许多多社会和写作方面的杂事，人累得几乎要趴下来。一切该放下的都放下了，不该放下的也得放下，但最后仍揪心的是母亲的病。母亲把煮好的饺子端给我，她就坐在对面看着我吃。母亲从来是不理会大事而只管小事，我吃饱了她仍还是要我再吃，我又吃了一个，说："今早感觉身上轻省吗？"她说："头不重了……这雪一下，要全好了！"我告诉母亲：我不能亲自陪她去医院镶牙了，但已经安排好了人，现在满口没牙，多吃些软东西，饭后活动活动可以增进消化。家里有暖气，出门进门注意增减衣服，防备再染感冒。用煤气要特别小心，每次检查关了总闸没有。热水器里要勤加水。来任何人不要轻易开门，隔着防盗门就说我出差去了，有什么事让二三十天后再来。身体一有什么不舒服，就去楼下找我的同学，他会打电话叫医生的。母亲只是点头，眼睛似乎有些潮。郭梅就忙在一旁打趣，尽量活跃气氛。她的父亲才去世十来天，我又吩咐除了陪她母亲外，有空也过来陪陪我母亲说话。母亲说："天寒地冻的，你能不能不去……"郭梅说："你儿子现在是朝廷命官嘛，他能不去?!"母亲摇着头，就去佛像前烧香，口里叽叽咕咕不知说些什么。我对郭梅说："什么朝廷命官，你别瞎说！"她说："不是朝廷命官了，那就是'毛主席的战士最听党的话，哪里需要到哪里去，打起背包就出发'！"正笑着，门被敲响，进来的是一些同学和邻居。他们是看了今早的报纸，知道我今日要去江浙，特来送行的。报纸上怎么写的，我不知道，但昨日上午，市宣传部举行了一个小小欢送会，崔林涛书记及政府、人大、政协、省宣传部、省文联、省作协的领导都参加了。崔书记是我的朋友，多年来一直关心着我的生活、身体和创作，他又在会上讲了长长的一席话，热情洋溢，又语重心长。我感激着这些领导，也感慨着这种待遇。到昨天晚上，一拨一拨文学朋友来看我，他们要为我举行个送别晚宴什么的，我拒绝了，只把照顾母亲的事一一托付他们。现在，我借居于西北大学的这间小小房间里，留校任教的同学和邻居坐得满满当当，七嘴八舌地询问和叮咛，他们担心的是我的身体，是我的饮食习惯和语言障碍。有人就笑着说："活该你写《废都》《白夜》，这下好了，发配那么远的……"这话难听，未等他说完，我挥手就说："这你胡说！生活是创作的最基本的条件，在西北待得久了，去江南看看，岂不是难得的幸事，就说发配，哪有发配到天下最先进最富裕的地方去?!"郭梅便说："有个故事，说过去一个人不吃肉，部下犯了事，他的惩罚就是让吃肉。——如果真是这样，我天天盼着受罚哩！"大家都笑了起来。末了，他们帮我收拾了行李，临走时说："祝一路顺风！"郭梅忙说："坐飞机不能说顺风的。"大家便说："一路顺利！"

到北京，作协书记处高洪波以及翟泰丰和秘书王海燕、张锲的秘书秦友苏等在机场迎接。洪波是旧友，数年不见，格外热乎，但他又粗又高，站得太近，我就自惭形秽了。那一年开政协会与冯骥才照相，照片如一幅漫画，便有人指点，与高个人一起，一定得保持距离。今夜从候机室到停车处，我和洪波就是隔着走的。这么走着，自己也觉得好笑，灯影处里"嗬"的一声，老宋还问："你怎么啦?"我说："拿破仑是一米五吧?"老宋莫名其妙。车是径直开往和敬公主府的，这里做了中纪委招待所。数年前来京住过一次，今又来住，只是想与那公主有缘呢，公主是什么模样无法想象，个头估计不会是多么高的。府宅深广，知道住宅楼是在后院，进去楼却拆了，月明星稀之下，楼前的那棵老棠梨树还在，不禁生一份伤感出来。树一老便有精灵的，仰头默默地向它问候，一片枯叶便落下来。接待吃饭的还有三人，其中一位叫赵翼如的，当年在南京见过，依旧同约，去白魁老店，吃一种豆腐，基本上是豆渣做的，少见有味美。饭价也颇可观，老宋暗中咋舌，我悄声说："不贵，除了菜，这店名也该值五十元，店里仅开这一桌，幽静值五十元，有老朋友相聚值五十元……"老宋笑道："还有秀色……"我没有接话，问赵翼如，南京方面的气候如何？赵一一答了，却担心我去江浙语言不通。我请她说一句老家话，她说了，一堆莺歌燕语，我听懂了两个字，她竟说："这两个字你也听错了！"

安排贾平凹这次南行，是时任中宣部副部长、中国作协党组书记翟泰丰的点子，具体联系的是张锲。

为此行，翟泰丰亲自打电话、写信给江浙的地方领导，又写长信给平凹，使他在《废都》之后漫长的孤独苦闷中，感到一种暖意。张锲说："北京还有什么事，下午抓紧办，明日上午我陪你们去南京！"平凹没想到他会陪同去，一时愣了。张锲说："得把你在那儿安排好才放心嘛！"

贾平凹一行 14 日下午飞到南京，到宾馆很快见到苏童、叶兆言、赵本夫、周梅森、储福金、黄蓓佳、范小青等一批当地作家，正好南京翌日要召开报告文学《张家港人》研讨会，北京、上海来的名家很多，江苏文联作协的领导又都在，宴会是十分热闹的，欢声笑语，敬酒不绝。平凹不善应酬，张锲两次提议说："平凹你给大家敬敬酒嘛。"平凹趾萎着，张锲就拉着他给江苏省委宣传部、文联作协，以及张家港市的领导一一介绍此行的目的，望他们多关照。平凹真是山里人，一出门就害怕。当年柳青说过他是挑了鸡蛋篮子上大街，不是要挤别人，只怕别人挤了自己，平凹依旧这个脾性。

第二天上午，储福金带了车来，载了平凹和陪同的西安市文联老宋直奔中山陵。平凹说，中山陵以前来过，已不觉新奇，虽有气势，终不能比乾陵，武则天那个女人有豪气，死后将陵墓横在关中平原上，几十里外便能看得见一个女人形仰躺在天地之间。中山碑很高，可以与黄河东岸司马光陵前的碑子一比，但都写了字，还是没乾陵上无字碑的派头。中山陵侧有灵谷寺，无梁殿其实是陕北窑洞式的建筑，江南人少见就觉稀罕了，若见过甘南的拉卜楞寺和新疆喀什的香妃墓大殿，这里就是大巫前的小巫了。午时吃饭，储福金问吃什么，平凹说："小吃。"结果六人两车走散，平凹坐的车停驻在一座石桥头，没想这桥竟是半月桥，桥头一楼，上书：李香君旧居。平凹曾两次匆匆过南京，总恨无缘见秦淮河，没想却置身香君楼前，恍惚若梦中。平凹说：想起当年侯朝宗，一顶文士帽，一袭长袍衫，骑驴携书来下江南会才子，却得一佳人，发生了一出美丽故事。他久久地立于桥上，望那河水小楼。午后又逢阴雪，想那侯郎昔日南来是不是有过这阴冷天气，但阁楼歪歪斜斜依然存在，那个李香君却再也没有了。

16日来到张家港市，晚上，平凹给母亲打电话问候，母亲说："好着哩，你放心。"问："这么晚了还没睡呀？"她说："我在看电视。"再问郭梅在不？她说："她爸明日'三七'，她回那边去了。"母亲曾给平凹说："电视里的事我解不下，一坐到电视前就迷瞪，去睡却睡不着。你忙完了没？完了咱码牌吧。"平凹说母亲唯一消遣的是码纸牌，他虽觉得那游戏没意思，但每日必陪她一会儿。

张家港是怎么富起来的呢？平凹一路思考。这里20世纪70年代就办工厂，待全国倡导了办乡镇企业，他们一下子全冒了出来，很快占领了市场。西北人干事老是等上边，上边叫干到十，下边只干到七，一旦上边要限制什么了，说到七，下边则干到十，出发点不是在干出事业，只怕自己官职保不住。这里所到之处，镇镇竞争，村村竞争，无萎靡之风。平凹见到许多干部，听到两句话他记住了，"有经济地位，就有政治地位"，"在位子就要捞票子，捞不来票子退位子"。

参观中，平凹联想到中西部的落后现象，说给老宋时气得满脸涨红。老宋说："好像你有治国之才！你当的西安市文联主席，一年倒去不了单位几次！"平凹强辩说："总统不一定就是个好村长！"

一路所见，江苏这一带有许多干出大业的村、县、市，领头人都是农民。平凹一直在研究农民，他认为，农民在一般的观念里是保守、小气、自私，但农民往往没负担，敢于冲出束缚，一旦出头，叱咤风云，不可一世。现时改革开放，社会主义初级阶段允许一切兼容，农民就以各自的形态出现，采用不同方式创业。河南南街村是一套治业方法，江阴华西村是一套治业办法，无锡西塘村是一套治业办法，如果细细研究，这里边有些是各种因素的集合体，有现代的，也有封建的，有民主的，也有专制的，有西方的管理体制，也有中国儒家的仁亲之术。他给老宋说，毛泽东的一首《雪》，令所有作诗填词人惊叹，家雀哪里有鸿鹄之志啊！

在昆山，所见领导皆为知识型，有上海味，形容文质彬彬，谈吐温文尔雅。张锲要回北京了，留点儿时间同去周庄。参观中，有电台的人扛了摄像机只是绕着平凹转，他极窘，摇手让去采访张锲。但水磨石地面上覆有冰雪，平凹脚下一滑，仰面倒在雪水里，大衣尽湿，水灌了袖口，大家急去拉扶，他一脸的狼狈，却说："江山如此多娇，引无数英雄竞折腰！"

周庄是水乡古镇。年轻的镇长接待了平凹一行，他领众人看了沈厅、张厅，又解说什么叫水墙门，什么叫河埠、墙门楼、茶厅、正厅、大堂楼、小堂楼、过街楼、过道阁，等等。周庄有十座石桥，其中富安桥的桥楼，有五块石头竟采自陕西安康，一时让平凹惊喜。还有贞丰桥西侧的迷楼，曾是"南社"柳亚子、叶楚伧、费公直等人诗酒聚会之处。几天来，张锲应酬最多，十分疲劳，游完周庄，步履就有些蹒跚了。在一家饭店吃过之后，便与平凹告别。临行他又嘱咐老宋说："平凹就交给你了，你要照顾好啊！"平凹不觉一时伤感，眼里潮湿。

别了张锲之后，平凹一行到了张家港。由市委宣传部新闻科科长卢润良安排住进市委党校。老卢是张家港的"第一笔"，言语不多，办事踏实。他们商定了个大致的工作计划：一是收集资料；二是要深入到村民家中；三是接触一些市、镇各基层的人物……

张家港的卫生可以说是中国的样板。老卢介绍说，去年夏天秦振华书记在沙洲宾馆陪客，突然发现一只苍蝇，立即给主管城建的副书记顾泽芬打电话："沙洲宾馆发现了一只苍蝇，请你重视一下，查查苍蝇的滋生地。"平凹问，张家港如此洁净，靠的是什么？老卢便领他们到住宅区去看居民守则，这里实行居民新风牌制度，村村评比新风户，评比的一条便是卫生，若未评上，免挂新风户牌，就要取消一切补贴，如医疗补贴、蔬菜补贴、教育补贴等等，若三次摘牌，对不起，停电断水。这些法规长久执行，居民的卫生习惯自然就形成了。张家港的市树是名贵树木香樟。老卢说，公安局大门口有两棵较大的香樟，改建路面时，有人以妨碍出入为由要砍掉，秦书记知道后亲自发话："不能砍，要砍得我同意！"由此类小事可以看出，该市领导干部务实的工作作风。

在小河坝村参观时遇上了村长助理，他读过平凹好多书，平凹应他的要求给村娱乐室题了字，接待的女子也认出了平凹，说："我朋友是一个'贾迷'，他要在这儿，就高兴死了。"一时让平凹十分欣慰。

这里人把馒头叫包子，把包子叫馒头，由此可以看出南北语言习俗的差异。平凹懂一点阴阳五行，他给老宋说，南为火，北属水，但北人刚南人柔，而且北人喜食麦面，麦为阴性生殖器形状，南人喜食大米，米为阳性生殖器形状，这是一方水土养一方人与物，人与物又相济而生，这就是道法自然。但又不明白，江南这般潮湿，为什么这里人吃食喜糖而拒辣？平凹每顿饭都提出要辣子，他大嚼尖椒时旁边的人都很吃惊。老宋要平凹详说他吃食上的讲究，以便接待方安排。平凹说："我爱吃宽片面，不爱吃细条面；爱吃炝锅宽片面，不爱吃捞面；爱吃素菜炝锅宽片面，不爱吃肉臊子和炸酱面。"老宋就说你是穷讲究。平凹说自己的一生是"烟钱比茶钱花得多，茶钱比衣服钱花得多，衣服钱比吃饭钱花得多"。

参观中，老卢说，市上开千人大会，宣布几点开会，谁也不能迟到，曾经有老领导迟到过，这老领导就当众做检讨。有当地党校两位校长来看望平凹，送了两条东渡烟。他们介绍说，东渡，指鉴真和尚东渡去日本传授佛法，五次渡海失败，第六次于张家港的黄泗浦扬帆启碇，终取得了成功。所以张家港产有东渡烟、东渡酒。平凹说他在西安的住处，正好是鉴真受具足戒旧址，如今又到他东渡之地，大家就说此行应该是大吉祥。

平凹一行冒雪采访了塘桥镇。塘桥镇是中国围棋之乡，全镇 2 万多人，竟 5000 人能下围棋。乡镇企业下班时间，满街漂着打工妹，一个穿红呢大衣的女子与平凹擦肩而过，又追回来问他是不是姓贾，平凹一点头，她就高兴地跳起来，说她读过他的什么书，本欲取书来索要签名，但看一行人等不及，她就掏了手帕让在上边签名。在村宾馆吃饭时，又被服务员认出，又是签名，又是合影。这一路处处有平凹的读者。苏南经济发达，读书人这么多，这是平凹没有想到的。

平凹发感慨说：南方的文人北方的将，陕西的黄土埋皇上。江南之地当然出才子佳人，但奇怪的是倒出大英雄，朱元璋在南京建都，也是农民出身。在华西村，在张家港，接触一般基层干部，所谈之语言，常有50年代至70年代的毛泽东时期的痕迹，但他们就靠这些提心劲，凝聚着民众力量。毛泽东也是农民出身。中国又历来是农业大国。农民性格里除了习惯说的落后、保守、自私之外，还有什么成分？怎样把握中国特色？这些问题值得沉思。

这一路，平凹还发现一个现象：苏南一带，极少见到教堂和庙宇。

华西村是一个典型，从张家港到华西村坐车只十来分钟。到接待室，副村长和接待站的吴芳已等候多时，他们热情地说早就知道平凹要来。平凹就说原先中宣部和中国作协安排他挂职长住华西，后又决定在江浙跑动的原因与经过，便笑着对老宋和同去的中央党校的赵教授说："要不，我也是华西人，你们来我就做导游了！"

晚上，平凹认真写下了他这几天的观感，不禁又生出许多感慨。

一行人到南通，港务局邹美祥等三人等着，说卢科长已提前通知做了安排。南通是古城，为苏北富地，文化也发达。平凹所到之处皆有读者说《浮躁》，说《废都》，说《白夜》，书上签了名，又恳求书法，在酒店一次写了十来幅。此地有水绘园为明末冒辟疆和董小宛的旧居，冒辟疆为复社名士，他绝意仕途，携秦淮名妓董小宛回住老家筑水绘园游觞啸咏，才子佳人留下无限佳话。董小宛才艺双绝，却28岁而逝。冒辟疆留《影梅庵忆语》在人间，寿至83岁，后又娶二妻，晚年在狼山一带卖字画为生。相传他曾在树上架床夜眠，意在上不顶清朝天，下不着清朝地，现水绘园还挂他一条幅手迹，落款"巢民"。问平凹此地印象，他说："读书可辟疆，佳人宜小宛。"

当地文化馆的一位摄影师送平凹一张董小宛的昔年绘像照片时，游园时的石姓讲解员就说："你笔下的唐宛儿老以董小宛自比，恐怕唐宛儿没见过董小宛的绘像，你也没见过吧？今日送你一张，说不定董小宛要认你也是活着的冒辟疆的！"一时惹得众人大笑。

回到张家港，平凹整理思绪，看眼前，问自己：西部发展拖后原因到底在哪儿？又和老宋讨论了几次，最后捋出几条答案，算是给自己此行的交代：

一、自然环境差。陕西一省包括几个生态区，北从沙漠起，向南依次为黄土高原、关中平原、秦岭山地、汉中盆地，除关中和汉中外，其余皆自然条件极差，稍有天旱雨涝便成年馑，人的意识里总有温饱的恐慌感，即使手里有钱，亦不敢经营大的事情去冒险，一切留着后路。

二、西安为陕西省会，经济比较发达些，但全省穷，西安负担极大，这就又影响到本身的再发展，使龙头不能跃起。全省贫困面大，有钱不能集中，分散使用，又使全省缺水短电，投资环境不好，难以吸引外资。

三、内陆环境造就了民性的保守，背上了内陆意识的包袱。而又曾是唐以前十三个王朝建都之地，文物遍地，意识里还有一种老大自尊，先是口上不服输，等不得不服输了，又易产生浮躁气。

四、有延安圣地，老区意识严重，有依赖中央救济思想，观念陈旧，虽“自力更生，艰苦奋斗”精神是正确的，但一味这么讲，永远这么讲，不符合时代潮流，其实是一种无奈和惰性。

五、普遍缺乏超前意识，事事不敢为先，对一些新生东西，没有先例的事情，宁“左”勿右处理。对基层或第一线干部太苛求小节，挫伤积极性。

六、重厚实轻机巧的文化观念，影响在经济领域里的适应性和主动性，常常错失机遇。

七、农耕思想根深蒂固，经济管理人才短缺。

按行程安排，1996 年 1 月 25 日，一行人来到昆山。杨守松和宣传部马部长在文联等候。平凹南行，走时西安大雪，到南京大雪，到张家港大雪，两次来昆山又都有雪。老宋说：“你属龙，是水龙王。”昆山又称鹿城，是明时皇家的养鹿地。杨守松提供十多本《昆山文史》，平凹夜读，知道了昆山市的大概情况。

昆山是昆曲的发源地，可惜昆山已无昆剧院，登临昆山，没有采到昆玉，平凹却亲眼见识了并蒂莲和琼花树。更高兴的是，他得知陆机生于此，顾炎武（亭林）生于此，归有光也是此地人，便频频鞠躬作揖。在玉山草堂书画院与副市长徐崇嘉、书法家陆家衡等切磋书艺，写了十来幅字，徐市长更喜欢平凹的自撰联“坐看娄水顾亭林，起拾昆玉归有光”以及“文笔高挺天下有一峰，琼花盛开世间无双树”。

昆山颇小，山上有文笔峰，实为一塔，此为纪念昆山历史上第一位状元所建。城中有娄河，此地的并蒂莲和琼花为世间奇花异木。平凹就又拟一联，为：“仰头大笑文笔今日成一峰，低眉沉吟美莲何时开并蒂。”

平凹曾用一个夏天读归有光的书。归有光云：“文太美则饰，太华则浮；浮饰相与，敝之极也。”平凹认为此说极合当今文坛弊病。

苏州第一百货公司赵总经理派车来接平凹一行去苏州市，这家店开设有“贾平凹书屋”，他们是老朋友了。平凹此行，既有上边周密的行程安排，又给他留有自由活动的充分空间。在苏州，平凹思考一个问题：古人写城市小说，极其有味，今人写城市小说，读起来总觉得味道不悠长，这究竟是什么原因？他想，古今城市有了质的不同，过去的城市说到底还是村社文化的底蕴，当今作家以城市题材写的小说尽管想写出城市的形色和感觉，但总是缺了古人的那种味儿，能不是太隔就不错了，中国水墨画表现高楼大厦就总觉得少个什么，如张爱玲写作学《红楼梦》，但写出来的却总是《红楼梦》的片段。

这次到“贾平凹书屋”，见书屋规模扩大，出售的书籍档次也较高，平凹就很高兴。后又见到苏州大学范培松教授、作家尹平等，旧友相聚，一片欢声笑语。朋友说：“你这回是读万卷书，行万里路了！”平凹说：“路可能有万里，但都是飞机火车或小车在高速路上跑。”他们就议论说，古人行万里路，是步行或骑毛驴，晓行夜宿，“鸡鸣茅店月，人迹板桥霜”，一路寻径问道在恶劣的自然环境中，忍饥受渴看眉高眼低在炎凉的人情世故里，那是真正能体证天地人生；今人坐现代交通工具，眨眼间百十里就过去了，能有什么体会？

返回昆山，上海《文学报》徐福生以郦国义的名义来邀平凹去上海。之前郦有电话相邀，答说不好安排，现在郦又派人来，实在是盛情难却。徐福生又给北京张锲打长途电话说情，终于调整行程，按原计划提前一天到上海，去看看浦东，然后30日返北京。

昆山方面安排了一个有20多人参加的文学作者的座谈会。平凹讲了创作中的视角点和作品维度问题。交流中，他谈了自己对文学的理解：中国的文学艺术有过现实主义和浪漫主义之分，他说他对此并不以为然，但创作中确实有写实笔法和性灵笔法。他说这方面的高手当然是司马迁，司马迁注重天下为怀的、史的目光，这一切又以朴素为底色，而不明白性灵之作是如何产生的。这次来到冒辟疆、归有光、袁枚的故乡，这一类有才情的人原来也是水土所致。才情之人成功之处在于写了性灵而不靡艳。但这些人作品格局仍是逊于司马迁，原因也可能乏于自然环境的恶劣和人生境遇的灾难。曹雪芹当然是才情人，他的文笔灵动胜于司马迁，他又经历过人生苦难，所以能写出《红楼梦》。写实易于死板，性灵易于小巧，质朴是重要的，格局是重要的，更重要的是体证人生的大苦大难而又从此有慈悲之怀……

1月29日到上海。《文学报》安排他住在清河宾馆。清河宾馆极幽静，老朋友相聚，谈笑甚欢，舒适的居住，又有美味的饭菜和朋友们的热情，平凹说他有一种感觉："似乎我和老宋是40年代过了黄河去前线后返回到了延安的待遇。"郦国义说："整个长江流域是条龙，这里就是龙头啊！你又是属龙的，不来怎么行呢？下午，你就沿着邓小平走过的路线走一次吧。"徐福生就陪同去南北高架路，去杨浦大桥，去浦东。平凹想看长江入海口，徐说坐船得两个小时。在外滩，见了那么多的恋人相依相偎，平凹就突发奇想，给老宋说："那么一对一对面江伏栏，若有小偷这一路走过去，从屁股后的口袋偷钱包，会极其安全而收获巨丰吧。"老宋不解："怎么会呢？"平凹说："贼去偷包，男的以为女的在抚摸他，女的以为男的在抚摸她呀！"大家就都笑起来。平凹说，上海是洋而大，洋有底气，是另一种的王者气，这个城市之所以产生过许多大的文学作品，与这种地气有关，巴金、柯灵、施蛰存、余秋雨、王安忆、陈村、孙甘露、格非，实在应该去拜望他们，怎奈此行活动安排太密，但只要都在创作中，总有欢聚的时候。

30 日下午返回北京。翟部长和张锲的两位秘书接了平凹，直接拉到文采阁吃手工油泼面，仍然住在和敬公主府。平凹盘算，明天给领导做了汇报，后天就可以回家了，回家先给母亲镶好牙，再去参加省市政协会，过罢年，初七是市人大会，3 月 3 日再返京开全国政协会，要再到江浙就是人间四月天了。

转眼时间到了 1996 年的 10 月 17 日，原说人间四月天走浙江，可七事八事的拖到了秋天。

到杭州，接车的陈军先生笑说：君来桂花开啊！车过西湖，香气更浓。陈军说，真正的江南是在浙江，就不停地讲江浙的区别：江苏是香甜糯软，浙江是刚山柔水；江苏少山，浙江多山，西湖秀美，周围有岳飞墓、张恨水墓、秋瑾墓，还有，潘天寿在这里作画、沙孟海在这里写字……

晚间有宣传部领导及作协等宴请，贾平凹知道，20 世纪中国著名的文武人才差不多出在浙江，文人如鲁迅、周作人、茅盾、夏衍、艾青、郁达夫、丰子恺、朱自清、马一浮、李叔同，这些人都是从浙江走了出去成为大家，这又是什么道理呢？

陈军送给贾平凹自己的著作《小说氛围十三悟》，平凹以为这就是游江南的指南。其中，平凹最感兴趣的是越王雪耻而遗传下来的越人秉性，是师爷式的通圆智慧，是南宋遗风和地理优越下的人的恬淡和快乐。

西湖边有四大庄园林，两庄作为国宾馆，一庄是马一浮纪念馆，郭庄是公园。同行人问平凹杭州印象，他说总觉得这里一切不真实，不是人间。大家皆笑。他就说："杭州人有明山净水可游，有鱼虾米藕可食，有丝绸锦衣可穿，功是什么，名是什么，追求得到的享受不过如此吧？所以，性情高洁的，读一册诗文，撇两笔兰梅，玩玩玉，收集些瓷器，半人半仙做名士；一般的百姓，就是吃茶吃豆吃黄酒。想我西北，人始终为生计奔波，既是'闲人'，无富贵，半分魏晋气，半是痞子劲。丰子恺在一篇文章里说，西湖边的人每日钓虾，只钓三四只，这就足了，拿去酒馆热水烫了，要二两黄酒，一顿饭就过去了，不比别处人贪婪。试想想，北方人做饭，也是在米面缸里舀那么一碗下锅，杭州人是把西湖当作了米面缸，当然就显得悠闲了。”

平凹一行在“楼外楼”吃了午饭，又去西泠印社的望湖亭上吃茶。在西泠印社见吴昌硕铜像，平凹心里觉得有几分像自己，陈军却说贾先生很像吴昌硕，大家笑说一阵。陈军又说吴昌硕曾有一小妾，是日本人，取名温雪，让平凹猜想温雪长什么样儿？平凹正想这事，却有电话来说约好了19日去看巴金。

平凹怕见名人，最早见林斤澜，慌手慌脚，匆匆而别；又见孙犁，却相谈甚欢，聊了三四个小时，还吃了一顿饭。巴金在杭州疗养，是现存作家中的世纪老人，一定得去看看。巴老住在汪庄国宾馆，平凹去时正被人推着轮椅在园中散步，平凹前去问候，老人表情已不生动，于是平凹接过轮椅推着93岁的老作家在花园转了一圈，他说生能与大师同时代生活，甚为荣幸。

平凹觉得在浙江吃饭比在江苏稍合些口味，盐重，尖椒还有辣劲儿。平凹不吃甲鱼、蛇、黄鳝、牛蛙、鸽子。他说自己属龙，龙不吃小龙（蛇）以及像龙的鳝，平凹（wɑ），牛蛙与凹一字同音。又说螃蟹可以吃，这家伙活着时八脚横行，不可一世，被人蒸了，嚼得全成碎渣，是恶家伙的下场。

登六和塔，望钱塘江，再往虎跑泉吃茶，顺便看了弘一法师出家的地方。又往蒋庄看望马一浮，人已去，楼空在。平凹想，一泓西湖滋养了多少才情之人，而圣贤者却只有马一浮，生前大隐，死后也大隐，这就好，这才真是圣贤！

20日见过了省委宣传部沈晖副部长和吴天行处长，印象非常好，吴处长还陪同平凹一行到宁波，宁波宣传部、文联等部门的负责人已在文艺大厦等候。这里具体接待是市文艺处处长赵晓亮。民间有“无宁不成市”的说法，上海就是宁波人和苏北人为主要力量开发起来的，每年清明扫墓，上海有近20万人涌回宁波。海外的巨富如包玉刚、邵逸夫，就是宁波人。另外，宁波人有读书藏书的传统，如闻名的“天一阁”藏书楼就在宁波城里。平凹提出要去看宁波的镇海口，了解这里人抗倭、抗英、抗法的业绩。

22日去北仑。这是宁波港的一个港区。平凹曾去过天津新港、张家港、南通港，宁波港的规模之大、现代化程度之高，言者讲得激情，平凹听得兴奋。之后又去了河姆渡遗址博物馆，西安的半坡遗址平凹去过多次，历来的说法是中华民族上下五千年，黄河流域是中华民族的发源地，而河姆渡将年代提前了两千年，又在长江流域，许多历史定论就推翻了。他无法想象，七千年前人与160种野生动物同处一地，没有金属，仅靠石器和兽骨如何做出那么精美的骨针和骨针上的针孔？还有骨笛之孔是怎么凿的？小小的石斧，如何又砍倒一抱粗的原木来筑屋？还有陶釜、陶盆、陶盉、彩绘的漆碗、玉玦、玉璜、萤石珠等等是用什么工具做出来的？黄河文化的半坡遗址文物是北方先民的生存状态，河姆渡遗址的文物是南方先民的生存状态，一个五千年，一个七千年，两相比较，南方先民的文明程度倒高于北方先民，这与如今南北人的智商有关联吗？但有一个基本的定论，可以说中华民族并不是一个发源地了。

平凹在河姆渡博物馆题字时，欲写“为我中华民族而骄傲”，“我”字刚出，叭的一声巨响，书案上的屋顶射灯爆炸，众人惊骇，平凹说“我”北方人不该将河姆渡人称作“我民族”，后移地另写了“文明大观”四字。接着登镇海楼，上梓荫山拜吴公纪功碑，去了于谦殉职的潘池，黄昏之时登招宝威远城，往海边看安远炮台。平凹感慨：这里每一寸土地都上演过英雄的故事，游古战场真是壮怀激烈。

到宁波是要看天童寺的。它在山的深处，又占领了一条沟。从沟口到寺院大门处，六七里地三道山门，沿途古松排列，煞是静穆，又疏野味十足。从天童寺出来，依活动日程安排，由赵处长陪着去了奉化市萧王庙镇滕头村。全村289户，810口人，6人负责种地，别的村民都从事乡镇企业，雇用了上千外地打工人员，人均年收入6000余元，该村1993年被联合国命名为全球500佳生态荣誉村。在滕头村，平凹向傅嘉良书记提了几个问题，比如“工业发展与生态环境的矛盾冲突你们是如何解决的?”“你是当了36年的村干部，经历了那么多风风雨雨，你的体会如何?”“周围村子情况如何，有没有想过兼并他们一起富裕?”等等。老书记谈得很平实，没有什么官话套话，但耐听，谈的问题又十分准确。平凹很受启发。

25日到溪口，去看蒋介石的老家，还有一吃：“走过三关六码头，吃过奉化芋艿头。"人都说溪口风水好，平凹倒觉得一般。问芋艿头的味道，平凹说像北方的红薯。

绍兴古有"银皋埠"之誉。平凹登览了勾践养犬吼山。又去了兰亭，平凹觉得沿途并不像王羲之所写"崇山峻岭"，但当地领导带他仿学古人，以酒觞放入曲水中，但流觞不在平凹面前停驻，所以未有诗作，平凹说古人的风流是真风流，如今时代已不是那个时代，文人也不是那种文人了。现在的文人，什么样品格都有，心中龌龊，文墨哪会有清正之气？兰亭博物馆副馆长读过平凹许多书，又是书法家，并以平凹一篇文章的题目"丑石"做他的书斋名。平凹说，此地遇此人，也是缘分。副馆长送平凹一幅手抄《般若波罗蜜多心经》第一百八十六卷的书法，平凹则在留言簿上写下："遥想当年，浩叹今生。"

10 月 30 日，去鲁迅故居。接待处的工作人员为平凹打开了数间平时不开放的房子，向他讲述了史书上不写的周家和鲁迅的故事。在三味书屋，负责人要平凹坐于鲁迅当年坐过的课桌前留影，说巴金也在这里留过影的。往咸亨酒楼吃饭，宾客爆满。平凹感叹：秦始皇为中国争了光，为陕西造了福，仅旅游业就养活了多少人；而鲁迅的伟大，仅绍兴城以鲁迅小说中人物为各种店铺名的就无数，多少人是在吃鲁迅的饭啊！又去了古越藏书楼、秋瑾古屋、轩亭口、大道学堂。平凹印象最深的是徐渭的青藤书屋，进去时院门口有三人，出来时还是这三人，一人看报，一人嗑瓜子，一老翁面如木刻。而绍兴城西北隅的吕府十三厅，占地 48 亩，极尽豪华。平凹又做感叹：那个叫吕本的谁还知道？而生前誉毁不一、争论不休的青藤老人却天下谁人不晓啊！

在绍兴市黄酒集团，平凹题了"古越总绍兴，黄河是龙涎"。到茶叶博物馆，作家王旭烽已在等候，邀他喝了明前绿茶，平凹说味道好极。临近离开浙江，当地报社招待，平凹书写了八张条幅，以回报杭州的朋友。11 月 3 日送别时，宣传部沈副部长和吴天行处长送给平凹六支笔、一套茶具，平凹说这两样都是他平常所爱。11 月 4 日下午，平凹坐飞机回到西安。

半个多月归来，朋友发现平凹的书房里贴上了一张润格告示：

自古字画卖钱，我当然开价，去年每幅字千元，每张画千五，今年人老笔亦老，米价涨字画价也涨。

一、字：斗方千元，对联千二，中堂千五。

二、匾额：一字五百。

三、画：斗方千五，条幅千五，中堂二千。

官也罢，民也罢，男也罢，女也罢，认钱不认官，看人不看性。一手交钱一手拿货，对谁都好，对你会更好。你舍不得钱，我舍不得墨，对谁也好，对我尤甚好。生人熟人来了都是客，成交不成交请喝茶。

与朋友交谈中，平凹说：郑燮当年在天宁寺卖画，冒辟疆晚年在南通狼山卖字，说自从自己的字画被人看上眼后，苦恼日增，索字画比约文稿的还多，每日敲门者不断，皆是言要解决调动、升级、农转非或等等原因做礼品送人。骚扰太甚，遂想起在家中出“润格告示”。他强调，“最好不要有人再来买字画，他花了钱，我浪费了时间，对大家都不好”。

江浙归来，平凹追记了许多对江浙人文风物的描绘文字，如：

大纵湖产醉蟹，价钱已涨到百元一斤。见一养蟹大户，方头赤睛，引入他家，家是一只大船，内装饰豪华如市内宾馆，言及蟹销之香港及东南亚，口大气粗，扬扬得意，出船见两艘小快艇飞一般驶来，介绍是新购回的快艇，家人去镇上采买东西的，两男西服革履，提有手机，三女一童皆鲜服，并嘴嚼口香糖，能吹出猪尿脬一样大的泡。

我所到之处，读书人皆以为假，谓个头不应是一米六余，颜面也不该有黑点。殊不知人面也有风水，痣不可取。脸存七痣，排列而下，形若七斗，望我如观天象。

五月五日到扬中，往范继平家吃河豚。河豚有巨毒，尤其菜花时节，范继平一再强调，不吃河豚，枉到扬中，要吃，要敢吃！“我请村里老支部书记来烧！”出事不出事，这不是政治可以保证的事，但我还是放开去吃，十五分钟过后，未有舌麻头晕，安全无事了，回镇江对接待人谈起，他大惊失色，说："只有镇江人敢这样！"河豚活物什么模样，不可得知，但鼓腹而歌：你有毒，我也一身病毒，我怕你的！

登北固山见梁武帝萧衍书"天下第一江山"刻石，哑然一笑，想到西安街头卖羊肉泡馍人家门前有"天下第一碗"。

读《浮生六记》，知沈复三十三岁的冬天，为友人做中保而被牵累，致使家庭失欢，寄居无锡，后归途到虞山，"愁苦之中快游也"。我年四十五，来虞山比沈复迟了十二年。

游兴福寺，最兴趣扶竹荒疏。到一庭院，见殿额"为甚到此"，嗒然若换。在"自彻"院书法，识静觉师傅，无印章，虞山友人当即以锉刀在静觉印石的另一端刻"平凹"二字。后上"救虎阁"素食嫩竹针菇，当了半日和尚。

……

贾平凹为自己的江浙之行写了如下的总结文字：

当年在商州采风，那是背了笔和纸、牙刷和锅盔，一个县一个县地走，走饥了就寻饭店吃，走累了就寻旅社睡。先后数月，吃了一肚子酸菜糊汤，养了一身的虱，获得精神上的、文学上的东西便享用了十几年。及后又上陕北，为的是那一方黄土，千山万水地走遍。至今想起来，延川黄河岸这边的那一夜涛声，靖边沙漠上的那一天未食的饥肠辘辘，绥德城里那个唱信天游的老汉，仍做了我人生路上嚼不尽的一袋干粮。那时年轻，不怕狼，不怕狗，不怕不卫生，白日跑动，晚上写作，深感自己是虎在山上，龙在海里。古人讲，行万里路，读万卷书，现在提倡深入生活，说是文人最起码的东西。我出身贫贱，混迹于民间是我的本事，自然不能同于那些高贵的人，写别一种优雅的日子和行状。走陕南陕北，这是中国苦焦的乡村，95 年、96 年两次去江苏南部，却到的是富贵之地。苏南基本上走遍了，苏中也走了一部分。一个陌生人到陌生地，有了新的感受也有了新的思维，无论我将来写什么，过什么样的生活，无疑要产生大的影响的。我写商州，写陕北，写的都是农民。农民的概念，我们一直认作是勤劳善良自私保守；农村的概念，也一直是封建的、落后的、生产力低下而田园风光纯朴。我也哀叹过中国是农业国。我自己出身于农家，为挣脱一张农皮去奋斗了二十年。但在苏南，农民和农村的概念就全变了！那里的农民已经不是了农民，那里的农村已经不是了农村，也不能以才形成时间不长的“乡镇企业”一词去对待那里的乡镇企业了。数年前与外国的作家探讨乡土文学，他们的乡土文学是指回归自然，与我们截然不同，那时还甚不理解，走走苏南，一切也能明白了。现实的变化，必然使观念变化，换一种思维重新看中国的农民和农村，获得的是希望和力量，要写文章，自然有大的空间和多的纬度。当初读《尤利西斯》，醒悟到了对语言的运用实际上是对小说的一种认识。农民和农村的概念改变，可以使我在做文学工作时，开启关于人和土地的意义。人的才能，除了天生的一份灵性外，要识多见广，丰富的阅历，做小说家的不易也正是得起码地具备这种基础。我是出国很少的作家，每一次机会都会积极地去做中西文化的比较考察，每一次回来，我的写作或多或少地发生着变化。我在中国的西北部待得久了，不要说做天下的文章，全中国都未深入全面地了解，哪里又能建构宏大的意象世界呢？在苏南的日日夜夜，我是激动的，虽然那里的气候对我身体有害，饮食也不习惯，当地人能听懂我的话，我却听他们说话如鸟鸣，但我一有空就写笔记。我当然也思考着中国的历史和现状，思考着中国的前途和远景，陪伴我的人也笑我拿的是文联干部的工资操的是政治局会上的心。而我在洒满月光的夜里失眠而起，我记载了我对自己作品的审视，对当代中国文学的审视。苏南在告别着小农经济，告别着村社文化，我们的作品应该建立真正意义上的现代汉语文学，太功利将使我们平庸，太激愤将使龙种生下跳蚤，而制造技巧将使我们如发达的食文化一样，导致了我们肠胃功能的衰败。在江南，我拜会了相当多的才子，有现代的、当代的，也有古代的，如袁枚、归有光、冒辟疆和钱谦益。我思考着他们产生的原因，研究着他们一生的遭遇，自然就对比着我们的司马迁和我们西北部现当代的作家。不到江南，我向往江南，去了江南，我更热爱我们的西北。西北历史的辉煌和现今的艰苦，给了我生命和气质。我从事文学，这么从黄河到长江，明白了我们的不足，也坚定了我们的信心。草食动物或许是胆小的兔子，但也可能是恐龙大象，吃血的或许是老虎也或许是虱子。我再不为远离京都而自叹，也不再为所谓西安“生人不养人”的环境而悲苦，放眼天下，心存高志，阔大胸怀，善于汲取，才是我发展天才的急需！当年的孔子“西行不到秦”的，我往东走，为的是得大自在。

第十章
走进塔里木

1996年8月27日早7时50分，西北航空公司的2901航班准时从西安咸阳机场起飞。贾平凹乘坐的“图154”于11时零5分降落在乌鲁木齐机场。他此行是应邀到塔里木油田采风。刚走下舷梯，一辆黑色的皇冠车突然停在面前，车门打开，里面快速冲出一人，架起平凹胳膊把他塞进车里。平凹反抗着，对方只说一句“我是小路”，就急令车子从偏门驶出。

车上，路小路解释说：“你不知道，形势十分紧急！咱石油上好不容易把你贾大仙邀请来，人家自治区和乌市六家新闻单位跑来接人，背的乐器拿的花串子，十来辆轿车摆了一长绺子，一群妇女打扮得花红柳绿的在出站口列了两排，我一看心里就有气，咱釜底抽薪走人他妈的！好在平凹哥不在乎这个啊？”

陪同的友人问：“你邀的人，他们咋知道的？”

他说：“我只说给他们一个新闻线索，报道一下人到了就行了，谁知人家还大张旗鼓地弄哩！”

平凹长吁一口气说：“你真真是个大日弄客！（日弄，陕西方言，意为教唆、耍弄）你这样弄是叫我落人骂哩！”

小路说：“石油上人认真，做啥事都有周密计划，一打乱就影响总理有关大会战的指示哩，吴邦国昨天到的。”小路说得很严重，一份文件在他手里晃着。这是塔里木石油指挥部党群工作处《关于全国政协委员、中国作协理事、全国青联常委、中外著名作家贾平凹等赴塔里木采风有关问题的意见》，文件空白处还有三条指挥部领导手写的批示，可见当地对平凹此行的高度重视。

先到石油大厦用午餐，吐鲁番的葡萄、哈密的瓜、库尔勒的酥梨；待烤羊肉端上来，平凹说已经吃得饱饱了。为了避免不必要的误会，由小路安排，贾平凹饭后接受新疆电视台《新世纪》栏目的专访。

下午，《新世纪》栏目的编导郭秀梅女士、节目主持人阿米娜等一行四人来到位于乌鲁木齐市东郊的塔里木石油大厦。郭秀梅曾跟踪采访过已故台湾女作家三毛和音乐家王洛宾的一段友情，也为这位民歌王制作过专题片，是一位充满激情并深谙人情世故的电视制作人。她先唱了一支新疆民歌，阿米娜也讲了她一家四个民族的故事，这种开场方式一下子消除了贾平凹面对摄像机的不自在情绪，唱着，聊着，不知不觉就进入了采访。平凹谈了五个方面的问题：一、漫谈丝绸之路；二、自己的创作及嬗变；三、中国传统文化；四、时代精神；五、西部经济文化的前景及对新疆的印象。

晚宴在大红灯酒楼举行。适逢余秋雨、周涛、周政保诸位文学界知名人士及著名电影演员朱琳参加完伊犁酒厂一个活动返回乌鲁木齐市，就由《军垦报》主编梁通锦、当地作家郧葳和路小路牵头，由伊犁酒厂做东，将两股人马合并一同招待。伊犁酒厂事前曾邀平凹赴伊，但因故误了行程，酒厂领导今天见了平凹也就十分高兴，说你人虽没去但礼物有你一份。

大家相见甚欢，说起新疆的人、酒、歌、舞，就不约而同地举起酒杯。突然，余秋雨教授说："大家先把酒放下，我这里有一个重要消息！"看他神色严峻，诸位放下酒杯却没有落座。余教授说："今天下午，我接到上海的长途电话，著名女作家戴厚英前天被人杀害，死得很惨，头几乎被割掉了，只连着一点皮，与她同住的侄女只有 19 岁，也一同被害。"晚宴的热度立即降到冰点，大家默默地把酒祭在地上……前年的端阳节，戴厚英到西安，在平凹家里，她看了里屋看外屋，坐下后，语重心长地说："平凹啊，我梦见你家里就是这个样子，我梦见你人也是这个样子，你这家里石头太多了，要丢掉一些，你背上负担太沉重了，你还要闹大事情的呀！"听着这位文坛大姐的嘱咐，平凹诺诺着，他低着头不停地说：“谢谢谢谢。”

8月28日一早，平凹一行去天山风景区白杨沟游览。两台摄像机给贾平凹补拍外景，一堆游客认出了他，他就忙着给人签名，忙着与人合影。路小路就在一边喊：“游客同志请注意，有人冒充作家给人签名，大家不要上当!”就有女人在小吃摊上嘟囔：“这年头真怪，连作家也有冒充的。”申润达公司花200元租了一座哈萨克人的帐篷，帐篷的主人是母女俩，郧葳的夫人就招呼她们烤羊肉。大家围坐在帐篷里，听郭秀梅继续讲王洛宾的故事。贾平凹忘情地唱了《后院里有棵苦李子树》，郭秀梅唱了《五朵梅》，这苍凉凄美的野调子是王洛宾留下的遗产，草原上的爱死去活来，贾平凹的心头一块块往下掉肉。录音机里放出维吾尔族乐曲，阿米娜就曲臂邀请每一位客人，维吾尔族舞被这伙人跳得乱七八糟，哈萨克大娘的笑脸绽成一朵老菊花；手抓羊肉端上来了，摄影师的镜头里开放出一片鲜花。贾平凹跷着僵硬的兰花指在空中转着手腕子。《达坂城的姑娘》从路小路的喉咙里发出如狼嗥。

晚上，一行人乘火车由乌鲁木齐出发赴塔里木石油总指挥部所在地库尔勒。平凹辗转反侧，无法入睡，就爬起来隔窗看天山，看月亮，小路问他感想，平凹说，这是巨幅的版画。小路说，这幅画长2500公里、宽300公里，悬挂在亚洲中部，横贯新疆维吾尔自治区，西端伸入中亚细亚的塔什干。又说，“我们一行将横越一个完整的天山，12小时的行程全在夜间”。

平凹说：“啥事到了小路嘴里，虱都成了骆驼。”

第二天上午10点半到达库尔勒，塔里木石油指挥部的一群少女向平凹献了花，自治州电视台、塔里木石油指挥部电视台、铁路电视台都来出站口采访并在当晚的新闻中做了报道。当晚的头条新闻是吴邦国副总理视察塔中油田现场，第二条新闻就是贾平凹抵达库尔勒。

下午，塔里木石油指挥部总调度王兆霖领一行人参观指挥部，在石油展览厅，平凹题写了“大开眼界”四个大字；在石油工会阅览室，平凹应邀在雷达主编的一套《贾平凹文集》上题词，他写道：“在塔指阅览室见到此套书，我很高兴而且荣幸，与石油工人相比，一个作家对祖国的作为是微不足道的。

今来塔里木，将会在我人生道路上留下永久的回忆。”

王兆霖介绍说，南疆铁路还要继续往前修到喀什、和田，再转回来成环盆铁路，塔里木就被金链锁住，地下的油海乌龙就只能束手就擒，那时候，库尔勒就真正成了龙头上的珍珠。

欢迎晚宴由塔里木石油总指挥部副总指挥梁狄刚主持。他说：“欢迎作家们到我们这里参观指导，贾先生是大作家啊，写了不少书，很有影响，我们好多职工都读过你的作品。”平凹说：“大作家不敢当，我是来学习的，和石油人比起来，作家是微不足道的。”梁狄刚说：“这地方现在还很艰苦，但我对塔里木的前景十分乐观，十年二十年之后，你再来看看，这里就是中国石化工业的中心，了不得啊！”平凹说：“你是国内外著名的地质学专家，我注意到中央电视台采访你时，问你在香港有舒适的生活条件，为什么偏要留在大沙漠时，你说‘找油是我的专业嘛！’这一句话体现了你们石油人高尚的人格精神。”梁狄刚说：“我年轻时也做过作家梦，后来却搞了石油地质。”平凹笑说：“你现在也是大作家呀，你是在地球上写文章，写石油的大文章嘛！”梁狄刚说：“请你给我们工人做个报告，给大家鼓鼓劲儿，沙漠的生存环境非常恶劣，地表温度有时达70多摄氏度，沙尘暴刮来了，威胁人的生命，在这里没有一种精神支撑是不行的。”平凹说：“我在乌市就听到许多感人的事迹，我是要为石油上做点儿事的，作家做的活儿就是写东西嘛！”梁狄刚强调说：“明天，我们安排你们去看看沙漠公路，看看塔克拉玛干大沙漠中心点上的油田，那里艰苦的程度无法想象，你们要有点儿思想准备，我专门让我们的‘沙漠王’陪同你们。”小路介绍：“沙漠王就是王兆霖，总调度长。”平凹说：“我就是想到第一线看看工人。”

去塔中的路上，平凹一直打喷嚏，还没有走到大沙漠的边沿，就吃了两回强力银翘片。他们穿过草原，穿过盐碱地，穿过戈壁滩，一路狂风大作，路边的三辆载重卡车有一辆被吹倒在地，其他两辆尚在风中摇晃，司机已不知去向；在一处沟坎，但见牧人头蒙着风衣和羊群静伏一处，天不是天的颜色，地不是地的颜色，狂风怪叫着要把人们掀入地狱。这是8月30日早上。午饭在轮台石油接待站吃，好大一座院子，停满了避风的车辆。这里的医生又给了平凹几片克感敏。路过轮台镇，只见空旷的大沙漠里孤独地竖着一座三层的小白楼，门额上悬挂国徽，楼顶上飘扬五星红旗，“沙漠王”介绍说，“这就是镇政府，一座楼，三个人”，“周围广阔的沙漠是他们的领地，地下全是石油，现在有远见的人都到这里租地，600 块钱一亩让你开发 50 年，你无法想象，20 年之后这里是什么样子”。他又介绍轮台的历史，说此地因西汉时为轮台国而得名，现在设县。轮台大风在全疆最著名，最大风速每秒 23 米，个别地方出现过每秒 40 米的 12 级风暴。唐代诗人岑参描写过这里的风：“轮台九月夜风吼，一川碎石大如斗，随风满地石乱走！”

车子在沙漠边缘行进了约 100 公里之后，来到沙漠公路的起点。这里竖着一座纪念碑，记载着修筑沙漠公路的始末。大家在纪念碑前留影，“沙漠王”就继续介绍说，塔克拉玛干沙漠在塔里木盆地中央，是世界第二大沙漠，他们脚下这条石油沙漠专用公路总长 522 公里，其中沙漠路段 448 公里。这里的沙丘每年以一至五米的速度推移，修路很重要的一条就是防沙固沙，现在采用的，一是防沙网，一会儿就可以看见，很壮观，跟长城一样绵延上千里；二是选培了 50 多种固沙植物，用高矿化度地下水灌溉，进行沙漠绿化。这条公路是中国石油工人创造的一个奇迹，在世界上也是首创。

说话间就到了塔里木河，“塔里木”在维吾尔语里是“田地”或“种田”的意思，可见塔里木盆地及塔里木河两岸许久以前是可以耕种的土地。塔里木河是天山、喀喇昆仑山的雪水向东流入沙漠后形成的，全长 2179 公里，是中国最大的内陆河。在下游经过渗漏蒸发，到盆地东部的罗布泊一带消失。越野车停在塔里木河的大桥上，平凹仔细看水，河水稠如泥浆，缓缓地涌动着，向东流，据说上下游为了水的分配常年打官司。桥的北头，有人搭了简易的房子，围垦了土地，提河水上来灌溉，又开办了路边餐馆，为过往的司机服务。“沙漠王”说，目前在这里开荒种田还没人管，有本事开多少种多少，又不交公粮和农业税，没人管计划生育，但这些人基本都是“盲流”，新疆建设中的特殊人群，即从内地盲目流动过来的游散人口。

越野车以160公里的时速飞驰在塔克拉玛干大沙漠的腹地。不久就见到了胡杨林。这是一片无边无际的白骨之地，裸露着悲壮的枝杈，因为塔里木河改道，这些树木已经干枯1000年了。这里的沙轻细如浮尘，洁净似银粉。询问地质史，“沙漠王”说塔克拉玛干大沙漠远古是印度洋的一个海湾，后来喜马拉雅山地壳升起，这里变成了内海，海水蒸干了，就留下海的底盘；这个底盘55万平方公里，相当于五个半浙江省那么大！环塔里木盆地一圈是雪水滋润下的绿洲，俯视是大黄大绿大空间大反差，不到新疆来，不知道中国有多大！在这残酷的环境里，胡杨们艰难地生长着，生命之顽强可以3000年不死！

经过8个小时的奔驰，下午6点一行人赶到位于塔克拉玛干大沙漠中心地带的塔中前线指挥部。这是几百间类似集装箱的铁房子，铁房子纵横相连成一座不沉之岛；房与房的连接处及房间里的每一个缝隙都用橡胶条堵塞，这里水电通信设施齐全，可以洗澡、看电视、打长途电话，甚至还有商店、酒吧和卡拉OK室。用过晚餐，已是夜里11点了，“沙漠王”说还有一个节目哩，平凹说：“听你的！”

于是，一行人赶到几公里外的沙漠运输公司参观访问。按照事先的安排，工人们早已在等待他们的到来。这又是一片浩大的铁房子，甚至还有一座颇具规模的大礼堂。来到这座大礼堂，不少工人都围过来跟平凹合影，他们早就从平凹每本书的扉页照片上认识了他，他们说得出他一些小说的人物和故事。平凹给这家公司题写了一幅四尺的书法——“大漠铁驼”，许多工人都想得到他的书法，可是没有了宣纸，就有人把一沓信笺拆开发给大家，平凹就不厌其烦地一张张为工人们题字。

大约凌晨1点，小路接通了塔中和中国作家协会的电话。作协书记处书记张锲在电话那头的北京说：“平凹带头到中国最危险的地方去体验生活，这种精神很值得表扬。平凹的这个情况我将尽快地向中宣部报告。”他又向王兆霖交代说：“要特别注意保护好平凹的身体，要注意安全。感谢塔中指挥部接待作家们。”

8月31日10点起床，洗漱餐饮之后，平凹一行来到前线指挥所的活动营房会议室。听取前线指挥所负责人介绍塔克拉玛干大沙漠的自然地理环境、沙漠石油勘探过程及勘探开发成果。之后，打开三道门让他们走出铁房子。但见昨日铁房前的平地上堆起两道沙梁，“沙漠王”说昨夜发生了沙暴，因为铁房子固若金汤，所以外边即使地动天摇里面仍可高枕无忧，铁房子是三夹层的，隔音又保温。他又介绍说，20 世纪初，法国探险家斯文·赫定只走到沙漠边缘，就差点儿丢了性命，惊呼这里为死亡之海，自从中国石油人出现在这里之后，死亡之海里第一次有了人烟长驻的村镇，中国的地名辞典里增加了一个新的词条——塔中村。

令平凹称奇的是，塔中村居然有自己的飞机场和篮球场，甚至还有方方正正的一片小公园。飞机场非常特殊，6 公里长的跑道全用钢板连接；篮球场不知被沙埋了多少回，篮球也不知被风吹走了多少只，可无风的日子，这里仍是村子最热闹的地方。塔中公园比篮球场还小，是一块用高密篱笆围起来的沙地，里面种着矮矮的植物，工人们用自己的生活废水浇灌，这些植物也开一星半点的小花。“沙漠王”说，这实际上是一座绿化沙漠的试验站，选育出耐旱的植物，再把这园子一点点扩大，给沙海中的塔中村披上绿装。

平凹边听边沉思着，不时用脚尖在沙地上写着什么。

原计划，当天乘直升机俯瞰塔中周边及附近的塔中 4 油田，因沙暴的原因，库尔勒的飞机过不来，改乘进口专用车“尤尼莫克沙漠王子”，前往国内最深的探井——四川 7024 钻井队的“塔中 1 井”参观。“尤尼莫克沙漠王子”性能特殊，坚固无比，它攻上沙梁时前轮缩小后轮涨大，而下坡时前轮涨大后轮缩小，车轮涨大有两米高，可以始终保持车内乘员平坐。为了保险，车内乘员备有安全带，每人前后又有保险杠；车内通信、生活、办公及救援医卫设施一应俱全。为了体验塔中人初进沙漠时的原始历险，平凹让司机把车开上无路的沙丘，巨大的功率驱动着庞大的车轮，他们处在一种飘浮状态，平凹说这很像船行在海浪波谷间的感觉。

路过一片建筑工地，很难让人相信这是在严酷而干旱的沙漠中心地带。钢骨水泥的四层楼群拔地而起，周围管道纵横，有水泥大道，有生活区，有花坛，有围墙，甚至连栽树的坑已经挖好，一辆十轮大卡车正卸下从千里之外运来的黄土。“沙漠王”说，这里将来会出现一座小城镇，叫“塔中市”吧，是塔中周围油气井群的指挥中心、生产调度中心、生产生活的物资供应中心、职工休息和娱乐中心等；输往华东和上海的天然气，这里是管道的起点，是供气的源头。

车到7024钻井队，天气突变，刚才还是背心汗衫，现在立马得换上大棉袍，晚一下就要冻伤。平凹在工人帮助下穿上隆冬服装，包括帽子口罩毛靴，然后登上十多米高的钻井平台，访问正在操作的工人，参观井场机房、泥浆台、电脑操作间。技术人员抓一把黑色石屑，说这就是从千米之下钻取的油沙，平凹接过，在手心里搓来捻去，说油沙原来是这样，像荞麦籽儿，就用手帕小心地包了，认真地装入衣服口袋。

小路说：“这你得收藏好，这叫地质档案，绝密的，带到国外去就判你间谍罪！”平凹说：“我说我腿咋这么沉？我身上装着塔里木的分量啊！”

“沙漠王”说：“我们规定，来这里的每人每天必须至少吃150克肉，不吃不行呀，过去抬出去几个小伙子，身子软得站不起来，一查是低钾病，人不能光吃罐头饼干方便面，营养不全啊！”当了解到工人的劳保用品居然还有妇女卫生巾时，一时不得其解。“沙漠王”将大家带到7024队部，在队部，见到了全国劳模梁龙志。“沙漠王”请他为来人介绍这里的工作环境。梁龙志说，这里说冷就是零下30摄氏度，说热沙漠地表就蹿上40多摄氏度，空气温度有时上到70多度，人咋活呀？半尺粗的吹风管对着脸吹，躺着歇着都有生命危险。高温天一人半天就喝一箱水，库尔勒拉来的矿泉水供应不上，工人就喝他们自造的净化水。什么净化水呀，喝下去就掉头发，一摸一把，这种水泼在地上，半小时就是一层硬壳，洗完头发，头发一根根竖着。水这东西，进去多少出来多少，高温天操作，不夹卫生巾裆下就腐烂了，皮肉一块块往下掉，消炎药根本挡不住。

有的工人认出了平凹，跑到休息室拿来《贾平凹散文精选》，请他签名，与他合影，说在大沙漠里读他的散文比喝凉水还解渴；不少工人说读过他的

《浮躁》《美穴地》《古堡》《废都》，说在沙漠前线见到当代的曹雪芹罗贯中跟井口喷油一样高兴。

临别，平凹高兴地和全体队员合影。要返回库尔勒了，平凹与前线指挥部的领导握手，与铁房子的六名女炊事员握手，与塔中公园的每一株植物握手，与他的忠实读者挥泪告别。

再过胡杨林，平凹抚枯木深思。正有一辆旅游大巴停在路边，有人认出了平凹，就呼啦啦围过来要合影，根本不管他是啥心情。合了影，又要题字，竟有女士要求把字题在她的后背上。上车后，小路问他在女人身上写字是啥感觉，他说，“像在软虫子身上书写，只开始画得轻，老是写不上，后来下狠心重笔硬画，感觉就找到了，比在宣纸上舒服，不信你回去在你老婆的前胸后臀上试试”。

回到库尔勒，新疆第四运输集团总公司设宴招待。这家运输公司在石油开发中立了大功，他们的总经理李宗汤是全国“五一劳动奖章”获得者。平凹一行晚上 8 点到达四运集团总部，遗憾的是李宗汤因急事飞北京，但他临行前安排总公司的党委副书记吾尔买·肉孜接待。这位和善的维吾尔族老人，20 世纪 50 年代毕业于一所中专学校，又当了 30 年的汽车司机，他讲话很有逻辑性，人又厚诚，甚获平凹好感。平凹向他了解他的家庭生活，他说自己盖了两层楼房，大女儿在新疆歌舞团是独唱演员，二女儿正在上海音乐学院上学。宴会间，总公司宣传处处长刘金成向平凹介绍了四运集团的发展历程和李宗汤的传奇故事，在四运司的大会议室人们指给他看李宗汤出席全国劳模大会的照片，平凹叹道：“没想到人这么年轻！”刘处长说李总临走时特别强调，请您一定给我们公司留下几幅墨宝。

文房四宝摆好，平凹先为公司题了十六个大字“团结协作，勇于拼搏，吃苦耐劳，遵守纪律”，又为李宗汤本人题赠了“威震西域”四个大字，给宣传处刘金成处长题了两句诗“青竹无俗韵，红梅有奇香”，还为公司的内部报纸《新疆四运报》题写了报头。根据李宗汤的指示，吾尔买·肉孜代表四运总公司向作家们赠送了当地出产的地毯以示纪念。

在平凹一行即将离开四运司的大会议室时，撞进一个漂亮姑娘，她说她叫宗秀红，24 岁，是从百多公里外的博斯腾湖造纸厂赶来的，想请贾老师在她工作证背面签名留念，可能的话还想合一张影。平凹满足了她的要求，她留下一件纪念品之后匆匆离去，说她还要搭顺路车回去，明天还要上早班。

9 月 1 日上午，贾平凹去采访“塔指”副总指挥钟树德。钟树德是锡伯族人，老家在新疆伊犁，1951 年到北京上学，1964 年毕业于北京石油学院，分配回来在克拉玛依油田，先在钻井队当工人，后来干技术员、工程师、总工程师，一直到 1988 年 1 月 30 日离开，到塔里木油田来担任项目管理。石油部领导给他交代了三件事，要在三年之内办成：一是找出一个大油田，二是培养一批人才，三是搞出一个新的管理体制。“塔指”是 1989 年成立的，办成了这三件事就为“塔指”的成立打好了基础工作。钟树德告诉贾平凹，“十年里，我们一共牺牲了 340 人，前赴后继是由于有一种精神”，“作家如果要写这里，就写我们的钻井工人、筑路工人、运输工人，他们才真正是奇迹的创造者”。采访完毕，平凹给钟指挥留下四个书法大字“沙海英雄”。

当晚，陕西乡党郝贵平约请几位老乡到他家吃揪面片。到场的除平凹一行三人外，还有巴州报社的刘友军、铁路电视台的任伟民、摄影家王立华、建设兵团农二师文联主席黄立本。刘友军代表当地朋友向每人敬献一条洁白的哈达。他特别强调说，这三条哈达经过青海一位活佛开过光，已有灵性，可以保佑诸位一生平安。说罢，刘友军高唱蒙古族敬酒歌，大家再次举起酒杯，平凹神色肃穆，学着友军的样子用中指蘸酒，祭天、祭地、抹额敬朋友。

在大家的连连叫好中，友军又一气唱了三首陕北民歌，最后一首是《泪疙蛋蛋掉在沙窝窝里》，唱得他热泪盈眶，也唱得平凹恓恓惶惶，直叫着“拿笔来拿笔来”，当场题赠书法一幅，字云“足踏西域，眼底长安”，落款处小字为“在库尔勒遇乡党，乡党相见，饮大碗酒，吃大块肉，唱陕北歌，说知己话，刘乃大气磊磊之人也”。

小路问：“海内外人都知道，平凹的书法难求，怎么今天这样大方？”友人说：“只要见了真情，只要他来了兴致，只要他觉得必要，他送你书法你不要都不行。”小路又问平凹：“是真的？”平凹点头。小路就说：“那我就想办法咋样让平凹高兴呀！”

黄立本是湖南人，50年代的支边青年。他唱了《浏阳河》和《对山歌》，后一首歌的意思是：母亲不让女儿和情人对山歌，女儿唱着山歌说母亲：“你不听山歌哪有我哟，我不听山歌哪有外孙管你叫外婆哟——”平凹说这歌儿湖南风情味儿很浓，遂提笔写下十个大字“峻山开眼界，风雪炼精神”，后边小字为“黄立本先生初识，听得湖南小调，令人神怡，南人到北，献身大西北，人生大不易亦大辉煌也”。

王立华是陕西商洛人，他唱了秦腔《刘备祭灵》。郝贵平是陕甘宁边区人，他唱了《红军哥哥回来了》，大家说一般，他就又唱了一首“大跃进”年代用情歌改编的战歌：

哎喂——
一碗那个羊肉泡白菜，
把咱的任务拿回来，
我的小郎哥哟，
把咱的任务拿回来！

唱到最后，只要大家说好，平凹就给写一幅字；大家说不好，唱歌的人就得继续唱下去。郝贵平唱的，小路先说不行：“今天又不是搞革命歌曲大联唱哩，你也不要忸怩，好好把你彬县长武一带的酸曲儿唱几段，又不是写散文哩，儒儒雅雅的，知道你出版过几部散文集，但今天要你拿嘴唱哩，你给咱在嘴上多弄些味道出来行不？”郝贵平的老婆就出来干涉，说小路是臭臭嘴，这么好的揪片面还嫌味道不好吗？小路说：“给你几朵花拿上耍去，别在人面前舞蝇。”

郝贵平说，“不想唱吧，又想得平凹的字儿，唱吧，实在开不了口。”小路就说，那你就闭着眼唱。闭着眼就闭着眼，郝贵平说今儿就豁出去了！郝贵平说罢就唱了，果然不同凡响，他如愿得了一幅书法“大漠浩笔”，末尾小字为“在南疆见郝贵平先生，精瘦深沉，颇有智者风度，特喜作贺”。

任为民是新疆的散文作家，又是铁路电视台台长。他先把自己新出版的散文集《大漠之魂》赠每人一部，然后说：“平凹啊，今后凡铁路上的事哥们儿包了！”小路喊：“别说闲话，唱唱唱！”任为民就说：“唱是要好好唱唱的，小路你最好安排出来半天时间，我领大伙儿到博斯腾湖去，带上水果，带上帐篷，带上几个能歌善舞的维吾尔族姑娘，那湖边的草地上，草甸子这么厚，花儿这么大，咱又唱又跳怎么样？”大家都说好好好，可小路拉长了驴脸，说：“到那一天再说那一天的话，现在你先唱你先唱！”

任为民就唱了，果然一副专业训练过的嗓子，他先唱了一首《喀什酒歌》：

烤肉熟了，
羊羔肉熟了；
抓饭端上来，
二锅头快打开；
咱们两个喝起来，
你喝上一杯，
我喝上一杯，
我们大家喝起来，
嘿，我们大家喝起来！

最后两句是无限反复，大家合唱，刘友军情不自禁，起而伴舞，一时形成高潮。高潮中任为民又唱了一首野调子，解释说：土地刚承包那会儿，农民干活的积极性很高，天还没有亮，老头子就喊儿子起来套车送粪，老头子喊一声，儿子应一声，儿子是新婚，老子喊得急了，儿子就在屋里说，送粪送粪送粪，越说越快，最后长吁一声：送——粪。老头子就知道，最后这一长声是儿子把力气用尽了，就独自驾车去送粪，残月白惨惨地挂在天上，路上结了一层霜，驴蹄子有点儿打滑，老头子气儿不顺，想着老早去世的老伴儿，就很响地抽了一鞭，忍不住一腔野调子就吼了出来：“他妈的屁哎——”

任为民说咱库尔勒有个秦腔剧团，现在每个晚上都在演，这个团里有个拉大幕的，是维吾尔族老头。他在“文化大革命”时跟一伙红卫兵上北京看毛主席，回来后人问他见到毛主席没有？他说：“见到了嘛，毛主席站在高高的城楼上，穿的是绿军装嘛！”有人问：“毛主席老人家身体健康吗?”他说：“毛主席不但很健康，还非常非常聪明。那一天他在城楼上，拾了一顶帽子，就举起来一扬一扬朝城楼下喊：‘谁的帽子？谁的帽子?’城楼下几万人都喊：‘我的帽子！我的帽子！’争得不行，都有人哭啦!”问的人又问：“后来呢?”他说：“后来，毛主席把这顶帽子戴到自己头上去了，你想毛主席聪明不聪明，给了这一派，那一派就要武斗啊！所以毛主席说是要文斗不要武斗嘛!”

平凹给任为民写了一幅四尺整张的书法大字“戈壁唱大风”，后头小字云：“九六年九月一日夜，七人相聚，听为民君唱新疆民歌，狂放不已，满座皆欢，是我进南疆来最痛快之夜。食罢歌罢，其兴未尽，为君书几行也。”

任为民真诚地说：“今后我每年都要在9月，通过我在铁路上的便利条件，给你们运去一箱酥梨。”果然，一连两年，平凹与友人都收到任为民通过库尔勒至西安的客车捎来的酥梨。不料，第三年，1999年，酥梨快成熟时，平凹接到库尔勒来的消息：任为民因家庭矛盾被他妻子杀害了，时在1999年7月13日晨6时。

9月2日上午，平凹应邀到“塔指”职工教育中心演讲。职教中心正值第四期干部政治理论培训班开学典礼，200多名干部就带着笔记本整整齐齐坐在阶梯教室聆听平凹做报告。说是演讲，实际上平凹是在同职工干部谈话，或是交流在塔里木的心得体会。平凹说，我一见人就说我是到这里学习来了，这绝不是客套话，跑这么远的路来说客套话没啥意思。我到“塔中”跑了两天，上了钻井台，穿了袍子，回来我一路上心里都不平静，现在道德沦丧，民族精神不振，我们就常说要弘扬英雄主义的豪迈气概，这话平常说起来总觉得有些空，但看到这里的一切，我觉得很牢靠很踏实，这里储藏着很饱满的中华民族的英武之气，所以我觉得在这里可以净化人的心灵；过去我认为，自己兢兢业业著书写文章就行了，现在和石油工人比，一个作家太微不足道了！经常讲“塔里木精神”，我的理解，“塔里木精神”就是创造精神加牺牲精神，就是奉献精神加民族精神！现在，社会上有些人扮演贪污腐败的角色，有些人扮演醉生梦死的角色，有些人扮演浮躁轻薄的角色，有些人扮演萎靡不振的角色，而石油人扮演什么角色呢？借用一句歌词：一股英雄气在人间驰骋！一个对民族有贡献的人，要敢于担身前事，至于身后，自有历史评说！石油人的纪念碑就树在大戈壁滩上，就是那滚滚涌动的油龙，这是造福子孙后代的功勋，是为大善良，大善良对家族没好处但对民族有好处……

献身柴达木石油事业的维吾尔族老人依沙·阿吉的女儿，被诗人李季起名为柴达木汗，她现在是“塔指”工会副主席，听说贾平凹来了，赶紧跑了库尔勒的三家书店，买了贾平凹的著作，请他给她和自己的女儿题字签名，作为永久珍藏。还有一位女地质师，拿出一件崭新的衣服，让平凹在上面写了一段话。下午，平凹又去采访了“塔指”总指挥邱钟健。

路小路再次向中国作家协会领导汇报平凹这几天的活动和身体情况。一行人要离开“塔指”的石油人了，即将告别美丽的库尔勒，平凹站在孔雀河岸，望着远方的大草原，以及更远方的大沙漠，他一脸凝重，路小路也没了往日的调皮，郝贵平、陈福生眼里闪着泪光。平凹长久地在看天，然后，捡起一颗普通的鹅卵石揣入衣兜。

9 月 2 日晚，一行人乘南疆铁路的天鹅号旅游快车返回乌市。在库尔勒火车站，“塔指”的领导和职工、当地新闻界及读者，一大群人前来送行，好半天手都握不完。最后是陈福生，几天来都是他为平凹开车，郝贵平说他已把他和平凹的合影照放大挂在堂屋的正中。列车的汽笛响了，陈福生和平凹紧紧拥抱，两人都流出了眼泪。

3 日早晨回到乌鲁木齐，郭秀梅设家宴招待。饭后，阿米娜和另一位女士教大家跳新疆舞，平凹腿硬，两位女士就掰着腿教，一时笑声连天。之后，大家观看了郭秀梅拍的王洛宾和三毛的专题片，应平凹的要求，郭秀梅又唱了一遍《五朵梅》。

9 月 4 日下午 6 点，路小路接到北京的长途电话，中共中央宣传部副部长、中国作家协会党组书记翟泰丰要直接和平凹通话。平凹向翟部长汇报了这次塔里木之行的经过，汇报了在塔中石油前线获得的感受以及采访“塔指”各位负责人的印象，感情溢于言表。

贾平凹离开了塔里木油田，但他的心、他的思想久久地留在这块土地上。12 月 18 日，他在《人民日报》发表了报告文学《走进塔里木》。两年后，这篇作品被石油部授予“首届铁人文学奖”。

第十一章
费米娜文学奖

1997年2月20日，星期四。一大早，三秦出版社副总编邢良俊派车去接贾平凹等几位作家参加选题论证会，事前约好在北方乐园门口等齐。车晚到了20分钟，平凹冻得鼻子发红，他慌慌张张钻进车，又关紧车门，急问：“你们听到啥消息没有？”

车上几人故意摇头装作不知。他就说：“烟摊的老汉说的，我不敢相信，我连抽了三支烟，冷风把人冻得，心里直发紧，这消息不会是真的。”看平凹不安的样子，开车的张师傅拧开了车上的收音机。

哀乐响起，播报邓小平同志逝世并《告全党全军全国各族人民书》，车到陕西日报社接方英文，平凹一直没说话。打了传呼，英文下来在院子里东瞧西瞅，说好了是院里唯一那辆红车。平凹却不开车门，只说：“哀乐一响，我脑子里轰的一声，多少年都没听到这种音乐了。我只说这消息不是真的、不是真的……”

方英文试探着拉开车门，伸指头朝平凹恨了一声“哎”，就发表议论说：“毛泽东使中国老百姓在政治上翻了身，邓小平使老百姓在经济上翻了身，都是伟人，都要名垂千古。”

平凹似在自言自语：“街上人咋都木木的呢？黑纱、哀乐、汽笛……咋都没有呢？女人都还穿红挂绿的。”

开车的张师傅说："广播上说，25 号上午 10 点全国统一鸣笛三分钟哀悼。"平凹于是说："历史的新局面就是这么开创出来的，全部跟以前不一样了，真真是英雄创造了历史。"

说话间车到俭家巷，邢良俊在门口接着，问："今天怎么迟到了?"平凹对同车人说："我从来都守纪律，过去在老邢手下当编辑，上厕所都向老邢请假。"英文说："上厕所向年轻女编辑请假，你根本不是纪律好，是意识上要流氓。"老邢说："我是他老大姐哩，不开玩笑了，赶紧上楼，陈忠实他们早就到了。"

3 月底，平凹应山东省一些文化部门的邀请到齐鲁故地去。接待的朋友们说："您终于来了!"平凹说："我是来了，孔子弟子三千，我算不算第三千零一个呢？我没有给先师带一束干肉，但我带来一颗头颅，让我先在圣人的墓前叩一重响吧!"

主人先安排他在济宁城为读者搞了一次签名售书活动，又想在曲阜再搞一次，平凹断然拒绝了。他说："我怎么敢在孔子门前卖书呢?"这次签售的是他的长篇小说《土门》。

4 月 21 日，杭州朋友给平凹捎来一罐明前茶，他一时高兴，就招来一伙闲人品尝。茶喝了，还要饮酒，酒饮了，又要吃饭。平凹就说："你们这些人，原是以文而交的，交熟了却尽成强盗。"方英文说："我请人一般都是管喝又管吃的。"平凹说："不行，今天这饭咱抓阄，抓到谁，谁掏钱。这顿饭三百年前就安排好了，谁请客是命中注定的。"平凹就亲自做纸阄，亲自端盘子，亲眼看着各位抓取纸蛋，一二三，一齐拆开，"龟"字却在他手里，"强盗"们一齐欢呼，平凹一脸无奈："这顿饭真是三百年前我欠你们的了。"

于是一群人来到环城西路一家泡馍馆，平凹叮嘱老板："不要咋呼，我们悄悄吃顿饭。"凉菜点了一桌子，"强盗"们还叫着上狗肉、上烧酒，平凹就翻出他的衣兜，连毛票带硬币拢成一堆，说："我豁出去了，吃人肉都行，就这 171 元的家当。"没人理他，却来了四五个服务员，径直走到平凹跟前，拿出掖在身后的本子，一齐要请贾老师签名。只得签名。一伙子"强盗"在一旁幸灾乐祸着。方英文说："祝贺你签名成功，我赠送你一件礼品。"平凹疑惑着接过，见是一只打火机，高度只是普通打火机的一半，就说："噢，你污辱我是矮个子。"英文说："人用啥都要讲个般配，这打火机是专门配给矮子的。"平凹反击："你要是穆铁柱，就没我们这些矮人活的路了。"英文就说："不对，现在矮子就业最容易，我听说一家烧饼店专门招矮子服务员。"平凹一本正经地说："你应该记住，现在中国人能吃饱饭，全得恩于一个伟大的矮子。"穆涛插嘴说："一次文联开会，平凹发言，有人喊，平凹同志请站起来讲，后边人看不见。平凹说，我本来就是站着说的嘛。"英文又问平凹："听说你春上还去登了泰山，一个著名矮子站在一座著名的高山上，不知矮子是什么感觉，山是什么感觉?"

为了打岔，张孔明开始读平凹的文章："在孔庙里我睁大眼睛察看圣迹图，中国最早的这组石刻连环画，孔子的相貌并不俊美，头凹脸阔，豁牙露鼻……"

英文说，孔明你别念了，咱今天又不是来学文件的。又有人向平凹介绍在日本的一个动态：韩向东和他的导师池田先生到西安，和几个朋友聊过一晚上，韩向东说了四点意思：第一，日本学术界对《废都》的研究，从现当代中国文学专家到先秦汉唐的汉学家，学者们全面介入，特别是日本的老学者；第二，对中国政治经济怀有其他心理的人，三菱呀松下呀，把《废都》作为当代写真来分析中国下一步的经济文化走势，这部分读者量少但层次高；第三，马上要到中国赚钱的日本人，拿着《废都》到大阪、成田机场问从北京上海来的客人看过否？为何看？第四，外国到日本留学的学生有 19.7 万人，其中有 4 万中国留学生，这个读者群有审美和现实主义的双重目光。池田先生介绍说，《废都》在日本一版即印 6 万部，这在鲁迅著作多年的累计印数之外是外国文学在日本发行的新纪录。《废都》受到空前欢迎，原因是多方面的：一是大胆的性描写，中央公论社也投入了宣传，但这不是唯一的因素，日本书市上不少书中的性描写比《废都》更暴露，人们仍然漠然，而《废都》写得很老实，许多地方留下空白，《废都》在日本的盛况不能理解为是性描写的功劳。二是从前看中国小说都是在说教，暴露人的心理很拘谨，总要回避肮脏，这本书的最大突破是艺术性地表现了特定时空里一群人的心理真实。以前中国小说都是回答社会问题的，而《废都》不议论什么道理，只写生存状态，日本读者这回真正把小说当内心世界来看了，贾是真正的作家，有真正的艺术追求，再过十年二十年，批评《废都》的观点将被历史淘汰，优秀作品经历时间越长越能得到公正待遇……

说到这里，穆涛也介绍了一个情况，说是1993年中国当代文学研究会在苏州召开第八届年会时，一些当代文学研究家也提出90年代以来中国小说的基本态势出现了新变化：一、历史观与80年代不同，呈现出一种开放的历史观；二、视角进一步拓宽，作家们从各个角度接触历史真实，审视历史过程及人性内蕴，表现出一种大文化的视野；三、叙述策略发生了某种变化，各种艺术表现手法相互融合吸收，各种“主义”和“流派”之间呈互渗现象。在此之外，也有人指出，文学要警惕颓废情绪在世纪末的泛滥，作家和研究家都要为建设社会主义精神文明而保持自己的使命感。

问及平凹《废都》香港版、台湾版及韩国版的情况，平凹说他困了，不想说这个事。酒足饭饱，正要散场，急呼呼跑来一位白净姑娘，拿一方白素手绢悄悄走到平凹跟前恭敬地说：“请先生您给我题个字。”平凹不大乐意地摸着笔，方英文就势问她：“你请他题字，你知道他是谁?”姑娘很不好意思，红着脸儿一笑答：“听说他是个名人。”

6月初，平凹因肝病复发住院。朋友去看他，他郁闷地说：“人咋这么脆的，说不行就不行了，光这半年间，刘绍棠说走就走了，张弦也逝世了，贾大山是往生净土……”正说着，来了《文化艺术报》的王盛华，他带来了新出的报纸。头版上又是让平凹恼丧的新闻：“著名作家贾平凹又被假冒，《世界没有女人》粉墨登场。”报道说，一本由中国戏剧出版社出版、作者署名为贾平凹的长篇小说在各地悄然入市。该书的红底封皮上印着一身披睡袍的妖艳女子……盛华说，平凹为假冒《霓裳》一案已经与戏剧出版社对簿公堂，耗时多年至今未了，现在又出了这档子事，国家不管一管真不得了。平凹说这本

《世界不能没有女人》已有上海朋友买了样书寄来，他的律师已同戏剧出版社交涉，对方答复说这本书是假冒了他们出版社的名，他们也是受害者。话说到这儿，不由得又谈起前不久北京的朱文鑫打电话询问，北京市面上最近又出现了《贾平凹卷》等两本新书，不知是真是假？平凹生气地说："这是书商私自编印的，非法出版的，里边全是旧作，根据他们的需要随意编排，托人去查也查不出来。"

盛华无奈地说，这又成了无头案！转过话头又说，平凹你今年春上去了不少地方，上泰山、拜孔府，又应邀去青岛、成都、广州等地为读者签名售书，听说你还去大连参加了中国作协组织的全国中年作家会议。

平凹懒得详述，把几份材料给盛华，让他自己看。材料上详细记载了7月14日至19日全国中年作家创作座谈会在大连召开的情况。

9月中下旬，平凹在病中主持了《美文》杂志五周年庆典。

9月19日中午，平凹去接余秋雨，几乎同时，龙应台、魏明伦、陈村、肖关鸿相继落地，雷达所乘飞机则正在机场上空盘旋，平凹吩咐各路人马先送客人回宾馆，其余的他一拨一拨再接。20日开庆典会，平凹致辞："西安是一座古城，中国汉文化的氛围很浓，旅游东线的秦兵马俑可以增进我们做人的雄浑气势，西线霍去病墓的石碑可以体悟我们对艺术的理解……"

对于《美文》和中国散文的发展，嘉宾们纷纷畅所欲言。余秋雨说："我赞成把大散文或美文这个概念做比较宽泛的理解，美文不再停留在唯美主义的层面上，不再停留在外部文笔上的过于诗化、过于离开生活的滥情溢美的东西。大散文也不是非谈历史不可，或者非要达到5000字的篇幅不可，大和美往往是连在一起的，大和美如果从精神实质上去理解也许更好一些，这两个字实际上是在宣扬着一种精神高度。"

雷达说："最近我沿着沙漠公路到南疆走了一趟，我看到了我从未见过的壮观荒凉。我联想到我们的散文创作，我们没有开发的领域和尚未表现的情调以及审美的情调还很多，已经写过的生活与生活本身相比，还相差很远。因为我们的散文传统太辉煌了，这反而制约了散文的手脚，我认为写散文完全不必考虑散文的定义是什么……”

著名评论家肖云儒在60年代提出过散文“形散神不散”的理论，他说：“《美文》这五年的实绩主要在于对人文知识品格的发掘，这是大散文一个最重要的大字。《美文》就像平凹，散淡、温和、包容、有见解，但见解又融化在智识里边，使见解不那么突出，不那么炙手可热。从平凹这个作家的研究来说，《美文》将很可能成为有关贾平凹未来研究中的一个重要的理论文化背景。《美文》在空间上在文化上是把平凹的创作拉到整个中华文化的大背景上来了，那么《美文》就可能成为平凹整个知识背景文化背景的一个新的提升。由商州地域拉到大的长镜头，鸟瞰中华或西北或整个黄河流域的文化，再下来的镜头可能由民间的、民俗的、土地的文化拉到人文层次的背景上来。因此我觉得把《美文》和贾平凹联系起来研究，将是一个很有意思的话题。”

22日，平凹亲自陪大家参观法门寺，他告诉大家，1984年他来这里时，法门寺塔倒塌了半边，院子里长满荒草，他就写文章向外界宣传此塔，后来修复塔身时发现了地宫。大家就一个个在塔前与他合影。当来自新加坡的林秋霞小姐刚站到平凹身边时，他突然歪倒下去，有人喊平凹你不要意乱情迷，王大平说平凹这几天实在是太累了，平凹被人扶起，说是尾巴骨摔坏了，车也坐不了了。大家劝他小心，他却说：“佛的恩德普照世界，我竟在佛的面前表功，佛是在惩罚我哩。”

10月，西安大风降温，平凹就寻强力银翘片，正翻箱倒柜地找着，电话铃响了，不接，就一直响。这是一个十分重要的电话。

《废都》的法文译者安博兰女士无法直接与平凹联系，就托他的朋友、北京外文出版社的总编助理及法文部主任吕华设法查找，吕华与他在西安的朋友联系，都说贾平凹不好找，正着急时，外文社的作家、编辑野莽向他提供了平凹友人的电话，请求转告平凹：20日晚务必接听一个国际长途电话。

电话里说：“我是安博兰！”

平凹问：“你在哪儿？”

对方答：“我在巴黎。”

平凹问："是你约我通话吗？"

安博兰答："是的是的，我要告诉你，《废都》的法译本已经出版了，我给你寄了一些样书。"

平凹突然记起，大约三年前，安博兰代表法国司托克出版社与他签订过出版合同，鉴于中国台湾、韩国等地因《废都》版权问题发生过被骗的事件，所以对用外文翻译出书他已淡然。加之安女士自签订合同之后再未与他联系，所以对法译本的事他几乎已经遗忘了。安博兰在巴黎锐声高叫："《废都》在法国一上市，立即引起法国文学界、读书界的强烈反响，人们评价很高，有汉学家将《废都》比作中国当代的《红楼梦》，有人惊讶当代中国还能出现这样的作家！"安博兰又说："在我们这边，贾平凹被称为当代中国重要的作家、伟大的作家！还有一个好消息：《废都》已入围今年法国费米娜文学奖，我代表司托克出版社邀请你来巴黎参加揭晓及颁奖大会，请告诉我，你能不能来？你的政府能不能允许你来？"

平凹一时不知如何答复，他"嗯嗯"着，安博兰声音尖锐，中文又说得紧急，平凹又是一口陕西方言，两人就在国际长途电话里反复就某个词的意思做着询问或解释。安博兰要求他 11 月 2 日之前赶到巴黎。

平凹说，他没有护照，而要办护照，法国方面得先发来个邀请函，据邀请函他才能办理，这不是三几天能够办好的，办完这一系列手续，时间上可能来不及。安博兰说，你最好来呀，法国文学界都期望见到你。平凹说，入围也只是入围，真的去了，揭晓会上揭晓的不是《废都》，这样去的意义就不大了。安博兰就说，当然现在还不能下定论，但这部小说在法国的影响超过了其他一些竞争者。

安博兰又询问《废都》在其他国家和地区的出版情况，平凹介绍说，日译本在日本极为轰动，韩国的译本同样引起轰动，据韩国报纸报道，初版印刷的 12 万册已经售完；台港版的几乎发行到全球所有的华人地区……

穆涛约几位朋友去平凹家，进门就说："拿酒去拿酒去，今儿不喝什么时候喝？"平凹就趔趄着身子去找酒，穆涛就在这边喊："今儿让你出点儿水可别心疼啊！”平凹在那边喊：“糟蹋人也不在这一会儿么！”说着果真抱来了酒，穆涛斜眼一看说：“是啤酒啊？不嫌太寡淡了吗？”平凹就正经着解释说：“这金太史啤酒是司马迁家乡的酒，《史记》寡淡吗？”穆涛拧开瓶盖，大家说今晚喝这酒特别有意义，就一齐端起盛酒的粗碗，举碗相碰，正饮间，一位女编辑问：“用这么粗糙的瓷碗喝茶饮酒，请问贾先生这是你的一种什么讲究吗？”贾笑而不语，穆涛说：“这是老贾的阴暗面。”有朋友就说：“这粗瓷碗是平凹在北京偷的。”平凹说：“我喜欢粗笨的、呆憨的器物。”

没过几天，安博兰就把邀请函发给了吕华，叫抓紧时间办理签证手续。吕华将把邀请函的传真件发到穆涛的传真机上。邀请函有了，问了有关部门，说是办护照和签证最快也得十天半月时间。平凹说那就算了，不去了。有人就说他有特殊关系，保证五天之内把一切手续送到你手里。平凹说，那就与安博兰再联系联系，看有没有啥新情况。待与安博兰再次约定了通话时间，时光已流到了24日，按要求是11月3日揭晓并颁奖，作者必须在11月2日前赶到巴黎，看平凹对赴法总体上持消极态度，大家也只好说等与安博兰再通一次话以后再说。大约在26日，总算与安通上了话，安依旧表示获奖大有希望，但最后的结果只能在揭晓之日才公布；法国读者和文学界都希望在巴黎见到贾平凹。平凹的意见是，办手续很麻烦，时间上来不及，身体上也不大好，感谢法国文学界和读者，这次虽然来不了，但以后有机会一定去，这一切希望安博兰女士能理解。

11月3日晚，平凹正与几个文友在《美文》编辑部玩儿麻将，约10点钟，穆涛从他房间里出来，站到平凹身后，看平凹正急急搓手，牌已停着三张口，一派紧张又兴奋的样子，穆涛就很平静地对大家说：“现在停一下，我来发布一个消息，贾先生要和的牌是三六九饼。”平凹就气愤地说：“不想让我和牌，我就自摸呀！”穆涛就轻声说：“《废都》获奖了。”众人皆以为穆涛是有意捣乱，平凹也只顾伸手去摸牌。穆涛就拖他起来，说：“你先去接电话！”

电话是北京吕华打来的，他说：“刚才得到法国消息，《废都》荣获1997

年度法国‘费米娜文学奖’，现在我正式向你表示祝贺！”平凹朝空打了一拳，说声“好”，放下电话，就返身又去自摸那三六九饼。三六九饼没有摸着，反挨了别人一枚“炸弹”，虽继续责怪穆涛不该打断他的牌气，结账时却比平时爽快了许多。

到了夜里 12 点，几位朋友到水晶宫海鲜楼，平凹请客。这一顿海鲜，平凹花了 173 块钱。之后回到《美文》编辑部，穆涛主张发一条消息，平凹却说，谁肯发表呢？书在国内被禁，多年来新闻界见“废都”二字如临大敌，少是拒不宣传，多是避之不及，现在宣传在国外得奖，是不是惹是生非？但两个朋友认为，《废都》获奖属于新闻，这跟报上登的洛河里出现一个背有奇图的鳖一样，也和王麻子家老母牛下了一头五条腿的牛犊一样。平凹略做思索说，那你们就把事实一定弄准，出于负责，新闻稿要具你二人的真名。

最后形成如下新闻稿：

本报讯（孙见喜、穆涛报道）

据 11 月 3 日法国巴黎消息：中国作家贾平凹的一部长篇小说（《废都》）荣获法国“费米娜文学奖”（即法国女评委外国文学奖）。这是贾平凹继 1988 年获“美国飞马文学奖”之后又一次获得重要的国际文学奖。“费米娜文学奖”与“龚古尔文学奖”“梅迪西文学奖”共为法国三大文学奖。该奖始创于 1904 年，分设法国文学奖和外国文学奖，每年 11 月份第一个星期的第一天揭晓并颁奖。本届评委会由 12 位法国著名女作家、女评论家组成。贾平凹是今年获得该奖项“外国文学奖”的唯一作家，也是亚洲作家第一次获取该奖。法国方面曾邀请贾平凹出席该奖的揭晓及颁奖仪式，贾平凹因故未能成行。

之所以在稿件中将《废都》写入括号内，是担心有的报纸不愿使书名见报，在删去括号内容后不影响全文的通顺。次日，穆涛以传真方式将此稿发向国内许多家报社。随后，该消息或他人写的此类消息相继见报，如《三秦都市报》《华商报》《文艺报》《文学报》《作家报》《文论报》《文汇报》《解放日报》等。《中华读书报》拒绝发表，据说已排版，但主管部门未通过。香港的几家报纸及台湾《联合报》也都发了有关消息。“美国之音”也做了报道。11月11日，法国国际广播电台打越洋电话采访了贾平凹，他在这次采访中不避什么忌讳，侃侃而谈，道出了一段时间内他的苦衷和心迹。

在这之后的一段时间里，平凹不断收到一些报刊社及作家、读者的贺电贺信。

11月13日，平凹收到法国文化和联络部部长卡特琳·特罗曼的贺电，电文说：“谨对您的小说《废都》荣获女评委（Fémina）外国文学大奖表示最热烈的祝贺，相信这部杰出的作品一定能打动众多的读者。”接着，平凹又收到法国驻华大使皮埃尔·莫雷尔的贺信。

平凹分别向二人回信表示感谢。两位法国官员的态度说明法国政府对此事十分重视，就有人建议平凹应该向组织汇报一下。平凹说：“不给组织说不是，给组织说也不是。”考虑再三，他决定向中国作家协会的负责人翟泰丰、张锲汇报一下。遂写一信，说明有关情况。两位负责人收信后，由张锲给平凹打来电话，说：“翟先生有病住院，让我给你回信，但考虑了一下，觉得这信没法儿写，所以打个电话，主要有两层意思：一是表示祝贺；二是你不知怎么办，我们也不知怎么办，你自己处理，最好向当地领导请示一下。”西安一些朋友认为，这样的答复既是朋友式的祝福，又是上级领导尴尬而聪明的处理意见。平凹考虑西安市领导可能也是这个态度，遂想，若让领导尴尬，倒不如不去请示了。

至于法国驻华大使在信中提出要在大使馆会见一事，平凹给皮埃尔回信说：“我是全国政协委员，每年春节过后都要到北京去开会，明年春我到北京一定去大使馆拜访您。”信发出不久，平凹又接到法国驻华大使馆工作人员的电话，说大使将于12月15日去西安，请平凹在西安会见大使。具体联络办法是：那天下午2点，在西安凯悦酒店正门口，站着几位法国人，其中唯一一位打领结（其他人均打领带）的也是这些人中身材最高的一位就是大使皮埃尔·莫雷尔先生，到时贾先生可以直接上前自我介绍。也有法国和其他国家的记者和约见者，通过省政府外事部门与平凹见面。相比而言，大使的约见方式更具个性。

11 月 14 日上午 9 点，西安地区文学界、新闻界、企业界百余人，以民间组织的形式在北郊桃花源休闲山庄召开了“贾平凹小说创作座谈会”。本来拟定的主题是“贾平凹荣获法国女评委文学奖庆贺酒会”，征求意见时一些新闻界的朋友建议改为创作座谈会，这样于新闻报道上更方便一些。组织者接受了这个建议，会议如期举行，由陕西省文联副主席、著名评论家肖云儒主持，企业家章功效提供会费赞助。

桃花源山庄高大的山门上，悬挂着山庄主人自己制作的巨大横幅：祝贺贾平凹荣获法国女评委文学奖！庄内一些景点也着意做了装饰，气氛热烈而节制。原先，组织者和山庄都主张把事情往大煽，但友人以为不妥，也不必。这是出于一种经验：在 1994 年平凹最困难的日子里，一些乡党朋友为他搞了个“贾平凹创作二十周年庆贺会”，也许压抑过久了，一些朋友过分张扬，甚至承办者红叶酒楼在几天前就在他们大楼上挂出数十米长的巨大庆贺横幅，要求参会的人由原先计划的 80 人增加到二三百人，最后实际来人挤满了两层楼，有人估计在千人上下。人多不怕，怕的是来的都是什么人！会议定在 10 月 9 日上午，10 月 8 日之前已将会场及音响器材准备妥当，但在 8 日深夜，突然来了一些人，说是某公安分局的，以聚会未申报为由将所有器材搬走，本来布置好的会场被弄得七零八落。怎么办？次日的会，西北大学校长、商洛行署专员、作为朋友的陕西省委省政府的一些领导、省市文联作协的头面人物将全部到会，一些文艺团体还准备了节目，特邀的陕西电视台著名节目主持人陈爱美甚至临时调换了台里的栏目，会议的规格可谓不低，但现在突发这档子莫名其妙的事，怎么办?！红叶酒楼的人就动用一切关系，黎明时分，总算用万元罚金换回了音响器材并做了必要的保证，这惊心动魄的一幕贾平凹事后才知道。

所以，这个研讨会就在平静谨慎中开始发言。《废都》责编田珍颖、西北大学副校长于清华、来自平凹家乡的商洛地区文联主席胡万成、市文联副主席冯明轩、陕西省作协副主席王愚、《小说评论》执行主编李星、山西省作协主席焦祖尧、陕西师大教授畅广元、西北大学教授费秉勋、西北大学中文系主任刘建勋、青年评论家李国平等相继对平凹和他的《废都》做了中肯的评论。平凹最后发言，他说："这个会，在几个朋友动议要办时，我是谢绝的。我的想法是，虽然聚会的源头是《废都》得了法国费米娜外国文学奖，但获得这个奖对我来说，大体无所谓。因为作家写出的书还有读者在继续看就可以安慰了，而我大致已慢慢从阴影中走了出来。但我拗不过朋友的好意，大家以民间的形式、朋友的身份聚于休闲山庄，我也就来了。我现在的想法是，这个奖在法国，法国又是小说大国，它毕竟对校正这本书的误读有好处，为更多的一层人去读，供作者产生一份写作的自信，但我也不主张都说获奖不获奖的事，以此时间谈谈文学艺术，谈谈我近年创作的长短，这样的聚会就更有意义了。我已经是人进中年，一时的得失看得并不如以前那么严重，也正是如此，我仍在写作，而且更能心平气和。我写作是我的生命需要写作，我并不要做持不同政见者，不是要发泄个人的什么怨恨，也不是为了金钱，我热爱我的祖国，热爱我们民族，热爱关注我们国家的改革，以我的观察和感受的角度写这个时代。但我的这种忧患常常被一些人曲解或先入为主地去阅读我的作品。这是我的悲哀。但我坚信，文学是讲大道的，需要时空的检验，而产生的一切不尽如人意处，首先我要检点自己，是我的能力弱小，只能继续去努力，除此之外，别无选择。我幸运的是我活在中国发生伟大变革的年代，活在世界变得越来越小的时期，活在西安。今天来的各位朋友，有作家、评论家、学者、教授、编辑、记者、家乡父老、母校老师和从事别的行业的专家，感谢大家，正是你们一直在关注着我的创作，才给了我生存和创作的力量。春来池塘鸭知暖，树有包容鸟亦知，这是我终生要铭记的。在我年轻时，常常为名利而产生张狂意和挫折感，现在回想起来觉得发笑，世事的经见，使我不敢说我已成熟，但起码，我学会了理解和包容，无论以什么目的、方式曾经麻烦甚至受伤的人与事，我并不记恨，我理解了各人有各人的生存环境，各人有各人的思维方法，不管是正面的和反面的，不论其顺耳和逆耳，对我都是一笔财富，作为人生活在世上，我都要快乐地享用。我母亲对我讲，她怀我的时候，先是梦见一条巨蟒缠腰，再是梦见遍地的核桃，她捡了又捡，捡了一怀，如果说迷信的话，我的命里有核桃运的一部分，核桃是砸着才能吃的，所以，我需要方方面面的敲打才能成器。我没有什么可以回报各位，唯有继续写作品，不让大家的期望落空。”

安博兰又来电话，告诉平凹：“您在法国是几乎人人都知道了，我现在特别忙，每日都有记者来采访，很多法国作家都向我询问您现在的情况。”法国很有名的《新观察》杂志每年评选世界十大杰出作家，今年贾平凹名列其中，杂志社要求新当选的世界十大杰出作家每人写一篇短文在该刊发表，大家同用一个标题《我的控诉》，这个标题是从左拉开始一直沿用下来的，不是针对某个具体的人或事。平凹依要求写了，考虑到《废都》在大陆的特殊情况，用《我的控诉》为题可能引起误解，就自己决定将标题改为《我的话》。文章传过去后，对方认为不合要求，一是文章太长，二是不能用自定的标题。同题作文是一种历史沿革，《我的控诉》是多少年来为多少个作家共同使用，中国作家贾平凹不能特殊。问能不能不写？对方说还是要写。为了尊重其他杰出作家、尊重《新观察》的读者，于是平凹又重写了这样一篇短文：

《废都》是我的一系列小说中的一部，它描写的是本世纪之末中国的现实生活，我要写的是为旧的秩序唱的一首挽歌，同时更是为新的秩序的产生和建立唱的一首赞曲。不幸的是，我的忧患和悲悯被一些人视而不见和误解，在《废都》正式出版百万册后竟被禁止了再版发行。这犹如你正当众讲话，突然一只手捂住了你的嘴，让你变成哑巴！被禁后，《废都》虽然以千万册的数量在民间私下印刷，虽然被流传到海外被译成各种文字出版，但在中国的书店里再也见不到一本正式版本，我是很沮丧的。被禁之后引发的一系列生活与创作上的困境使我步履艰难，而我仍在坚持写作，支撑我写作的动力是我拥有千千万万的读者，我坚信我的写作是忠于时代和艺术的。当《废都》在法国出版并获得“女评委外国文学奖”时，这无疑又一次增强了我对文学的自信。一个作家，最欣慰的就是其作品能得到不同民族不同语言的读者的认可和喜爱啊！

12 月 13 日，吕华从北京来西安，两天后，他作为中译法的翻译陪同平凹如约会见法国驻华大使皮埃尔·莫雷尔，并应邀参加了法国在陕专家招待会。为了这次会见，大使特意带来了文化参赞、一等秘书及翻译，平凹的陪同人员则是吕华、穆涛和袁西安。

这一天，在五星级的凯悦大酒店，一楼的音乐厅里，轻柔的钢琴旋律缓缓流淌着，莫雷尔先生和平凹一边品着中国绿茶，一边交谈着。

莫雷尔说："首先，我向您荣获法国费米娜外国文学奖表示祝贺。"

平凹说："谢谢，法国读者能接受并喜欢我这本书我很高兴。"

"费米娜文学奖在法国是有权威和盛名的文学大奖，这个奖在欧洲有广泛影响。您是亚洲作家第一次获得该奖。法国一些出版社都乐于出版您的书，我想知道贾先生出版过多少本著作？"

"到今年底吧，我出版的作品有 70 多个种类，包括小说、散文、评论以及诗歌。"

"法国人通常买获奖书送礼，如果贾平凹先生的 70 多部著作都能介绍到法国，也是法国读者的荣幸。在法国，您不但是人人都知道的作家，而且是很有地位的作家，您没有亲自去领奖，这非常遗憾，我欢迎您随时去法国，我们会在一个小时之内给您办好签证，法国的文学界、出版界都会乐于接待您。我知道您这部获费米娜奖的《废都》在 1993 年出版后受到批评，您怎么看待这件事？"

"一本书受到批评或赞扬都是正常的，一个作家出版了书最可怕的是没有反响。我写作以来，一些作品引起过几次争议，就是您说的批评的意思，和前几次比较，这次好多了，《废都》出版后，有人说好，有人说非，但基本上都是在文学界之内。前几年有关我的传闻很多，说我怎么怎么了，国外的国内的朋友常打电话问我，事实上我一直好好的，我仍在照常写作。"

"您的生活是否因此而受到某种影响呢？"

"没有。可以这么说，在中国当代作家中，我的稿酬收入可能是最丰厚的了，我的书在《废都》之前销路就比较好，报刊的稿酬和出书的版税收入不少，另外我的字画也卖钱呀。”

“您收听过法国国际广播电台的广播吗？《废都》获奖的消息公布已经一个多月了，法国人现在还在热烈地谈论这件事，法国读者非常喜欢您这本书。”

“我很少收听广播，国内的国外的。不过法国国际广播电台通过电话采访过我，我的一位作家朋友也就《废都》获奖一事接受了这家电台的采访。”

“您这本书讲述了一座有传统的老城在现代生活环境里的状态，您怎么看待中国目前的改革？”

“谈到对中国当代社会的看法，政治家有政治家的眼光，经济学家有经济学家的观点，史学家又有史学家的态度，而艺术家有艺术家的方式，就像中国古画《清明上河图》里画的宗教与《宗教史》里写的宗教有区别一样。”

“我最近正在学习中国书画，中国书画的艺术境界是很独特的，也是很高的。”

“那好么，用中国的一句老话说，我们可以切磋技艺了。”

“非常好，非常好。我今天要送给您的礼物就是一部很大的画册。我还想知道您在《废都》之后是否中断了写作？”

“作家证明自己活着的唯一方式就是写作。《废都》之后我出版了两部长篇小说《白夜》和《土门》，还出版了几部随笔集。我是在写作中获得快活的那种人，除了写作，我可以什么都没有。”

“法国给您这部书得奖也不是因为您这本书在中国受到某种批评，法国的文学传统证明法国可以对世界文学发表意见。”

大使又向平凹询问了有关这本书的其他情况，还谈了他对书中一些人物及情节的看法。双方交谈了一个半小时。

最后，莫雷尔大使将自己带来的精美的大画册《从中国到凡尔赛》赠送给平凹，大使在此书的扉页上写道：“赠此书给贾平凹先生，以作为我们今晚的亲切会见的纪念，并向您表示崇高的敬意！”之后，他又拿出自己珍藏的法文版《废都》让平凹签了名。平凹回赠大使一幅他自己的书法作品和一部中文版的《废都》。

12 月 20 日，在陕西省球迷协会换届选举中，贾平凹当选为新一届球迷协会副主席。当主持人宣读到贾平凹的名字时，全场球迷起立狂呼达数分钟。之后，秘书处向平凹送来了陕西国力队的球衣和陕西球迷协会的会标。国家队的前著名球星、现执教陕西国力队的贾秀全与平凹成了好朋友，两人常在一起切磋球艺，他们同宗同祖，谈论足球有许多共同语言。

就在 12 月底，一个好消息传来——陈忠实的《白鹿原》获得第四届茅盾文学奖！30 日晚，陕西文学界在大峡谷休闲俱乐城聚会，共庆此事。平凹自然前往祝贺，他怀着激动的心情宣读了事先准备的讲稿。他说："当我听到《白鹿原》获奖的消息，我为之长长吁了一口气。我想，仰天浩叹的一定不仅我一个人，在这个冬天里，很多很多的人是望着月亮，望着那夜之眼的。其实，在读者如我的心中，《白鹿原》五年前就获奖了，现今的获奖，带给我们的只是悲怆之喜，无声之笑。可以设想，假如这次还没有获奖，假如永远不能获奖，假如没有方方面面的恭喜祝贺，情况又会怎样呢？但陈忠实依然是作家陈忠实，他依然在写作，《白鹿原》依然是优秀著作，读者依然在阅读。污泥里生长着的莲花是圣洁的莲花。作品的意义并不在于获奖，就《白鹿原》而言，它的获奖重在给作家有限的生命中，一次关于人格和文格的证明，从而供生存的空间得以扩大。外部世界对作家有这样那样的需要，但作家需要什么呢？作家的灵魂往往是伟大的，躯体儒弱卑微。他需要活着，活着就得吃喝拉撒睡，就得米面油茶酱，当然，还需要一份尊严。上帝终于向忠实发出了微笑，我们全都有了如莲的喜悦。"

1997 年是牛年，贾平凹还在苦苦地耕着他的土地。据不完全统计，这一年他出版著作约有 11 种：

1. 长江文艺出版社"中国当代才子丛书"《贾平凹卷》；
2. 中国青年出版社散文集《走虫》；
3. 工人出版社散文集《如语堂》；
4. 广州出版社"世界华人散文大系"《贾平凹卷》；
5. 人民文学出版社《贾平凹小说选集》；

6. 台湾金安出版社《贾平凹小说选集》两卷；

7. 台湾金安出版社《贾平凹散文大系》三卷；

8. 香港天地图书公司港版《土门》；

9. 日本中央公论社日文版《土门》；

10. 香港天地图书公司散文集《坐佛》；

11. 法国司托克出版社法文版《废都》。

其他产生影响的作品有原载于《人民文学》的短篇小说《镜子》、原载于《上海文学》的短篇小说《梅花》等。另外，在《喜剧世界》发专栏文章10篇，在《南方周末》发表系列文章4篇，还有几十篇“描摹社会世相、抒发心灵世界”的散文随笔散见于各地报刊。

1997年公布的平凹获奖作品有：短篇小说《制造声音》获“小说月报”奖，同时又获“作家报”专家评选十佳短篇小说奖；《土门》获《作家报》专家评选十佳长篇小说奖；《走进塔里木》获《人民日报》优秀报告文学奖；散文《我的老师》获“中华文学选刊”奖；长篇小说《土门》获西安市文学奖；长篇小说《废都》荣获法国女评委外国文学奖。

这一年，贾平凹研究也取得了不小的成果，如专著《栖居与超越》《贾平凹的佛手》《〈废都〉大评》等，以及发表于全国各地学术刊物上的单篇论文约30篇。

第十二章
果子是根的呈示

第九届全国书市将于1998年10月在陕西西安举办。作为主办省，省新闻出版局要求下属的16家出版社必须为书市拿出拳头产品。同时，省局与太白文艺出版社在咸阳电力宾馆联合召开作家座谈会，希望作家们奉献力作，为书市争光。得知贾平凹写作《高老庄》的初稿完成在即，太白文艺出版社总编辑陈华昌要求负责此事的编辑尽快与平凹签订出版合同，力争在本届书市上推出，放个响炮。经反复磋商，1998年2月20日，太白文艺出版社与贾平凹签订了出版合同。

4月，贾平凹正式住进西安高新技术开发区新纪元宾馆，对他新著的长篇小说《高老庄》进行第二稿写作。他有一嗜好，每次写长篇，都要在脖子上挂一个象征性的饰物，这次他佩戴的是一件米色的人形玉石，他说这块玉的名字叫"通天人"。这次写《高老庄》，除"通天人"日夜伴他之外，稿子上压着水晶的镇纸，稿子旁摆的是绿松石将军像，将军像前边放置着耀州窑烧制的"贾平凹"大印，大印对面墙上贴着九天玄女图，九天玄女图旁边贴着一位著名画家画的人体画《温雪》。他要为自己营造一个艺术创造的氛围。

初夏的一天，平凹私自在这里接待了一位南方来的女记者。因为有约在先，为了保证写作时间，贾平凹住处对外保密，并且特别叮嘱了向他提供饮食的袁西安先生和宾馆工作人员。然而，他和这位女记者谈得很不愉快。女记者刚刚离开，《小说评论》执行主编李星就进了门。他的到来令平凹惊奇，问他何以知道行踪？李星说："我其实不是来找你的，我来看一个客，在登记处我刚说我是作家协会的，那接待员就说贾平凹不见客，我说贾平凹在这里啊，那我倒要去见见哩！一番周折后就来了。"李星问他新作的进度，问身体，最后问，"你今天咋蔫不拉唧的？"

平凹说："刚才来了一个女记者，提了些问题，有些问题我说不清，她就不高兴，好像我应该什么都知道，我对五行八卦都精通，我懂哲学懂女人懂装修懂罗马史，我应该境界高尚品德纯洁极富修养——就为这我生了一肚子气。"李星说："她这么要求也没错，但她是只要蝴蝶不要毛虫。"平凹说："唉，我要是会说这句话，把她啥话都挡住了。这个女记者，提了不少俗而又俗的问题，但说起小说创作，她提问题比专家还专家。"然后，两人就转换角色，平凹以女记者的口气将那些充分专业化的问题甩到李星面前。李星沉思着，幽幽地啜着茶，说："这些问题我遇到得多了，说简单些只三两句话，说复杂些就是一本书。比如，文学艺术的本质是什么？当作家应具备什么条件？大作家和小作家的区别是什么？什么文字不算文学？什么是小说？什么样的小说才算好小说？什么是经典小说？你最尊敬什么样的作家？你最不尊敬什么样的作家？等等。"

平凹说："这些问题你按普遍化的原则来回答，她说不新鲜，回答太个性化了她又说你偏颇。"又说，"最受人尊敬的作家应该是：他永远以文学的方式从事创作，不在文学之外寻找途径；自信但不自我封闭；做文做人表里如一；不以邻为壑；童心未泯，矢志追求；尊重批评家"。李星说，"最不能得到我尊敬的作家是：走门子拉关系壮大声势的；贬低别人抬高自己的；对评论家心怀仇恨的……"

话未说完，来了省新闻出版局研究室的王新民，他送来西安市中级人民法院的一份判决书。王新民说："这是《霓裳》侵权案的终审判决。大意是两条，一是曹某和蒋某分别给你赔偿 9 万元和 7 万元，戏剧社赔偿 3 万元，1201 厂和新华彩印厂各赔 2 万元，南华印刷厂赔 1 万元；二是以上几方要在省级以上报刊上刊登经法院核准的赔礼道歉声明，费用他们几方自负。”王新民又送上第26期《西部文学报》，该期发了王新民写的相关消息。看了判决书和报纸，平凹没有说话，大家都没说话，这个话题太沉重。

6月4日，平凹写完《高老庄》修改稿的最后一个字，给天地四方各鞠了躬。然后，穿戴整齐，下楼，但见阳光十分明亮，心情就格外舒服。到一条食街寻吃物，走了个来回，只见满街荤肉无法下嘴，就在一街边小摊上吃了一个素火锅。中午12点，太白出版社的编辑赶到他的房间，他说：“往后就是你的事了啊！”编辑先看后记，平凹在后记里写道：

在世纪之末写完《高老庄》，我已经是很中年的人。中年是人生最身心憔悴的阶段，上要养老，下要哺小，又有单位的工作，又有个人的事业，肩膀上扛的是一大堆人的脑袋，而身体却在极快地衰败。经历了人所能经受的种种事迹（除过坐牢），我自信我是一个坚强的男人，我也开始相信了命运，总觉得我的人生剧本早被谁之手写好，我只是一幕幕往下演的时候，有笑声在什么地方轻轻地响起。《道德经》再不被认作是消极的世界观，《易经》也不再是故弄玄虚的东西，世事的变幻一步步看透，静正就附体而生，无所慕羡了，已不再宠辱动心。一早一晚仰头看天，象全在天上，蹲下来看地上熙熙攘攘物事，勤勤恳恳的式又都在其中……道被确立之后，德将重新定位。于是，对于文学，我也为我的评判标准和审美趣味的变化而惊异了。当我以前阅读《红楼梦》和《楚辞》，阅读《老人与海》和《尤里西斯》，我欣赏的是它们的情调和文笔，是它们的奇思妙想和优美，但我并不能理解他们怎么就写出了这样的作品。而今重新捡起来读，我再也没兴趣在其中摘录精彩的句子和段落，感动我的已不在了文字的表面，而是那作品之外或者说隐于文字之后的作家的灵魂！偶尔的一天，我见到了一副对联，其中的下联是“青天一鹤见精神”，我热泪长流，我终于明白了鹤的精神来自于青天！

《高老庄》的书稿三审通过，出版社一边安排美术编辑做装帧设计，一边安排内文下印厂。

平凹叼空给他主编的《美文》写了“读稿人语”。他对发表在《美文》上的作品提出新的要求：“文章可以写得不华美，但一定得内涵深厚；可以写得不聪明，但一定得整体浑然；可以写得粗糙，但一定得鲜活。”刚落笔，《高老庄》的责任编辑来了，看他正给钢笔吸墨水，就趁机说：“书稿已经下厂，你任务完成了，我任务也完成了，这支钢笔我收藏了。”平凹大方地说：“这只墨水瓶你也收藏了去。”编辑问他：“你改《高老庄》用了多少墨水?”他说：“这支笔不多不少吸完整整两瓶墨水，我也吃完不多不少一大箱方便面。”

《贾平凹文集》（陕西人民出版社 1998 年 10 月出版）

10 月 9 日，第九届全国书市在陕西国际展览中心开幕。应书市组委会之邀，10 月 10 日上午 9 点，平凹准时来到书市专设的陕西著名作家书架为读者签名。本届书市上，将展销他的几种新书：太白文艺出版社出版的《高老庄》、陕西人民出版社出版的十四卷本《贾平凹文集》、广东人民出版社出版的《贾平凹禅思美文》、上海人民出版社出版的《平凹的艺术》、陕西美术出版社出版的《贾平凹书画》，还有太白文艺出版社出版的一部介绍平凹创作历程的《贾平凹的道路》。这些书在书市一开张就有读者买了等待签名，上午 8 点，读者蜂拥而至，平凹到来后，设在地下室的陕西作家展馆和一层大厅里已被人挤得水泄不通。《军工报》记者鲁军民、燕玲自愿服务把读者要签的每本书翻到扉页，平凹快速地写一行字“贾平凹，1998. 10. 10”，有记者掐表计算，平凹给每本书签名的时间是 6 秒钟。时任陕西省新闻出版局副局长任中南坐在平凹身旁，平凹说："领导亲自督战，我可不敢怠慢。"任局长说："要是再'克隆'一个平凹就好了。"中间休息时，平凹接受了陕西电视台新闻部主任张书省及中央电视台记者的采访，平凹说："签名售书给作家提供了一个和读者面对面交流的机会，商界的人叫促销，能促销到什么程度说不准，但借此可以给出版社扩大影响。"有一位河北保定来的读者买了全套《贾平凹文集》请他签名，问他："您在每部书的书脊上写了一个汉字这是一种什么讲究？"他说："这是陕西的装帧设计专家曹刚先生的构思，手写汉字在书脊上装饰性很好，很新颖，这些汉字排列起来又是刘邦的一首诗'大风起兮云飞扬，威加海内兮归故乡，安得猛士兮守四方'。这首诗共 23 个字，曹刚用到第 14 个字。在我的感觉里，我的一生大概要写 23 本书的。"

书市期间，河南卫视台传真发来一份采访提纲，共有四个问题：一、请您介绍您十年来小说创作的变迁：《浮躁》—《废都》—《高老庄》？二、您在《卧虎说》一文里说，您追求中国传统美的东西，在您 90 年代以来的四部长篇小说中，这种追求有着怎样的连续性？三、在世界范围内，民主意识日渐强烈，独裁政权日渐式微，您作为一个当代作家，独立的文化人格的形成和确立是建立在什么基础上的？四、展望中国当代文坛，展望您个人 21 世纪的文学创作，请您随便谈几句。

平凹给前来联系的刘伟说："这些问题还难回答，请给我一星期时间。"后来，平凹如期做了回答。

10 月 14 日，有出版社又组织了一次签名售书。因为现场太混乱，平凹匆匆离去，不少读者甚至还和主办方发生了冲突。事后，湖北一位叫马刚的读者写信说："……只有旅游结婚我才有机会去西安，去西安五成也是冲着全国书市去的。去前就想，平凹先生此时在西安吗？如果能见他一面就好了。这一切在 10 月 14 日的全国书市上变成了现实。那天，我远远地看着您，夹在拥挤的人群中，想着您给我签名时的神态。我一步一步接近您，那么近，那么近，可无序的队伍和毫无准备的组织工作令您过早地离场，我傻眼了，就好像一个渴望吃糖的孩子看着已到眼前又掉落地上的糖块，您的离场使秩序更乱了。人们像未能买到紧俏商品一样同工作人员争执不休。您也不容易啊，平日要学习、创作，又有行政事务缠身，面对读者您又不得不木然地挤出表情接纳他们。不管他们持何种态度，是冲着您的文章、书画、名头？还是凑热闹？您都得一一写上‘某某某正，贾平凹’。您这是一种超然的精神，不然无法应付。您离场后，我遇到一位老太太，她自称是您的老乡，闲聊中得知我等了半天未得到您的签名，就慷慨地拿出刚签上‘某某某正’的《高老庄》要让给我，我怎能横刀夺爱呢？况且又有她老人家的名字。那一刻，我才明白，为什么把您称为人民的作家、群众的作家呢！……我记得我买到《白夜》时的情形，当厂里的老理发工看清《白夜》的定价后，惊呼：我要剃19个头啊（这里理一个头一元钱）！在他不可思议的眼神下，我赶紧把书收到包里，就好像真的收拾起了19个人头。”

10月24日，西安街头出现《高老庄》的盗版本。经追查，货源来自东北。此时离正版书面市不足半月。

《文艺报》发表文章，总结1998年全国的长篇小说创作。几位评论家雷达、何启治、白烨、周政保等均将《高家庄》列入自己认定的长篇力作之一。

1999年1月3日，在西安北郊的桃花源度假山庄，上海收获杂志社邀请全国部分评论家座谈《高老庄》。

5日，中国作协又召开了《高老庄》研讨会。贾平凹对大家的发言表示感谢，他说：“在北京开这么大的会，我这四十五六年了，这是第二次。那一年就是《浮躁》在北京开会。北京大人物多，能人多，来能听听人家的发言、人家的角度，看看人家的气象，有一些观点在西安听不到。……北京大得很，到哪儿也不方便，以各种交通工具赶来，也是很受罪的事情，尤其北京这种活动又特别多，今天能来这么多人自己觉得很幸运，而且刚才听了好多见解，确实有些东西作为一个作家来说也搞不清，好像雾天晚上一样，觉得前面有一团光亮，但是具体是些啥东西，老搞不清，是糊里糊涂往前走，就像河流一样觉得这水应该向东流吧，就那样流过去了。我这人不爱走动不会社交，认识的人少得很。我是悄悄坐在咱家里，偷着看评论家都说啥哩。所以有些新观念我都在认真琢磨，不管是表扬的或者是批评的，不影响一个作家是不可能的。所以对于各位的意见我特别珍贵，有几个观点我无法具体来说，但我觉得哪儿开窍了，觉得知道咋弄了，下一步该怎么走。来京之前，《收获》也在陕西开了个《高老庄》的会，我在那会上也说，理论家、批评家那个思考比作家更理性更全面，吸收外来的信息多，因为他们专门研究这个东西。但在某种程度上，作家和评论家可以说在同时间思考一个问题。当然作家思考的方式方法不一样，或者思考得不清晰，但这么一交流吧，好多东西我有些明白。我现在一直在考虑，形而上呀形而下呀，虚和实的结合，原来我在西安看《易经》《道德经》，讲一生二，二生三，三生万物，一般像阴阳结合部，也就是虚实结合的地方，现在人把那叫中庸部分，那个部分不仅仅是咱现在理解的中立，我一直想咋样把握这些东西。刚才胡平先生讲的我听了自己很兴奋，有些东西作家写的时候没有多少意思，没做过那么多更深的探索。我一直在想这个东西，听谁稍微点一下就明白了。非常感谢大家开这个会，自己回去吧，再捋顺捋顺，再思考思考，再想想自己的东西，回报大家的，只有以后再好好写作。”

当然，也有不同的声音。6 月 21 日，上海《新民晚报》“文学角”版《解读名家》栏目发表葛红兵《贾平凹的路向》一文，对研讨会上众口称道的叙述语言进行质疑。文章认为，“写《商州》的时候，平凹相当‘土气’的，这种‘土气’是和大地紧密相连的东西，他也的确在思想上和那片哺育他的土地结合着，那时他在语感上是鲜亮的，是和他的直觉一致的，相当朴素，没有矫揉造作的东西，没有炫耀，没有格式”，“细读《废都》，我们发现，贾平凹似乎从他的西安作家与明清小说爱好者的位置走回到他的乡下故居了，他身上的那种传统文人的金石气让位给了内陆农民的偏执气。他对语言的控制力下降了……”

20 世纪的最后 10 年，平凹写了他的第四部到第七部长篇小说：《废都》《白夜》《土门》《高老庄》，正版书的最低印数都在 20 万册，每部都有盗版，在娱乐活动大繁荣的 90 年代，在作家浩叹出书难的世纪末，在出版社、书商悲哀于图书市场萎缩，读者队伍急剧流失，文化贬值的年头，为什么贾平凹的书，小说、散文以至书画集却如此火爆？浅层的原因是什么，深层的原因是什么？

有一位名叫胡香的记者就如上问题要《高老庄》的责编回答，责编说：“一、思想内容上的人民性；二、艺术形式上的民族性；三、人物故事的底层性。这三点决定了贾平凹这四部长篇小说灿烂于90年代并将在下个世纪继续灿烂下去。人民是土壤，土壤接受的东西必然永久。根存于土。根活着，芽在；芽活着，就有茎有叶有花，果子只是根的呈示。”

近十年来，有不少作者、读者、记者、评论者、研究者都想了解平凹现任妻子的情况。但平凹有言在先，不要将大众读者导入对他个人生活的关注和议论。但毕竟没有不透风的墙，多年来也不断有各类报纸的各种披露。有的是“哥德巴赫猜想”，有的是凭空编造，平凹只有沉默。所幸他的女人不喜欢在人前走动，更不悦于上镜头，故“她”在平凹身边存在着，但媒体却无奈于她。早在《废都》出版后平凹住院治病那段时间里，经常有各界朋友前去探望，也经常有朋友带了朋友的朋友一同前去看“一个著名病人”。在某人某次带来的朋友中，有一位高身材的俏丽女郎，她随朋友去探望了，后来又自个儿去探望，一来二往就熟了。圈子里有人发现了端倪，问平凹那位帮他煎药的姑娘是谁？平凹小着声儿说：“是郭梅。”朋友问：“郭梅是谁?”平凹说：“一位小同志。”

出院后平凹又回到他借住的西北大学宿舍。一日，两位朋友来看了平凹要走，平凹说你们别走，一会儿有人送烤鸭来。问是谁？他说是一位高个子的小同志，能看出来，他和小同志已经来来往往很有些时日了。片刻，果然有高个子姑娘推门进来，年轻，漂亮，衣着打扮很时尚，身高约有一米七。小同志热情地请朋友们吃她带来的烤鸭。但是，在给朋友削苹果的时候，露出了她生活经验上的欠缺。她不是通常人们削苹果的那样，用两个指尖捏住两头，这样手指就不会碰到削过的地方。她削苹果是满把握，然后再拿到水管上去冲洗。就这样的家务水平，指望她来照顾属于人民的贾平凹吗？朋友摇着头离开了。事后，有朋友对平凹坦言大家对小同志的看法，平凹笑了，说这姑娘气度大哩，是个“忽喇海”哩，他说不会做家务不要紧，年轻么有可塑性，咱可以教导她训练她么。他说她才来时，摆放他的茶具烟具也没个规矩，指教了几次人家就记住了。

显然，平凹很欣赏她，看重她的胸怀和大气，看重她不改造男人，看重她对男人的宽容和理解，看重她很在意男人的创造活力。这小同志原是一家解放军医院的药剂师，后自己独立从事金融和经济方面的投资活动，她有自己的朋友圈子。有人传言说她曾是时装模特儿，这是误传，不过曾有朋友拉她参加过几天形体训练。

平凹离婚三年后的1996年秋，与郭梅结婚，时年她27岁。事实证明，朋友的担心是多余的。郭梅不干扰平凹的生活规律。平凹的亲戚需要资助的，她都办得较妥当。对平凹的母亲也关怀备至，她甚至在一个夏天独自带着婆婆和娘家妈上了一趟北京，满足了老人看天安门的愿望。她买了一辆小巧的大禺车，到时间就开车来平凹的书房送饭，若有饭局，平凹会电话通知她不要来了，

贾平凹与郭梅

她就在电话那头笑着开一个平凹的玩笑："好啊，还能给咱省些汽油呢。"1997年农历十二月初五，郭梅生下女儿，平凹取名"若若"。问平凹"若若"是什么意思，他说没啥意思，只要娃平常、自然、本色就好。平凹给他的下辈人取名很耐人寻味，他的大女儿叫"贾浅"，他的侄子叫"贾佳"，他小女儿叫"贾若"。这个"贾若"，谐音是"假若"，一个很值得玩味的设问句……贾若的性格不同于姐姐贾浅的内向和腼腆，这小女儿是外向的、开朗的，她敢在她爸的记事板上写上几个不准擦掉的大字"老爸万岁！"也敢在奶奶的生日宴会上把一捧奶油抹在她爸的脸上，还敢在郭梅接平凹回家时命令她爸："坐后边去！"问为什么，她就大声喊叫："怪他不漂亮！"郭梅说，这都是她爸平时惯的，她爸不愿陪我们上街，就说因为自己长得不漂亮，孩子就记住了。贾若好像执行爸爸的规定，凡有人要给她照相，她就用双手捂了脸，同时还"不要不要"地高声喊叫。

2004年10月13日，在西安五星级的喜来登大酒店，平凹为自己的大女儿贾浅举行了隆重的婚礼，出席的各界朋友约百席。贾浅从西北大学中文系毕业后，分配在西安建筑科技大学人文学院当教师，她的丈夫贾少龙是一家银行的职员。为了办好孩子的婚礼，郭梅在后台进行了精心策划和操作。场面上，平凹、俊芳双双给人敬酒，快乐而和谐，人们给他俩脸上抹红，开他们的玩笑，逗他们合影，看得出俊芳很开心，平凹也很有分寸地尽量把前妻推向前台。最让来宾感动的，是平凹在婚礼上的讲话：

我27岁有了女儿，多少个艰辛和忙乱的日子里，总盼望着孩子长大，她就是长不大，但突然间她长大了，有了漂亮、有了健康、有了知识，今天又做了幸福的新娘！我的前半生，出版了百十余种作品，而让我最温暖的也最牵肠挂肚和最有压力的作品就是贾浅。她诞生于爱，成长于爱中，是我的淘气，是我的贴心小棉袄，也是我的朋友。我没有男孩，一直把她当男孩看，贾氏家庭也一直把她当作希望之花。我是从困苦境遇一步步走过来的，我发誓不让我的孩子有像我过去那样的贫穷和坎坷，但要在“长安居大不易”，我要求她自强不息，又必须善良、宽容。20 多年里，我或许对她粗暴呵斥，或许对她无为而治，贾浅无疑是做到了这一点。当年我的父亲因为我而欣慰过，今天，贾浅也让我有了做父亲的欣慰。因此，我祝福我的孩子，也感谢我的孩子。女大当嫁，这几年里，随着孩子的年龄增长，我和她的母亲对孩子越发感情复杂，一方面是她将要离开我们，一方面是迎接她的又是怎样的一个未来？我们祈祷着她受到爱神的光顾，觅寻到她的意中人，获得她应该有的幸福。终于，在今天，她寻到了，也是我们把她交给了一个优秀的俊朗的贾少龙！我们两家大人都是从乡下来到城里，虽然一个原籍在陕北，一个原籍在陕南，偏偏都姓贾，这就是神的旨意，是天定的良缘。两个孩子生活在富裕的年代，但他们没有染上浮华习气，成长于社会变型时期，他们依然纯真清明，他们是阳光的、进步的青年，他们的结合，以后的日子会快乐、灿烂！在这庄严而热烈的婚礼上，作为父母，我们向两个孩子说三句话。第一句话，是一副老对联：“一等人忠臣孝子，两件事读书耕田。”做对国家有用的人，做对家庭有责任的人。好读书能受用一生，认真工作就一辈子有饭吃。第二句话，仍是一句老话：“浴不必江海，要之去垢；马不必骐骥，要之善走。”做普通人，干正经事，可以爱小零钱，但必须有大胸怀。第三句话，还是老话：“心系一处。”在往后的岁月里，要创造、培养、磨合、建设、维护、完善你们自己的婚姻。今天，我万分激动着爱神的来临，它在天空星界，在江河大地，也在这大厅里，我祈求着它永远地关照着两个孩子！我也万分感激着从四面八方赶来的参加婚礼的各行各业的亲戚朋友，在十几年、几十年的岁月中，你们曾经关注、支持、帮助过我的写作、身体和生活，你们是我最尊重和铭记的人，我也希望你们在以后的岁月里关照、爱护、提携两个孩子，我拜托大家，向大家鞠躬！

一个风和日丽的午后，平凹问画于晓雷。晓雷说：“士别三日当刮目相看，你当初是把人画成了鬼，现在是把鬼画成了人，过去的画是重趣味，画人是鬼模鬼样，画兽是非驴非马，如今的画有了透视和素描功夫，造像越来越逼真，比如这幅《毛泽东与战友》。”晓雷是陕西省作家协会的副主席，博于文史，他来到平凹的书房，目光一转，问：“你屋里竟藏有这么多的古玩文物，难怪人说你这儿是陕西第二历史博物馆，名不虚传啊！这么多种类的汉罐，大的人能坐进去洗澡，小的可置掌心把玩，还有这半屋子的奇石、炕头狮、各种材料的大小佛头，这么多稀罕东西，你大概不会掏钱买吧？”

平凹答：“咋不掏钱买？你看这尊小小的北魏石佛，我给人家掏了 8000 元，还答应再给人家写 10 幅字哩！”晓雷说：“就这啊？你怕是上了当吧？”平凹说：“主要是当时那个感觉好得很呢！回来看了几遍，仍然感觉很好，有一种气息很强烈。不过来看的人多了，都说我受骗了，我也就觉得不对劲了。”晓雷说：“给人的钱恐怕不好再要回来了。”平凹说：“钱给了就算了，这人现在日子也过得紧巴，不过字我是不给他写了，马河声说他从中给合辙合辙哩，把事情了了就算了。”晓雷说：“是的是的，与人宽与己宽嘛！但收藏这么多古物，也得你花一大把血汗钱哩！”平凹说：“也没花啥钱，大多数是用字画换来的，也有别人送的，20 多年了，日积月累下来的，发展是硬道理嘛！”

两人笑说了一回，晓雷问：“那晚看电视，你竟然也当了选美比赛的评委？你眼中的美女是美在哪儿啊？”平凹说：“那是第四届城市运动会评选礼仪小姐，人家硬叫我当评委，没办法么！”晓雷问：“那你把票投给了什么样的女子？”平凹连连摇头，“呵呵”地笑着说：“再别提了，我看那些女孩子人人都可爱，三点式一穿，在你面前站一排，全都一模一样，我眼睛都看花了，评到后几轮脑袋都麻木了，看不出谁比谁差，也不忍心刷掉哪一位，就闭着眼睛在打分表上画道道，唉，实在是糟蹋人哩，你要有熟人的孩子参加这类比赛，千万劝住了，别误女娃的前途了。”

晓雷沉了脸，严肃地问：“怎么是这样？总得有几条量化的指标么？”平凹还是摇头：“不提了不提了，喝茶喝茶。”晓雷就端起茶盅，看到平凹写字台的后墙上高悬着“大堂”两字，又问：“这是你的新斋号啊？你这书斋位于太白路，叫成‘太白大堂’多好？”平凹望着“大堂”二字，鼻触茶盅，幽幽地吸那水汽，未作回答。晓雷又说：“你名满天下了，静虚村不住了，何不起个斋号叫‘大名府’呢?”平凹拈须微笑，又不作答。晓雷就说:“那我来解释你这‘大堂’的寓意吧！看你这写字台摆放的形势，犹如戏台上审理诉讼的官府大堂，你悬挂‘大堂’两个字的位置，就是惯常悬挂‘明镜高悬’匾牌的地方，你在摹写人间万象的时候，有击鼓升堂的感觉，对不?你分明是以艺术法官的身份坐在这里，你写小说的笔就是知府巡按的朱笔，但你是对生活审判，是对人物审判，对人生审判，对生命审判，你说我解释得对吗?”平凹轻笑一声，又啜一口茶说:“你是老作家，你想得深刻。”晓雷又说:“你看你‘大堂’两边的对联‘远想出宏域，高步超常伦’，就是对‘大堂’最好的注解么!”

正说着，来了青年书画家马河声，鉴于马河声在书画方面的才华，平凹曾在报上公开写文章，向社会各界推荐，几年来虽有不少单位面谈聘用，但终因马有自己的想法而不愿捆绑在什么单位，但他和平凹对书画的交流却是日益频繁了。三人又很自然地谈起了书法。晓雷说:“平凹你是越来越有意地使用侧锋和方笔，这种写法容易使字凝重敦厚，你不伸锋出芒，也不故作游龙戏凤竞风流，你是一竖一横笔笔到位，这看起来粗笨，但读起来却富有古意，你是把灵气和才气都收敛了起来，是不是?”平凹嘴角动了几下，没说出话又去啜茶。马河声说:“董其昌的字内敛而敦厚，所以他做官稳稳当当；王铎的字锋芒毕露，所以他的命运坎坷曲折。你看平凹兄，人家文联主席坐了十来年了，谁谁谁老想着顶替哩，我看他爬上来还得一阵儿哩!”平凹一口茶噎在喉咙里，说不出话，只一个劲儿地摆手制止。晓雷就转移话题说:“这一段时间，平凹你是有意在摹写姚伯多哩，你把这么多残缺不全的拓片装在镜框里，是寻找那温润醇厚的独特气象哩吧?”

说得平凹一时来了认真，就严肃着长脸说:“字要写得厚，写得团，才能让人拉得开。写草书要简，尽量简约，要有断笔，不要太流利，要相对滞涩一些，断是笔断意连，这样显得有内涵，有意味，耐琢磨。”马河声就连连赞叹平凹说得好，称平凹是从书法的自然状态进入到了理性状态了。一时说得平凹高兴，就立起身，打开书柜上的老式黄铜锁子，取出两个织锦包裹的紫色木匣，拉开匣子，取出两轴长卷，三人慎慎地展开一轴，是《道德经》五千言。平凹说：“这是大年三十夜里，人家守岁，咱守的是《道德经》。我恭恭正正抄了一夜，原是抄在一页页的古式花笺上，裱的时候裱成长卷了。”晓雷和马河声啧啧称奇，满眼辉煌中，平凹又展开第二轴，说这是他随时想起来的诗句、名言，全是信手拈来的，不拘一格，装裱时四幅连成一组，十六组连成一轴。二人连连称说漂亮。平凹又说：“我写字风格的转变，是在去过新疆之后。那里的大雄壮、大广袤、大奇谲，使我意识到以后的书法必要追求厚重博大和雄浑的。”晓雷说：“这和你在文学创作中的追求是统一的，你要的是昆仑之雄伟，戈壁之苍茫，如你喜爱的茂陵石雕那样，博大、粗犷、厚重、拙朴，而又浑然圆润，自然天成，无斧凿之痕。”马河声听得兴奋，一时就大吼：“人说平凹哥是妖怪，是鬼才，我信了。”随手就展了宣纸，挥笔润饱了墨，在空中扬了扬，却伸手递给了晓雷，晓雷提笔就写，两个大字立现于宣纸——谪妖！字后题款云：“古有谪仙李太白，今有谪妖贾平凹，均乃人间之大幸也！”

三人笑说了一回，又评说姚伯多，又议论魏碑，说着说着平凹就捉笔在手，晓雷说：“前年，你给我题的对联是‘天雷远震，文运长久’，这两年倒还出版了几本书，蛮顺利的。”平凹平着脸，弛然落笔，无言中，又给晓雷题写了一联“惊雷破天晓，细雨润芳春”。马河声说：“你把他两口的名字嵌了个巧。”平凹用笔杆点着字面说：“这不是藏头诗一类的，晓雷、天芳的名字在里头花叉着呢！”马河声说：“你这寓意有点儿黄吧？”平凹一边在笔洗里涮着笔，一边木木地说：“你说黄就是黄不黄也是黄，你说红就是红不红也是红。”晓雷说：“你俩人，一个是六经注我，一个是我注六经，跟读《红楼梦》一样，谁想看见啥里边就有啥。”说笑间，平凹露出了脖颈儿间一件饰物，晓雷索过细看，原是一块墨绿色的小石片。平凹说：“你闻闻，这可不是一般的东西。”二人凑近闻之，俱言有巧克力的香气，就问这是什么玉石。平凹说：“说了不要吓着你们，这石头比黄金价高出六倍，指头蛋大一块顶得上拳头大一块金子。”马河声说：“哎我纠正一下，指头蛋和拳头的比例是1∶60。”平凹“哎呀呀”地笑说：“你数学学得好你数学学得好。”马河声伸手过来，一边说："哎哎，你出门得注意着，光这脖子就得一个加强排的保镖，还有一双写《废都》的手哩，少说也得一个加强连吧？"平凹说："你别笑哩，这石头救过一个道士的命，为了施恩于众，道士把这石头切成了薄片分赠众人，其中的一小块流落到了咱的手里。这石头的名字叫'金香玉'，古书中有记载的。"说到随身的饰物，平凹说这是他的一个爱好，特别在写大作品时，更是一块石头不离身。他说他写《废都》时，身上挂的一块石头上天然有一个"大"字；写《白夜》时，身携的石头上有一个天然的红狐狸；写《土门》时，颈悬的玉石是一条龙的形状；写《高老庄》时，那块玉是西周的通天古玉。他说常常是书写完了，身上的玉石连同那支笔一同送人，这实在是一种习惯，也不是啥神秘。但奇怪的是写《废都》时那块"大"字石，他说你把"大"字拆开就是"一人"嘛，写完《废都》离了婚，不就成一个人了吗？

两人由此又说到平凹的性格，创作上是特立独行、我行我素，处事上是不温不火、沉稳宁静，早年害肝病，靠这战胜了病魔；80年代时，一个作者可以凭一篇作品走红，一走红就可以睥睨一切，文坛上浮躁之气弥漫，而那时的平凹却把他的书屋叫"静虚村"；90年代以来，文学边缘化了，他却升堂坐帐，把自己的写作间叫了"大堂"，威严庄重，正大光明！

说话间，晓雷掏出一本书《玫瑰园的故事》，这是平凹和画家邢庆仁合作的，画出邢氏之手，配文则出自平凹之笔。说到平凹的文学志向，晓雷叫马河声看这本书的扉页。扉页上有平凹的题词，书是他送给晓雷的。马河声就念道："九九年九月十一日夜，晓雷兄来太白大堂，谈天说地论艺术，相聚愉悦，遂取一册小书相赠。书虽小，友情重。时四届城运会开幕，电视上正演《黄河入海流》，但见满场秦兵，秦王当年举剑向天天自碧，我辈秦王之后，龙种岂生跳蚤乎？"三人又要言志，门外谁在叩叫，马河声前去开了门，呼啦啦拥进一群人。这一群朋友在诉说木南，有说他善制嵌名联，有说他制的联平仄对仗不工，有人举了例子说李白的某首律诗的对仗也乱得一塌糊涂。平凹听了说，不妨咱们一试，一群人就互以名姓作藏头诗或嵌名联，又要平凹和晓雷评价，又互为调侃，平凹说，我给你们每个人都写了一副，对仗不对仗我不管，你只看意思如何。众人看时，竟是：

英文：英雄当乱世 文雅存太平

河声：河从天上来 声由渊下起

耀增：耀邦需圣清 增寿靠德馨

见喜：喜雨而亭 见心乃德

杰民：杰地生香草 民穷出盗贼

水琴：水流只为地不平 琴弹应是云中音

马栋：马驰大道风难追 栋撑倾厦云也避

大家闹闹哄哄，这个指平凹的谬误，那个要做什么修改；又说最近马河声卖字挣了钱，就嚷嚷着叫马河声请客，平凹也跟着起哄，说这河声怎么能重钱轻友？一时间，这个要吃酒，那个要喝茶，男的要洗脚，女的要美容……嚷叫声中，晓雷一扬手说："平凹今日很累了，还要给一个重要的报刊写文章，咱们都走，今天河声身上装了三千元，咱尽着兴儿花他的！"朋友们果然就走了。平凹并未先给"重要报刊"写文章，而是遗憾木南今天没来，想着想着就坐下来，笔在手里拈转几下，就很正经地给木南写一封信：

刘建军（木南）先生暨各位发起人：

好！

得知您们以民间的形式自愿组织一个西安的"贾平凹文学艺术研究会"，我表示感谢。您们都是在各方面有成就的人，既然要组织这个会，我当然认可，但也有压力，即我的作品值不值得去研究呢？诚然，成立这样的会是不以原作家本人意志而定的，你们有你们的权利，但若要组织，务必按国家有关条例去申报登记，一旦成立，当遵守国家一切法律政策行事，一切按文学艺术的规律行事。谢谢您们。

贾平凹于2000年3月11日

应作家出版社安排，平凹赴广州签名售书。其间，他接受了时任《南方都市报》记者的青年评论家谢有顺的采访，他说："我大概是受了《易经》的影响，想借一个东西来说另一个东西。《怀念狼》所提供的故事，我想让各种读者都能接受，也就是说，在形而下的层面，我把细节抠得很实，看起来每句话都是大白话，但从整体上看是一个意象，所有情节都是虚的，这就是所谓以实写虚吧。局部的意象不为我看重了，而是直接将情节处理成意象。"

2000 年 6 月，全国的书市热得火爆：贾平凹的新著《怀念狼》由作家出版社出版了，这是他的第八部长篇小说，一版印数 15 万册！这仍然是发生在商州的故事。

舆论认为：《怀念狼》这部小说是在民间传说的基础上，极尽虚幻和想象，构筑了一个人与狼的情仇世界。它表现出人性与狼性难舍难分的渗透与转换。也许，狼性根本上就是人性的一部分，只因为有了狼的存在，才把人性打磨得纯正一些。可以说，这部叙述无羁、寓意丰饶的长篇小说是一阕寻找天人合一的祈歌。那么，贾平凹在写作之初，他是怎么想的呢？

2000 年的 1 月 16 日，他在一篇短文中说：

我的爱好比较广泛，其中之一是收藏秦、汉、唐年间的陶罐，往往得到一件东西，很快地，必会有同样大小、色泽的另一件东西再得到，以物能引物，我就守株待兔，藏品也日渐丰富。干什么行当干得久了，说本行当的话时，似乎口里总有毒的，上自皇帝的教训是"口中不敢有戏言"，下至樵夫上山绝对禁口"滚了"的话。我自以为文章是天地间的事，不敢随便地糟蹋纸和字，更认为能不能写成，写成个什么样儿，不是强为的。文学不是以时代的推移而论高低、优劣，也与作家的年龄大小无关，曹禺 20 多岁写成了《雷雨》，张爱玲一出道就完成了她的文学成熟。有的人十年才磨一剑，有的人倚马千言，不可一概而论。各地有各地特产，比如贵州的酒，云南的烟，山西的醋，嗜酒者当然推崇贵州，但绝不必认定贵州是人间天堂。有位画家，是西方的莫兰迪，有人写文章说这画家几十年在意大利的小镇上，面对了几个罐子作画，画出了大成就，遂也检点起我在《高老庄》写作中的一些困惑。十年前，我写过一组超短小说《太白山记》，第一回试图以实写虚，即把一种意识，以实景写出来，以后的十年里，我热衷于意象，总想使小说有多义性，或者说使现实生活进入诗意，或者说如火对于焰，如珠玉对于宝气的形而下与形而上的结合。但我苦恼于寻不着出路。在《怀念狼》里，我再次做我的试验，局部的意象已不为我看重了，而是直接将情节处理成意象。这样的试验能不能产生预想的结果，我暂且不知，但写作中使我产生了快慰却是真的。如果说，以前的小说企图在一棵树上用水泥做它的某一枝干来造型，那么，现在我一定是一棵树就是一棵树，它的水分通过脉络传递到每一枝每一叶，让树整体的本身赋形。面对着要写的人与事，以物观物，使万物的本质得到具现。画家贾科梅蒂讲过他的一个故事，说他在1925年终于放弃了只是关注实体之确“有”的传统写实主义绘画后，尝试了所有的方法，直至那个“早上当我醒过来，房子里有一张椅子搭着一条毛巾，但我却吓出了一身冷汗。因为椅子和毛巾完全失去了重量，毛巾并不是压在椅子上，椅子也没有压在地板上”，如隔着透明的水看见了水中的世界。他的故事让我再一次觉悟了老子关于容器和窗子的解释，物象作为客观事物而存在着，存在的本质意义是以它们的有用性显现的，而它们的有用性正是由它们的空无的空间来决定的，存在成为无的形象，无成为存在的根据。但是，当写作以整体来作为意象而处理时，则需要用具体的物事，也就是生活的流程来完成。生活有它自我流动的规律，日子一日复一日地过下去，顺利或困难都要过去，这就是生活的本身，所以它混沌又鲜活。如此越写得实，越生活化，越是虚，越具有意象。以实写虚，体无证有，这正是我把《怀念狼》终于写完的兴趣所在啊。20世纪末，或许21世纪初，形式的探索仍可能是很流行的事，我的看法是，这种探索应建立于新汉语文学的基础上，汉语文学有着它的民族性，即独特于西方人的思维和美学。诚然，美国及西方的文化风靡，或许有一日全球统一化，但这一日对于中国来说毕竟不是短的日子……

如此抽象而繁难的理论说教，一般读者听来如同天书，但面对了记者，他的陕西方言却是再通俗不过了：

问：能说说《怀念狼》的成书经过吗？

答：这部作品写得时间长，大约三年时间，一共改了四遍。几易其稿与这部书的责编懿翎有很大的关系，因为我认同责编的意见，所以没有反抗。最后一次修改整整干了三天三夜。因为我的小说观念变了。在写《浮躁》之前还是传统的写法，受中国五六十年代，包括三四十年代那种文学创作路子的影响。这部书抛弃了那些，表面看是写实的而实际又不是，似乎是吸收了印象主义的东西。几十年来的文坛上，似乎我们都是在从事武术，兵器不是刀就是剑，区别也就是你是武当我是少林，而我就用了枪和炮，就把武术变成了战争。我自己总想走出套路。

问：专家们大都认为这部作品是最难评价的，社会学家看到了社会兴衰的含义，人类学家认为是写人与自然的关系，文学家从文字的叙述后面读到了一种解放了的激情和深深的忧患。你自己怎么看？

答：近几年来我对世界越来越感到恐惧。连我自己都弄不明白我恐惧什么。也许是科技的高速发展，也许是战争和灾荒。如今，整个世界都充满了悖论，这种悖论是人类面对自然、面对动物、面对除人以外一切牺牲的矛盾，面对这种矛盾，人变得既渺小又狂妄，既可怜又贪婪，既精明又愚蠢。我觉得做人实在是挺受罪的一件事情，我有时真希望是一块石头或是一棵大树，指不定哪天夜里走在路上真真切切就把树看成人，惊醒时眼前确确实实是棵树，这种意识、这种感觉曾经十分强烈。我在想象中把人变成了万物，把万物幻化为人，也许是对恐惧的需要，也许是随着年龄的增长，我对任何事物都自觉不自觉地辩证地去设想，这种设想实际上是很可怕的，狼明明是人的天敌，抑或说人是狼的天敌，但我真的在祈祷狼繁荣昌盛、人也繁荣昌盛的那一天能够来临，我是痴人说梦，不知哪一个作家不是痴人！

问：从什么时候产生了怀念狼的情结？

答：小的时候狼留给我的是恐惧，不是听说狼又吃了哪村的一个孩子，就是狼吃了哪家的牲畜，狼的故事充满了我的童年和少年时期。我 19 岁离家到西安读书，往后的日子再回家渐渐听不到人们提起狼，现在狼几乎灭绝了。我的孩子从幼儿园回来说老师讲了大灰狼的故事，问我狼是什么？我愣了。狼的灭绝让我想到了自己的年龄，我突然觉得自己老了，我真是恐惧极了。从 45 岁以后，经常早上睁眼的第一个念头就是担心这个世界出事，马上打开电视看看新闻，总怕报道我们的国家有什么天灾人祸。

问：有人说，你这部作品对达尔文物种起源的论点提出质疑，也有人称此书为“后达尔文”的文学作品。上帝创造了人的同时也创造了众多的生命，但人却把自己的地位抬得特别高，如果动物都消失了，只剩下人类，那人的生存也就不会很美妙吧？

答：写作前，我的朋友也担心我写成个“环保”式的东西，但我给他看完一部分后，他马上去掉了担心。他认为这部作品看上去是虚的，实际砸得特别深，夯得特别实。现在我也不能一下子说清我写的是什么具体的事。因为每个细节都很具体，好像身边发生的，但又都是假想，整个在创造一种虚的东西。这部小说肯定有隐喻和象征，隐喻和象征是我思维的一部分，也是最易呈现文学的一部分。

问：书中的“金香玉”是确有其“石”吗？

答：古时说香妃有体香，其实那是女子身上戴着块“金香玉”，是玉放出的香。

问：你认为这是你最辉煌的一部作品吗？

答：我写完以后糊里糊涂的。一开始我只知道我写的河向东流，怎么流我不知道。我能感觉到，但无法说清楚。本来这是部寓言式的小说，没有解释一个概念、一个观念，没有理念的东西。写作的快感就是常常有飞来的灵感。突然在这儿加个这，加个那，这就是兴奋点。水流着流着出个浪花，这是动笔前不会想到的。写到这种状态就特别高兴，痛快淋漓。有时写得就非常涩，一上午都写不下去。

问：你如何看同辈作家和他们的作品？

答：有一段时间，看谁的作品都比自己的好，有一段时间却觉得谁都不过如此。我喜欢有才华的作家。

有人把一个评论家的话转告给平凹时，平凹惊恐地说："千万不敢把这话传出去。"这位评论家说："上帝把颠覆一块文学样板的策源地给予贾平凹之时，已经洞察到这位小说英雄会纵情高歌地开拓文学的疆域，将一部奇书传到人间。"

一时间，《怀念狼》引来评论界的广泛关注。2000 年 6 月 25 日，贾平凹在《华商报》发表有关《怀念狼》的创作感想，他说："我为了使我的作品产生多义性，总是寻找着形而下与形而上的有机结合，一方面为了增加作品的生活实感而引起读者阅读的快意，注重生活的细节，写事实而又实；又一方面为了呈现文学的意义，设计着多种多样的象征和隐喻。作品的精神来自于作家的灵魂，我尽力在我身上找原因，而得了心又如何应手呢？在北京的《高老庄》研讨会上，一些批评家的意见使我蓦然醒悟，便也就意识到自己热衷的意象不仅要当作局部细节来写，更要变为大的情节来写，这就是越发地写实，而真正的以实写虚，才能获得更多的人亲近我。"7 月 1 日，《怀念狼》的研讨会在西安举行，陕西评论界人士王愚、肖云儒、李星、畅广元、费秉勋、王仲生、晓雷、杨乐生、孙见喜、苑湖等，就这部作品的写法和主题进行了讨论。

平凹还就相关问题回答了《文艺报》记者胡殷红的提问：

胡殷红：过去你写给读者的作品，如"商州"系列小说，都是挺美好挺抒情的，可是你这部小说中的"商州"，却把人带进一种恐惧的阅读之中，而且越往后看越让人毛骨悚然，你想提示人们什么？

贾平凹：我最初的想法是想写生命与生存的协调、对抗。写到一定程度的时候就和社会产生了矛盾，作家的职业特点决定了他永远与现实发生冲突，但我超前的意识往往是以生存环境为根本的。

胡殷红：你的写作习惯是不是先写提纲，或者结构框架？

贾平凹：以前我是写提纲，后来慢慢就不要了，心中有个方向，就像流水，向东流着写，绝不是向西向南向北流，流到哪算哪。

胡殷红：你惯常什么时间写作？

贾平凹：除了急着改稿，我一般晚上不写东西。写这本书时正赶上“三讲”，每天都开会学习，责编懿翎抓得紧，只能三天三夜没睡改出来。

胡殷红：你夫人对你的创作有帮助吗？

贾平凹：她不爱好文学。她帮我打字，打了一半，她说你写的是啥？没意思。我说你往后看、再往后看嘛，她把我打击得一点儿积极性都没有了，这本书的后半部我只好请别人打字了。

胡殷红：在这部小说中，血光之灾比比皆是，妖异奇事、诡事异象层出不穷，好像有侦破小说的情节，还有戏剧冲突诸种元素，似乎还有笔记体的色彩。你把传奇、民俗、民风、古代、现代、历史、战争、动物的性亢奋及人的性衰退杂糅在一起，是在表现一种对文学的新的想法吗？

贾平凹：作品都是一步步丰富起来的。我写东西没有大事件，喝一次茶就可以写几万字，写得细，还得让人家有阅读快感，把形式搞成中国做派，中国人爱看，中国人味道，慢慢的作品就形成这个路子。开始并不是设计好就要写什么。写作一开始都是爱好，渐渐才有社会责任感。如果一开始就抱着社会责任感，可能就什么都写不成。写作其实是涓涓细流、百川归海的过程。

胡殷红：中外作家中谁对你影响最大？

贾平凹：我上大学时看过几回《金瓶梅》，找不到全本，所以没看全。《红楼梦》大学时我看过几遍。最初创作时，30 年代的作家对我影响大些。后来我读拉美作家作品。我不喜欢俄国作家的作品。我有个毛病，别人都看什么我就不看。到现在我没看过《百年孤独》，因为光听别人说我就知道什么内容了，就不想看了。

胡殷红：很多作家是没有耐心从头到尾读完一部外国作品的，你是不是也如此？

贾平凹：《尤利西斯》我是从头到尾读完的。开头很难读，越读越有意思。有时太忙没时间，翻翻知道大概意思也就行了。我觉得受影响太大也不好。就像我写书法，我从没临过帖，只是看看别人的，为的是体会一些东西。

胡殷红：你骨子里是个比较前卫的人，包括情感方面。在文学创作上你是喜新厌旧吗？

贾平凹：我不会永远卧在一个巢里孵蛋，我做好一个窝，我就要走了。有些作家成名时作品啥样后来还啥样，站在那里不动。我内心的叛逆和颠覆性十分强，哪怕碰得头破血流先干了再说，写作品也一样，我不会在两个套路里没完没了。你说得对，表面上形式上看不出我前卫。我也没架子，我在写作上完全是一头孤独的狼——祸害读者的“狼”，祸害评论家的“狼”。

但是，面对了他的恩师费秉勋，平凹却如同一只温顺的小绵羊。只要费先生身体好，稍有时间，他必将自己的新作拿给他看，当面聆听意见。但对费先生的意见，他却不一定言听计从。比如《废都》，费先生看了原稿认为不宜急于出版，但平凹却是等不到天明。尽管这样，写了新作，他还是要拿给他看。对这位发表过他处女作的恩师，平凹一直有许多话要讲。终于，在 2000 年 7 月 3 日，他写出了《先生费秉勋》一文，他说：

当我二十出头时认识了费秉勋先生，命运就决定了今生对他的追随。他那时是陕西唯一的一家杂志的编辑，我拿着文稿去请教他，就站在他的办公桌前，不敢坐，紧张得手心出汗。第一篇文稿发表了，接着发表了第二篇、第三篇，从此文学的自信在心中降生，随之有了豪华的志向。就这样我们成了师生和同志。将近三十年的岁月中，他的工作有变，从编辑到了教授，不变的是他一直在从事文学的研究和评论，而我的不少文章他都读了，读了该要表示肯定意见的就坚定地表示自己的意见，不管在什么时候和场合，该要批评的就放开批评，不管别人怎么说和我能不能接受。他的口才不好，说话时脸无表情，只低着头说他的。他是一个有着独立思考的非常固执的人，如果指望他去通融什么，或求他办什么事，那永远是泥牛入海，初识的人都觉得他冷漠，是书呆子，但长久地相处，他的原则性，不附和性，率真和善良，以及他的死板和吝啬，使他的人格有了诱人的魅力。他的学问相当厚博，任何事情只要来了兴趣，他都能钻进去，这一点给我的影响十分大。每一个夏天，他避暑的最好办法就是把自己关在书房写专著，并不止一次传授这种秘诀。他的有关舞蹈研究的专著，关于绘画的一系列文章，研究《周易》的七八本书，以及学琴、学电脑，都是在三伏天完成的。立即能安静下来，沉下心去，这是他异于他人之处，不人云亦云，坚持自己的思考，特立独行，是他学问取得成就的重要原因。……先生形状平实，有时显得呆头呆脑，所以常在陌生地方的陌生人面前被忽略了他的存在，但若熟知他的人，莫不尊重他的。大智若愚他是一个典型的例子。六十岁以后，他退休了，突然痴迷起了书法实践，他以前对书法艺术研究多多，但从未执笔弄墨过，实践开来，日日临帖读碑，二三年光景笔力老辣，又有自家面目。我在许多人的厅室里都见过他的作品，令我惊叹不已。我常常想，他这一生在文学艺术领域里涉猎面这么广，且从事什么都成就非凡，从不守旧，求知欲强，以后谁又会知道他又要有什么作为呢？他大我十多岁，我二十多岁时称他为老师，终生都称他为老师，这不仅仅是一般的尊称，确确实实他是在为人为文上一直给我做着楷模。我时时对自己说，也当着别人的面说：永远向费先生学习。

2000 年 9 月 6 日，贾平凹应邀参加云南人民出版社策划组织的“游牧新疆”大型文化考察。此次活动兵分几路，他这一路的同行者有邢庆仁、谭宗林、郑全铎、路小路等，他们西行以天水、兰州、武威、张掖、酒泉、哈密、吐鲁番、乌鲁木齐、敦煌、格尔木、西宁等地为基点向四周辐射。平凹这次采风，要做完整的记录，届时要向出版社交稿，同时还要出版“手稿本”。他在当天的日记里写道：“西行之路，使我深受感动，也深化着我对西部的情感。西行生活每天对我的心灵都产生着很大的震动，这次采风对我今后的创作来说很重要。”一个月后，平凹返回西安。根据沿路的手记，三秦出版社出版了长篇散文《西路上——贾平凹手稿珍藏版》。

10 月 15 日，一帮文化人在秦岭山里的红河谷成立了“太白书院”，这是一个以作家学者为主、同时发扬国学传统的书画创作与交流的民间团体，大家公举贾平凹为院长。

贾平凹对待业余作者，精力所济时也尽可能相助。山西临汾作者王月喜回忆说："我读《浮躁》后，书中不少句子我能背诵下来，可惜无缘相识。在我出版杂文集时，偶然见到文友李建森、樊永义，两位朋友答应为我向贾平凹先生求一幅字作为本书的题词，我听后将信将疑，就随手将我 1998 年出版的一本随笔签名赠给贾先生。十多天后的一个周末，永义竟将贾平凹先生的题词及照片送到我家。题词是'举来杰作灿陋壁，闲时访农话桑麻'。字如其人，平实自然，鼓励有加。2000 年 8 月 15 日的下午，我正在霍山陶唐峪旅游区现场办公，市委副秘书长薛有生送来一份明传，内容是全国政协委员、著名作家贾平凹一行 16 日下午 3 时到霍州采风。一种莫名的惊喜使我兴奋不已。我立即安排有关事宜。16 日下午，我终于见到了这位敬慕已久的作家。下午，大家到陶唐峪考察旅游，在仙女池，在水帘洞，他久久站在美丽的花纹石和清澈透底的溪水旁，被神奇的大自然所陶醉。当我们一行来到尧王夏宫时，我提议在小摊上坐下来休息，并品尝霍州特产——苦荞麦碗托和凉粉。贾平凹连吃两碗后用陕西话说：'好得很！'当行至胭脂池和鲲鹏展翅两个景点之间，贾平凹和同行的太白书院画家马河声发现了一块朱雀石。真是慧眼识珍品，大家看了都感到很奇特，立即抱起来合影留念，并珍藏到博物馆。后来当平凹先生离开霍州时挥笔写了'朱雀石'三个大字，并专门给我写了一封短信。下山后，我们匆匆赶到霍州署，他游览两个景点后，兴致极高，在州衙书案上挥笔写了'华夏第一署'的题词。随后在我的提议下，又为陶唐峪写了'独幽'二字，加上'朱雀石'共三幅题词。几位同事纷纷恭喜我，说贾先生走了不少地方，最多题一幅字，今天连写三幅，真是少见。本来按日程，他们当天晚上住在临汾，我诚意相留，他破例答应留宿霍州，我惊喜之余感到，这难道不是一种缘分吗？晚饭后我们一同参加了一个简短的欢迎会，他接连唱了《流浪歌》等两首歌曲，而且字正腔圆，在场朋友热烈鼓掌。不少平凹迷和崇拜者拥上来请他签名留念。我怕他太累，特意安排他住到怡兴园宾馆这座古代一位丝绸商人修筑的任家大院的绣楼上。晚上我们一面抽烟喝茶，一面聊天，不知不觉聊到一点多钟。我们谈到霍州人当代散文家梁衡，谈到老作家孟伟哉，谈到陕西八大怪，也谈到晋南民俗，由地球村说到扑克牌，天南海北，十分投机。他说他是个喜欢安静的人，酒量不大，但烟量不小，一天可抽到两至三包。他说他是个喜欢交诚实朋友的人，最不爱见耍滑头的人。作为兄长，他鼓励我干好事业多写文章，当个老百姓喜欢的好官。当我谈到最近计划举办首届华夏州署霍山旅游月，霍州娃将驾汽车实现跨越霍山的世纪一跃时，他又来了一句‘好得很’。第二天，当我送他出市界握手告别时，我们从他眼里读到了一种纯真的感情和诚挚的信任，而我心中的千言万语则凝成衷心的祝福。”

12 月 3 日，陕西省作家协会商洛片会员代表大会在商洛市召开。为了依然神圣的文学，陕西省作家协会主席陈忠实第一次踏上了商洛的土地。他说，“这里果然是山清水秀啊，这里出作家群应该是天然的。”商洛作家鱼在洋补充说：“就像坡上盛产红薯一样。”平凹为这次活动也付出了不少心血，他忙中偷闲，在 4 日夜里，为香港明报出版社出版的港版《怀念狼》作序。

12 月 16 日，陕西作家、评论家应太白文艺出版社之邀请，会商陕西文学如何面对新世纪。参加会议的有陈忠实、贾平凹、李星、晓雷、程海、孙见喜、方英文、安黎、冯积岐、鹤坪、穆涛、冷梦、朱鸿、朱文杰等。大家议论说，作为作家，在新世纪必须解决好两个方面的问题：一是人格上的自我完成，二是创作上要进行突破。对此，贾平凹低调发言，他说：“听了一些年轻作家的发言，觉得他们很有才华，理论上也很有见解，我对新世纪的陕西文学特别乐观。陕西有这样一批潜心创作的作家，不出几年陕西文学肯定会有大收获。我自己作为一个作家，今后要多读书，逐步调整自己的阅读、写作、思维，要借鉴国内外一切优秀作家的写作经验，来丰富、充实和提高自己。咱总是要考虑人生、命运、责任，而对小说本身怎么样写却没有好好研究，这今后要注意呢。”语中虽不乏官话套话，但真知灼见也闪烁其中。有人就此质疑平凹，他就说，这么大的场面，这么多的人，能把文学讨论出个啥？真正有教益的讨论是三五学人的围炉夜话，那泉水是淙淙地渗入心里，现在的场面上，多是大话漫流。

2001 年 5 月下旬，著名作家王蒙到武汉华中师范大学演讲时，点评了池莉、史铁生、王小波等六位当今文坛的热门作家，说到贾平凹时，他说："……贾平凹的眼睛非常亮，很有观察力，他的农民模样掩盖了他的精明、智慧，他是个聪明、善于不露痕迹搞幽默的作家。"

7 月 21 日，贾平凹与书画家马河声午夜吃茶，随笔记下一段茶思："掩门绝烦响，啜茶夜生凉。明心红上脸，疑问睫毛长。才子正当年，佳人已徐娘。幽花自然落，水流有河床。我爱故我在，神鬼不敢猖。"这或许是他对自己的文学的另一个注释。

8 月 31 日至 9 月 2 日，《各界导报》和太白书院应华山旅游总公司和西岳庙文管会的邀请，在报社总编辑张魁、副社长赖甫跃、助理严文龙的精心策划组织下，平凹和一批作家、书画家等近 20 人畅游华山。在北峰，平凹题了"父山"二字，又题"上山摸天"，言未尽，再作一小诗："八月登华山，云开日灿烂。我从天上来，奇逸人中仙。"在西峰，到小沉香劈山救母的巨石前照相，平凹说："以前几次登华山都是半途而废，这一次是真正地登上来了，主要是人多，轰轰轰你争我抢就上来了，也是坐缆车一下子就到了北峰，省了不少体力，要不现在还在千尺幢百尺峡喘气哩!"

10 月 1 日国庆节，贾平凹写下这样的文字："上世纪的九三年，《废都》出版时，我和著名音乐演奏家刘宽忍先生以及孙见喜等朋友录制了这盘也名为《废都》的埙乐盒带。当时因为种种原因，盒带未上市，只在朋友间流传。近十年过去，曾获得过盒带的朋友都说盒带已破损，未听过盒带的朋友又四处觅寻不得。现由木南先生翻制成 CD 碟，更名为《废都魂曲》，再赠众友。"

2001 年 12 月 29 日至 2002 年 1 月 6 日，在深圳何香凝美术馆展出了总题目为"长安男人"的"贾平凹书画展"和"邢庆仁画展"，贾平凹的书法被称为"平凹体"，其画作被评价为"真正到位的新文人画"，已先后在几个城市展出，并出版多部书画专集。作为专业画家的邢庆仁，曾获得第七届全国美展金奖，是近年颇受瞩目的实力派青年画家，有“梦幻诗人画家”的美称。邢氏画风一直为平凹所欣赏，两人以书画相交多年。展览期间，这两个长安男人还举行了现场签名售书活动。

2002年1月19日，贾平凹应河北省作协、河北省文联、河北出版社之邀，在石家庄河北省作协河北文学馆举办“贾平凹书画展”。由河北教育出版社推出的《贾平凹书画集》首发式也同时举行。平凹到场和广大读者见面。平凹的书画个展先后在上海、西安、苏州、深圳等地举办，此次在河北文学馆展出了他60件书画作品，为了给热心读者提供一个亲近作家的机会，河北出版社出版的《当代名画家精品丛书·贾平凹卷》，特在这次画展上组织了相应的研讨活动。

2月21日，贾平凹五十华诞，太白书院、陕西书画艺术研究院、《东方艺术报》、马河声漫像馆、陕西建华有限责任会计师事务所联合举办了“木南摄贾平凹生活照影展”。同一天，在省文联和西安市文联联合主办的“上元名家艺术展”上，平凹的书画作品引起了参观者的兴趣。此次“上元名家艺术展”除了贾平凹书画展外，还有邢庆仁的国画新作展、柏雨果的摄影展以及西安奇石展等。3月26日，户县龙窝酒厂更名为西安埙酒坊酒业有限公司。总经理赵明理致信贾平凹等作家艺术家，谈他的“埙酒”与小说结缘、与音乐结缘、与文化结缘的设想。埙酒的酒瓶被设计成半坡文化遗址中出土的古埙模样，喝完酒，就可以当乐器吹奏，特制的包装盒里还有一张含有贾平凹吟唱和语音的埙乐光碟和《废都》节选版的微型书。4月3日，西安文豪杂粮食府，300余位来自各界的朋友相聚于此，补贺平凹五十岁生日。宴会由书画家马河声主持，陕西省作家协会党组书记雷涛、西安市文联党组书记周大鹏代表文学艺术界向平凹宣读了生日贺词。平凹也当众读了手写的稿子《五十岁说》。此次祝寿宴会是朋友们自发酝酿举办，平凹说他是“人在江湖，身不由己，大家也是借此聚一聚，图个热闹而已”。4月6日，西安《华商报》受权独家发表平凹的《五十大话》，文中说：“过了旧历二月二十一日，我今年是五十岁。到了

母亲、妻子郭梅与两个女儿在贾平凹的生日宴上

五十岁，人便是大人，寿便是大寿，可以当众说些大话了。……我写文章，现在才知道文章该怎么写了，活人也能活得出个滋味了，所以我提醒自己：要会欣赏。鸟儿在树上叫着，鸟儿在说什么话呢，鸟的语言我是不懂的，我只觉得它叫得好听就是了，做一个倾听者。还有，多做好事，把做好事当作治病的良方；不再恨人，对待仇人应视为他是来督促自己成功者，对待朋友亦不能要求他像家人一样。钱当然还是要爱的，如古人说的那样，具大胸怀，爱小零钱么。以文字立身，作字画养性，收藏古董让古董藏我，热爱女人为女人尊重。不浪费时间，不糟蹋粮食。到底还是一句话：平生一片心，不因人热，文章千古事，聊以自娱。”

百忙之中，平凹接到来自俄罗斯圣彼得堡大学的函件，称圣彼得堡大学已正式立项，设立“中国当代著名作家贾平凹的创作与生平”研究专题，希望贾平凹在相关资料上给予支持与帮助。圣彼得堡大学是与莫斯科大学并列的俄国知名的大学之一，它的中文专业享誉甚高，有关贾平凹的科研专题由俄罗斯著名汉学家、世界汉语教学学会理事、圣彼得堡俄中友好协会主席司格林（斯别什涅夫）主持。稍后，平凹又收到该专题研究部研究员韩丹星女士的课题纲要，她初步列了九个专题，并希望得到中国类似课题的研究成果，以做参考。韩丹星建议中国的研究家首先应该把“贾平凹作品年鉴”搞起来。

平凹认真地给韩丹星女士回了信，就她的九个专题答复说：

一、有关我的评论文章报刊上都有，但我没有，中国人民大学复印报刊资料汇编上有目录可以查。二、《废都》的删节部分可以说是一种写作手法，但初稿时并未删那么多，出版时考虑到国情，编辑又多删了一些。三、《浮躁》在美国获奖后的评论美国专家葛浩文那儿有。《废都》在法国获奖后的评论安博兰那儿有。四、用于学生课本的作品有：初中的是《一棵小桃树》，高中的是《丑石》，大学、电大、自考大的参考书里分别有《腊月·正月》《浮躁》《商州初录》等；拍成电影的有《野山》（小说名：《鸡窝洼的人家》）、《乡民》（小说名：《腊月·正月》）、《小月》（小说名：《小月前本》）、《桃花满天红》（小说名：《美穴地》）、《五魁》（与小说同名）；改编成电视剧的有：《古堡》（与小说同名）、《月月》（小说名：《小月前本》）、《古堡情事》（据小说《白郎》《美穴地》《五魁》合编）、《天狗》（与小说同名）；改编成舞台剧的有：《浮躁》（同名小说）、《鸡窝洼的人家》（同名小说）、《天狗》（同名小说）。五、国内没有专门研究我的刊物或机构，但不少刊物办过我的研究专辑，如《当代作家评论》《小说评论》等。六、未整理我的作品年鉴、年表。七、译成外文的作品十几种，名字说不清。八、有的问题老孙能说清，他是研究我的一个专家，我把他的电话告诉你……

平凹扬扬得意地把这个信拿来让老孙看，不看不要紧，一看老孙一肚子火，说：“你这个答复跟没答复一样。你封我是你的研究专家，你给我提供过多少资料？你每天收到那么多信函，我说在你卖垃圾之前让我检索一遍，你说我一检你就少卖废纸，你这不是在有意气人吗？”

平凹说：“你别生气，我是跟你说着耍哩。”

老孙说："你的字典里只有一个字——啬！"

平凹说："今天我不啬了，这个材料我捐赠给你。"

老孙接手看，是一页信纸，信中答复台湾的林杏娥女士《中国当代小说大家——贾平凹小说精选》中若干字句的解释。老孙刚看完信，平凹就把写好的信封递过来。老孙一看是让给他跑路寄信，就说："拿 23 块钱来。"平凹"嗯——"了一声就斜了眼。老孙说："我来回的出租车费是20 元，航挂3 元，我没有盈你的利。"平凹说："那不行，送二两重一封信就要 20 元路费，你得再把这个捎上。"看时，是一封贺信。原是陕西作家刘成章、冷梦获得了鲁迅文学奖，他这是发信向人家祝贺的。老孙说："你还挺人道的。"平凹问："又咋啦?"老孙说："你没有把大小奖一网打尽。"

第十三章
从民间立场到中国气魄

“贾平凹迷”是一个巨大的人群。贾平凹在郑州签名售书，当地的“贾迷”欣喜若狂。一位“贾迷”在他的文章中写道，“由贾平凹其书我也认识了河南作家中与其‘有染’的几位：周同宾、苗纪道、王剑冰，从他们笔下、口中，我走近了贾平凹，也更加‘为伊消得人憔悴’般思念如焚，心中暗暗叫道，啥时也让咱亲眼一睹贾氏‘芳容’呢?”“2000 年 7 月 9 日，一个平平常常的日子。在郑州市购书中心，我见到了心仪已久的当代著名作家贾平凹，我妻子、女儿也见到了我常挂在嘴边的‘凹哥’…… 深夜，妻女酣睡，我从书架上把凹哥签名的书一股脑儿地全铺在书桌上，每本书页上‘贾平凹’三个字像萤火虫般在我眼前晃来晃去；仔细端详扉页上贾氏或站或立或蹲的相片，就像当年第一次收到心爱的女孩儿馈赠的玉照，不知东方之既白。作家作品的阅读，合口味才能读得入理入心。大学读中文的我，寻寻觅觅、挑挑拣拣，最后对贾氏作品一见钟情，从第一本漓江出版社出版的厚厚的《贾平凹散文自选集》一路读来，慢慢也成了铁杆儿‘贾迷’，书架上贾氏作品也排了长长一溜儿。后报社招聘文化课考试，写作题目是要写一个生活中颇有个性的人物，我随手拈来，以自己为素材，顺手写篇千字小文《凹哥》，大获全胜，三百余人中，我成绩居三。后《河南青年报・大河周刊》约稿，我又把《凹哥》一文送去，真是风光无限。”

这位“贾迷”还介绍了另外一个叫钟兄的“贾迷”说：“贾氏作品，钟兄从大学至今，寻寻觅觅已搜罗全备。谈及贾氏作品，他如数家珍，兴致颇高。贾氏之语，张口即出。毕业时，大家都心恋都市的‘一张床’，唯独钟兄一脸鄙夷：‘城市有什么好，一堆水泥！’（贾平凹语）毕业论文，钟兄的题目也是语惊四座——《试论贾平凹作品的狐仙鬼气》，资料翔实，语句精辟，惊得指导教授连连发问：‘贾平凹和你家是亲戚？’同窗四载，感情依依，毕业前别人给钟兄写留言，大家字斟句酌，凑成了一副对子：‘情哥亲哥俺凹哥，歌迷影迷平凹迷。’众人称妙，钟兄也说甚合其意。走向社会，钟兄痴迷贾氏真情依旧。街头报摊儿只要发现有贾氏作品必不吝银两买之，如获至宝剪贴成卷，悠悠品读，细细悟之。婚姻大事，家人相催，友人相帮，钟兄每次与女孩儿约见，开口必问对方：‘你读过贾平凹作品吗？’对方暗惊，这人莫非患有精神病？家人心急如焚，可是钟兄却连连感叹，人海茫茫，钟情贾氏作品的女孩儿难觅！朋友又介绍见一姑娘，钟兄说：‘今晚若再不遇知音，光棍一条，逍遥一生！’这位姑娘容貌没有以前约见者美，衣服也没以前见者时髦光鲜，钟兄依然照章问及贾氏作品，谁知一直粉面含羞、低头不语的她竟瞳孔发亮，红唇轻启，抬头便问：‘你也崇拜贾平凹？’感情摩擦，撞出火花，不日，便双双携手踏上婚姻的红地毯。一日钟兄在街上饭馆吃饭，邻席一人正大放厥词：‘贾平凹写《废都》，消化不良便秘症，情感失迷自虐狂！’钟兄闻之，怒不可遏，抓住对方衣领，‘好小子，你信口雌黄，满嘴喷粪，贾平凹招你惹你了？’两人厮打，钟兄鼻青脸肿，旁人得知缘由，哈哈大笑：‘贾平凹是你爹？骂一句，就如割你的肉，剜你的心？’钟兄义正词严：‘不，他是俺凹哥！’”

还是在2000年夏天的时候，平凹到常宁宫疗养院写作并休养。这地方是唐代的一座离宫，因为附近有国民党中央军校第七分校，所以蒋介石曾几次在这里住宿，胡宗南甚至还专门为宋美龄在这里修建了钢琴房和化妆室。1947年蒋纬国与西安大华纱厂老板家的千金小姐就是在这里举行婚礼，那座小楼至今还在。平凹来这里疗养，他见到了一个一生坎坷的学者型老诗人。70多岁的老诗人很健谈，见了平凹这位年轻成名的作家，很高兴引为知己。每天晚饭后，两人就沿着疗养院幽静的小道散步，老人又邀平凹到他的房间挑灯夜谈，谈哲学、谈文学，又谈陕西文坛的历史掌故，更多的时候却是讲自己从青年参加革命到中国人民解放军的随军记者，从记者到作家诗人，到“胡风分子”，又讲到自己的爱情、家庭婚姻，最让平凹不可思议的是年近八旬的他，对生命、生活的热爱，以及对自己初恋情人的一往情深，直到现在仍然给远方的她写情书。每到这时候老诗人就要对平凹说：今晚不聊了，我要写信。那一刻老诗人纯真如儿童，脸颊红红的，两眼放光。平凹后来对人说：“老头用他一生的苦难完成着一个凄美的爱情故事，这故事对于写书人和读书人或许是一桩幸事，对于老头自己却未免残酷。”一年多以后，平凹三易其稿，完成了他的第九部长篇小说《病相报告》。

平凹说：“《病相报告》是以一个凄美的爱情故事来反映过去了的年代。人类应该检点自己的历史，应该对崇高有着渴望，虽然爱情是最难说得清的事。”这部作品通篇都是他生前的朋友、亲人、恋人片段的回忆与印象，用的也都是第一人称的“我”，掺杂了许多回忆、个人印象中的感觉和心灵意象，时空顺序也被完全打乱，社会背景也被作者省略到不能再省略的地步，这是作者在长篇小说结构和叙述中的一次自觉的探索。《病相报告》出版的同时，中短篇小说集《听来的故事》也由人民文学出版社出版。

2002 年 4 月中旬，16 万字的《病相报告》在新出刊的《收获》长篇小说专号上发表。5 月，上海文艺出版社出版了该书的单行本。6 月 23 日下午，平凹应邀来到上海书城，在为读者签了 200 多本《病相报告》之后，他接受了记者的采访——

记者：您在《病相报告》里，描述了一个长达半个世纪的爱情故事，这个主题在您以前的作品里非常少见，您怎么会忽然想到写爱情这个主题呢？

贾平凹：我写的是现在 40 岁以上的人都经历过的那个时代，那时和现在社会不同，所以这本书叫《病相报告》，不叫《爱情报告》。主人公的爱情只是表象，我要写的，更重要的是社会变迁，以及这个变迁带来的社会病。

记者：您好像特别强调某种坚贞的、刻骨铭心的爱情，这跟现代人的快节奏生活和年轻人普遍的浮躁情绪也很不和谐。

贾平凹：人到了中年，就更懂得一些东西的珍贵，40 岁以上的人读这本书都会有感触，他们就是那样生活过来的。现在年轻人的爱情，肤浅得很，来得太容易，所以不会到刻骨铭心的地步，当然我不是全盘否定现代爱情。

记者：您平时上网吗？

贾平凹：我从来不上网，到现在也是用笔写作。

记者：最近有消息说您的计划是 60 岁以后就封笔？

贾平凹：我从来没有这么说过，只是说近期内不会写长篇了，会更专心地写中短篇。

记者：《病相报告》这本书初版就印了 15 万册，在同期的书市上算得上一个大数目，据说这个数目也是您本人定下来的，您怎么有信心这么多的书都能卖得出去呢？

贾平凹：15 万册，这在我 1990 年之后出的长篇发行数里算是最少的，我的书一般都能卖到 20 万册到 25 万册。

记者：觉得上海怎么样？

贾平凹：很好，读者很有水平，就是他们讲话我听不太懂。

记者：有作家七老八十了还能写，您大概就是这种作家吧？

贾平凹：我还会再写十年吧，可能会出现没有激情的时候，而寻找激情的唯一方式就是更多地介入生活。

2002 年 8 月 14 日，在平凹的“大堂”书房，友人同他谈起文学的“乱象”，平凹认为这是创作、读者、评论三方“多元洪流”造成的，说读者的审美观念变了，评论家的批评标准多元化了，作家的创作方法更丰富了，大家都在选择中，而且选择的范围特别大，所以文学界看起来有点儿“乱”。友人转告一位研究家的观点说，“平凹的小说仍然是从细节入手来塑造人物的，这个功夫在当代小说家中是独步的”，研究家转告他务必要自信，不要被说三道四者乱了心性。平凹说，读者的审美观念从来都是：一是题材的新鲜感，二是故事的好看程度；现在在电视艺术和传媒文化进入家庭的情况下，谁最吸引观众和读者，谁就最有市场，电视艺术作为俗文化以其便捷和丰富，轻松迅速地占领了广大群众的娱乐时间，而读书毕竟是辛苦的，小说家要把一部分还有阅读兴趣的观众从屏幕前争取过来，没有好故事就别有这个指望。

著名女作家叶广芩在谈到“贾平凹现象”时说，一边有人严词批评，一边一版书又有着几十万的巨大印数，这是因为：贾平凹属于偶像作家，读者才不管你的批评如何，只要是他的书就愿意买，他有一个巨大的读者底座，这个底座在短时间里是难以动摇的，一些新锐批评家不服气，老想碰这个底座，那是徒劳的。说到新锐批评家为什么要酷评贾平凹，老牌文学月刊《延河》执行主编、评论家常智奇认为，一是新锐们以西方文论为准则评判平凹的作品，唯西是趋，唯新是趋，而贾平凹是中国传统文论的实践者，他要走小说民族化之路；二是新锐们总在作品里看新观念，且要以自己的文学观来套作品，以套上套不上为取舍；三是新锐们汉语语言的审美触角是迟钝的，而贾平凹在这一点上又执意追求，贾平凹的语言非常显著地标示着他的民族文学身份；四是新锐们更多地将“地球村”视为自己的审美规定，而贾平凹是地域文化的开垦者，他坚定的中国化立场决定了他的民族民间文化视角，等等。所以，评论家要指导或改变一个成熟作家的创作思想是不可能的事，你只有顺着他的审美方向去理解和琢磨他的思想，才可能发现他创作上规律性的东西，才可能解读作家心灵深处的精神状况。

作家杨岩在他的文章里说，在20世纪80年代末和90年代的一段时间内，社会舆论曾传言贾平凹可能要获诺贝尔文学奖，但媒体对此并没有做过任何报道。1993年后，社会上有关他获诺贝尔文学奖的消息湮没在日益狂躁的商潮中。这时候，又传出了李敖与莫言要获诺贝尔文学奖的消息，但终于还是没有获得，倒是一直没有任何声息的栖居在法国的高行健于世纪末获得了诺贝尔文学奖。但是不管诺贝尔文学奖授予哪个国家的哪个作家，贾平凹依然是以一年到两年的时间就推出一部长篇，而且几乎每部作品都是畅销，这还不算他出版的其他的散文集。现在，社会上又出现了贾氏将要获诺贝尔文学奖的议论。这也难怪，作为中国当代文坛的一棵常青树，贾氏著作等身，翻译到外国的作品不少于20多个文本。而国内出版社为了与他签订出版合同更是派出精兵强将谈判，有些杂志社对他是重金约稿。

在一定的层面上，作家与作家的心灵是相通的。著名小说家刘庆邦遇见平凹就因为某种心灵上的机缘。他说："我本不想用'缘分'这个词，甚至对这个词有点儿排斥。不是'缘分'字意不好，是因为这个词眼下被人用得太多了，滥了，俗了。可是，说到我与贾平凹的相遇和交往，不用这两个字又不行，怎么躲都躲不开。贾平凹是那里的一个巨大的存在。不知怎么搞的，自从1996年底我和贾平凹在第五次全国作家代表大会上一见如故且友情日深后，在我的心目中，他的存在盖过了那座古城许多也不算小的存在。"

2002年10月，贾平凹和青年评论家谢有顺在西安相会，他们把自己封闭在酒店里，切断了和外部的所有联系，就文学艺术、社会人生等话题谈了七天时间。他们的谈话录了七盘音带。这次长谈经过整理由苏州大学出版社出版了专著《贾平凹谢友顺对话录》，内容分为谈语言、自然、哲学，谈人生，谈作品，谈日常生活，谈写作，等等。

2003年6月，平凹和评论家李遇春谈小说创作，他说："小说是什么？小说是一种说话，说一段故事而已。"这个长篇谈话和其他相关研究论文一起作为"小说家档案——贾平凹专辑"发表于《小说评论》2003年第6期。当月，2003年度"中华文学人物"的评选揭晓，贾平凹被评为"人气最旺的作家"。

6月底，传来消息，贾平凹荣获"法兰西共和国文学艺术最高荣誉奖"，在接到荣誉证书的同时，平凹收到法国文化部部长和法国驻华大使的贺信。

2003年，贾平凹被《小说选刊》评为"新世纪十大小说家"之一。

2004年1月1日，贾平凹做客新浪网：

主持人：您是一个作家，为什么却迷恋绘画？

贾平凹：有一年我到成都去，在街头上看到两个字，不知道是什么意思，本来这是一个词，可它把后面的字变成官位了，是侯爵的侯了，这个"侯"

专门变为“守侯”。所以回来就写了个“守侯”，守住官——就是灵魂那个官。来到一个陌生地方，每个人都有一些体会，比如看到一个场景或者一个景色，你觉得美，但是用文字表达不出来，想尽办法怎么也表达不出来，能表达出来的话只能表达一半吧，后面的东西就表达不出来，只能画出来。有些东西比如戏剧，只能在舞台上表达出来，你用文字是表达不出来的，只有看到才能体会到。艺术虽然是相通的，但互相又无法替代，各个门类有各个门类自己的词汇、语言。我自己是搞文学的，但有些东西就表达不出来，或者有些说出来就不是那个味道了，有些东西意会到了，但说不出来，就把它画下来。

网友：作家要推向市场，也面临市场化的问题，您对这个问题有什么看法？

贾平凹：随着年龄增长，我对于外界的评价心态平和多了，如果批评得有理，你一打我就倒。如果批评无理，你再打我就倒不了。关于作家面对市场化的问题，从我个人具体情况来讲，我自己在写作过程中，一般是不考虑这种东西的。有人可能会说我不愁书卖不出去，站着说话不腰疼，我在文字写作过程中，一直坚持写我自己的、谈我自己的观点，我希望作者和读者的关系是互动的，互相尊重的，同时又是希望相对独立的，只有独立才能写好。

主持人：那咱们盘点一下 2003 年吧，您有什么书可以推荐吗？

贾平凹：今年获诺贝尔奖的那本书《耻》我觉得不错，然后平常我看的都是些跟文学无关的书。读书我觉得没什么规矩，用不着给别人开书单，现在也不知道世界上都有哪些书，可能有些书适合你看，有些书不适合你看，这要看各人的情况。

主持人：您对诺贝尔奖有什么看法？您认为您有可能获诺贝尔奖吗？

贾平凹：任何奖包括诺贝尔奖，或者什么小说奖，不是你想得就能得到的。诺贝尔文学奖，对中国作家是比较遥远的事情，对于什么奖品、程序我都搞不清楚，自己脑子也不考虑这个问题。

2004 年 1 月，由木南策划的《贾平凹语画》由山东友谊出版社出版。这本书中收集了平凹近年来创作的56幅画作，每篇都配上他自己的文章，或解读寓意，或道白创作动机，是贾平凹著作版本中比较独特的一部。一般人认为，作家整天坐在书桌前“爬格子”，生活必定枯燥而乏味。但平凹有自己调整身心的方法，他晚上应约去喝茶，偶尔也去打牌、唱歌、洗脚。他周围的朋友，也会不时给他制造一些幽默让他轻松。方英文就经常制造这样的“事端”，一日，他和平凹应邀参加“秋林十年庆典”活动，平凹坐在方英文对面，相互诙谐目语，算是招呼。会开始后，英文发给平凹一个短信：“上联：做爱做的事；下联：交配交的人。横批：快乐。”平凹微笑点头，顺手还他一枪：“一样。”

没过多久，第六届茅盾文学奖办公室正式对外公布23部入围作品，贾平凹的《怀念狼》票数排在第四位，陕西另外两位作家红柯的《西去的骑手》和叶广芩的《采桑子》分列第八和第十七位。

10月，贾平凹与青年作家走走的对话录《贾平凹谈人生》由上海社会科学院出版社出版。在这部对话录中，平凹第一次谈及生活的方方面面，完整地展现了他50多年人生的感悟，甚至有人认为这是贾氏的“半自传”。有关这本书的出版始末，与平凹对话的上海女作家走走向媒体做了说明。她说，这本书缘起于上海社会科学院出版社和收获杂志社创办的文化公司联合策划的一套“影响力丛书”，该丛书计划推出一系列各个行业代表性人物的访谈录，《贾平凹谈人生》便是这个系列的第一部，以后还要陆续推出胡荣华、陈天桥等人的访谈。

有记者问平凹：“到目前为止，一生中对您影响最大的人是谁？”

他答：“是父亲。他是一个对我非常严格的人，小时候我很害怕他。即使结了婚之后，他还曾经打过我。‘文革’时期，他被误打成了右派，对我以后的日子产生了非常大的影响。”

“今年初您出版了《贾平凹语画》，用您的画作同读者交流。这次的《贾平凹谈人生》是与人对谈的方式，有评论说这是您的‘精神自传’，您认可这种说法吗？”

“谈不上什么精神自传，在走走采访我之前，谢有顺采访了我，那次交谈是围绕着文学创作等严肃话题。这次更多的是从生活上来交流，身为作家，我大多是因为有作品问世而为读者所关注，这本书反映了我作为普通人的一面，让读者换个角度来看我，也许这是本书的文本意义所在。”

“除了写作之外，您还收藏奇石古玩，又好绘画书法，对占卜测字亦有心得，这些爱好与写作是一种怎样的关系？”

“我的故乡陕西历史悠久，是个传统文化气氛非常浓厚的地方，我小时候在陕西农村生活，老家的环境就弥漫着这些东西。当然，这些爱好相对写作来说都只是业余的，比如收藏，一个时期有一个时期的重点，并不是一直执着于一个范畴。对于收藏品的取舍其实与我整个的生活状态和生活环境有密切的关系。我的这些爱好同写作相比，就好像一个人的饮食要大米和白面、水果与蔬菜相互搭配，有时喝咖啡有时喝茶，是一种补充和调剂。”

“许多读者都觉得您行事比较低调，甚至有些神秘，您怎么看这种评价？”

“这是我的个性使然，经过这些年的沧桑，文坛上的是是非非一般我不愿参与，我更愿意独自在房间里写作。至于我的作品得到什么样的评价，写得好还是不好，这是别人的事儿，我没有必要太在意。我是个书斋型的作家。”

11 月，天津百花文艺出版社出版了纪实文学《贾平凹透视》，作者是平凹的老朋友——剧作家、散文家何丹萌。丹萌被人称为“第一任贾办主任”，他从个人的视角出发，写出他与平凹的文学交往和生活联系，很有趣味性。年底，贾平凹为陈凯歌新拍摄的电影《无极》题写了片名；又出席了由刘宽忍组织的古琴欣赏会。

2005 年元旦前夕获悉，贾平凹荣获“第三届鲁迅文学奖·散文杂文奖”，获奖作品为《贾平凹长篇散文精选》，颁奖典礼将于 6 月底在深圳举行。这是他继 1978 年《满月儿》获第一届全国短篇小说奖、1984 年《腊月·正月》获全国第三届中篇小说奖、1989 年《爱的踪迹》获全国首届散文集奖之后，第四次获全国文学奖。尽管该奖的奖金只有 3000 元，但他很看重这个奖。

有人给平凹送来一份材料：《中国文坛：2004 年去世的作家和学者》。平凹说，有的人过世了，他的作品还被一代一代的人在读，有的人活着，他的作品却被人包了辣子面、剪了鞋样。平凹默默地念叨着那些作品具有长久生命力的作家：周而复、龙泉明、臧克家、陈翰笙……

不久，他的短篇小说《饺子馆》荣获首届蒲松龄短篇小说奖。蒲松龄短篇小说奖于2004 年设立，是继鲁迅、茅盾文学奖之后又一国家级文学大奖。这次的“淄矿杯”首届蒲松龄短篇小说奖颁奖盛典在蒲松龄故里山东省淄博市举行，卢金地的《斗地主》、林斤澜的《去不回门》、陈忠实的《日子》、晓苏的《侯己的汇款单》、莫言的《月光斩》、叶弥的《天鹅绒》、苏童的《人民的鱼》、贾平凹的《饺子馆》获此殊荣。

《秦腔》，是贾平凹最新完成的他的第十部长篇小说，于 2005 年 1 月上旬在上海《收获》杂志发表了前半部，2005 年 3 月由作家出版社出版，首印 30 万册。

还是 1 月，平凹第一部写朋友的散文结集《朋友》一书由重庆出版社出版，书中集中反映了贾平凹的亲情、友情和爱情，从一个侧面可以检阅他的朋友阵容，也可窥视他的人缘及人际关系和善待朋友的心性。几乎同时，郑州大学出版社出版了由李星、孙见喜合著的《贾平凹评传》，该书以“评”带“传”，重点不在于传主的“被描写化”，而是“以心观相”和“以相观心”的互动。

冬日的一天，在平凹的书房，他把空调开到了最大，室外是 -8℃的严寒，而友人与他在室内谈话如坐春风。

友人：我们在 1996 年去过塔克拉玛干大沙漠，观察过塔里木河的流向。这条内陆河流到下游，几乎没有固定的河床，这使我想起中国的历史，流向的改变也可能是由于一夜间风在那儿旋起一座沙包。有人说历史是任人打扮的小姑娘，这可能是对后人解读历史而言的，那么历史的航道，到底是顺着谁的意志走的？是人民主宰历史吗？可漫长的中国历史上，人民一布衣，从来都是当牛做马的，即使他们最微弱的声音，也得通过清官来实现。而统治者的灵机一动，就可能使历史的河床拐个弯儿。我读过一部史书，说是元朝时某人向官员献上一把好刀，这时刚好有手下人报告说逮住了一个盗马贼，官员说那就拉过来试刀，于是，逮住盗马贼立斩就成了一条法律。“双十二”事变那会儿，士兵漫山放枪，若有一粒小小的飞子儿误中了老蒋的脑袋，那后来的历史会怎么样？现在华山的石头缝儿里长着许多参天巨松，可这都是小松鼠偶然的失误造成的，你说，英雄能用人民来解释吗？历史能用理性来解释吗？

贾平凹：我浮浅地甚或错误地认为，中国的历史从来都是帝王将相、才子佳人的框架，虽然我们曾经批判过这种观点，但事后看看，历史还给我们留下了什么呢？事件是经，人物必然为纬。一个农民给我说过这样的话，他说什么都是按需要产生的，如你去商店买了一把茶壶，就得去买茶杯，又得去买吃茶的桌子和凳子，人也是这样。说历史是人民创造的，是指一种势，大的势到了，肯定要有大的人物出来，这又如春天来了，草才会绿，花才会开，至于什么草绿、什么花开那是偶然的。正常的社会，英雄是不会多的，所以英雄辈出的年代必是乱世，是芸芸众生的灾难。古人说，不服一人或见人便服皆妄人。要服人，毛泽东要服，邓小平要服，他们确实改变了中国，创造了一段历史。就说米卢，也是要服的，他当教练把中国足球队带进了世界杯还不是多重要，而他的执教改变了我们对足球的思维，扩而大之改变了我们对一些事情的思维。文学上你能不服李白、苏东坡吗，他们的创作思路无迹可寻，是靠后天学养和勤奋所能及的吗？大势是最重要的，在大势的背景下考察某一个人的功过，我们就可以明白历史了，之所以说历史有惊人的相似，道理也就在这里。

友人：在中国早先的君主政体里，虽说君王的权力无限，却也受到御史谏官的限制。当然最后还是个人意志说了算，一元化吧，但当初设置这个官位恐怕也是为了监督和制约权力。比如你在家里，连女儿怎么叠被子、怎么摆放牙缸都有具体的讲究，以致最后女儿把你的指令揉作一团、抛到床下，所以家庭民主和人民民主一样难搞，小孩子不懂事，有时候连道理也讲不清，只得采取强制措施。而人民呢？虽说“僧是愚氓犹可训，妖为鬼蜮必成灾”，但人民就永远理智、永远清醒、永远可靠吗？这几年人民生活好了，但生活好了还端起碗吃肉、放下碗骂娘？你把这些年里的社会心态归纳为“浮躁”，可“浮躁”一旦向法律浸润、向政府浸润，其情形就非常可怕。现在啥都讲市场化，有些地方权力也市场化了，五万元一个局长，十万元一个县长；如果精神也市场化、灵魂也市场化、爱情也市场化、宗教也市场化，那将是一种什么局面呢？

贾平凹：这就是说为什么要有政府？政府就是正府，公正之府。政府的职责就是管理，人群不可能不管理。请不要担心在一个阶段里社会发生了什么，社会发展的大势如河水流动着一样。人是欲望无限的动物，人性中存在着相当多的缺点，《西游记》里是把人性的各个方面化作具体的形象来描述的，有唐僧的乐善，有悟空的勇敢，有观音的美好，又有八戒的贪婪好色和懒惰，以及妖怪的凶残与天宫里的弄权和昏庸。如何发展人性中的优点和遏制、引导人性中的缺点，人类才产生了愉悦的歌舞和有规则的体育。我近期想得最多的是我往后的写作，新小说应该写什么？有人认为“深刻”的元素是批判现实主义的，而我觉得这是多么不够，新的小说更应该去分析人性中的缺点。

友人：说文学是人学，按我理解也就是人性学，在中国哲学史上关于人性的善恶之辩历来是个争论不休的问题。孟子主张性善，荀子主张性恶，扬雄主张人性善恶相混，韩愈又以“三品”论人性，还有人主张性善情恶说，到宋代，人性论分化为性命说和性理说，从性气关系、性情关系触摸人性本质，张载、二程、朱熹等都是在这个平台上展示学说的。在我看来，人性之善恶，或如你所说的人性之优缺点，有先天后天之分，先天上就要从基因上找，后天就有环境问题、教育问题等等，孟母择邻就把环境对人的影响看得很重要。如果把人性比作地核的话，包裹其外的依次为：一、社会属性，灵长类的群居性、互依性；二、政治属性，集团会党、理想目标性；三、自然属性，饮食男女，生来就有的，不学就会的，天性、本能；四、灵性，神秘的目前尚不可知的，顿悟、预知等。我理解你说的“人性缺点”大概主要指政治层面、自然层面的，让这个层面的人性正面发育起来，大概就成了道德的山脉了。把人性限定在“善”的河道里流淌，就要解决两个方面的问题：一是道德建设，二是文化建设。写关于人的小说，我想先把人性这个东西破开来，像诊断一个病人，把五脏六腑透视一遍，找出病症和病因，怎么治疗是政治家的事了。所谓小说的认识价值也就在这里。

贾平凹：你说的人性的社会政治层面，这里边相当复杂，因人种差异、地域差异、文化差异等等，人性在这个层面上的表现就很不一样，比如东方人和西方人、白种人和黑种人，但在人类文明的演进史上，“趋同”总是大方向。唐朝时丝绸朝西方流，当代是电脑朝东方流，好东西人人都喜欢。比如经济上，欧洲用欧元来统一各国货币，全球范围内，又有“世贸”，人类文明将来到底怎么演进，现在是无法想象的，站在某一民族的角度，不敢想，太沉重。

友人：是太沉重，我们也没吃操这份心的饭，但我总觉得“入世”就是全中国都按西方的经济准则行事，就是经济基础全盘西化，经济基础全盘西化了，作为上层建筑的文化还能“发扬中华优秀传统”吗？在妄自尊大的西方世界里，一个很流行的观念就是蔑视其他文化，再加上形式逻辑主义、实证实验主义的“成功登月”，极大地讽刺了我们的嫦娥玉兔桂花树，所以我劝你赶紧到八仙宫、兴善寺、碑林、孔庙去烧烧香，我真担心“入世”后就没有这样的机会了！

贾平凹：你不要危言耸听。全球经济一体化当然对发展经济有利，但肯定危害着民族文化。过去中国的各省市都有特点，现在这个城和那个城还有什么不同？旅游也只是山水的旅游了，因为山水难以一体化。如今美国文化在统治全球，改造人类，民族国家虽是不满，但无力抵抗啊！这如城市旧区改造，是保留旧面貌还是开发新住宅区，专家的意见要保留旧的，民众要求建新的，专家和民众的角度不一样。说西安修了城墙，影响了交通，都是从各自眼前利益出发，但不从各自利益出发又能怎样，人难免有自私和短见的。

友人：当然，也有文化上的逆向选择一说。就比如那个法国的启蒙思想家伏尔泰吧，他激烈地反对封建专制，有人说他的笑像闪电一样打人和烧人，但他对儒家、对孔子的一套理论佩服得五体投地，他说孔子的“非礼勿视、非礼勿听、非礼勿言、非礼勿做”“己所不欲，勿施于人”等“这些格言应该成为全人类的准则”，他还说孔子的“以直报怨、以德报德”这种思想，“西方人的哪条法律能和如此纯洁的道德相比”，他说应该像牛顿的万有引力法则在自然界具有普遍性一样，“仁义”也应该成为人类心中最根本和最普遍的法则。他由衷地赞颂说：“孔子是多么睿智而神圣啊！他鼓励所有的美德，他的每个说教都是为了人类的幸福。”伏尔泰作为哲学家、启蒙思想家，他启的是自由民主之蒙，启的是和平平等之蒙，这种启蒙在当代中国要不要补课暂且不说，单“五四”“砸烂孔家店”到“文革”“批林批孔”，这中间的联系是必然的，民主的萎缩与权力的膨胀互逆。现在有些庸俗社会学者把弘扬儒学的优秀遗产限定在精神文明领域，那么孔子的学说对现代化建设中的中国经济难道没有当下或长远的意义吗？广州不是正在进行这方面的试验吗？还得给人之初铺上最基本的做人的底色，诚信呀，仁义呀，忠孝呀，勤俭呀，泛爱众呀，等等，其实《弟子规》作为人生第一规，不仅儿童要读，成人更应该先补补这门课。

贾平凹：任何革命都要看具体的现实环境，我们不能批判“五四”，如果我们身处在“五四”时代，会怎么办？45 岁以上的人谁没有参与到“文革”中？船是在风浪中摇摇摆摆前进的，不能以现在的观点刻薄前人。

友人：好的。记得 80 年代，文学界一些人士曾激烈地谈论过“文化断裂”问题，中国传统文化到“五四”这儿断了。当然，“五四”的积极意义是很硬的，当时面对列强和军阀，也就是反帝反封建，为了强国富民，一代知识分子奋起反抗。当然不能用陈胜、吴广的老办法，同时又没有“议会”的可能，他们决心很大，从政治体制到文化观念都引进西方的一套，他们为了伐倒那棵“封建”树，连生长它的土壤也要铲掉，那时叫“打倒孔家店”，但回过头来看，这土壤还是有用的，伐了杨柳还可以用来栽松柏嘛！但当时来不及多想，这“土”就被果决地倒掉了，“四书五经”是垃圾，差一点儿连我们的汉字也被废除，中医干脆就被取缔了。这一代知识分子，花好大气力从西方移“植被”过来，开算学，讲“格致”，人家能造坚船利炮呀，可是，移“植被”的同时连那毒土也移了过来。现在来看怎么样？西方文化闹到天人对立的地步，西方人自己也要从我们这边借“土”过去。客观来说，中华文化之根断掉了就不行！

贾平凹：事情都是否定之否定的，我们现在做的一切就对吗？人类发展高科技对不对？现在是对的，能发展生产力，可以后的人可能在指责正是高科技毁灭着人类。在古代，但凡文人没有不会写好毛笔字的，而现在能写好毛笔字的就成了书法家，电脑在普及着，可能百年之后，能用笔（不仅仅是毛笔）写字的就是书法家了，后人一定在骂我们为什么用电脑！但现在用电脑却绝对是先进的，而你也正是陕西作家中最早用电脑的。

友人：我们迈入现代社会，接受了大量的西方实用科技及其基础理论，但西方的科学与文明越往后走越显出了局限，西方有识之士发现正好可以用中华文化补救，比如天人关系，比如人自身的品性建设，等等，而当初，我们自己对自己进行文化扫除的时候，“五四”激进者是要彻底再彻底，而清朝遗老们虽不忍割爱却又无力对抗西方文化，这就出现了张之洞的理论，这位历任两广总督、湖广总督、军机大臣的同治朝进士，1898 年在《劝学篇》中提出“旧学为体，新学为用”，这就是后来人们常说的“中学为体，西学为用”，这个理论在一段时间里一直是被批判的，批判者认为他是在维护封建伦理纲常、反对戊戌变法，但在 100 年之后，经过了对西方文化痛苦的磨合和更深层的认识，我们发现张之洞的理论其实有其合理的成分。比如当代中医，看病要讲阴阳虚实、临床就讲辨证施治、用药还讲君臣佐使，全是中医的基本理论，《黄帝内经》《金匮要略》《伤寒论》等等，但在诊断上又全采用了西方科技成果，无论哪个中医医院都离不了化验检验胸透以至 CT 超声波这一套，流行的说法叫“西医诊断，中医治疗”，现在没有哪个中医依然像孙思邈那样完全靠“望闻问切”给人看病。这不是典型的“中学为体，西学为用”是什么？有人说中国人穿西装就是“中学为体，西学为用”，这是看图识字式的解读张之洞，但类似中医这种现象好像在建筑上、音乐上、酿造上也有，如果说我们既要吸收现代科技文明成果，又要不断中华文化之根，还要排拒西方现代文明病，那我觉得张之洞的这个理论很有发扬光大之必要，你看呢？

贾平凹：“中学为体，西学为用”，在医学中可能是这样，但现在并不是中医盛行，成为医学主流呀。在文学上我不同意你这个观点，我认为作品的境界上要学西方，所谓的现代意识就是人类意识，而形式上却要是中国的做派。《灵山》获奖，《卧虎藏龙》获奖，你可以不服，但为什么能得到外国的肯定和接受？它们是写了人性中的东西又传达了东方的生活方式。这里还有一个问题，我们的领导和艺术家与观众都在说继承民族传统，遗憾的是继承的只是明清以来的东西，对于中华民族最强盛期的汉唐和汉唐以前的东西不大理会。任何事，从正反面都可以寻出批判和维护的理由，看问题要从大处看。外界似乎认为我是传统的、保守的，其实看到的那只是表面和形式，我的骨子里可以说是时尚的，甚至很时尚。新派小说可能幼稚，也有模仿和投机的，但毕竟要开风气，其意义是重大的。事情的完成不是一个人、几个人甚至一代人能完成的，不管西方现在怎样靠近东方，相信全人类都是在寻找最佳的活下去、活得好的道路，仅从西方靠近东方这一现象看，就看出西方的不固守性，若在这个时候强调自己的好，思想上带了偏见就限制了我们的吸收和进步。比如建筑上，现在城里没有了四合院，乡下又到处是二层楼，西方的呀！

友人：建筑是中西文化差异最直观的体现。西方人讲究改造自然、战胜自然，按王瑛教授的说法，他们的建筑多选用永久石材以向时间挑战，以直冲云霄的高度向地心引力挑战，他们展示极度膨胀的自我意识，炫耀缜密的计算和逻辑思维，美国世贸大厦的悲剧其实有其文化上的病因的。西方在罗马帝国时期有了《建筑十书》，我们到宋代官方也编修了《营造法式》，中西建筑各成体系。中国建筑追求天人合一的境界，讲究与环境的谐调，注重人与客观世界的内在联系，遵循“与天地合其德，与日月合其光，与四时合其序，与神鬼合其吉凶”的建筑理念。西方古典建筑以砖石为材，承重结构以墙体为主，中国古典建筑庙宫衙楼以木结构为承重体系，所谓墙倒屋不塌，门窗又开得很大，下接地气上承天光。你到过著名的周庄，也去过韩城党家村，王新民还领你去了旬邑县的唐家老宅，中国作协安排你到江浙体验生活那两年，你看过不少江南园林和几处明清文人的私家宅院，你说你能体会中国传统文人在他们园林中倾注的感怀和逸兴，他们在房前屋后种植梅兰竹菊是要暗合他们的精神气节。中国建筑的这种人文观念、这种自然精神情怀，近200年来被欧洲大量引进，特别是中国园林，几乎在西方各大城市都闪耀着光辉。国际矛盾、种族仇恨这是现实存在的，美国人用“世界第一”换来的灾难应该从文化深处找根源。

贾平凹：中国有好东西，西方也有好东西，一切以人为本，谁好就靠拢谁。中国的现代建筑学西方，对与不对，在实践过程中会优胜劣汰的，咱们家庭里的摆设、家具不是也不停地淘汰和更新吗？你提到的园林，也就是苏杭那么几座，村庄也就是周庄、党家村那么几个，但这些全不是广大民众的房子，民众现在住现代的单元房总比过去挤在大杂院里强吧。学者是学者的眼光，民众是民众的眼光。城里人到山区去总是赞叹那里的风光，若让他在山区长久住下来，他却绝对不肯的。或许搞理论的要站在理论的高度，而我是平民，我能心平气和，却只能说平民意识的话。

友人：我现在理解了一家小报上对你的称呼——“人民作家贾平凹”。你的话讲得很诚实，你也根本不会作秀，你有很可爱的“无理性意识”，比方一个农民，见了一堆粪，随手就捡了回去，完全是下意识的。我俩的观点，有时合流，有时分岔，但综合起来是一个浑圆。最近有一个报道，说南方一个城市要在小学实行双语教学，老师学生说话讲课要用英语。这让我很担心，这么小的娃娃，他们的母语学好了吗？扫盲要求的那些汉字他们认全了吗？你看现在电视上那些各色主持人，一个个说起外语叽里呱啦一串串，但说起汉语张口结舌、词不达意，真让人不知道是哪里学来的语文。我觉得现在中小学教育有一种可怕的倾向：轻视汉语言文字！汉语不同于西语，人家拼写的那几十个字母，只是符号，符号与符号组合就成了传递思想的工具。可汉语的每个字不仅是符号，是工具，同时还包含着中华文化的遗传信息、思想、情感、人格、生命形态、价值取向等等，比如西文中的“K”，只是个符号，不含任何信息，到了中国人这里，把这叫机枪腿子，这里透露出两个信息，一是象形，二是洋人和那可怕的枪炮，这完全是中国人理解汉字的思维方式。汉字中这个“男”字，是田加力，在田里干力气活的人；“有”，是手加月，以手取月，占有不可及者，潜藏着某种危险，否定巧取豪夺，暗含中国人的道德观。汉字就这么神奇，一个字不仅作为工具可以和别的字组成词语表达思想，而且单个字本身就包含着种族文化的丰富信息。所以在联合国各语种的文件中，汉字的文本最薄。又因为汉字的表意象形，在诗歌欣赏上比西方拼音文字要多一个感性的品味层次，多一层与整体字群中个别文字交谈的欢娱，比如“春风又绿江南岸”中这个“绿”字，由“鸟宿池边树，僧推月下门”而演出的“推敲”，如你散文中的句子“两山夹出一条沟”等等。……就说当代小说吧，评价一个作家或一部作品，传统的观点是看他有没有为人物画廊塑造出一个新形象，很少有论者把语言放在重要地位予以考察。汉语写作，汉语文学作品，除过你的人物、你的故事、你的思想之外，还更应该看到你的“语言艺术”，你为汉语书写提供了什么新的维度，因为汉字本身比西语在审美和内涵上更为丰富，如果仅仅把汉语汉字作为传递思想的“工具”使用，那就相当于把电脑当游戏机玩了，其闲置的丰富资源、浪费了的强大功能实在使我们沦为不肖子孙，唐诗宋词为何是中华文化史上的高峰？就因为唐宋人在汉语字词寓意内涵的挖掘上掀起了一个空前的高潮。所以我一直蔑视中国当代小说上的“公共语言”写作，文学艺术是语言的艺术，是字的艺术，这话可以说是专门针对汉语写作而言的。而你，贾平凹，正是操持这一行当的。你的小说除了中国文化味儿之外，再就是你的语言了。你从民间发掘古汉语，化腐朽为神奇，阎纲说你把老百姓口中土得不能上秤盘的语言用在小说里，肖云儒说这些土话其实正是古代文言、雅语，是遗落在民间的珍珠，现在，你把它们捡起来，串起来，用以表现当代人的故事和生活，所以显得独特，美；而且每颗单个珍珠也可独立欣赏。当然，你的作品一经过翻译就颜色大失这是肯定的。你不如用公共语言写作的小说家，他们只要故事和思想，只是语言文字转换一下，而你在此之外还有那么个韵味儿，但这恰恰是你把祖先留下的老犁铧当乐器敲了一下。面对汉语言文字浩瀚的内在空间，多少所谓的作家其实还在门外边站着呢！在这一方面，诗歌创作更应该有所作为。在你以后的写作中，我不知道你是依旧要在民间捡拾珍珠呢，还是在语言上欲开辟另外的维度？

贾平凹：我不是汉语研究家，但我写作使用的是汉语，我喜欢汉语。如果真认为我作品的语言还好，那是我生存的环境好，西安是古都，上古语言大量遗散在民间成为方言土语，我有意无意地加以收集和改造进入写作中罢了。我热衷于将一些成语还原本来面目。诚如一头牛经过机器的流水作业出来的是罐头，我是将罐头又通过机器的流水作业还原成牛。我不同意一些人要纯净汉语的说法，再好的语言也得丰富和发展。语言的运用其实是呼吸的表现，以气息来掌握节奏的，与作者的身体和所写人物的情绪有关。气饱满，情绪饱满，就自然写长句，哮喘的人的文字必然是短句。会换气者就能写好语言。若不懂语言背后的东西，语言肯定使用不好。当然，语言是交流的工具，说英语是当下全球大多数人必备的技能，不会大多数人的语言便难以沟通和交流，如果我们是猪或鸟，那是不会学别的语言的，因为猪和鸟的声是一样的。汉语绝对比英语好，问题是中国还不强大，中国强大了别的人也就都要学汉语的，这就像陕西话这么好，为什么还要说普通话呢，地方方言在某种程度上比普通话丰富和生动得多，而我们写作品即就是使用方言，前提却一定要让别的地方的人能理解呀！

友人：当然，西安是十三朝古都，有深厚的历史文化传统，中华文化的许多养分都以此为原产地。现在有一个规律，几乎所有的外国元首访问中国，第一站是北京，第二站就到西安，好像这块地方是认识中国的一个基点，也正巧中华人民共和国的大地原点就在西安附近。就这样一座文物库一般的古城，对它的外在形态、文化内涵，始终没有得到有力的保护和开发，改革开放以来，洋风劲吹，西安人和西安城的精神面貌有了很大改变，但同时，西安的古城风貌受到的是削弱而不是强化。城外就不必说了，高新区、西万路一线，仿香港也罢，学纽约也罢，可以充分体现西安人的开放意识和经济成果。但在城墙里边，作为市容的主要建筑、民居、商厦以至街头小品，都应该统一于古都的历史风貌，这是西安独立于世界城市之林的资本，一块中华文明的活化石。可是，近年来，城内出现了一些非常“洋气”的高大建筑，比如南北大街的改造，与外边人对古城的审美期待相去甚远，更要命的是这些建筑的命名近乎西语，好像建筑和命名全由开发商自己来，岂不知作为市容进入公共视域，并不是任何个人可以随意为之的。一位初到西安的外地朋友约我领他去北大街办事，需要约一个地方碰面，我就叫他在凯爱大厦等我，见了面朋友问我“凯爱”是什么意思？我信口告之说秦始皇征六国出潼关时对他的情人说“凯旋后我们再相爱”，为了纪念他们，我们造座大厦叫“凯爱”。朋友说你不要掩饰，你以为在西安造西式大厦就是“洋”吗？这是俗！这里是汉赋唐诗的原产地、集散地，又有那么多明君盛世，随便拿一个“史”做名字都是好的，这座建筑叫个“李白大厦”满世界响亮！我说，听说我们这儿有的建筑小区叫枫叶苑、紫薇苑、蓝水苑、翠花苑、碧云苑，朋友笑了，说你们西安这些学者们也真能忍！听到这种议论不知你是什么感觉？

贾平凹：好像是有点儿浅薄。张铁民修城墙，火车站那一块儿还断着，南门箭楼、北门城楼现在还没有修复，还是辛亥革命毁坏过的样子，令人感慨的地方多着呢。但是西大街的改造已经开始了，据说将来是很古朴的，安远门、贡院门、城隍庙、鼓楼、钟楼一线比较协调。现在是谁有钱谁说了算呀，建筑物叫什么约翰、什么斯基，有洋味儿，便于招商引资吧。听说有的城市对于将建筑物叫什么花园，什么大厦、中心，那是面积要必须够多少平方米的。

友人：还有一个问题是西安人的修养。外地人一到西安，首先接触的是出租车司机，他们是西安人的脸面。可是西安出租车司机爱骂人成了西安的“品牌”。路不好他骂，堵车了他骂，行人横穿马路他骂，小摊占道他骂，仿佛所有人都应该给他让路。当然他骂的这些现象都是应该解决的，但他这一路的骂首先败坏的是西安人的声誉。一位外地朋友说他一次坐出租车到凯悦饭店，那司机一路骂人抽烟吐痰，他受不了便中途下了车。这里有一个修养问题要解决，主管部门在这方面还存在空缺。当然出租车司机中也有见义勇为的、拾金不昧的、助人为乐的，听说你坐出租常常碰到好人，有几次人家知道你是著名的贾老师，帮你拿行李送你回家，有一位还帮你修屋里水管；我还听说你在南郊住院时夜里搭出租车到巷口付费差一块钱还被司机搜了身，有这事吗？

贾平凹：主要是咱没长下壮身子，一看就是手无缚鸡之力。你说出租车司机骂人，骂就骂吧，你不能不让骂，骂是有他该骂的地方。现在能骂是一种好的现象，起码敢骂了，骂过一段，就不骂了。前几年到处是政治段子，为什么现在就少了呢？平民发牢骚的方式就是骂，你上边说了那么多，那也是一种骂，只是骂得有文化罢了。你骂是一种批判，出租车司机的批判就是骂，都是一种发泄啊！

有一家电视台要拍大型专题片《鬼才贾平凹》，却不知道拍摄该片有何意义？编导来“请教”平凹这位友人，友人问他：“是你自己要拍的吗？”他说：“我自己要拍的是一部搞笑片，但领导层否决了我的策划，为此我和领导闹得很僵。无奈之下，领导给我指定了这部片子。”友人问：“你对贾平凹了解吗？”他答：“了解一些但不深，当然我可以学习。但主要的，在对待贾平凹这个问题上，我和领导曾经有过一些过节。”友人问：“还有什么历史根源吗？”他说：“在90年代中期批《废都》的热潮中，这位领导布置给我一个任务，就是针对贾平凹的创作思想，拍一部文艺政论片，批判专家都替我找好了，但我拒绝了这个活。”友人问：“那你是怎么想的？”他说：“文章是千古的事，咱不能跟着一时的议论瞎起哄，《废都》我也看了，这本书太复杂，要批判的地方可以找到很多；但换个角度看，里边的含金量却非常大，我怕我批错了遭后人嘲笑，所以就顶了他。”友人问：“那你这一次拍贾平凹就看准了吗？”他说：“也没看准，主要是领导认为，贾平凹写了一部书要替中央解决‘三农’问题，听说这本书叫《秦腔》，具体人家咋写的我还没看哩。”友人问：“你对拍这部片子好像态度不是很积极？”他说：“我想，贾平凹不会是领导说的那么简单吧！他会为一个具体政策去写一本小说？这恐怕是小看了贾平凹呀，人也不能太势利，人家写了《废都》，咱就拍片子批判，人家写了《秦腔》，咱就拍片子唱颂歌，这样子做，文化是不对劲的。”

在2014年12月底召开的陕西省第四届文代会上，当宣布贾平凹当选为省文联副主席时，全场掌声雷动，经久不息，足见贾平凹人气之盛。

在提携新人方面，贾平凹常常是不遗余力的。2004年的网络小说《红纸伞》由知识出版社出版。这部由平凹题签题词的长篇小说，由青年作家谭易历经十年打造而成，在“天涯网”连载时曾引发百万“伞兵”现象。2005年1

月22日晚上，贾平凹在荞麦园出席了谭易《红纸伞》的西安新闻发布会，他在祝酒词中说："谭易写《红纸伞》产生的影响相当不小，在网络上很热，现在出版了装帧豪华的版本，给文坛造成了一股很强劲的冲击力。作为商洛作家群中的后起之秀，我对他寄予很大的希望。"

2005年2月5日晚，在位于体育北路的铭盅茶楼，平凹会见了长江文艺出版社副社长李正武先生，双方就小说创作与出版及相关合作事宜交换了意见。之后平凹领客人参观了他新落成的写作室"上书房"。

贾平凹的"上书房"

西安市在唐代曲江风景区"芙蓉园"的旧址上，征地1000亩，投资10多亿元修建了唐文化的主题公园"大唐芙蓉园"。在与曲江管委会主任段先念的一次会见中，段主任请贾平凹给这个园子写一篇像《滕王阁序》或《岳阳楼记》那样的文字。平凹说要求太高怕难以胜任，又禁不住文化局局长李元的真诚劝说，就到现场实地考察了两次，终于写成《芙蓉园记》一文，全文1200字，芙蓉园将该文刻碑竖于其正门外。另外，平凹还为该园公益书写了数方大匾，园方将其送江苏扬州精制后，悬于该园的主体建筑紫云楼上。

2005 年 3 月 24 日，贾平凹到上海。这次出行的主要任务有：1. 参加长篇小说《秦腔》研讨会，这次研讨会由王安忆主持的中国当代文学创作与研究中心（设于复旦大学）、上海《文学报》、复旦大学文学院联合主办，由复旦大学中文系教授、《上海文学》主编陈思和主持。2. 在复旦大学演讲。因为主办者对“贾大师”的人气指数估计不足，原通知在仅容千人的礼堂演讲，没料想还未开讲，复旦大学的学生挤满礼堂，外边还围得水泄不通，无奈之下，临时宣布将演讲地移到逸夫楼的大型报告厅，仍然还有许多学生挤在走廊、台阶甚至讲台上。这次演讲非常成功。主办方称这种盛况在复旦大学前所未有。3. 为《秦腔》签名售书。

贾平凹在他下榻的上海浦江饭店，接受了《文汇报》记者的采访。平凹说，他这前半生，出版了百十余种作品，而让他最温暖也最牵肠挂肚和最有压力的作品就是女儿，一生中对他影响最大的人是父亲。他很怕父亲，父亲说什么，赶紧听完，听完就想跑。在父亲面前，他似乎一直长不大。他不敢在父亲面前吸烟，直到自己的孩子上学了，有一次回家父亲递给他一支纸烟，他才一下子觉得“在父亲心目中咱也是个大人了”。父亲贾彦春 66 岁上因胃癌去世。平凹说：“人生的短促和悲苦，大义上我全明白，面对父亲的死我却无法解脱。”然而自己当了父亲，面对女儿的任性和淘气，他却有点儿束手无策。平凹坦言，作为一个丈夫，作为一个父亲，自己确实做得不好。像现在的小女儿，一星期见不了几次面，他回家时女儿睡着了；他还在睡呢，女儿早上起来上学去了，所以小孩对他不亲热。她妈说：“接你爸电话。”她回答说：“不接！”有一天早上，郭梅跟他说：“哎，你娃表扬你了，说爸爸买的书包漂亮。”平凹听了心里愧疚了半天，他很少带孩子出去玩儿，平常总是忙得几头顾不上，有时间了自己喜欢安安静静待着，郭梅偶尔抱怨，他就说：“你权当我是个领导干部，是个市委书记吧，书记啥时候整天陪着老婆？”

25 日上午，“贾平凹作品研讨会”在复旦大学中文系会议厅举行，由复旦大学中国当代文学创作与研究中心副主任张新颖教授主持。贾平凹穿着牛仔上衣出现在研讨会现场，他静静听着沪上专家的发言，偶尔会点上一支烟，然后又低下头用笔记录。

诸位教授发言之后，平凹说："在写《秦腔》的时候，内容上自己追求的、坚持的就是以农村目前的状况来写，农村怎么样，农民怎么生存，这个时候确实需要实的东西，这在《秦腔》里是用一些琐碎的方式来呈现的。……我想追求平实一些、深入一些的效果，写完了我自己也很惶恐，怎么里面写得惊惊慌慌，好像年龄越大写东西越害怕，这次来上海也非常惊慌，我最早发作品就是在上海，作品在当地发不了，在上海一发回去就好发，当时就是这样。"

研讨会过后，复旦大学校园的草坪上人流如潮，平凹在王安忆、陈思和、张新颖等人陪同下，拨开人流，在如雷的掌声中至主席台就座。当即，学生提问的字条就像雪片一样飞向主席台。上海作协主席王安忆把学子们的问题精选后读给他听，平凹对每个问题都答得有来有去，上千名学子一次次以笑声和掌声回应他。

问：你曾说过要改造读者，征服并吸引他们，读者在你心中到底是怎样的？

答：作者和读者的关系就像一个家庭，一个家庭有一个男的和一个女的，女的越依附男的越不行，你越独立就越有地位。

问：为什么你作品中总有神秘事物，这和信仰有关吗？

答：这和我的生存环境有关。我生活的那个地方佛和道都特别盛行，巫文化也特别盛行，无形中受这种东西影响，《秦腔》中淡化了一些。

问：你的乡音是特意保留的吗？

答：小时候学拼音字母的时候，我正好逃学了。毛主席都不说普通话，普通话是普通人说的——这是实在没办法才给自己找的一个借口。对于别人讲普通话，自己也很羡慕，不会讲普通话对我的交流产生很多障碍。我为什么不爱说话，一个是不会说话，再一个就是说不了话。在我应该会说话的时候，我父亲被打成"反革命"了，社会不许你多说话，然后慢慢说话的功能就减弱了。

问：你一生中最重要的人和事是什么？

答：最重要的一个是上大学，如果不上大学，现在还在农村，儿女都一大堆了，当然可能以后还会搞创作，但可能推迟很多年；再一个是父亲被打成“反革命”，这令我对世态炎凉的体会特别深；再有就是家庭发生变化，就像当头一棒，农村的说法是，冰雹打了庄稼之后，它好长时间站不起来。对我影响最大的人是我的父亲，我父亲是一个小知识分子，他对我很严厉。

问：你最喜欢的西方作家是谁？再请谈谈秦腔。

答：最初接触的是川端康成，后来是福克纳，再后来喜欢乔伊斯，他那本《尤利西斯》其实是很难看懂的，我大概知道是咋回事情，写《秦腔》时我也吸收他好多东西。他那个意识流和咱们的那个不一样。我小时候的娱乐活动就是看戏，秦腔是一个比较古老的剧种，要么特别高亢，要么特别凄凉。

问：你怎么处理自己的事业和家庭的关系？

答：也处理得不好。我有个工作室，每天早晨去，带些面条和水饺，中午自己煮着吃，晚上事也多，和老婆孩子见得少。老婆也有怨言，但没办法，嫁鸡随鸡嘛。

问：你曾评价现代女性服装：人的脸不行了就开始露腿，腿不行了就开始露背，背不行了开始露胸……为什么这么评价，你是怎么审美的？

答：这话不是我说的，绝对不是！你看啊，脸不行了，露腿也没用！

问：你认为你跟诺贝尔文学奖有多远？

答：永远。

26 日下午，在上海书城，贾平凹应邀现场签售了 200 本《贾平凹谈人生》。之后和记者交流，他说：“写《秦腔》就是将郁结在自己心中的块垒，慢慢释放，这个过程充满了矛盾和痛苦。此书耗尽了我的精力，我从 2003 年春天动笔，一直到 2004 年 9 月，一年零九个月，这期间什么事也不干，就是写这个作品。打出了 35 万字的草稿，又在此基础上，写出 40 多万字的二稿，再写出 40 多万字的三稿，这三次就写了 115 万字。第三稿出来后，在第三稿上修改了第四稿。”

在浦江饭店景观套房窗前，背对着上海最美的璀璨夜景，平凹回答记者有关他对上海的看法时说："上海是中国最好的地方!"这时，他收到方英文发来的一条短信："我对佛祝福，祝你永远快乐。佛说不可以永远，只给四天就行了，我说那就春天夏天秋天冬天；佛一笑说，那只给两天呢？我说那就黑天白天；佛一愣，说那只给一天呢？我说那就每一天。"平凹复他："不蠢。"

6000册《秦腔》已于4月10日运抵西安，已有省、市新华书店及多家营销商正与平凹商讨签名售书事宜。首发式定于4月12日在西安建筑科技大学图书馆进行。

4月20日晚，在西安双仁府友人家中，平凹会见了美籍华人女诗人杨蕾，陪同者有西安诗人杨莹、画家王志平等。席间欣赏了杨蕾演奏的古筝曲《渔舟唱晚》，行政学院女教师黄晓琪献演了古筝独奏曲《梁祝》，一位老师演奏了笛子独奏曲《鄱湖渔歌》《我是一个兵》，歌手小王演唱了《太阳和月亮》等。平凹还第一次戴上赛璐珞指甲感受拨动古筝琴弦的美妙，且即兴弹奏了一段节奏明快的"随想曲"，小王笑说，贾老师是狗爪子胡乱刨哩。

五一期间，平凹由穆涛陪同，由小夏驾车，前往河北石家庄签名售书。归来后，平凹几次向友人提出要访问收破烂者的聚集地西安南窑村，得知此类游民早出晚归，他表示愿意向被采访的收破烂者支付采访费。

5月3日下午，在杭州市文二路的浙江图书大厦，贾平凹应邀签名售书并与读者交流。有读者问："您怎么看现在的大学文科教学？"平凹说："我大学时就开始搞创作了，但那时候是受到批评的，大家都去做学问，搞创作的人是被看不起的。但是，现在大学里很多人都搞创作，而且，许多理工科大学也都设有文学专业。现在有很多作家到大学教书，这种风气很好，文学正在向着良性方向发展。"又有人问："现在大学里爱读文学作品的人越来越少了，你怎么看这种现象？"回答："文学只是一部分人的事情，但是，文学依然是神圣的。"

5月13日，贾平凹启程赴京。14日，他在王府井图书大厦签名售书。15日，他出席由中国作家出版集团、中国作协创研部、作家出版社、《文艺报》《当代作家评论》杂志等五家单位联合举办的《秦腔》研讨会。会议几乎囊括了在京的中国评论界最有实力也最活跃的一批批评家，他们认为《秦腔》是1949年以来中国文学创作的不可多得的一部精品，它厚重宏大，为乡土中国叙事的终结，是一个非常杰出的文本。

5月28日上午，在陕西省体育宾馆，丹凤县邀约西安建筑科技大学、陕西师范大学、省规划设计院及有关当代文学的研究专家十余人，就“贾平凹文学艺术苑”项目初稿进行了评审。在此基础上，丹凤县委托陕西省旅游设计院精心完成了《丹凤县贾平凹文学艺术苑详细规划》征求意见稿。这个规划在随后举办的中国西部贸易洽谈会上亮相，受到不少投资者的垂询。该规划主要景区分为：平凹文学艺术馆、棣花明清老街、古驿站重建、民风民俗馆、创作基地、神庙区（法性寺、二郎庙、魁星楼、戏楼等）、平凹旧居、作品情景展、水生植物园、棣花丹江漂流、农事体验及研修部、培训部等。规划总面积42公顷，建筑面积5280平方米。多年以来，无数游客、作者、读者及研究者或盲目或自发地前往丹凤，寻觅平凹的生命智慧、奋斗轨迹和文学之踪，但往往不得要领。“如今，这一切将具象化、条理化了，有关平凹的一切都在这里可视可感可触可收可藏，这位30年来始终保持平民立场、独立精神、民族气魄的文学大师才真正走入了人民大众之中……”但此规划也在社会上引起很大争议，有当地人说，规划毕竟是规划，花那么多的钱从哪儿来呢？外资进来是要刀下见菜的啊！

6月25日，贾平凹应邀赴深圳参加文学活动。其间，他参加了第三届鲁迅文学奖颁奖典礼。还以“文学与现实生活”为题在深圳大学演讲，深圳陕西同乡会也邀其参加了一项文化聚会活动。

6月以来，平凹书法作品的市场价涨到四尺整张6000元。省文化市场有关人士认为，物价涨落的根本原因在于市场供求关系，供大于求则价跌，求大于供则价涨，平凹书法从80年代中期的四尺500元，10年间涨了10多倍，这说明平凹书法的市场情况还将持续看好。有专家认为，平凹长篇小说初版的读者保有量为15万至30万人，这个巨大的读者群也是支撑平凹书法市场的原动力之一。另外，人们的收藏品位提高了，文化名人学者的书法和手札作品具有持久的收藏魅力，而市面上流行的“书法匠”的书法作品，因其缺乏学术身份和文化品位逐渐退出人们的视野则是极正常的现象。

7 月 4 日，贾平凹深入到西安城乡边界上的南窑村、北池头村等地，访问进城谋生的农民工及拾破烂者等。他继续他在《秦腔》中对于离开土地的农民的思考，他们去了哪里？如何生存？他们融入城市生活的历程，等等。他在这些社会底层人的棚子里听他们讲辛酸的故事，吸他们的劣质纸烟，吃他们只有盐味的苞谷糁子稀汤面，几次为他们谋生的艰难掉下眼泪。

几天后，西安建筑科技大学文学院教授韩鲁华著文回忆贾平凹第一回当院长的故事面世。

在《美文》筹建时，平凹就问我愿不愿意来。我问：“有房子没有？”他答：“现在没有，将来会有。”再问：“当下能不能评职称？”他答：“当下不行，将来会评的。”我说：“那我不去。”他说：“不来就不来，要来的人还不少。”这是 1992 年前后的事情。大概是 1995 年吧，西安市文联想成立个理论研究室，王仲生教授极力推荐我去，平凹也同意，我又找过有关负责人，但是比较麻烦，也就打消了去的念头。也许是上天的旨意，2002 年我在原单位遇到一点儿不愉快的事情，就在给平凹的研究生上课时谈起，他就说你是个老实人，到建筑科技大学去吧，那里要办中文专业，急需人，那学校的校长人好得很。就这样我到了建科大，也就成了受聘建科大人文学院院长的贾平凹的下属。我到建科大，首先遇到的问题是教师的配备和教学计划的制订。教学计划由中文系副主任淡中阳老师负责，我负责教师的招聘。进人是个敏感的事情，我自然不能也不敢擅自确定。在与院领导反复沟通之后，初步在一二十应聘人中确定了几位，但仍需与平凹交换意见。因为，我来西安建筑科技大学前，校长、中国工程院院士徐德龙教授，就汉语言文学专业及中文系的建设和我的调动等有关事宜，专门开过一次现场办公会议，并以会议纪要形式，发给有关部门和平凹与我。纪要中明确说，贾平凹具体领导中文系专业和学科建设。据此，我就去找平凹，向他汇报教师遴选的情况。平凹的忙，我是知道的，电话一个接一个，来访者川流不息，有时是一拨一拨的。可他处理工作的认真劲，却是从来没见过，因为以前我与他不在一个单位，工作上不可能有什么关系。这次他当了院长，是我的顶头上司，我不得不去找他。教了20年书，也做过部门负责人，人管过，最多管过几十个教职工和上千学生，但是，却从来没有遇到过决定别人命运的要谁不要谁的事情，因为教职工的进出是人事部门的事，招生是招生办的事情，我只管接收。这次不同，需拿出初步意见。好在有院领导们把关，我跑跑腿而已。终于和平凹约定了时间，这之间的电话联系就不说了，反正是每月的电话费比原来多了成百元。见面时间是下午，地点是他的“大堂”。我到时，已有几个人在那里谈什么事情。平凹，不，应该是贾院长，给我倒了一杯水，说：“喝茶，抽烟。你等一会儿，我先把这事情给人家谈完。”别人不停地说着，他听着，而且是眯着眼，抽着烟，口中不停地应着“对、对，是、是”，以表示他并没有睡觉，而是在听着你说话。但到关键时刻，他眼猛一睁，就像抽了口大烟一样，精神头十足，简洁明了地将自己的意见说出。一说完，又恢复了原状，“对、对，是、是”。贾院长继续谈他的事情，我就抽烟、喝茶。茶大概是喝了三几杯，不知道是啥茶，反正比我的茶好，清香、素淡。烟抽了五六支，啥烟也没记住，大概是中华、芙蓉王一类。卫生间我去了几次，再不好意思去了，就假装若无其事、沉稳有涵养的样子，看客厅里的坛坛罐罐。大概是贾院长见我等的时间太长了，心里实在是过意不去，而事情又没完没了地谈下去，就下了狠心地说：“你们先等一下，叫我先把学校的一个急事处理了。”其实，等领导召见，我已经习惯了。五年的处长经历告诉我，在门外等领导召见也是工作。……正因为平凹不会正儿八经地做官，摆官架子，往深处说，就是文人的良知，使他觉得让别人等自己，太不人道，这才有了在官场不应有的歉意。事情是在贾院长的书法写作室谈的。我将十份应聘者的材料给他，他一份一份非常认真地看，口中还不停地说：“咱和任何人都无冤无仇，凭东西说话。”他每看一份材料，我就在边上介绍情况。天地良心，我的介绍，究竟对他起多大作用，至今我也不敢说，但有一条是肯定的，那就是绝对无私心。平凹院长也许是受人之命，不敢有半点马虎，把每一个人的材料都认真地看一遍。口中继续嘟囔着："事情刚开始，一定要把好关，一切以事情为重。要是一开始就徇私情，那后面的事情就没法干了。一定要把专业与学科建设放在第一位，只能干好，咱的责任重大，不要干对不起人的事情，过后叫人骂。"他把材料分成了两打，一打只有四份，另一打却有五六份，其中有三份材料还是不错的，但他在比较之后，还是剔除了出去。在这三份中，一个是由六七个熟人给我打了招呼，这位先生写了上百万的东西，就是纯粹的理论研究文章太少，被无情地淘汰了。一位是我的老师说的，是个研究生，情况也不错，就是专业上有些不对口，也被放在了厚的那一沓。最让我揪心的是那位与我共事20年的副教授，我既想要，又不敢要，原因是怕落闲话：你走了还挖人。所以，我对此人是不发表任何意见。其实，平凹第一次就看上了，可当他看了另一位40多岁的教授的材料时，就犹豫起来，说："都不错，不过比较起来，还是要年轻的、职称高的。"就这样，他最终选定了石油大学的那位教授。第一次进的三位教授、副教授就这样定了下来。之后石油大学的那位教授未来，就自然而然的又将第一次选中的那位副教授调了进来，至今还未办完手续。这是后话。人选确定以后，贾院长给了我一包烟，我不要。我知道平凹是很少给人东西的。但是，对我他是从未表现过小气。在一起吃饭，我几乎未掏过钱。他总是说，你好人，我来掏。回到学校，我如实将平凹的意见向院领导做了汇报。院领导也非常尊重平凹的意见，这就叫两好搁一好吧。从这次和平凹打交道，我真正了解了他的另一面，也从他身上学了不少为人处世的东西。虽然平常他看起来和和气气，但在正经事上，他是谁的意见都难以左右的。第一，他没有私心，用他的话说，他与任何人都无冤无仇，也没有任何关系，就是有，也是看能力不看关系。当然，也有他力所不能及的。比如，有一位学历不高，但能力很强，写作水平、为人处世，我们都看上了，但是，材料报到政府有关部门，却被卡了下来。由此，我就想到了没有任何学历的启功先生，陈垣先生不以牌子取人，注重真才实学，这才有了后来的国学大家、书画大家启功。体制是我们这些书生无法改变的。第二，平凹做这个院长，是非常尽心的。虽然在学校有人常问我平凹来不来、管不管事等问题，但我都一笑了之。在学科建设上，他是多次给我说，一定要把事情办好，不要存私心，要抓住人和科研，要长远考虑问题，等咱退休了，给人家留些东西，要叫人家总想起咱。当然，也没有忘把我鼓励、夸奖一番，给我戴个二尺五。第三，他要我带人，说要有个团队，并笑着说，你现在啥都有了，多想想中文系的事情，把年轻人带一带。为此，我曾经用了近两年的时间，以课题将中文系的同志组织起来，每一两星期在一起研讨一次，现在，已是初步见了效果……

某日，贾平凹对友人谈了《秦腔》出版后他有三点欣慰："其一，得到家乡人的认可。我之前的《浮躁》《鸡窝洼的人家》《腊月·正月》写的都是改革开放初期的农村变化片段，而这部作品主要反映的是当前的农村生活及农民生存现状。多年来我一直想写一部关于我家乡的作品，为此我踌躇了很久，这部《秦腔》也是在惊恐中完成的。完成之后，我还一直担心家乡人会对此怎么看，最近听到一个好消息，朋友把他根据《秦腔》后记的内容拍摄的电视专题片《〈秦腔〉后记》拿到村子里去放映，很多人看后都流泪了，他们说，'平凹没有忘记咱，还给咱说话呢'。我终于可以稍稍放下心了，这是让我最感欣慰的。其二，文学圈子对这部作品比较认可。其三，读者的反应。《秦腔》首印了15万册，后又加印了3万册，18万册已销售得差不多了，我想这个数字基本能代表读者的态度。"

贾平凹从深圳领奖归来，表示今后可能在《美文》杂志上留出一些空间以经营长篇散文。之后，平凹来到风光秀丽的沙家浜风景区，参加"春来沙家浜"全国散文大赛颁奖仪式，人们忽然明白了《秦腔》中那么浓重的陕西味是多么的"理所应当"。对于一个坐在主席台上依然坚持用最纯正的陕西话发言的作家，你实在无法指望他的作品能写出普通话的味道。

7月13日晚，陕西省戏曲研究院院长陈彦邀贾平凹等一行人去易俗大剧院观看浙江省小百花越剧团演出的越剧折子戏，演出结束后，平凹到后台看望了越剧代表人物茅威涛和其他演职人员。演员卸装后陈彦邀大家到西安有名的"咖啡一条街"德福巷饮茶，座中，平凹谈了他对越剧的感受，谈了他对茅威涛等演员的评价，越剧团买了十多本《秦腔》请平凹签名，茅威涛说她们是一群“超级贾迷”。

8 月 14 日上午，贾平凹在西安电视台新闻部主任李从朴陪同下，到南窑村采访了农民工孙好娃。商州张村乡王那村的孙好娃，在三森家具城拾收破烂时，被当地街道办事处的人没收了三轮车，理由是他不该走办事处门前的路。好娃说，这条路人也走狗也走为啥我不能走？论理的结果是他被关进院子，锁了铁门。好娃觉得这不是讲理的地方，就寻机翻院墙出来，通过乡党联系上了贾平凹，诉说了这桩遭遇。平凹当时正忙，就托了李从朴先去了解情况，他随后赶了来，见好娃一问，情况如实，就又随便问了“拾荒族”的生活，了解到废纸多少钱一斤，烂铁多少钱一斤，吃什么，住哪儿。他还对着摄像机谈了他对此类事件的看法，当晚的电视新闻实况播出，孙好娃领回了自己的三轮车。根据孙好娃提供的线索，他又约了友人，去西安北池头村拾荒人的聚居地实地探访，接待他的人叫孙劝良。适天刚下雨，劝良和老婆刚回到租住屋，平凹递一支烟给劝良，老婆说乡党先吃烟，我给咱做饭去。劝良是有问必答，平凹了解到这些人的生活状态、生命形态、行为心态，包括破烂的种类、价格，在哪儿收、在哪儿拾，往何处卖，遇上城管如何应对，等等。一会儿饭端上来，是一大碗稀汤汤的糁子面，调料是半碗盐，劝良热情推让，平凹接碗犹豫，来前他是从一个宴会上过来的。劝良老婆递上筷子，可能是上顿饭没来得及洗，两根筷子粘在了一起，平凹背身子掰开筷子，端起这只大号的洋瓷碗。他吃得很艰苦，也听劝良诉了许多苦……

事后，平凹说：“虽然我一时给他们提供不了多少帮助，但我的感情在他们一边。”

8 月底，平凹在西安接受了凤凰卫视对他的专访，其间，平凹陪同客人参观了法门寺。蓝田县有一位民间雕塑师，平时主要给各种庙宇塑神像，他把《秦腔》看了三遍，看完放下塑神像的活，为《秦腔》人物塑群像场景 1000 多尊，平凹在他那本已翻得破损了的《秦腔》扉页写了如下文字：“在元君庙村见到姜国兴关于此书的雕塑，又见此书已翻旧，此书能在乡下被人阅读如此，作为作者甚为欣慰。‘三农’永远是我们的痛，农村事大如天。”平凹的情感之基是筑在农村的，他的平民意识、他的民族民间立场不容他在城里过幸福生活，所以他隔三岔五要到乡下去。

因为《秦腔》的思想艺术成就，陆续获得第四届华语文学传媒盛典“2005年度杰出作家奖”、“《当代》长篇小说专家最佳小说奖”、中国小说学会专家奖、首届“红楼梦奖·世界华文长篇小说奖”等。

9月23日，西安建筑科技大学“贾平凹文学艺术馆”正式开馆。2000平方米的建筑和装修，几千件展品藏品的征集和搬运，这一切都在四个多月的筹建中，各归其位。

11月10日，贾平凹与友人回商州私访。第二天，起了个大早，吃了自助餐后，一行人直奔商州东乡30里外的张村镇长川村。到了村口刚下车，几十名乡亲就围了上来，争相握手问候，到了孙姑姑家，刚刚打扫过的院子里已摆好了七八个小椅子，一张小饭桌上也放好了茶叶、茶杯、香烟、糖果、瓜子等，这时天气忽然间变得风和日丽，王良将专程带来的一副商南高级水晶眼镜送给了平凹，以备在野外阳光下佩戴。平凹当即戴上试了试，连声说：“好镜，好镜，大小正好，颜色美得很，还是家乡的产品地道，美中不足的是分量重了些。”说话间，孙姑姑热情地招呼大家“快坐下，饭好了”。不一会儿，热气腾腾的蒸馍、锅盔端上来了，正宗的商州酸菜端上来了，地道的红薯糊汤端上来了……满满一桌，孙姑姑说：“听说你名气大，爱吃家乡饭，我把饭没做成，让你笑话了。”平凹笑着说：“谁都知道我是商洛人，又是农民出身，咱这酸菜就着红薯糊汤饭就是香，在西安和大城市里再想都白想，这饭我爱吃，美得很。”这时有几个人在拍照和录像，平凹略带不满地说：“吃饭哩，照啥相嘛？外人见了耻笑哩！”

饭后，一行人沿着乡间小道，爬上了当地小有名气的书堂山。突然间，鞭炮声声，震天响地，再往上看，山上挤满了百十号男女老少，他们欢迎平凹一行的到来。乡亲们簇拥着挨个儿与平凹握手，一位长者引领平凹一行到一个石质大乌龟处，介绍其传说及象征的意义后，放开嗓门对来宾说：“摸摸乌龟头，全家吃喝不用愁；摸摸乌龟身，两口子一辈子感情深；摸摸乌龟尾，两口子生活幸福不吵嘴……”并拉着平凹的手要他摸遍乌龟全身。临近中午，一行人在当地镇、村干部的陪同下，沿着野草丛生的羊肠小道又向王山顶攀登，途中陆续又有20多名当地青年和村民在后面自发陪同。步行了10多里的崎岖山路，经过三次休息，终于登上了久负盛名的王山灵虚观。这座道观重建于明代，站在这里，方圆20里以外的景物清晰可见。有道士介绍说：“灵虚观的钟声，60里外的龙驹寨也可以听到哩！”平凹说：“这个我小时候听老人们说过。”听了几位当地老人详细讲解灵虚观传说和正在修复的现状后，平凹当即捐了款，然后他登高远眺，面对商山秋景，问山下的地里是什么庄稼还没有收割？人们介绍说，现在这里人很少种庄稼了，人们在地里种了中药，然后进城去打工，几年后中药长成了才回来挖掘。平凹一根接一根地吸着烟，若有所思，以至下山时他没说一句话。到王山底村，他接受年轻支书的邀请，来到支书家的大院里饮茶休息。人们围坐在他周围问长问短，有人问：“贾老师，我们去州城到西安，人家动不动就说普通话，撇洋腔；你是名人，见过大世面，中央一套和凤凰卫视专访你时，你为啥还是几十年的老样子，慢里慢腾地只说咱土里土气的商洛话，咋不撇撇洋腔，也让咱山里人骄傲一回？”平凹只是“嘿嘿”地笑了笑，没作回答。一位老翁送来几天前就精选的一袋核桃，少见的个大色白皮薄，对平凹说：“这是前几年地区核桃研究所指导大家嫁接的良种核桃，今年丰收了，送您尝个鲜。”一位老妇人握着平凹的手，硬要送些红薯，说是“咱商州的红薯面得很，就像镇安的大板栗，吃了能多写文章哩”。

2006年3月，新浪网评选中国当代十大作家；8月，第四次中国国民阅读调查“读者最喜爱的作家”前十名结果公布，贾平凹均位列榜单。

4月，贾平凹在接受“第四届华语文学传媒盛典2005年度杰出作家奖”奖项后发表了简短的演说：

前三届“华语文学传媒盛典”授予了史铁生、莫言、格非三位杰出的作家，我在遥远的西北曾热烈地为他们鼓过掌，在祝贺着他们的同时又不止一次地羞愧于我的年长和平庸。是的，前边走过了伟岸的身影，后边的大脚又跨踏而至，我想，我这个被争议的，在奔跑队列中又腿脚愈来愈沉重的作家，将与这项文学界重要的奖项无法靠近。我没有料到第四届的大奖会授给我！所以，意外的喜悦使我惊恐紧张又内心充满了感激，感激评委对我的理解和肯定。如果我的野心还在，我会在我热爱的写作中不顾一切，继续那马拉松的长跑。今天是4月8日，天空清明，清明的天空肯定游荡着诸多的神灵。可以说，四年来的每一个4月8日，这些诸神里肯定有文学之神光临。沈从文称他的写作是要建一座希腊的小庙，就是为着文学之神的居住。沈从文在中国文坛上建造了一座神庙，这倒让我想到了秦岭和秦岭上成百上千个现在还存在的庙。秦岭并不是国山如泰山，但它界分了国之南北，而它的南麓和北麓是我生活和写作的地方，我太熟悉和热爱那里，就让我说说其中三个庙的事。我要说的第一个庙是建在很陡峭的一个崖头上，庙里供养的是叫娲的女神。女娲和伏羲是中华民族的始祖，但长久以来庙里的香火并不旺盛，去朝拜的只是些老太太们，跪在那里为求得孙儿而口中念念有词。我向往过女娲补天的神话，十几年前去过这个庙，正是冬天，雪下得撕棉扯絮，又狂风大作，冷得使我觉得天空有无数的刀子在翻搅。庙前庙后有许多石头，可没一块有斑斓色彩，也不是玉质。我想捡一块回去，觉得收藏女娲庙前的石头一定很有象征意义，但所有的石头都冻在地上搬动不开，好不容易捡了一块，从此也知道了太热的东西烫手，太冷的东西也烫手。就是这个庙，在前两年，突然传出曾多次夜里庙内有红光放射，每次红光放射，林中雉飞兔奔。流言一时广布，于是被视为民族要复兴的瑞兆，当地就大兴土木翻修，筹备大型祭典，女娲不再仅管生育，正名为民族之神。还有一个庙在另一个山头。去这个庙不容易，羊肠小道要走几十里，乱石和杂草又把路覆盖得时断时续，而且得提竹棍打蛇，野蜂蜇了立即要在伤痛处涂上鼻涕。庙里的住持叫澄昭，弟子无数，每日山道上一簇一簇人，相互呼唤，回音轰鸣。去庙里的人绝大多数是草根蚁命的百姓，他们不会给庙里布施多少钱，能带的也只是一篮土豆，几块豆腐，或一瓶菜油和醋，在庙里祈求日子平安、身体健康和解除苦难，然后吃一顿斋饭。澄昭是佛学界的高僧，但他从来说家常话，甚至唠唠叨叨啰唆不清，像个普通的家庭老太太。在他病得厉害的时候，去看他的人很多，哭声一片，他说了一句话：“我会把心留给你们的。”第二天就圆寂了，火化后灰烬里果然滚出一颗人心的舍利。这颗心现在仍保留着。我还要再说秦岭上的一座山，山上的又一座庙。这座山的下边是因保存最完整的泥塑而著名的水陆庵，游人如织，庵外各类吃喝小贩云集，热闹得像个集市。但是，水陆庵只是山上那个庙的一个道场，而庙叫悟真寺，却极少人去登临，甚至还不知道。小庙在朝起和暮时，常被云遮雾罩，空山只闻鸟叫，有太阳了，能看到对面诸峰如揖如拜，遍坡有零乱的黑色树木，树木之间裸露白色的巨石，像千万信徒在坐禅听经。庙周围没有松柏，却全然青枫，不弯不枝，极尽高长，树下花草萋萋，风怀其中，日照又灿灿多变。这么好的地方就因为水陆庵太繁华而人们忘了根本，它冷落和破败，只住有一个和尚。这和尚每日除了习经诵课外，就几乎是一个农夫或樵夫，默默地在山林旁掘地种粮弄菜，提了镢头在岩巅涧底采灵芝挖药材。我喜欢这个庙，常常去那里，这个和尚就成了朋友。是他让我领略了什么叫坚持，什么叫守候，需要如何的隐忍和静虑才能使生命处于大自在状态。这个和尚和我同岁，法名叫性云。沈从文建造的是文学上的小庙，我说的尽是些秦岭上那些我曾经探访的破旧小庙，这就在大师面前暴露了我蠢昧的村相。我是从新时期文学开始时就进入文坛，从事写作和编辑成了我几十年的一种生命方式。但我时常冒出一个念头：如果我当年不以偶然的机会进大学读书，如果不是在大学里当时去向不明的状况下而开始了写作，我现在会是什么样子呢？肯定是一个农民，一个矮小的老农。或许日子还过得去，儿孙一群，我倚老卖老，吃水烟，蹴阳坡，看着鸡飞狗咬。或许在耕地日益减少，生产资料价格越来越涨，生活陷入了困顿，我还得揉着膝盖，咳嗽着，进城去打工。但我想，无论我会是哪一类生存状态的农民，我可能也要去山上的庙里烧香磕头吧。也因此，我庆幸我从事了写作的工作，也更珍惜了手中的这支笔……

5月中旬，丹凤县委、县政府再次在西安召开“贾平凹文学艺术苑”规划评审会，听取专家们对棣花旅游开发的意见和建议。在这次评审会上，有专家认为，“贾平凹文学艺术苑”应该突出中国传统书院特色，可以对外招生办学，如小说班、文学爱好者培训班等，适当时可以让游人免费进入旁听，把文学艺术苑做实做活。艺术苑建成后应该是中国西部乡土文学的基地，是文学休闲体验会馆，也可以成为青少年文学训练营，还可以聘请国内文学大家来此论道。与会专家们一致提出“深化文化主题”的建议，把艺术苑与商州的地域文化和历史血脉有机地结合在一起。平凹参加了这次评审会，他说只要关系到家乡的文化、经济建设等活动，他都积极参加。他说他在自己的文学作品里曾反反复复地提到“老街”“古驿站”“戏楼”“二郎庙”等，他希望在未来建设该苑时，能充分考虑棣花镇的历史，将建筑和人文联系在一起。丹凤县要建立“贾平凹文学艺术苑”的消息一传出，立即引起了一些媒体和人士的质疑。有人问：丹凤县是一个山区贫困县，全年财政总收入不过3000万元，却要拿出7000万元替贾平凹造一座园子，这不是鱼肉百姓吗？还有媒体说，花这么多钱为一个作家树碑立传，该县的领导是不是疯了?！等等，一时间众说纷纭。鉴于强大的舆论压力，丹凤县有关部门迅速发表声明，说明该项目的启动原委和意义。这份发表在《陕西日报》2005年6月24日的声明就两个问题进行了说明：一、“贾平凹文学艺术苑”到底是什么？7000万元资金从何而来？二、“贾平凹文学艺术苑”与贾平凹到底是什么关系？声明中强调，整个项目投资将采取招商引资的形式进行，完全按市场方式运作，丹凤县政府的工作是制定相关招商引资优惠政策、宣传推介和服务；开发“贾平凹文学艺术苑”项目，归根到底是发展旅游和弘扬地方优秀文化，根本不存在为贾平凹本人树碑立传的意思，相反，贾平凹多次表示，只要能为家乡的文化和经济做出贡献，他愿意无偿地提供帮助配合，包括自家的老宅。

2006年5月，由《当代作家评论》、苏州大学文学院、春风文艺出版社和上海久久读书人文化实业公司主办的“贾平凹作品学术研讨会”在江苏常熟召开。国内20多位知名学者、教授、评论家、作家，从多角度、多方面对贾平凹30多年的文学创作进行了充分的学术探讨。

而后，贾平凹出席了苏州大学文学院第九届读书节。许多学生慕名而来，将大礼堂楼上楼下围得水泄不通，过道和出口都挤满了来“取经”的学生，本来只能容纳500多人的地方，竟然容纳了将近千人。和平凹同来的江苏籍著名作家苏童，在读书节开幕式上把平凹调侃了一番，引得全场大笑。苏童说：“自从平凹闯入新中国文学史，一不小心一待就是这么多年。我们正在考虑送他一个封号，有人提议叫‘贾爷’，也有人将他封为‘平公’，而我自己认为叫‘凹爷’比较好。”“凹爷”用他的商州方言说道：“我讲不了普通话，你们能听多少就多少，不过听懂了也就要失望了。”此话一出，全场笑倒。他说：“读书节挺有意思，我一生中最大的‘荣幸’就是没有参加过高考，但我们那个年代没有多少书可读。”有人吟读了“凹爷”的散文《好读书》：“能好读书必有读书的好，譬如，能识天地之大，能晓人生之难，有自知之明，有预料之先，不为苦而悲，不受宠而欢，寂寞时不寂寞，孤单时不孤单，所以绝权欲，弃浮华，潇洒达观，于嚣烦尘世而自尊自重自强自立不卑不畏不俗不谄。”演讲结束后，文学院的一位大三学生说：“来听讲座之前，本来我们都很期待贾平凹这样的文坛大家能有些振聋发聩之语，但是他的话却是如此平淡而又不失真诚。看来，‘凹爷’不凹！”

平凹新写了一幅大字，四尺整张，四个字：“大翩扶风”，装于大玻璃框，悬于他位于秋涛阁的“上书房”客厅。对这幅书法作品，来客常有不同的解读，有时为此还引起争论。一日，作者曹军华送来他在《人民日报》（海外版）发表的一篇介绍平凹书画收藏趣事的文章，两人一时聊得高兴，曹君乘兴问他“大翩扶风”的含义？平凹说，这是他迁入秋涛阁后新书写的一件作品，内容是自己撰的。悬挂它主要是因为自己喜欢“扶风”这个词。他说扶风，不同于御风，更不同于驾风，而是扶风。你想，扶着大风，飘摇直上，翩借风力，风助翩举，相互发力，多么超迈，这是何等的境界啊！

7月中旬，贾平凹在西安临潼区举行的“寻根华夏·纪念女娲”典礼上接受为骊山女娲文化活动代言的聘请。

2006年9月13日，贾平凹出席香港浸会大学文学院举行的“红楼梦奖·世界华文长篇小说奖”颁奖典礼

9月，贾平凹来到香港，参加“红楼梦奖”颁奖典礼。在港期间主办方浸会大学还举行了“电影《野山》与小说的关系”“《秦腔》的创作历程”两场公开讲座。平凹坦言：“一般的小说我没时间看，主要是看一些名著。当然，香港金庸的武侠小说，很喜欢看。他的《倚天屠龙记》电视剧，有时会看到深夜一两点钟。”颁奖会期间，放映了《〈秦腔〉后记》。秦腔是陕西及西北地区最主要的地方戏曲，也曾是京剧的三大源流之一。平凹对这个剧种情有独钟，他曾经为几位秦腔名角的逝世唏嘘不已，写文章宣传他们于秦腔的功绩，写作劳累之时也曾反复欣赏他们的录音、录像。20世纪90年代，他写了一篇专文《秦腔》，由地方戏说到农民，说到陕西的风情民俗：

农民是世上最苦的人，尤其是在这块平原上，生时落草在黄土炕上，死了被埋在黄土堆下；秦腔是他们大苦中的大乐。秦腔与他们，要和“西凤”白酒、长线辣子、大叶卷烟、牛肉泡馍一样成为生命的五大要素。山川不同，便风俗区别；风俗区别，便戏剧存异；普天之下人不同貌，剧不同腔，京、豫、晋、越、黄梅、二黄、四川高腔，几十种品类；或问：历史最悠久者，文武最正经者，是非最汹汹者？曰：秦腔也。正如长处和短处一样突出更见其风格，对待秦腔，爱者便爱得要死，恶者便恶得要命。外地人——尤其是自夸于长江流域的纤秀之士——最害怕秦腔的震撼；评论说得婉转的是“唱得有劲”，说得直率的是“大喊大叫”。于是，便有柔弱女子，常在戏台下以绒堵耳，又或在平日戏谑某人：你要不怎么怎么样，今晚让你去看秦腔！秦腔成了处罚的代名词。所以，别的剧种可以各省走动，唯秦腔则如秦人一样，死不离窝；它可能还在西北几个地方变腔走调的有些市场，却绝对冲不出往东南而去的潼关呢。但是，几百年来，秦腔却没有被淘汰，被沉沦，这使多少人大惑而不得其解。其解是有的，就在陕西这块土地上。如果是一个南方人，坐车轰轰隆隆往北走，渡过黄河，进入西岸，八百里秦川大地，原来竟是一抹黄褐的平原；辽阔的地平线上，一处一处用木椽夹成一尺多宽墙的土屋，粗笨而庄重；冲天而起的白杨、苦楝、紫槐，枝虽粗壮如桶，叶却小似铜钱，迎风正反翻覆……你立即就会明白了，这里的地理构造竟与秦腔的旋律惟妙惟肖地一统！再去接触一下秦人吧，活脱脱一群秦始皇兵马俑的复出：高个，浓眉，眼和眼间隔略宽，手和脚一样粗大，上身又稍稍见长于下身。当他们背着沉重的三角形状的犁铧，赶着山包一样团块组合式的秦川公牛，端着脑袋般大小的耀州瓷碗，蹲在立的卧的石磙子碌碡上吃着牛羊肉泡馍，你不禁又要改变起世界观了：啊，这是块多么空旷而实在的土地，在这块土地上摸爬滚打的人群是多么“二愣”的民众！那晚霞烧起的黄昏里，落日在地平线上欲去不去的痛苦的妊娠，五里一村，十里一镇，高音喇叭里传播的秦腔互相交织，冲撞，这秦腔原来是秦川的天籁、地籁、人籁的共鸣啊！于此，你不渐渐感觉到了南方戏剧的秀而无骨吗？不深深地懂得秦腔为什么形成和存在而占据时间、空间的位置吗？

写完《秦腔》，贾平凹就算给他的棣花老乡立了一块精神上的碑。这些老乡，在偏远的农村从事艰苦的农业生产，而城市却像一块虚肿的发面馒头，日新月异地在扩张，那里需要更多的人力，挖土方，搬砖运煤，栽花种草扫街道，修路淘粪清理垃圾……钱是比农村好赚一些。于是，这一群人就流到了城市。虽说仍是城市的底层百姓，仍是苦焦劳累，时不时还要受人欺负，可他们是城市离不开的人，他们是城市有机的组成部分。平凹就继续关注着这一群人，他们中有平凹的亲戚同学，有他的乡党和邻居，他神经的枝枝梢梢都和这些人连接着。于是，他隔三岔五地去看望这些人，也力所能及地帮他们解决一些具体困难，比如谁的架子车叫城管队没收了，谁的身份证被不良老板扣压了，谁叫车撞了叫人打了，谁的女儿被骗卖了，等等，他都去找人说情或参与救助。无形中，这一群流入城市的农民成了他的心痛，仿佛他们是他身上的一块肉一根筋，他们痛苦他就心慌。

这一群人中有一个叫刘书桢的，他的生活态度使贾平凹对人生产生了更多的感悟。刘书桢比贾平凹大一岁，他们从小是邻居，一块儿上小学，又共用一个酸菜罐子上初中，放假了相携着上山打柴下河捞鱼，“文革”期间又一同回家当了农民。平凹上了西北大学后，刘书桢去东北当了兵。当兵回来，他养过兔养过鸡种过药，但他做啥不成啥，后来在集市上炸油条卖，生意还不错，但平凹去吃过一次后说，你要注意卫生呢，上完厕所手都不洗就和面，头上黑水汗流地也不包个啥。果然不久，市场管理人员就以卫生不达标取缔了他的小吃摊子。无奈之下，刘书桢跟村上人“流”到了西安，先是捡垃圾，再是收购破烂，后来蹬个三轮车给人送煤卖焦炭，能混住了就把儿子也接了来，儿子是新时代的青年，不能跟老子一样混，他就给儿子买了一辆机动三轮，还是送煤的营生，但他给儿子独立核算，说是为了启发积极性。父子俩在煤场站住了脚，又把老婆接了来，他先是叫老婆去侍候一个城市老者，但过了不久老婆不去了，说是人家嫌她吃得太多，增加了保姆的成本，这事给刘书桢一个警悟：在城市里做事，吃喝拉撒都要计入成本的，从此他给儿子又多了一条教育。后来，在乡党的帮忙下，刘书桢叫老婆到另一家当保姆，这一家人好，说你吃得多了干活力气大，是好事么！后来，主家叫他老婆住到自己家里，刘书桢说好，我这边还省了一窝铺盖哩！主家人通情达理，给刘书桢说你哪一天想要老婆了打个招呼，我叫美发店的师傅给打扮一下把人给你送过去。刘书桢笑弯了腰，说西安城里还有这么懂道理的人，知道乡下人和城里人一样，身上肚里不能缺了一样儿！刘书桢挺知足。一家三口在城里有事干，三个女儿都出了嫁，各过各的日子，隔一段时间女儿们还到城里来看看二老，他说女儿还真把咱当城里人了。煤场给了他一间十平方米的房子，里边支了张他和儿子睡的床，还架了锅灶，有人送了台旧电视，图像不太清但声音蛮响，晚上劳动回来，和儿子一人下一碗面条，电视里人大声唱，他在破房子里小声唱，唱着唱着一倒头便睡，一觉就到大天亮。天亮了他蹬着三轮车，拉着上千斤重的煤，转街上楼，帮人搬运，顺带捡拾破烂，一月落下五六百元，整天乐乐呵呵的，时不时地唱几句秦腔戏文，人问他叫什么名字，他说我叫刘高兴，我儿子叫刘热闹，都是送煤的，谁要煤了就打个招呼。他还自己印了名片，上面写着各种煤的价格，一时间，几个街区的人都知道送煤的刘高兴是个快乐人，更是个可靠人……

这给平凹很多联想：什么是幸福？钱多了就幸福吗？房子大了就幸福吗？老婆年轻漂亮就幸福吗？人有欲望可以产生动力，但欲望疯涨了又会腐蚀人的精神，那么欲望应该控制在一个什么样的范围里呢？刘书桢也有许多困惑：城里人住那么大的房子，装修得像宫殿一样，各种电器要啥有啥，顿顿吃好的还说没胃口，睡在席梦思上还为失眠苦恼，三天两头出入娱乐场所还整天说烦死人了烦死人了！刘书桢进城后，遇到雨天做不成事他就到平凹家里来串门。来了大碗喝茶，大声说笑，平凹给母亲过寿、给女儿办婚事，刘书桢都是重要客人。平凹给朋友说："农村人心事多，到城里最怕被人慢待，但刘书桢没有这些压力，他是哪儿好就上哪儿，在别人看来这么难过的日子，他却过得很乐哉。他的衣着和别的宾客明显不一样，就像苹果筐里突然冒出个土豆，但这个土豆是快乐的。"从此，由刘书桢而刘高兴，由刘高兴而及一群农民工，平凹关注这一群人的生存状态，不由自主地就沉入了进去。在《秦腔》里，他曾把刘书桢一家的农村生活写了进去。刘书桢说："外人看不明白，我一看就知道《秦腔》里的'伍林叔'原型是我爸，'书正'是我，我媳妇是'书正老婆'，我妹子是'淑贞'，那个讲故事的'引生'其实就是平凹。"

平凹给朋友说，"我今年50多岁了，到了这个年龄，已不太容易产生创作冲动，对好些事都麻木了，但刘书桢进城却激起了我探究的兴趣。我在西安30多年，每天都能看见城里拉着架子车、蹬着三轮车拾破烂的人，也曾招呼他们来收过破烂，但从没想过这些人是从哪里来的？为什么拾破烂？拾破烂能顾住吃喝吗？他们白天转街晚上又睡在哪里呢？在旁人眼里，他们蹲在马路边跟个树桩没啥两样，我认识一个拾破烂的，他进城三年没说过多少句话，除了问报纸多钱一斤没人跟他搭话，自从刘书桢进城收破烂后，他经常给我讲他们这一行的趣事，我听得一惊一乍的”，“在大城市里，我们看多了一个庆典几千万，一个晚会上百万，到处张扬着盛世的繁荣，但从这些收破烂人的生存状态和精神状态里，能摸出这个年代城市里不易触摸到的细微神经和脉搏，这些人也是我们大家庭的成员啊，我们怎么可以昧了良心不去关注他们呢！”

2006年3月份的“两会”期间，身为全国政协委员的贾平凹在北京郑重表示，他的下一部长篇小说将关注进城农民工的生存状态和矛盾困惑。现在，经过一年多的苦劳，这部描写社会最底层“拾荒族”的21万字长篇新作《高兴》终于杀青。时序是2007年6月初关中的“三夏”大忙季节，《高兴》的手稿在滚滚的麦浪气息中送到了作家出版社，《当代》杂志也在9月份全文刊出。如果说《秦腔》是平凹两年前描写大量农民一步步离开土地、从土地上消失的故事，那么两年后的这部力作则是续集，他接着前边的故事继续讲述从农村走出来的农民在城市里是如何漂泊生活的。

2007年6月4日，在宝鸡文理学院陕西文学研究所举办的“贾平凹作品生态学主题研讨会”上，平凹首次披露他的第十一部长篇小说《高兴》的创作历程，这也是他继1993年《废都》之后第二次在作品未公开发表前的公开泄露。座谈会上，青年评论家孙新峰扯开平凹的右手叫大家看：这是一只掌心柔软、五指修长的手，在这只手的食指和中指小关节处，相对地长出两块老茧疙瘩，抠之嘣嘣作响，有人说这像木工的手，有人说像雕刻家的手，孙新峰问他疼不疼，他说你抠得重了感觉木木的。冯肖华教授说，食指中指间的这两块老茧是传统写作者的标志，虽然如今大多作家都改用电脑写作，但平凹还坚持用钢笔在稿纸上“刀耕火种”，因为他保持着两年出产一部长篇的速度，所以老茧未消新茧又起，他的茧子比一般职业写手都硕大而坚硬。孙新峰说，所以邓小平说知识分子也是劳动者这个论断非常英明！一时间大家都围过来看平凹这只手，但见茧子高突而乌青，皮下似乎凝有淤血，大家感叹之余，对他这种劳动和吃苦精神肃然起敬！平凹坦言，写《高兴》的最初想法比《秦腔》还早，这部长篇从构思到完成前后熬煎了他三年，写开了便从早到晚地止不住，就把手写伤了。其间五易其稿，把15万字的初稿改得面目全非，感觉不到位就从头再来。虽说成稿仅二十一二万字，但几稿算下来都过百万字了。他说这是他多年来修改次数最多、最费折腾的一部作品。他吐露，《高兴》曾三改其名，最早叫《城市生活》，后来叫《刘高兴》，正式出版时确定叫《高兴》。为什么这样起名？因为小说的主人公刘高兴是以他儿时同伴刘书桢为原型写的。刘书桢是个“快乐王子”，他戏称自己这辈子“啥都没干成，就生了一堆娃”，他迫于生计，领着儿子进城打工，他和平凹聊在城里的生活现状时，平凹试图听到他对打工生活的悲苦倾诉，没想到刘书桢却一脸乐哉和自嘲，还是从前那么幽默，平凹从他身上看到中国农民的知足常乐、安贫乐道等传统美德，这对当下经济富裕却精神贫穷的某些准城里人颇有启示意义。平凹说：“最初以第三人称写，后来试过第二人称，现在变成第一人称。看起来是叙述人称的转变，其实是心态的修改。毕竟我是农村出来的，真正去接触了那些城市边缘人的生活后再写，很容易就想为他们愤愤不平，写着写着，自己那种根深蒂固的农民意识就出来了，好像在替这些拾破烂人在厌恶城市、仇恨城市。但不管怎么说，城乡一体化是大势所趋，无数农民工他们要在这个地方谋生活，他们的后代也将在这里繁衍生存。我觉得，第一代农民工怎么挣扎求生，不重要。重要的是第二代、第三代怎么生活。因为他们身上已经褪去了农民优良的本色，但很有可能把城乡不好的东西都吸收在身，这才是中国亟待解决的重要问题。农村生活有时候就像黄河水，泥乎乎的，看不到动静，其实还是在涌动。而城里生活是瞬息万变的，跳跃式的，写到这里，笔自然就动起来了。写作不可能总是本色写作。也可以说，生活形态决定写作样式。刘高兴顺着我，我也顺着他，两人合作着往前走。作为他，是可以自得其乐，甚至有些小小的阿Q精神的。但作为我，不可能真正高兴。因为那是一曲生命悲歌，是人在最困苦的环境下迸发的顽强生机。所以我不给他灰色的调子，就是他背着五富的尸体出现在西安广场上被警察发现时，我描述周围的景色，树的色彩也是亮丽的。我要呈现困苦中的温暖。”

《高兴》与此前贾平凹的其他作品有很大不同，没有《废都》《高老庄》的精致与浑圆，没有《怀念狼》《秦腔》的深沉和凝重，一改以前的“玄秘”风格，非常直白、直接，现实主义色彩浓厚。是一份留给历史的社会记录，是透过小说中的故事、人物、命运，照射给读者的一方欲哭无泪、唏嘘不已的人间舞台。

平凹说，他在写作中曾有两难：一是身为农民的儿子并一直自视为农民的他，为小说中的打工者打抱不平，以至于创作中常常控制不住情绪，把自己写得激愤起来。而一个成熟的作家要力戒这种心态，所以他得不断调整自己的写作心态，要求自己平静。二是叙述角度的问题，现在写农村题材的小说大多用夸张变形、诗性的写法，尤其是写农民工的作品大多概念化、程式化，不太真实。而他一贯坚持自己的文学主张，要叙写当下生活、熟悉的生活，走民族化的路子，做到看生活“不走眼”。他说自己已 50 多岁，到了知天命的年纪了，为谁而写和写什么就变得十分重要。他自问文学目前对自己而言意义在哪里？因而再写长篇就很慎重——全国现在每年有 1200 多部长篇小说都在“普遍反映”改革生活，有的写得过悲、过闹，有的写得虚假，这些铺天盖地的消费性的作品普遍缺乏大的精神、大的技巧，在这样纷繁的文学大环境下，没有好的心态就很难写出经典性的作品，所以他只忠于生活和良心，别的就管不着了。他不奢望这部作品存之名山、流芳百年，只求能写成一份真实的社会记录留给后代，让后世人从中能看到一点儿历史的足迹就够了！

贾平凹曾对媒体说，“我关注农村的一切变化和存在的问题，从中传达时代的东西。我也许确实是农民，但在精神上我有自己的追求，也有自己的境界”，“我的出身和我的生存环境决定了我的民间视角，关注和忧患时下的中国是我的天职”。回溯贾平凹的文学创作之路，从 1978 年短篇小说《满月儿》

获首届全国优秀短篇小说奖至今，30 年间海内外出版的贾氏作品有 200 多种版本，其中的 13 部长篇小说，大都触及农村、农业、农民问题。这次他的《高兴》虽依然将目光锁定在农民身上，但他力图写出人性的温暖感、柔软度，写出人在某个特殊环境下活力饱满的深度，他说："正如农村人所说，烂泥坑里才开莲花！"《高兴》在写法上与 2005 年的《秦腔》不同：《秦腔》采用"密实的流年式的书写方式"，描述 20 年来中国农村生活的变化，但许多读者反映《秦腔》好是好，却不好读。所以这次的《高兴》颠覆了《秦腔》的写法，很注重故事性，人物关系也简单一些，再加上他用第一人称叙事，采用纯北方语言的口述体，所以读起来比较顺畅。在修改长篇小说的间隙，他还抽空应约为一些报刊写散文和随笔，比如 2007 年第 3 期《读者》杂志就转载了他写的《说花钱》一文，文中写了他对一些世相的看法，读来深刻而幽默：

中国传统的文化里，有一路子是善于吹的，如民间郎中，如气功师，街头摆摊卜卦的，酒桌上的饮者，路灯下拥簇着的一堆博弈人和观弈人，一分的本事吹成了十二分的能耐，连破棉袄里扪出一颗虱来，也是珍贵的，有双眼皮的俊。依我的经验，凡是太显山露水的，都不足怕，一个小孩子在街上说他是毛泽东，由他说去，谁信呢，人不信，鬼也不信。先前的年月里，戴口罩很卫生，很文明，许多人脖子上吊着白系儿，口罩却掖在衣服里，就为着露出那白系儿。后来又兴墨镜，也并不戴的，或者高高架在脑门上，或者将一只镜腿儿挂在胸前扣眼里。而现在却是行立坐卧什么也不带的，带"大哥大"，越是人多广众，越是大呼小叫地对讲。——这些都是要显示身份的，显示有钱的，却也暴露了轻薄和贫相。金口玉言的只能是皇帝而不是补了金牙的人，浑身上下皆是名牌服饰的没有一个是名家贵族，领兵打仗了大半生的毛泽东主席从不带一刀一枪，亿万富翁大概也不会有个精美的钱夹装在身上……越不是艺术家的人，其做派越更像艺术家；越是没钱的人，越是要做出是有钱的主儿。说句好话，钱是不能说就证明一切，但也不能说钱就不是一种价值的证明，说难听点，还是怕旁人看不起。过日子的秉性是，过不好，受耻笑，过好了，遭嫉妒。豪华宾馆的门口总竖着牌子写着“衣着不整，不得入内”，所谓不整者，其实是不华丽的衣着，虽然世上有“凡人的邋遢是肮脏，名流的邋遢是不修边幅”之说，但常常有不修边幅的名流在旁人说出名姓后接待者的脸面方由冷清到生动。于是，那些不失漂亮的女子，精致的手袋里塞满了卫生纸，她们不敢进澡堂，剥了华丽的外套，得缩身捂住破旧不堪的内衣，锃亮的高跟皮鞋不能脱，袜子被脚趾捅出个洞。她们得赶快谈恋爱，谈恋爱了，去花男朋友的钱，或者不结婚，或者结了婚搞婚外恋，傍大款，今天猎住这个，明日瞄准了那位，藤缠树，树有多高，藤有多高，男人们“下海”在水里扑腾，她们“下海”了，在男人的船上。社会越来越发展到以法律和金钱维系，有定数的钱就在世上流通，聚聚散散，来来往往，人就在钱上穷富沉浮。若将每一张钞票当一部小说来读，都有一段传奇的吧……如果平静地来讲，现在可爱的倒不是那些年轻的女子了，老太太更显得真实、本质，做小市民有小市民的味：头梳得油光光的去菜市，问过了这一摊位的价格，又去问那一摊位的价格，仰头看天，低首数钱，为一分两分与摊主争吵，要揭发呀要告状呀地瞧摊主的秤星秤锤，剥菜叶子，掐葱根，末了要走了还随手捏去几颗豆芽。年轻的女子在市民里仍有个“小”字，行为做事却要充大。越是小，越怕人说小，如小日本偏自称大日本帝国，一个长江口上的滩城偏要叫作大上海。

贾平凹给朋友说，“我虽不敢说我在写什么史诗，但追随着人间巨变，我把底层社会的百姓生活一幕幕地如实记录下来，为后世留一份社会档案该是我能做到的”。这就有了从改革开放初期的《浮躁》到如今的《高兴》，十几部长篇小说，写不尽社会转型期的人间情态和悲欢离合，开矿的，搞河运的，养殖的，拆迁的，移民的，修地的，经商的，打井的，挖药种药贩药的，等等，五行八作，中国改革开放的民间生活尽收书中，他的目光始终没有离开平民百姓，他的立场始终没有离开底层，他的艺术触角始终没有离开民族文化，他就是这样的人，他写的是他经见过的、看到的或听到的，不粉饰生活也不刻意暴露。有评论家说，也唯此他的作品才经得起时间的检验。

人都说平凹木讷，说话不利索，胆小，做事笨拙。刘书桢说，错了！平凹是小笨大精明，从小就是这样。他讲平凹一个故事做证明：有一年平凹到山里去砍柴，把刘书桢一个远房叔家的树砍了，主人来没收了他的背篓，问他是哪里人，他说是棣花的，问他叫啥名字，他说叫刘书桢，主人家就说好侄哩，你要背柴咋不明说，还自己去砍湿湿树哩，说完给他收拾了一背篓干柴，还给了几个黑馍。山里的叔叔几年没见过刘书桢，也不知娃长成了什么样儿，这叫平凹偷了个空子，成功地进行了一次冒名顶替。人都说平凹贪财、吝啬，刘书桢说，错了！平凹助人不留名，不信你问洛南的何君文、西安的鲁军民。何君文是洛南县的无业青年，有一年到西安找工作，工作没找下连回家的路费都没有着落，平凹当场给了500元钱，叫他先回去，学个什么手艺再来。鲁军民原在《军工报》当记者，因家中不幸生了变故，一时生活遇到困难，平凹又及时给了一些钱，帮其渡过了难关。还有户县的李连成，在他的孩子患脑病的困难日子里，是平凹拿出两万元帮他……有人问平凹："你做了那么多好事，报纸记者成天从你身上挖新闻，这方面的事迹为什么没人报道？"平凹说："为了报道而去做好事那是沽名钓誉或别有用心，佛学上讲究行善不留名，咱虽不是佛徒，但行了好事叫人报道和索取报答是一回事，一减一等于零，心灵上没长进还有了卑鄙的嫌疑，你在方便的时候帮助了别人应当感谢别人，因为人家给你提供了一次修复和涵养心灵的机会。"

2006年9月23日，在西安建筑科技大学办学110年并校50周年校庆庆典之际，坐落在校南院行政楼前的"贾平凹文学艺术馆"如期开馆。全国政协副主席、中国工程院院长徐匡迪，陕西省委常委、常务副省长赵正永等领导在校长徐德龙院士的陪同下，与数百名省内外各界人士参加了开馆仪式。该馆收集了贾平凹文学创作生涯中的图片、作品、影像、实物等资料，如实反映了作家的成长历程、生活点滴及创作经历。贾平凹在开馆仪式上说，这个文学艺术馆是他心中的"钟鼓楼"，令他感到了压力和不安，也让他可以时时提醒自己，努力创作出更多好的作品来。他说："这座'贾平凹文学艺术馆'，从我得到消息到今日揭牌开馆，我一直处于大意外和大惭愧的意识中。因为我仅仅是一位普通的写书人，似乎以写书有一点名而已，但是写的书能不能传之后世，时过境迁还有没有人阅读，这还是个未知数；再一点，成名也不代表成功呀！所以，建立这个馆，我承受不起，我汗颜和羞愧。当得知要建时，我曾惊恐不安和反对，但这是学校的决定，我无力去改变，我只能视作这是建筑科技大学对我的厚爱，是社会众多读者和同仁对我的支持。在此，我以虔恭之心，感恩供我生活和写作的这个时代，感恩建筑科技大学这一块风水极好的土地，感恩建筑科技大学的领导和师生，感恩为这个馆付出辛勤劳动的设计人员、筹建人员、施工人员以及社会上关注它的所有读者朋友！”

宝鸡文理学院中文系在一次交流活动中邀请到了贾平凹的女儿贾浅。贾浅在座谈中第一次真诚地谈了她的父亲。父女间的故事十分有趣，一时间引来同学们的热议。

贾浅说：“我作为我父亲最亲近的身边人之一，同时也作为中国现当代文学学科一名教师，我觉得自己有必要将生活中的贾平凹还原给大家。那么在此我就谈谈生活中的贾平凹，女儿眼里的父亲吧。上小学三四年级吧，老师让我们写一篇《我的父亲》这样的作文。我当时很认真很用力地握着铅笔，一笔一画戳得满作文本都是窟窿，我写道：我以后也要和我父亲一样，成为一个作家，有名了，就有很多叔叔、阿姨给送香烟呀、苹果呀，成为名人多好多好啊之类的话。结果我爸看了后，和我妈各站在我左右，一边前仰后翻地笑，一边小心翼翼并且怕人听见似的小声教导我说：娃呀，千万可不敢这样写，要不你老师会笑话哩，说你小小的娃没有远大理想，光想着别人给你家送啥呢，说家长没把你教育好。最后，这篇作文被我爸大刀阔斧地修改成一个幼小的心灵怎样受到艺术熏陶后，立志要做一个对社会有用的人。又一次，是上中学时写作文，我还是以父亲为原型，写《我的父亲》，开头是：‘父亲在我家的镜子上贴着一个用红笔画的眼睛，我问那是什么，他告诉我是奥林匹克。我只知道奥林匹克运动会，不知道什么叫奥林匹克。但是每当他注视这只红眼睛的时候，眼睛里全是光，像是有一团火。我就在想：在烈日炎炎的旷野上，我的父亲在永无止境地奔跑，阳光灼伤了他的肌肤，汗水遮蔽了他的眼睛，他像夸父一样在追求自己心中的太阳，跑呀，跑呀，不远的身后还跟着一个小夸父，也同他一起追寻心中的太阳。’多年后在一次搬家的时候，我找到当年的这本作文，感觉自己很了不起，有这么大的志向。第三次是刚上大学那会儿，写了一篇文章叫《我爱辣椒》，通过写我对辣椒的喜爱，从吃辣椒体会到的人生哲理，其中还是透射出父亲对我的影响。那天写这篇作文时，我们各占一间房子，他写他的，我写我的，写好后，他正在午睡，我就轻手轻脚把这篇作文放在他书桌上，然后摸上床也假寐，我静心等待他起床后的反应，因为紧张我的两侧太阳穴突突地跳。终于，一个小时后他窸窸窣窣地起床了，半个小时后听见他给孙见喜伯伯打电话，说：‘老孙呀，我这里有篇文章写得还行，刚好你办的刊物要稿子，就给你吧。’然后又笑嘻嘻地说：‘这是我娃写的，趁我睡觉人家偷偷地给我放到床上，旁边还写着丑媳妇总要见公婆，把他家的……’这就是我第一次发表的文章。日后我总结为什么这篇文章能发表，并不是我的措辞有多高妙，立意有多深远，关键就是我拍对了马屁，博得了老爷子的欢心，这点太重要了。我经常装作虚心好学的文学青年形象，向我爸讨教问题，他一高兴就妙语连珠，滔滔不绝。我就像空手扑蝴蝶一样愣头愣脑的，左边抓一下，右边扑一下，把好不容易费力抓来的几只艰难地装到衣袋里，等到上课时老师组织大家讨论，我才爽快地把它们放生掉。虽然有的没了触角，有的残了翅膀，有的断了腿脚，毕竟有这些色彩斑斓的小精灵的飞舞，我因而大放光彩。那段时间，我被这种感觉所怂恿，疯狂地写诗歌、散文、小说，常常深夜十一二点了还频频打电话把我爸叫回来看我的作品，真跟着了魔似的。所以我从小到大特崇拜我爸，就是除了不读他的书外，不时模仿他的字体，就感觉他写的‘贾’字怎么那么好看，老是跟着他的笔迹偷偷练；还模仿他写东西时用稿纸的背面，也装模作样地在稿纸背面留了天地左右以备修改；甚至有一度在西北大学住时看他每日写字画画，还央求他给我买了一套《三希堂画宝》日日临摹，有一次兴致来了，照着他书房的陶俑画了一张，还受到他的赞许。还有，他不爱吃肉，很长一段时间，我也不吃；他爱吃杂粮，我就喜欢荞面饸饹；我喝稀饭时也学我爸喜欢喝那种汤是汤、米是米的能照见人影的；我反感别人在我面前抽烟，但每次到他书房，虽然总看见雾气缭绕，却就是闻不见烟味，只是出来后，头就疼。我看见香港一个男影星叫陈小春，长得憨憨的，嘴巴大大厚厚的，我就感觉特亲切，喜欢得要死。

“我爸虽然讷言，但很幽默。小时候，我有剩饭的毛病，我妈要求我吃完，不许浪费。我坐在那儿一脸苦相又不敢把饭倒掉，正为难的时候，我爸悄悄地走过来，冲我摆摆手示意不要吭声，他偷偷帮我把饭倒掉了。我妈来检查，看见了我俩挤眉弄眼的样子，立刻觉察到什么就质问我爸：‘你帮她把饭倒掉了?’我爸大声说：‘倒掉了!’我当时吓得大气不敢出一声，眼看着我妈好看的柳叶眉挑起来了，我爸却不紧不慢地笑嘻嘻着说：‘我帮她把饭倒进我肚子里了。’反正她当时又不在现场，又没有抓住我们的证据，只好撇撇嘴走了。我先是紧张，接着和我爸一起开怀大笑。这就是一个孩子最初从父亲那里体会到的语言的智慧、说话的技巧，这给我带来了快乐。

“说到男人要具有幽默感，我想起一件有意思的事情。有一次我和我丈夫吵架了，他很生气又无处诉说，于是跑到我爸那里去告状说我怎样蛮不讲理，怎样耍脾气，怎么不温柔不善解人意，他说得理直气壮、声情并茂，动情处湿润了双眼，激愤处唾沫星子乱溅；与此形成的巨大反差是，我爸只是低着头一声不吭地抽着烟。快到中午了，我爸说：‘走，我请你去吃西林春牛肉拉面。’下楼梯的时候，我爸语重心长地拍了拍女婿的肩膀，咧了嘴半开玩笑似的说：‘男人要大气，要有幽默感。’这事我一直不知道，过了好长时间，我丈夫才对我说起这事，他一直很感慨，自己为什么就晕了头找错了申诉对象，原以为会在岳父那里得到安慰和公正，却不料想老泰山告诉他，做男人要大气、幽默。从那次吵架后，他大度多了，凡事也不和我计较了，还变得讨人欢心了。后来，我爸的这句话成了我俩的口头禅，凡是他同学小两口闹别扭了，我也笑嘻嘻地拍着人家的肩膀说：‘男人要大气，要有幽默感。’以前，家里经常是高朋满座，大家都带着自己的见闻和故事，就像赛歌会似的他讲他的你讲你的，如果谁讲得好另一个还不服气，那叫抬开了杠。没多久，你就可以在我爸的小说里读到这些故事。你甚至可以从小说主人公的形象塑造上，知道这是哪天晚上谁谁嗑着瓜子津津乐道他村子某一个人的形象，你也可以一眼看出来，这一段故事情节是从某某讲他自己人生的经历幻化而来的。

“终于有一天，我发现我虽然极度崇拜他，但是流于表面和形式，而不能真正走入他的内心。这种感觉令我沮丧，就好比隔着厚厚的橱窗看着你心爱的蛋糕，你虽然能看得见但你碰不到更吃不着。所以我做出一个‘伟大’的决定——我要好好研究我爸。当我把这个决定告诉他时，他嘴角有一丝不易察觉的微笑。我就说我要从哪几个方面入手，他沉思一下，抽着烟说，你说的那几个方面的资料都不太好收集，别说你了，就是我本人这些资料都不全。他说你可以从某某某几个方面来研究，于是我迅速掏出笔，把他说的一、二、三记录下来，还装作很谦虚很恭敬的模样。小时候，只要看见漂亮女孩子和我爸多说几句话呀，我就很生气。现在长大了，觉得这也可以理解，说明我爸个人魅力大啊，你看他这个时候，人也活泛了，精神头也足了，话也多了。我上大学时去青岛玩儿，回来给他送了个钓鱼竿，就和他开玩笑说：‘送你鱼竿，一是希望你在事业上年年钓得大鱼，满载而归；二是希望你在生活上碰见愿者上钩的一群美人鱼姐姐，从此快乐幸福地生活。

“我第一次去云南回来，给他买了件对襟的民族长衫，希望他能像陈道明那样很儒雅、很闲适地穿着绸衫，坐在那里和朋友一起品诗下棋，喝茶聊天，但是那件长衫他一直没穿过。这几年去他书房，见他和朋友茶是喝着，且总是上等的好茶，也天南地北地闲聊着，或热热闹闹地打牌。有时我就问他，为什么不和朋友聊聊有关文学的事，他说他一天到晚都在想着写稿子的事，写得他手痛脑子痛，打牌是种放松，也只是和相熟的几个朋友玩玩而已。这让我想起前几年，他有得意之作时，便约几个朋友来家中，念给他们听，每当这时他手舞足蹈、得意忘形，说是请大家提意见，其实大有卖弄之意。大家火眼金睛，心知肚明，笑着、骂着一起评论和品咂，气氛真是相当的好。可现在除了有时候见他和他的几位画家朋友谈谈画画，再就是和收藏陶罐的行家说话外，更多的是沉默与孤独。《秦腔》刚出版之际，有一位中央电视台某个栏目的记者来采访他，问了他几个跟作品不沾边的一些道听途说的问题，他当时很平静地笑笑说：‘等你仔细读一遍，再来找我吧，我还会接受你的采访。’正因为有了这样的感触，所以我觉得他画的《大堂》格外生动。他的几幅画《海游图》《孤独地走向未来》《东坡问鹅图记》《蹭痒痒》等，就我个人的理解，《海游图》就是与庄子一样，一个人逍遥自在，无所羁绊，显示出个人精神世界的宽广、浩瀚，这是任何人都无法侵入和干涉的。这么多年来他呕心沥血地写作，常常受到抨击与诋毁，人生压抑与苦闷对他这个老实又本分的人来说，只有精神的自我放逐，才能使他在苦难的现实中，超然物外，水火不侵，才能在短暂的喘息之后，又一次铆足了劲儿，拼命向前冲。

与朋友打牌

“有一次聊天的时候，我说到他这几年作品频频获奖，但始终与茅盾文学奖无缘，他的朋友谈到他这几年作品的遭遇，大家都愤愤不平、七嘴八舌的时候，他却很平静地坐在那里一边给大家倒茶一边说：‘哎，这就是一个人的命，命里没有这个你就是争也争不来，咱现在为啥还没有，证明和人家的差距还很大，我现在只有自己努力争取把作品提高，到时候上下高低一目了然，别人也就无话可说，该你的别人是拿不走的。’一番话说得在场的个个无语，那一刻我真是打心眼儿里敬重和感动，我的父亲他有这样大的心胸和气度！当然，生活中的他又是另外一个样子。今年3月份，他去广州开会的前几天，我和丈夫商量了一下在他走之前提前给他过个生日，虽然好几次他都在电话里说不过、不过。那晚，我、爸、少龙、志平（我爸的一个熟人）在长安稼娃饭店吃了饭，随后去他书房楼下的茶馆喝茶。我们选在一个很雅致、安静的包间内喝茶聊天，其间，就聊到室内装饰及盆景的摆放。志平看着摆放在房间一隅的一盆绿色植物，顿时来了兴致，说要和我爸照张相，以示他们的友谊万古长青。设计的造型是，他们两人各站在植物一旁。说话期间，我爸正坐着打电话，就被连人带椅平移着拉到盆景旁，放下电话两人就进入状态神色庄严地合影。照完后，志平很自然地走掉了，悠闲地坐在自己的座位上，嗑着瓜子聊着天。而我爸还坐在盆景旁边，离桌子还很远。这很滑稽，就像被我们一脚踢出局一样，就在这样的状况下，人家还很认真地够着够着伸手抓了一把瓜子，满心欢喜地低着头专心地嗑着。我爸这人很有意思，在家从来不嗑瓜子，说把家里弄脏了，但奇怪的是出来嗑得比谁都凶，就这样足足过去了十分钟，大家都不觉有异，我实在看不过去了，就对少龙说：'我爸好可怜啊，被别人当道具用完，随手也不放回原位。'大家听完都乐了，然后我爸才自己把座位拉回原处，继续嗑瓜子。他从不把自己当回事。他照相也从来不笑，总是挺着肚子很配合的样子，作为模特很有职业道德感。

"有一次到他书房，无意中看见他的手背有一道抓痕，红红的，我当时很诧异，问他是不是磕了，还是撞了，结果他一脸严肃地说，昨天和某某打牌，三个人玩儿看谁跑得快，最后输的人就要把手里的牌折成钱给赢家，结果那人连输好几把，赖账不给钱，他实在看不过去了，于是就奋不顾身地抢，那人使劲儿护着不给，说他以前也赖账，结果在你争我夺中，把手抠烂了。我强忍着笑问他，钱有没有拿到？他一脸得意的模样。在这类生活小事上，他常常可爱得像个小孩子。还有一次，咱们学院冯所长和孙老师也在，一行人就是和他商量这次来学院做报告的事。说话到中午了，他说请大家吃饭，我们就跟着他到了对面小巷子里，窄窄的两旁都是卖吃喝的。没走多远就看见一家小吃店的老板热情地招呼，说'贾老师来吃饭了！'我爸就点着头，笑着给人家敬烟，抬头一看，这家是卖砂锅的。我就想起上次到我爸这儿，他要请我吃饭，我想吃螃蟹，他说螃蟹有什么好吃的，走，爸带你去一家店，可好吃了。然后，我爸就带我来到这家店，确实口味不错，且干净实惠，他说这一阵子他总来，快十几天了，顿顿中午都吃这个；我还在暗暗寻思他连着吃这么多天也不烦，就见他站起身说：'我到隔壁饺子馆打个招呼去，那个老板是咱老乡。'一会儿工夫，只见他进来轻松地说：'我已经给那老板说了，晚上他做搅团我过来吃。'我当时就感慨地说：'你怎么对这儿这么熟悉！'他随口说：'方便啊。'今天他带我们来的就是这家饺子店，从他和老板打招呼的态度，就可以看出他们已经很熟络了，但是老板依然很热情地让跑堂把桌椅擦干净，又亲自倒茶让烟，洗了手就开始包饺子下饺子。饺子馅有四种，芹菜肉、萝卜肉、韭菜肉和青菜鸡蛋，个个装在小盆里，又干净切得又细碎，引诱得你不吃都不行，大家说着笑着吃得飞快，我爸不无得意地说，他有段时间也是经常来吃，兴致来了还自己动手包，甚至别的客人都吃过他亲手包的饺子。你要是去他书房次数多了，还经常可以看到他自己做的饭，都是些没名堂的饭，比如，油茶里头下面条、煮饺子，他经常自诩他的生活和沈从文一样，每天早早来到书房工作写稿，中午要么吃从家里带来的饭，要么自己给自己做，一天忙忙碌碌，充实又踏实。他被人称为名家大家，但他照样是该干啥干啥，照样到城中村去吃饭，照样给小吃店老板发烟、谝闲传，照样肚子饿时下厨房给自己做饭，这样一个本真自在的男人，真是可亲可爱。

"我和孙新峰老师去年一起上的师大研究生，当时考完试，有一个多月了，我心里没底，不知道发挥得怎么样，分数会不会上线，能不能考上，我就想让我爸给师大研究生处打一个电话，问问看有没有希望。可我爸说，我和人家不熟，有些问题具体我也不清楚，你先自己打电话问，不行了我再打电话。就把我这事撂在一边去了。又过了两个多月，还不见公布成绩，我有些焦急了，想让他问问虚实，谁知逼他紧了，他反而很不耐烦地数落我，说我这么大的人了，什么事情都要他操心，他还是不打电话，嫌我万一考得不好，给他丢人；后来网上公布了分数，我考得还不错，超出去年分数线很多，但今年分数线迟迟没有公布，我又提心吊胆，这回他又忙着出差开会，还是让我自己主动和人家联系，但是人家师大回复的口气模棱两可，我捉摸不透，就生气地抱怨他，女儿考研也是一件大事，非但不关心反而像没事人一样不闻不问，实话实说，有些时候就是想借他的名气，走走后门，但人家总是摆出一副事务缠身、爱莫能助的样子顺水推舟，真是让人又气又恨。终于，老天保佑，在网上看到了包括我在内的录取通知单。欣喜之余给他打电话，只听他在电话那头嘿嘿直笑，挂断电话后，又很快收到他的短信：祝贺！热烈祝贺！！！从很多事情上，你都可以看出他是一个很怕被人麻烦，同时又很怕麻烦别人的人，通常越是自己亲近的人，他越怕求人办事，因为他脸皮薄，老是张不开嘴。反而，别人的事他总是尽心尽力，因此，这次考研，看到他这么个态度，我就已经做好打算，今年考不上，好好复习再考一年。

“还有，三年前的一个冬天，老家忽然传来噩耗，说我外婆快不行了，当天，西安的大姨小姨就先回老家了，我妈出差了，第二天下午才能回来。实际上接电话时我外婆已经去世了，我妈回来后，怕她接受不了，我和少龙直到晚上才慢慢告诉她，果然她一听，立刻失声痛哭，说要马上回老家看老母亲最后一眼，当时正值寒冬，而回老家的路全是蜿蜒曲折的山路，天又黑，路面又结了厚厚的冰，很是危险，借了好几辆车，司机都说路不熟不敢开夜路，为了安全我想劝我母亲明早再走，可看到她悲痛欲绝的模样我也不知如何是好，这时，少龙就小声对我说，不行的话，你给咱爸打个电话，看能不能弄辆车，他不是经常回老家吗。眼下也只有这个办法了，我就心急火燎地给他打了电话，说明了事情的紧迫性和重要性，我爸二话没说，立刻答应弄辆车过来，并且说他也要一起回去。听他这么一说，我的心踏实了许多，半小时之后，他和司机来到楼下，上车的时候我才发现这并不是他单位的车，而是他一个朋友的私家车。在过后的一次闲聊中，偶尔提及这件事，他说公家的车，他很少用，除非开会用一下，自己的事很少向单位开口，划不来让人家在背后说三道四，所以有什么事情就自己挡车，图方便。坐熟人的车，因为熟络，彼此不太计较，坐了也就坐了，顶多欠个人情。我说那你总麻烦别人也不好吧，他愤愤地说：

‘他的车有什么坐不成的，四个轱辘都是我赞助的。’我不解地问，此话怎讲？随后他又笑嘻嘻地说：‘还不是这些年你爸我打牌输给他的！’

“我爸和我妈离婚好些年了，这是大家都知道的事，怎么如今两人还有往来，关系还不一般呢？其实，当年虽然他们因为情感的纠葛离婚了，但这么多年因为有我的关系，为我的学习、成长、生活、工作，他俩还时常保持友好的联系，并不像有些家庭夫妻离婚后，反目成仇，老死不相往来。所以我爸决定要和我们一起回去的时候，我心里说不上来的踏实，我冒昧地想，我妈当时可能也有这么一点想法吧，所以她也没有觉得我爸此次回去不合适，又也许当时也顾不上多想。总之，在千难万险的几小时后，我们还算顺利地到老家了。作为女儿，在老母亲弥留之际没能看上一眼，心里的那种悲痛、内疚，那种无法弥补的遗憾，使得我妈跪在外婆的遗体旁久久不肯起身，而我爸，更像是回到自己家，在众乡亲诧异的目光中，很自然地和大家嘘寒问暖，并让我妗子给他拿一个孝帽，戴在头上，和我大舅他们一起坐在火盆旁，开始给我外婆守灵。我们老家的乡俗就是老人死了后，给穿好衣服停放在厅堂中央，孝子们就开始烧纸上香、供牌位。三天过后，再举行入殓仪式，把老人安放在棺材中，抬到祖坟入土为安。这三天，孝子孝孙们不能睡觉，要为老人守灵，其他人大可不必整夜守灵，可我爸，一进屋子先给我外婆烧了纸，磕了头，并且在端详老人遗容后，还把她的手摸了摸，转头说：‘手还是软的，说明她外婆走了后，会上天的。’他这样解释：如果人在断气数小时之后，脚、腿摸上去还是软的，说明下辈子投胎牲畜；如果肚子、身体的中间部分是软的，说明下辈子还是人；如果上半身、头、手是软的，证明这人积德行善，会上天的。他的这番话，安慰了在场所有的人。冬天里农村过事，院门大开，里外一个温度，寒气逼人，我爸在城里有暖气，暖和惯了，穿得少，再加上人到中年了，冻得他坐在火盆旁还直打哆嗦。大舅见状，忙把自己的一件皮大衣给他披在身上，但他这身打扮很怪，头顶白孝帽，身披羊皮袄，加上他的农民长相，真像一个放羊的羊倌。我不知什么时候睡着了，第二天一早醒来，已经不见他了。我妈说，他守了一夜灵，天一亮就走了，说是单位还有事。那一刻我心里真是说不上来的温暖。并且后来才知道守夜的那晚，他主动提出要给我大舅的大儿子解决工作调动问题。我想，肯定是当年我外婆对我爸特别好，我相信人心是可以换人心的，否则我爸不会这样做的。我爸是一个有良心的人，他心里记着别人对他的好，知道感恩和回报。所以对我们家来说，他是一个好儿子、好丈夫、好父亲；对社会来说，也必然是一个有责任感、有良知的好作家。我时常感慨，到底是因为他早期作品比如《腊月·正月》《满月儿》《鸡窝洼的人家》还有商州系列散文中表现出的人情、人性美感染了这位作家，使得他的生活也呈现出人性的光辉呢，还是因为他这样一位善良淳朴的、重情重义的汉子身上散发的那种气息使得他笔下的世界与人物也弥漫着自然、清新、醇香的味道？

“这多年来，我爸从来没有手把手地教我做过任何一件事，也没有像其他家长那样不厌其烦地给自己的孩子传授为人处世的道理。因为他总是太忙了，忙着写作，忙着应酬，忙着开会，忙着聊天打牌，甚至忙着写字挣钱，但是你从一个知天命的长者身上，学到了什么叫言传身教，什么叫刻苦勤奋，什么叫自强不息，什么叫宠辱不惊，什么叫大智大勇，什么叫大辩不言，什么叫朴实无华。我有时就觉得老天爷还是蛮公平的，因为自己的父亲比较特殊，经常不在身边，不能陪自己学习、成长，少了不少人间的天伦之乐，正因为这方面少了，孩子必然很关注自己的父亲整天都在忙什么呀，写什么呀，就产生了很大的好奇心和探究的意识，无形之中，就潜移默化，或是很自觉地学习和吸取一些有用的东西，并由此而受用无穷。相反，那些揪心不下，整天在自己孩子耳边唠唠叨叨的家长们，孩子听得多了，就有了逆反心理，很多做人的道理就不以为然了，忽视掉了，淡漠掉了，我行我素了。这样的孩子反而从家长身上学习到的东西少了。我作为贾平凹的女儿自有风光得意的时候，也碰上很多恼人失意的事，但这并不妨碍我对父亲的仰慕和崇拜。如果有下辈子的话，我还要做他最宠爱的女儿！”

第十四章
从当选省作协主席到荣获茅盾文学奖

一个噩耗传来：贾平凹的母亲于2007年9月6日在丹凤县棣花镇去世。贾母有老胃病，1983年的时候，她在西安医学院第一附属医院做了胆囊切除手术，20多年来一直健康。无论是在棣花老家，还是住到西安，见人总是笑呵呵的样子。前一段时间，老人住进608所的附属医院，问平凹，他说需要做一个手术，医生还是一附院的老熟人，问是否应该拜访一下麻醉师，他说不用，一切都安排好了。看他兄妹四人正在病房嗑着瓜子打扑克，说说笑笑的样子不怎么紧张，友人就觉得可能病情不是太严重。没承想，老人手术后没有醒来……

西安的朋友赶到平凹老家祭悼，窄窄的巷道两边摆满了各界人士和各个部门敬献的花圈。院里挤满了人，亲戚、文友、官员，还有刘书桢等乡亲们，大家都沉浸在悲哀之中。披麻戴孝的平凹将大家迎进家中灵堂，大家向贾母遗像上香、三鞠躬，已长成小伙子的平凹侄子和外甥跪在灵床两边的草铺上给来客磕头还礼。平凹忙着迎来送往，郭梅太劳累，和衣歪在内室的一角睡着了，消瘦的脸上有泪光闪烁。民间的龟兹队在院里奏响哀乐，报告着有客人即将来到，平凹就和弟妹们赶紧出门跪接，这是商洛的古礼。但因地上泥泞，平凹被一老者制止，但他必要向来客鞠躬行礼。停灵的堂屋门上，平凹亲书的挽联概括了母亲一生的德行：

相夫教子慈悲贤惠，持家有道六十年；

扶困济危知理明义，处世传德八十载。

大门也有平凹亲书的挽联，当天下午送葬回来，人们发现，大门二门上的对联全都被人揭走，有朋友说拿走这种挽悼亡人的对联显然不能悬挂，另一朋友说，这是一种非常独特的收藏品，属于孤件啊！下午去坟上送葬的有700多人，墓穴在312国道北边的高坡上，平凹父亲的坟墓早在前几年修312国道时就迁了来，迁坟时就预筑了双合墓。墓前一尊硕大的汉白玉香炉是朋友送的，墓园周围的一圈千枝柏青翠欲滴造型优美。龟兹队的乐人连续吹奏着悲哀的曲调儿，大家就评论这龟兹队的乐器是中西结合的，既有唢呐也有长号、小号、萨克斯等。

十几天后，一个喜讯传来：陕西省作家协会第五次会员代表大会在西安止园饭店投票选举新一届领导。55岁的贾平凹，在76位理事的投票中，以74票的高票数当选为新一届陕西省作家协会主席。这次会上，担任作协主席14年、已经65岁的陈忠实被聘为省作协主席团名誉主席。

作协老主席祝贺新主席

贾平凹在题为《创造陕西文学的新辉煌》的闭幕词中讲道："在这里，我要特别提出，我们的上一届主席陈忠实同志，在14年里为陕西文学事业作出了巨大的贡献，他以作品的杰出性和以文学为神圣的精神，对陕西文学事业劳心劳力的热忱和辛苦，为陕西文坛争得了荣誉，赢得了尊敬，为我们作出了学习的榜样。在此，让我们以热烈的掌声向他致以崇高的敬意和感谢!"会后，贾平凹在接受多家媒体记者的采访时说，"我这一生，事儿太多，不管是好事坏事，是悲是喜，该干的事还得干，往前一个劲儿地走，平淡地去面对人生悲喜。当选省作协主席后许多朋友发来祝贺，但我母亲不久前过世了，这是其他任何东西都无法代替、无法弥补的"，"回顾自己过去这五年，一直在朝前走着，也没有荒废时间，虽然写了《秦腔》《高兴》，但要真的说达到了啥目标、到了啥高度，好像也没有，因为一旦达到了，人也就不想再动弹了。现在既然被选成作协主席了，就要参与省上一些活动，肯定要分散一大部分精力。我1991年当西安市文联主席以来，一直就是这种生活状态，也习惯了"。忙中抽空儿，他又回答了《华商报》记者的提问：

问：你最近的大事颇多，新著问世、老人过世、职务变迁，事实上你个人创作与所获得的社会荣誉都达到了一定程度，但同时也遭遇了"子欲养而亲不在"的人生悲痛，你如何看待和处置生活中的悲喜?

答：我这十来天之内，真的是经历了大悲大喜，天上一下，地上一下的，50岁之后也就知天命了，把它看透了，人生就是那样。

问：你下一步如何扶持、推出陕西青年作家?

答：每个人都年轻过，年轻时最希望有些物质帮助，就像住房一样，年轻时候，希望有房子住，但往往都是六七十岁的时候才有，但那时房子对我们已经不重要了。现在的青年人缺乏雪中送炭的东西，人世间往往不注意这一点。对年轻一代不能嘴上关心，要落到实处。比如说，设立出版基金、评奖机制，最重要的是给予经济资助、时间支持，如果有机会，推荐上鲁迅文学院啊，多给他们一些学习的机会。但还有一点，现在的年轻人不如上一辈肯下苦，但只要是金子，都会闪光。

问：现在人们关注的东西分散了，文学跟以前相比，边缘化了，是这样吗？

答：现在成名很复杂，需要有实力，还要有机遇，也需要宣传，很多种因素决定的。我年轻的时候，但凡获一个奖，人们就都知道了，当时社会关注度是一个点，现在散了。

问：能否谈谈前任作协主席陈忠实？

答：老陈是一个好老兄，在作家中，其实我与老陈的接触最多，老陈是一个在文学界非常有声望和成就的作家，十多年来，他做了很多工作，而且热心参与一些文学、文化尤其是公益活动，很辛苦，确实值得咱们尊敬和学习。个人交往嘛，我们是朋友，我们是十多年前一块儿起来的，一块儿在报纸和刊物上发作品，作品也是一块儿由稚嫩一步步走向成熟。我觉得朋友嘛，并不是说，谁和你好都是天天在一起打牌、吃饭呀，我们不是那种关系，因为不在一起办公，我们一般是开会时才见见面，谈谈文学，问最近读什么书、写些啥东西呀等等。其实算起来，作家里接触最多的还是老陈，再次向他表示敬意。

写作间隙，贾平凹在给邢庆仁的画集《花瓦》作序，他说："瓦是建筑材料，它覆盖在屋顶上时间长了就会生出一种草叫瓦松。庆仁最早想把画册定名为《瓦松》，我觉得不妥，瓦松能是松吗？关中农村人蒸馍时用面团捏出各种造型，这种馍称作花馍，那在瓦上画了画的，咱就叫作《花瓦》吧。前些年我们一起去走丝绸之路，在嘉峪关看到了一批墓砖，墓砖上画满了画。那些画或许是古人实用性的作品，内容极其世俗，或许作者也不是专门的画师，笔法极其随意，但内容的世俗使我们感到了一种无以言说的亲切，笔法的随意又让我们领悟了中国画的最根本的一些要素。"这也许也是他为自己的画作的一种辩白。他出版了几本画集，有人批评他这些画不够审美尺度，有人指责他的画技术性太差，他都不曾正面回应。著名作家、艺术家冯骥才被公认为"作家中的画家"，他看了平凹的书画作品之后，在《文汇报》发表文章说："我喜欢平凹的字，平实单纯且意蕴很厚，没有那种作大家秀的浮躁和装腔作势。他主张还书法的本来面目——写‘生活中的字’。不把书法当作什么圣物而为之。正为此，他的性情、脾气、气质、审美，便自然而然地潜入笔墨间。因之他的字如其人——有憨气又有灵气。我对平凹的画认识却迟一些，缘故是见他的画少，偶见于报端刊尾，印象是一种文人的画，虽然别有奇思与奇趣，技术上却似乎没有‘科班’过，有点文人墨戏，甚至还有点漫画的味道。因对友人说，平凹的文第一，字第二，画第三。这里之所以说他的画是‘文人的画’而非‘文人画’，是因为从中国的画史上说，文人大举进入画坛当在两宋，代表人物是苏轼、文同、米芾。他们反对当时如日中天、技术精熟、以具象为能事的院体画，认为‘作画求形似，见于儿童邻’，主张用笔墨自娱，直接抒写性情，这种全新而鲜明的绘画思想，给画坛吹来一股清风。但他们在艺术上还没有建立起属于自己的艺术体系和审美体系。应该说，这期间苏轼他们的画，是一种‘文人的画’而非‘文人画’。真正的文人画的艺术体系是到了元代，经过倪瓒、黄公望、吴镇等人的努力才建立起来。即讲求文学意味，主张抒写心性，追求笔情墨趣，并树立起以诗书画印为一体的独特的艺术形态，‘文人画’才算立了起来。文人画不同于文人的画，是因为文人画是一种特定的艺术概念，必须在审美上有自己明确的一套，还能立得住，才能成立。然而，现在翻看平凹的画书，令我吃惊，并且立即认定他不只是‘文人的画’了。他的画看似粗粝，实际很精致。精致的在于他那些诗性、哲思与妙想。这些奇思妙想使他的画挺浪漫。值得注意的是，他的画给人的不是一种清晰的感受与认知，而是对天地奥妙与人间玄机参悟的过程。这也正是他的魅力之所在。可是，人间的玄机不是时时处处都能发现的，所以他的画不多。其实，真正的文人画都不多。因为文人的笔听命于心灵，而非不停地复制同一种视觉美。所以，文人画很少重复。当然，有些画家也不重复自己，吴冠中就曾对我说：我决不重复自己。我笑道，重复是不再感知，是原地踏步。从平凹的画书中我还发现，他对形式和笔墨很考究。比如他对画空白十分在意，中国画的空白是留给观者去创造的，也是对画中景象与意味的延伸——这便是他常常只画形象的一半的缘故。至于他那幅《鹅》，则可以看出他用笔的洗练与造型的能力。他画这只左顾右盼的发情的鹅，总共用了三笔，又都是神来之笔。我忽想，这些诀窍不是从明清时代那些大写意画家那里‘偷’来的吗？平凹虽然没有科班学过画，他超人的悟性却弥补了这种先天不足。他很明白从古人那里拿什么和怎么拿。一次和黄胄谈书法，黄胄先生说他只读帖，但不临帖。我说我也是。他说出一句颇有真理意味的话：临帖取其形，读帖取其神。我说，临帖的结果，常常是用别人的手束缚了自己的性灵。平凹从古人那里拿得最多的是脑袋里的方法而非手上的技法。依我看，平凹的画有三个背景：一是古人，比如金农、罗聘、朱耷、徐渭等人。这些人都是简约至极，舍形取神，肆意变形，还有寓美于丑和寓巧于拙。二是民间，平凹的民间情怀已经在他的小说里‘暴露无遗’。他喜欢民间。民间的文化是一种生活文化，处处真率地洋溢着生活的情趣与情感。因而平凹的画里的一条狗、一只鸡、一头牛、一条鱼，全像在民间的剪纸、年画和泥娃娃中那样会说会唱、有声有色。这种情怀在中国画家里唯有齐白石和韩美林的笔下可以见到。三是现代，平凹的画有很鲜明的现代感，这是我不曾料到的。看平凹的画，并不老旧。这里不是指他画的那种穿什么牛仔裤的少妇或长发少女，而是在形式感和审美上。看得出，他对现代感是有明确追求的。从这些背景上说，平凹的画当之无愧是‘文人画’。尽管他笔墨的精湛与丰富尚待修炼。他已经有自己自觉的绘画主张与个性极强和品位甚高的审美体系。他所谓‘万法归一为我所用’，不但是其艺术的宣言，还一定促使其成为当今画坛上文人画之大家。此刻，一定有人问我，现在你怎么给贾平凹的文、字、画排队。哪个第一，哪个第二和第三？我承认，先前我给平凹的诗文书画排前后乃是一个错误。文人们都是这样：画如其字，字如其文，文如其画，皆因其人。他喜欢干什么，或者说他干什么的时候，什么就是第一吧。”

2007 年 9 月，湖南文艺出版社出版了平凹的最新散文随笔集《浑沌》。为何将书名定为《浑沌》，他说：“过了 50 岁之后，我很喜欢一个词——浑沌。我记得有人说过，小渠小沟才会比较有规矩章法，而像黄河这样的大河流动是没有章法的，但是人们依旧颂扬黄河的气概。这也就是在写作上追求的境界。”

10月20日，由陕西省作家协会，中共延安市委宣传部，中共宜川县委、县政府在黄河壶口联合举办“文学艺术家壶口论坛”，贾平凹与100多位知名文学艺术家参加了这次活动。他们现场感受了黄河壶口的雄浑壮美，平凹当场挥毫为壶口题词：“一壶收黄河，万山奔马骑。”

与孙见喜在黄河上

11月的一天，伏案写作累了，点燃一支烟，烟气逸出，眼前浮现路遥。猛然想起，路遥已经去世15年了。于是贾平凹写下了《怀念路遥》：

想起在延川的一个山头上，他指着山下的县城说：“当年我穿着件破棉袄，但我在这里翻江倒海过，你信不！”我当然信的，听说过他还是少年的一些事。他把一块石头使劲向沟里扔去，沟畔里一群鸟便轰然而起。想起在省作协换届时，票一投完，他在厕所里给我说：“好得很，咱要的就是咱俩的票比他们多！”然后他把尿尿得很高。想起他拉我去他家吃烩面片，他削土豆皮很狠，说：“我弄长篇呀，你给咱多弄些中篇，不信打不出潼关！”想起他从陕北写作回来，人瘦了一圈儿，我问写作咋样，他说：“这回吃了大苦咧，稿子一写完，你要抽好烟哩！”想起《平凡的世界》出版后一段时间受到冷落，他给我

1992 年 11 月 21 日，在路遥的追悼会上

说：“狗日的，一满都不懂文学！”想起获奖回来，我向他祝贺，他说：“你猜我在台上想的啥？”我问：“想啥哩？”他说：“我把他们都踩在脚下了！”想起他几次要我调到省作协去，而我一直没去，当又到换届的时候，正是我在单位不顺心，在街上碰着他去购置呢绒大衣，我说了想去作协的想法，他却说：“西安那地盘你要给咱守住啊！”想起他受整时，我去看他，他说：“要整倒我的人还没有生下哩！”我生病住了院，他带条烟来看我，说：“该歇一歇了，你写那么多，还让别人活不活！”想起他的虎背熊腰，想起他坐在省作协大院里那个破藤椅打盹的样子，想起他病了我去看他，他说：“这个病房好吧？省委常委会开了会让我住进来的。”想起他快不行了，我又去医院看他，他说：“等我出院了，你和我到陕北去，寻个山圪崂住下，咱一边放羊一边养身子。”他是一个优秀的作家，他是一个出色的政治家，他是一个气势磅礴的人。但他是夸父，倒在干渴的路上。他虽然去世了，他的作品仍然被读者诵读，他的故事依旧被传颂。陕西的作家每每聚在一起，免不了发感慨：如果路遥还活着不知现在是什么样子？这谁也说不准。但肯定是他会写出更多更好的作品，他会干出许多令人佩服又咋舌的事来。他是一个强人。强人的身上有他比一般人的

优秀处，也有被一般人不可理解处。他大气，也霸道；他痛快豪爽，也使劲用狠；他让你尊敬，也让你畏惧；他关心别人，却隐瞒自己的病情；他刚强自负不能容忍居于人后，但儿女情长感情脆弱内心寂寞。陕西画界有人以为自己是石鲁，我听到石鲁的一个学生说：他算什么呀，不要说石鲁的长处，他连石鲁的短处都学不来！路遥是一个有大抱负的人，文学或许还不是他人生的第一选择，但他干什么都会干成，他的文学就像火一样燃出炙人的灿烂的光焰。现在，我们很少能看到有这样的人了。有人说路遥是累死的，证据是他写过《早晨从中午开始》的书。但路遥不是累死的，他昼伏夜出，是职业的习惯，也是一头猛兽的秉性。有人说路遥是穷死的，因为他死时还欠人万元，但那个年代都穷呀，而路遥在陕西作家里一直抽高档烟，喝咖啡，为给女儿吃西餐曾满城跑遍。扼杀他的是遗传基因。在他死后，他的四个弟弟都患上了与他同样的肝硬化腹水病，而且又在几乎相同的年龄段，已去世了两个，另两个现正病得厉害。这是一个悲苦的家族！一个瓷杯和一个木杯在一做出来就决定了它的寿命长短，但也就在这种基因的命运下，路遥暂短的人生是光彩的，他是以人格和文格的奇特魅力而长寿的。在陕西，有两个人会长久，那就是石鲁和路遥。

转眼到了2008年。“唉——”一束脱发让平凹发出了无奈于岁月的浩叹，这时手机“嘀”一声报告有短信来到。他把陈再生当商洛地委书记时送他的冬青木梳子丢到一边，打开手机。这是方英文的短信：“人生最大的悲剧——美人迟暮，英雄谢顶。”“这驴失的！”他骂了一句，就去翻看那份给方英文研讨会准备的发言稿。许久以来，英文总以平凹的秃顶戏笑他，现在，又以短信调侃的方式提醒他这个重要事情。

就在这一年的春末，中国出了一场大灾难：2008年5月12日14时28分04秒，四川的汶川、北川发生八级大地震！一时间，大地颤抖，山河移位，满目疮痍，生死离别。此次地震毁坏了50万平方公里的中华大地，贾平凹也有两架珍贵收藏品被震碎。“5·12”以后，平凹暂停了手头的小说创作，每日以十多个小时的工作量为抗震救灾奔走。在震后的第三天他就发表文章，呼吁救灾，他积极参加省委宣传部、省电视台联办的赈灾晚会，接受采访并发表深切感言。他捐出自己的书画作品，参加省、市多家群众团体组织的书画义卖。作为陕西省作家协会主席，他组织本省作家参加中国作家协会的赴灾区采访团。在他主持的《美文》杂志上，以最快的速度开设了抗震救灾专栏，并亲自打电话动员作家拿起笔来为救灾写文章。加上他在各个站点捐助的现金，平凹累计捐资超过6万元人民币。

9月23日，由贾平凹的同名小说改编的电影《高兴》在北京举办关机发布会，导演阿甘携主演郭涛、田原、冯瓅、海一天、黄渤、苗圃等到场接受采访。此后的一个多月，正当人们热议这部电影以及原著小说的时候，有消息爆响：贾平凹获得茅盾文学奖！此消息是中国作家协会通过中国作家网《第七届茅盾文学奖评奖办公室公告》的形式发布的，贾平凹的《秦腔》以21票的最高票在获奖的四部长篇小说中名列第一。

评委会给《秦腔》的授奖词是："贾平凹的写作，既传统又现代，既写实又高远，语言朴拙、憨厚，内心却波澜万丈。他的《秦腔》，以精微的叙事，绵密的细节，成功地仿写了一种日常生活的本真状态，并对变化中的乡土中国所面临的矛盾、迷茫，作了充满赤子情怀的记述和解读。他笔下的喧嚣，藏着哀伤，热闹的背后，是一片寂寥。或许坚固的东西都烟消云散之后，我们所面对的只能是巨大的沉默。《秦腔》的这声喟叹，是当代小说写作的一记重音，也是这个大时代的生动写照。"

等待领奖的日子里，一晚，被贾平凹称作"大冯"的冯骥才刚抵达下榻的西安曲江惠宾苑，就打电话给平凹："我要先看你，再看兵马俑！"翌日，平凹参加了当地领导为大冯夫妇举行的欢迎晚宴。宴毕，三人又连夜驱车直奔"上书房"。大冯一踏入大门，就被眼前的景象惊住了。这套不足200平方米的复式居室内，除了厨房还像厨房外，客厅、书房、卧室、阳台、楼梯，几乎每个角落都堆满神佛造像、陶器石雕、民间工艺品和奇石怪石，密集得令人喘不过气来。大冯便拍拍老友的肩膀说：'反正平凹说过，我要到他家来的话，不能多拿，只拿一件随便挑！'平凹诚实地点头微笑，又如数家珍地介绍这些藏品的来源和故事。冯夫人看到门厅里有众多青蛙——挂在墙上的布蛙、趴在地上的石蛙、装在竹筐中的金蛙，就问其原委，得知陕西话中蛙同凹音，所以平凹把蛙当他的吉祥物。更奇怪的是，在贾平凹自己命名题写的“上书房”牌匾下，摆放着一只硬木椅，椅背上竖着一幅贾平凹的照片，椅面上垫一块平滑的和田玉，而脚底下横放着一根大象的腿骨！为何？平凹答：“这是我的座位。”房间的一角，父母的遗像前有香烟袅袅。当大冯夫妇在平凹的书橱上发现两张“润笔告示”时，哈哈大笑，大冯说：“价儿跟我差不多啦！”在一尊无头石佛前，平凹请大冯帮他断代。大冯说，这尊佛像的衣褶飘逸，线条挺拔，与敦煌壁画中的释迦牟尼风格相似，应是盛唐时的作品。而对一件平凹自认为是北魏时期的石雕，大冯仔细辨认看出若干破绽，认为其刻痕清晰可见，缺乏岁月沧桑感，有可能是今人仿造。临别，两人互赠礼品。大冯在赠给平凹的为纪念结婚40周年而为夫人顾同昭出版的工笔人物画集上写道：“谨以此书为平凹获大奖贺喜！”平凹则将他的获奖小说《秦腔》送给大冯，题字是“大冯夫妇贾府一游留念”。当然，他也履行诺言，请冯夫人挑了一件漂亮的彩陶留念。大冯邀请平凹明年到天津大学北洋画馆举办贾平凹画展。冯骥才后来对记者说，“平凹的眼光不错，他喜欢高古，喜欢元代以前的东西，口味与我很接近，他的收藏有自己独特的审美品位，有历史和文化的信息在上边。他修养好，悟性好，视野宽，从精英文化到民间文化均有涉猎，这样的作家才有厚度”，“作家要关注社会生活，抓住时代最大的灵魂上的问题加以思考和反映，从《废都》到《浮躁》到《秦腔》，平凹走的正是这样一条创作之路。他是一位有社会良知的作家，他获得茅盾文学奖是当之无愧的！”

送走冯骥才夫妇，又为一刊物写稿，平凹写道：

院再小也要栽柳，柳必垂。晓起推窗，如见仙人曳裙侍立；月升中天，又似仙人临镜梳发。蓬屋常伴仙人，不以门前未留小车辙印而憾。能明灭萤火，能观风行。三月生绒花，数朵过墙头，好静收过路女儿争捉之笑。吃酒只备小盅，小盅浅醉，能推开人事、生计、狗咬、索账之恼。能行乐，吟东坡“吾上可陪玉皇大帝，下可陪卑田院乞儿”，以残墙补远山，以水盆盛太阳，敲之熟铜声。能嘿嘿笑，笑到无声时已袒胸睡卧柳下。出游踏无名山水，省却门票，不看人亦不被人看。脚往哪儿，路往哪儿，喜瞧峋岩钩心斗角，倾听风前鸟叫声硬。云在山头登上山头云却更远了，遂吸清新空气，意尽而归。归来自有文章作，不会与他人同，既可再次意游，又可赚几个稿费，补回那一双龙须草鞋钱。读闲杂书，不必规矩，坐也可，站也可，卧也可。偶向墙根，水蚀斑驳，瞥一点而逮形象，即与书中人、物合，愈看愈肖。或听室外黄鹂，莺莺恰恰能辨鸟语。与人交，淡，淡至无味，而观知极味人。可邀来者游华山“朽朽桥头”，敢亡命过之将“某某到此一游”书于桥那边崖上者，不可近交。不爱惜自己性命焉能爱人？可暗示一女子寄求爱信，立即复函意欲去偷鸡摸狗者不交。接信不复冷若冰霜者亦不交，心没同情岂有真心？门前冷落，恰好，能植竹看风行，能养菊赏瘦，能识雀爪文。七月长夏睡翻身觉，醒来能知“知了”声了之时。养生不养猫，猫狐媚。不养蛐蛐儿，蛐蛐儿斗殴残忍。可养蜘蛛，清晨见一丝斜挂檐前不必挑，明日便有纵横交错，复明日则网精美如妇人发罩。出门望天，天有经纬而自检行为，朝露落雨后出日，银珠满缀，齐放光芒，一个太阳生无数太阳。墙角有旧网亦不必扫，让灰尘蒙落，日久绳粗，如老树盘根，可作立体壁画，读传统，读现代，常读常新。要日记，就记梦。梦醒夜半，不可睁目，慢慢坐起同忆静伏人睡，梦复续之。梦如前世生活，或行善，或凶杀，或作乐，或受苦，记其迹体验心境以察现实，以我观我而我自知，自知乃于嚣烦尘世则自立。出门挂锁，锁宜旧，旧锁能避蟊贼破损门；屋中箱柜可在锁孔捅上钥匙，贼来能保全箱柜完好。

11月2日，贾平凹在茅盾先生故里——浙江乌镇举行的第七届茅盾文学奖颁奖典礼上，登上最高领奖台，从时任中宣部部长的刘云山手中接过获奖证书。发表获奖感言时，他说：

在伟大的茅盾先生的故乡，第七届茅盾文学奖能授予我，我感到无比的荣幸！当获奖的消息传来，我说了四个字：天空晴朗！那天的天气真的很好，心情也好，给屋子里的佛像烧了香，给父母遗像前烧了香，我就去街上吃了一顿羊肉泡馍。在我的写作中，《秦腔》是我最想写的一部书，也是我最费心血的一部书。当年动笔写这本书时，我不知道要写的这本书将会是什么命运，但我在家乡的山上和在我父亲的坟头发誓，我要以此书为故乡的过去而立一块纪念的碑子。现在，《秦腔》受到肯定，我为我欣慰，也为故乡欣慰。感谢文学之神的光顾！感谢评委会的厚爱！获奖在创作之路上是过河遇到了桥，是口渴遇到了泉，路是远的，还要往前走。有幸生在中国，有幸经历中国巨大的变革，现实为我们提供了文字的想象，作为一个作家，我会更加努力，再写出满意的作品。

随后，在采访中，他对记者说，“第一次报这个奖，好像是从《高老庄》开始的吧，《怀念狼》《病相报告》，一直到《秦腔》，四五届了，每次穿了新衣服去等车，每次都走了回来。以前落选可能是作品还没写好，也可能有那个《废都》的影响，这个没有必要回避。我之所以坚持写作，因为，我可以说，我有我的文学信念，文学对于我有神圣感，也是宗教感吧。获奖在创作之路上是过河时遇到了桥，是口渴遇到了泉，路是远的，要往前走。朋友们的玩笑都是善意的，是在宽慰我。方英文去汉阴挂职前，大家不也设宴庆祝他‘落选省作协副主席’么。朋友们玩闹，其实就是让把这些事看开，能有多大呢”，“获得茅盾文学奖，我的心情当然很激动，但我不认为自己的创作因此达到了巅峰，我的创作还会继续下去。我现在正着手写一部小说，预计后年能与大家见面。我的创作肯定不会停”。

五次冲击茅奖的贾平凹，这次终于凭《秦腔》捧回中国长篇小说最高奖！11 月 3 日 13 时 50 分，领奖归来的平凹飞抵西安咸阳国际机场，真真切切地感受了一次“疯狂接机”。他在机场出口一露面，立刻引起大厅一片沸腾，等候已久的 50 多名记者立即拥向平凹，将他团团围住，摄像机大灯、照相机闪光灯刺得人眼睛发疼，机场工作人员大声喊话：“不要拥挤，大家让一下！”许多途经的旅客被黑压压的人群吸引，纷纷挤上前看“旋涡”中心的大人物是谁。“贾平凹，真的是贾平凹！”一名踮脚伸脖的女孩大喊着告诉身边同伴。先后接受了四次献花的平凹，脖子上还被套上了花环，在十多个话筒和录音笔的提问中，他一点一点向出口移动，如此场面让随行人员和机场管理人员措手不及，“见多了当红明星来时的这类轰动，却从没见过文化名人引起这么火爆的场面，看来，贾平凹这回获奖真是给咱陕西挣足了面子！”一位机场保安在记者身边激动地说。

《秦腔》获奖，是继路遥的《平凡的世界》和陈忠实的《白鹿原》之后，陕西省作家第三次摘得中国文坛长篇小说的最高奖项。

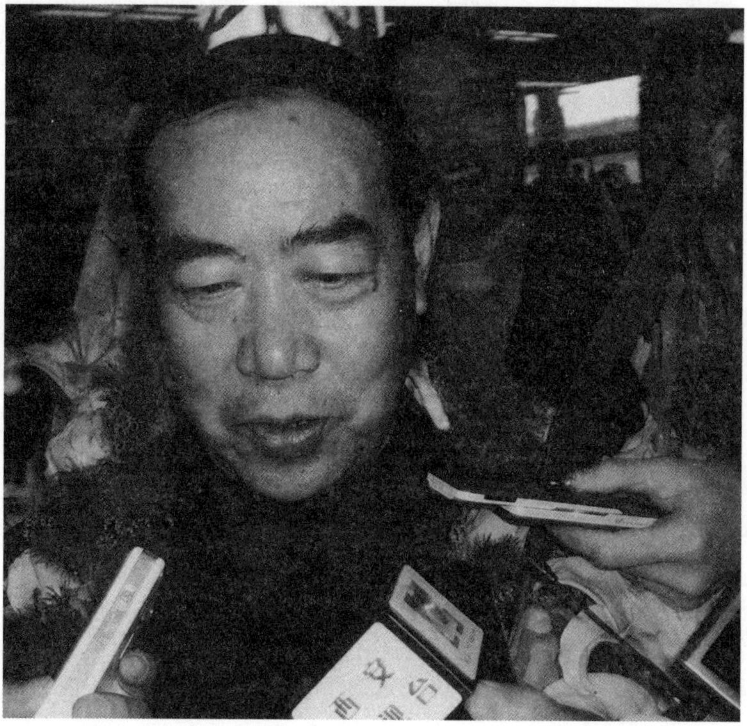

领奖归来

有记者到“上书房”去采访，平凹颇有感慨地说：“写这部书的时候，我父亲去世了，我母亲还在世，我《秦腔》后记里还写过，我曾经给我父亲说过，我将来要写家族、写故乡，他说要我用文字给故乡立一个碑。后来，我写这个书的时候，我母亲还在世，也是我母亲给我提供好多细节，我母亲没文化，但是她讲农村的事情，讲得很详细，我就想，我得奖了，得给父母说一声吧！就给父母像前上了一炷香，然后，我就出去吃羊肉泡馍去了。”他又说：“写这本《秦腔》时，整整写了一年九个月，这期间我基本上没有再干别的事，缺席了多少会议被领导批评，拒绝了多少应酬让朋友们恨骂，我只是写我的。”

2008 年，陕西省戏曲研究院成立 70 周年。这个院团的前身是 1938 年在延安成立的“陕甘宁边区民众剧团”，现任院长是著名剧作家、小说家陈彦，他请贾平凹题词，平凹写了一幅四尺整张的大字：“秦腔万岁！”有人笑称，你是给自己的小说题的吧？平凹回答：“‘秦腔万岁’纯粹是题给戏曲研究院的，这是我对秦腔剧种的感觉，它的灿烂、热烈，能让人高呼万岁，它自己也一定能万岁。记得不久前，去三兆送别我可敬的老乡、作家京夫后，我们与商洛来的一些朋友在唐城宾馆聚了一下，大家心情都很沉重，那次聚会上，我给商洛剧团题了四个字‘戏比天大’，易俗社社长冀福纪说这是表达了我对戏剧界的心情，其实和‘秦腔万岁’一样，这是一种普遍性的、表扬式的提法，我相信大西北的秦腔会永远传唱。当然，把两个‘秦腔’这样连起来，我一方面觉得很惶恐，另一方面也觉得很有感触，一部作品寿命长久，其实与获奖无关，它需要的是时空检验，至于《秦腔》能不能受得检验，二十年、五十年以后才知道。我总是觉得，文学作品，如果能提供对当时社会的认识，能提供人对于精神的思考，能提供对其艺术的享受，它可能会活得长久些。……我心目中的长寿作品，那多啦，那些公认的名著就是标本嘛。我书房现在还挂着苏东坡、海明威、张爱玲、沈从文这些人的小镜框，古今中外的大家们监督、鼓励我，他们都是老师，都留下了经典，他们长寿，他们万岁！”

年底，由业内某权威机构举办、数十位专家学者和逾百万名网友积极参与的市场调研结果显示，贾平凹与金庸、迟子建、二月河、铁凝、张一一、王朔、余华、池莉、苏童一起成为读者心目中“2008—2009 中国十大最具市场影响力”的作家。

自《废都》以后，评论界对贾平凹的作品不时出现非议的声音，有的说是“评论过度了”，有的要对他的创作提出“无边的质疑”，有的甚至说他的小说是“垃圾”，等等。贾平凹仿佛一只红薯，买家拿来各自的度量衡称量他，有的拿着尺子，有的拿来升子，有的拿着磅秤，有的使用“光年”，称出的结论截然相反，就互相指责对方是伪评论家。

贾平凹近40年的创作经历，在中国当代文坛结结实实地崛起了一座山峰，这座山峰也曾屡经风雨、备受争议。对他和他的创作，如何总体评价，有人送来了李星的观点，就读给他听，读毕却见他似睡着了，唯一支烟还在指间燃着。这个观点的结尾说：“贾平凹的文化心理构成中，有仁爱、中庸、礼让的儒家伦理本色，而体弱性格内向，又决定了贾平凹对外在生存环境的超常敏感，也注定了他无安全感的痛苦人生。在当今中国的思想文化版图中，贾平凹扮演的既是中国传统美学精神的继承者、面向当代世界的开拓者的角色，又是与现代化的资本原则清醒地抵抗、批判的角色。在当代中国作家中，贾平凹的坚守不仅更为彻底，更出自其痛苦的心灵自然，并且因其创作中美学精神的民族性还原，其文学的实现更为丰富、更深厚广阔。面对滔滔的人欲商潮，这种无边的爱与悲悯，这种对世风日变的焦灼与忧虑，这种巨大的沉沦与自恕，不正是贾平凹文学的灵魂和精神吗？”

长篇小说《秦腔》于2010年由西安秦腔剧院易俗社改编为大型秦腔现代戏《秦腔》，搬上西安舞台，一时引起轰动。

贾平凹到北京开政协会期间，鲁迅文学院常务副院长、著名诗人雷抒雁拉上他去一家网络聊天室和文友聊天，平凹初始畏惧，抒雁说，没有啥，就跟平常谝闲传一样。下面这段记录是一些有趣的片段：

FlyingCat：您的小说很有特点，但没有长进！

贾平凹：因为我个子比较矮。

archer：贾先生您认为文学创作上的瓶颈是什么？

贾平凹：自己对自己的限制。

北风：您认为文学最重要的是什么？情感、悟性、文采？

贾平凹：灵魂。

飞天猫：贾先生，我很喜欢你的中篇小说和散文，只是觉得从《废都》以后你在走下坡路，不知你是怎么看的？

贾平凹：创作也有低潮、高潮，就像我的名字里的“凹”字一样。

庄之蝶：贾先生最近见胖！哈哈！

贾平凹：那是我牙疼，脸有点儿肿。

想想：为什么你的女儿说不看你的书呢？

贾平凹：女儿从来没有认为她父亲有什么了不起。

王牌：贾平凹老师你好，请问您祖籍何处？子女几个？

贾平凹：陕西丹凤，子女数字现在不好确定。

张震：您最喜欢自己哪一部作品呢？

贾平凹：我喜欢《白夜》。

小贝：初入“网络洞房”你的感觉还好吗？

贾平凹：“网络洞房”感觉挺好，就是网友太多，应付不过来。

小小：你的《高老庄》写改革，看来很投入，你是在讨政府的好吗？

贾平凹：当然不是，我按我的体验写，我对我自己负责，更对社会负责。

第十五章
激情喷发：十年五部长篇

胡武功是陕西省摄影家协会主席，和贾平凹交往40多年，他虽然与平凹黏得不是太紧，但他一直注视着平凹的文学进程。平凹爆红了，他稍微离远些，平凹沉寂了，他稍微走近些；他认为平凹终是一只长寿龟，驮得起一只碌碡，又能长久卧伏。终于，在2014年，他推出了自己的观察成果，这就是那个被广泛认可的对贾平凹的总结：从来没有说过一句硬话，从来没有做过一件软事。

朋友们认为，这得之于平凹内心坚强却又慢、柔、软如水滴石穿的性格，更得之于他身处底层的被屈辱、被损害的社会位置，还得之于他广泛吸收的知识储备、道家的处世观念，等等。他行万里路，更读万卷书。80年代初，平凹曾托朋友白建中帮他到陕西省图书馆借书。他写了如下书目：（印度）泰戈尔的作品（除《沉船》外）；（中国）废名的作品，沈从文的作品《湘西》《湘西散记》，周作人的散文作品；（日本）战后感觉派作品，特别注明：只要有叫川端康成的人的作品，一本中有一篇亦要借来……

1982年9月20日，贾平凹在他的读书笔记中写道：

1. 川端康成的身世决定了他以后文学的情绪和基调。孤苦凄凉的生活使他性格内向。他受尽了人世的歧视，却又不肯屈服，便只有孤独、虚无、颓废、官能的压制。但只有这种人，其内心才最龙腾虎跃，才最敏感，才最神经质，才善于有瞬息间纤细的感觉和细致的微妙的心理活动。这类气质的人，表面上是冷漠的，内心是热烈的，他永远使人看不透。以此伸入文学，必然有一股神秘色彩，变幻莫测，有不可模仿的特点，他不善于打正面攻击战，却极会选择角度进入中心地带。因此，题材的选择对这一类作家尤其重要。拿手的是写日常生活中的微妙的感情的东西，靠的是感觉，靠的是体验，而不是靠的知识面广赢人。2. 川端的作品在主题和题材上，局限了他的范围，然后却发展到了极致。一般说来，优点愈是鲜明的，缺点亦愈是鲜明。3. 一个作家的哲学思想的形成，一方面是因他的身世所致，另一方面是所处的社会的心理状态所致。川端正如此，换句话说，作家要重视发现自己的气质，同时要研究社会，准确地抓社会情绪、社会心理。4. 玄妙的余韵，幻想的感觉，幽情的哀伤，将四季山川草木、风花雪月的自然美同人的哀伤、灭亡联系起来，这就是川端了。5. 川端走的是西方现代派文学同日本古典传统结合起来的创作之路。没有民族特色的文学是站不起来的文学，没有相通于世界的思想意识的文学同样是站不起来的文学。用民族传统的美表现现代人的意识、心境、认识世界的见解，所以，川端成功了。

已故老评论家王愚说：“平凹读川端，是要化川端为自我。”费秉勋教授也说过：“平凹有强大的艺术吸收力，不仅借鉴中国人，也借鉴外国文学。”

复旦大学徐学清教授问他：“你对印度文学感兴趣吗?”

平凹答：“我喜欢印度的泰戈尔，但泰氏的东西不好学，那超常的智慧，那广大的胸怀，一般人无法学。我对日本的川端康成也很感兴趣，但与高尔基的作品对应不上；也读了不少契诃夫的作品，读巴尔扎克的不多，我不喜欢政治性太强的文学作品。”他还说：“我看杂书多，对佛呀，禅呀，中医呀，都感兴趣。懂得了中国哲学，就一通百通。我读书最能领悟这些东西。我的小说语言主要从古典文学来，人说中学为体、西学为用，我觉得应相反，因为技巧是不能学的。”

平凹在《吉檀迦利》一书的扉页上写道：

泰戈尔之诗文，天地鸿大，不可觅踪寻迹。始信大才是天之生成，如中国的屈原、太白、东坡。他们天性自在，随物即赋形也。故想起宗白华的话，多与自然和哲理接近而铸造诗格，多与名文习研而训练诗文结构，这是我今后的方向啊！

平凹在读《沈从文文集》时写的笔记中说：

信手来写，放得开，收得合，而开合间的圆润之处，沈氏大知。此等文法，必得天资好的人用之，必得文笔补救，是没骨写意法。文章作得随意如水，沈氏是大天才也。

平凹在谈他的读书生活时，对朋友说："前几年我看拉美的作品多一些，上大学时主要看苏俄的，那一阵中国伤痕文学受此影响，一股风，我那时拒绝随大流走。中国作家中我喜欢沈从文，沈从文的气很大；我也喜欢张爱玲的散文。我还喜欢略萨的《绿房子》，马尔克斯的我看的不多。一个时期里许多人都谈马尔克斯，我就逆反了，偏不看。"谈到金庸的武侠小说，平凹说："当时主要是消遣，也出于好奇，但没想到这些作品的语言那么好，古典文学的气息那么浓，比如《笑傲江湖》《倚天屠龙记》，文笔都很不错。"他还说："我长期考虑一个问题，鲁迅先生的《阿Q正传》和塞万提斯的《堂吉诃德》，这两部作品为什么能典型地概括那个时代的特点？我觉得人家是能够从现实生活中抓住当时的时代社会心态问题，抓准了，抓得有力，涵盖面就大。如果你从一个具体的人身上来概括这个东西，往往难度就更大，不容易达到这一点。如阿Q，就是抓住了那个时期、那个历史阶段的社会心态和民族心态，鲁迅先生抓准了，写出来，这个人看像他，那个人也看像他，其实谁也不是，只是阿Q。悟到这一步，对照总结以前的一些创作，发现自己常常是从具体的人和事着手来写的。写《浮躁》时，总的构想，就不是从某一个人来看，不是听了什么故事从哪一件事来写，而从许许多多人的心态中抓住当前时代中的浮躁情绪，从这一点出发，去组合人物，展开事件，用的一些素材是现实生活中发生的事情，但抓住的是弥漫其间的情绪。”

平凹在一则读书笔记里写道：

今日购施蛰存一书。吾极喜施氏的心理层次的描写。心理描写要传神，一是变形，二是细腻，三是层次。吾数多年前便欲以现代意识写古事，但不成，读施氏大作倒颇有启示。……浓重的背景，使一个很平淡的故事枝蔓起来，丰厚起来，而施氏叙之从容。1987 年前后这一两年中，我系统地读过《史记》《中国通史》这类史书，怎样从历史的角度上考察目前中国发生的一些事情，把前后历史一看，有些问题你就会看得特别清，有些东西你当时看是不好的，从历史角度看或许还是符合历史规律的。比如雷大空，严格来讲，作为一个人他走上犯罪道路是活该，但从他的举动，从他在这一段历史中起的作用来讲，却是应该唱赞歌的。如果不站高来看雷大空，你只能把他写成一个坏蛋，一个利欲熏心，在改革中钻政策的空子，进行胡倒腾的家伙。

他在另一则读书笔记里回答友人的问题时说：

深夜读林语堂一本书，上有一节为“写作艺术”。其中一些观点，极是畅美，读之则不能忘。我觉得，当今的创作和评论，最好都不必长，写小文不一定是小家。无论什么派系，关键看其作品之境界大小，底蕴深浅如何，创作实在是没有什么技巧，而只有个性。当今人多谈文体，文体也不是强为，也是个性表现的需要。这也正是形式即内容一说的根源吧。创作同评论一样，都需要天才，需要生活。中国的文论传统是片言只语，但总体把握如能渗入西方那些东西，才可能站住脚，出大家，你注意到没有，看中国戏曲中的那些做功戏，有没有当今先锋派作家作品的味道呢？当今文坛，热闹的都是怪才，大才没有真正出现，或出现还未成熟，还都在劳其心志。请你多注意那些不露声色的孤独之人，看人首先看出其人的风骨来。

他也坦率承认读书人在生活中的窘迫和孤独，他调侃自己说："好读书必然没有好身体。一是没钱买蜂王浆，用脑过多头发稀落，吃咸菜费牙齿肠胃虚寒；二是没权住大房间，和孩子争一张书桌，心躁易患肝炎；三是没时间，白日上班，晚上熬夜，免不了神经衰弱。但读书人上厕所时间长，那不是便秘，是蹲坑读书；读书人最能忍受老婆咕嚷，也不是脾性好，是读书入迷两耳如塞。吃饭读书，筷子常会把烟灰缸的烟头送到口里，但不易得脚气病，因为读书时最习惯抠脚丫子……"

他描写读书人的形象是："可怜都是蜘蛛般的体形，都是金鱼似的肿眼，没个倾城倾国貌，只有多愁多病身。读书人的病有治读书病的药，药不在《本草》而直接是书，一是得本酷好之书，二是得急需之书，三是得未见之书。但这药医生常不用，有了病就让住院，住院也好，总算有了囫囵时间读书了。所以，结伙打架，不必寻读书人，那鸡爪似的手没四两力，要欺负也不必对读书人，老虎吃鸡不是山中王。读书人性缓，要急急不了他，心又大，要气气不着，要让读书人死，其实很简单，给他些樟脑丸，因为他们是书虫。"平凹说："多方学习，读一读书，经一经世事。我一直认为读书要读大书、活读书，书就像辣子，本身就是个调料，但有一种虫，钻到辣子里光是吃，把辣子也弄坏了，那是辣子虫么。"

平凹说："我又读了钱先生的《谈艺录》，感受和以前大不相同，可以说这是有关中国古典文论的集大成之作。钱先生是个了不起的学问家。至于感受，非几句话可以说清。"

钱锺书的著作《写在人生边上》，平凹读后做了许多记号，扉页上还写了一段话："钱氏的文章在于大奇思异想，奇思异想这个世界和人生的，便是哲学。钱氏之幽默是一种人的智慧，而不是聪明二字。所以写现实生活，不一定是抒情散文，而这种智慧的奇思恰又是绝好的抒情。人之一生，取得小成功定要和环境做斗争，取得大成功定要和自己做斗争。”

这如一个大库，自己田里种的，别人地边捡的，如他书法所写：“万法归一，为我所用!”有此底肥，他种什么成什么，加之人又勤奋，心有定力，一旦喷发，必成奇观。

贾平凹强大的艺术吸收能力，造就了他文学上的中和之美。他笔下的“商州”同韩少功的“鸡头寨”、李杭育的“葛川江”、郑义的“太行山”一样，成为某种文化意念的载体和民族心理深层积淀的符号。商州小说中塑造的刚柔相济、动静相宜、虚实相应的极具和谐的“中和之美”的民俗特色，则成为将商州与其他地方区分开来的显著标志之一。“中和之美”作为中国古代美学的一个重要范畴，是儒家“中庸之道”思想在艺术上的具体表现。“中和之美”在贾平凹的民俗世界中主要体现为艺术风格上的一种平衡与和谐。然而，这种和谐绝不意味着单一；恰恰相反，这种和谐是建立在对其二元对立并置的民俗世界的平衡的巧妙把握上。贾平凹最钟爱的中国艺术总是以虚和静为基础，以显示出生命的感性形态，体现出生命的节奏，静中有动，动中有静。他最眷恋的家乡商州，兼秦之雄、楚之秀，且“雄而有韵，秀而有骨”。他的外表与内心世界也是一个矛盾混合体，表面羞怯自卑、沉默寡言，内心好胜自尊、百折不挠。古语说：文如其人。正是这种种的矛盾与反差，使贾平凹创作了一个二元对立并置的民俗世界。然而，平凹毕竟不是处于古代的桃花源，无法阻挡现代意识的渗入。他的痛苦在于，一方面他盛赞天地万物的本色，留恋传统文化的精髓；另一方面，他又渴望着从自然中走出的人们永远保留下这本色而只抛却贫穷和苦难，因而他的心中充满了矛盾。这份矛盾和彷徨使他的民俗世界在和谐的底子上呈现出多义性和复杂性。与众不同的是，由于深受儒家传统文化的熏陶，其民俗世界柔中带刚，动寓于静，虚中有实，几者和谐地统一于民俗之中，有一种属于东方的民族的“中和之美”。

2009 年 7 月，被禁 17 年的长篇小说《废都》获准再版，与《浮躁》《秦腔》组成“贾平凹三部曲”，由作家出版社再版。解禁后，原本《废都》中的

“□□□□”变成“……”。新版封面鲜艳，平凹书写的两个黑色大字“废都”竖排着，几乎占满全页。17年前，一本40万字、500多页的《废都》定价12.5元，新版《废都》单本定价为39元，有收藏界人士说，老版《废都》签名本在“贾迷”收藏过程中，十几年来一路升值，现单本价格已达500元人民币。

“贾平凹三部曲”中的《浮躁》在1988年获得美国美孚飞马文学奖，《废都》在1997年获得了法国费米娜文学奖，《秦腔》则在2008年摘取了中国长篇小说最高奖——茅盾文学奖。

当年遭禁时，季羡林先生曾经预言，20年后，《废都》会大放光芒。这个评价曾给过平凹很多安慰。如今，《废都》再版，对平凹来说，既有不尽的喜悦，也有惶恐。他说：“写的时候，大概是20年前了，书中有对社会的观察和对时代的前瞻，20年后，现在看这本书，书中描写的那些情况，已经在社会上出现了。”当年参与查禁《废都》的北京新闻出版局殷爱萍处长表示，1993年，他们根据新闻出版署的指示，以“格调低下，夹杂色情描写”的名义查禁《废都》，并对出版部门做了处罚，但是现在图书审批权已经归到新闻出版总署，审批部门的变化、审批人士的变化，也为《废都》的重新出版提供了契机。《人民文学》主编、评论家李敬泽说，“《废都》重新出版一点也不意外，当年《红楼梦》还是禁书呢”，“你要知道，从《废都》被禁到现在重新出版，这十几年中国发生了非常大的变化，20年前我们不能接受的事物，现在早已习以为常”。以《白鹿原》为例，这部小说在参与评奖时曾受非议，后来经过陈忠实的修改再版才获得了茅盾文学奖。《废都》解禁，除过政治宽松、社会包容、文学价值回归等多种因素外，与文学圈内人士的不断推动和呼吁也有一定关系，比如空军诗人简宁给领导的反映信就是一个代表。

敬爱的首长：

我叫简宁，是一名诗人、作家，任空军政治部创作室创作员，中国作家协会会员。欣喜于首长在中央主管意识形态以来，创造性地提出了“三贴近”，使亲民务实的作风大为加强，国内的文学艺术创作呈现一派欣欣向荣、生机勃勃之态，所以冒昧给您写信，将小说家贾平凹的小说《废都》一书再版过程中遇到的困难，向首长做一简略的汇报。请首长谅解我的愚钝和唐突。

《废都》初版于1993年6月，由北京出版社出版，3个月以后，此书因涉嫌性描写被禁止发行，北京出版社亦遭处理。此后的12年以来，《废都》只能以“盗版”的形式在国内流通，仅作者本人收集的就有50多种盗版本。此后国外也出版了多种语言文字的版本，并获诸多荣誉。2003年11月，贾平凹委托我帮助联系再版之事，因1993年的“禁罚”高悬，北京以及外地若干出版社虽然都有强烈的兴趣，但是没有人敢于“越雷池一步”，有关业务管理部门也噤若寒蝉，持“宁左勿右”的消极甚至压制的态度。《废都》一书再生无望。自1993年至今，我国的社会生活环境、人们的思想观念都发生了很大变化，书中所涉及的性描写应该说是不过分的，贾平凹在修订再版中也对文本进行了必要的处理。当年的“问题”不应该成为继续“禁止”的理由。我冒昧地向首长反映这一情况，就是希望得到首长的关怀和关注，使这部深受群众喜爱的优秀文学作品能够重见天日。

…………

空军政治部创作室创作员简宁

2004年1月11日

《废都》解禁，一块石头终于落地，不少文学界人士长吁一口气。在此背景下，有记者去采访作家的故乡人。在棣花镇东街，一对老人坐在石板上吃饭，看见来了生人，扭头闪进了一道大门。之外，巷子里再无人影。棣花人对《废都》事件仍然心存疑惧。有人去找平凹的老宅，巷口的白石灰墙上有两行粉笔写的字：“作家贾平凹，是我们丹凤人民的骄傲。”巷口的另一面墙上写着一首打油诗：“誉播全世界，故里无一人；应当多宣传，表我中华心；虽说常在外，根在贾塬村；平凹贡献大，人民永远记；书喆年八十，常记彦春语。”这又是一种态度。80岁的“书喆”应当是身在外地的乡党。“彦春”是贾平凹父亲的名字。

在《废都》解禁的街谈巷议中，夹杂着两则贾平凹为人测字的传言，真伪莫辨。

其一：平凹有一个朋友的朋友是司机，某年春节前，该司机没有和家人打招呼就出去拉煤了，行前叫这个朋友给家里捎个话，说他去拉煤到年跟前回来。但过了年还不见他回来，他的家人就托这个朋友让平凹给测算一下。平凹在电话里给这个朋友说："你说一个字吧。"因为当时正在下雨，这个朋友就说了一个"滑"字，平凹当时就说，这个人可能已经死了，因为已经"露骨头"了——"滑"字一边是水，一边是骨。半年之后，见着这个朋友，朋友告之，确实如此，那个司机被人害了之后，扔到水里，找到时，已腐烂了露骨头了。

其二：平凹到一个老作家的家里去，老作家有一个孩子正准备高考，家人就让平凹给测一下，看能否考中？平凹还是让说一个字，他看着这个字，说恐怕不能，其中会有波折。这位老作家说不可能考不上，这孩子的学习成绩一直很好呀。平凹笑笑地说，我失算了最好。事后果如平凹所言，高考前一晚上，孩子学习到很晚，想活动一下身体，就蹦了一下，结果一不小心就把腿给弄折了，连考场都没能进去。

2010 年的夏天，贾平凹很随意地去了一些城镇，沿途所见，有新建设的惊喜，也有发展中的忧虑。他先是沿着汉江走了十几个城镇，越秦岭、过汉江、上巴山，水边坡崖上的城镇，山沟夹缝的村落，逢了饭馆就进，有了旅社便宿，看一街两行高楼拥挤，他说是水泥的方框把人打了包垒起来的。在镇安县城观景，见北边的山坐下来，南边的山也坐下来，坐下来的北边山的右膝盖对着南边山的右膝盖，城就在山的腿弯子里，建成了个葫芦状。北山的膝盖上有个公园，也有个酒店，他在酒店里住了三天，写下了自己的观感："差不多的早晨都有一段雨。那雨并不是雨点子落在地上，而是从崖头上、树林子里斜着飞，飞在半空里就燃烧了，变成白色的烟。在这种烟雨中，一溜带串的人要从城里爬上山来，在公园里锻炼。他们多是带一个口袋或者藤篮，锻炼完了路过菜市买菜，然后再去上班。而到了黄昏，云很怪异，云是风，从山梁后迅疾刮过来，在城的上空盘旋生发，一片一片往下掉，掉下来却什么也没有。这时候，机关单位的人该下班了，回家的全是女的，相约着饭后去跳舞，而男的却多是留下来，他们要洗脚，办公室里各人有各人的盆子，打了热水洗了，才晃悠晃悠地离开。”三天后，贾平凹走二级公路到旬阳县，在小河镇买烟吸，烟是假烟，使劲儿吸着的时候店主再拿一瓶饮料让他买，又拿一包糕点让他买，店主以为碰见外来客商，巴不得多卖些货。平凹不答话，只使劲儿吸烟，店主声就高了，说你买不买给个话呀！平凹这才笑说：“我能说话吗，我一说话烟就灭了。”

来到陕西最东头的白河县，再往东就是湖北了。这里最早是个码头，从湖北上来的，从安康下来的，船都停在这个渡口歇脚。来前有人鼓动说到了白河县一定要去河街，说这条街上有木板门面房，有吊脚楼，有云墙，有拱檐，还能看到背架和麻鞋，能听到姐儿歌和叫卖山货声，能吃到油炸的蚕蛹和腊肉。但当平凹站在街上的时候，他深深地失望了，他没有看到向往的民俗和风物。当地人就给他解释，说是这里原本是白河老户最多的街，但县城不停地拆又不停地盖，移到了山腰后，老户的人大多就离开了，现在只剩下一些老年人和空房子。

在秦岭里转了几天，来到商洛市的山阳县，北边翻过流岭就是他老家丹凤。在山阳县一个小馆子吃了两碗扁食，听到隔壁包间的人都醉了，有碗碟破碎声，有呕吐声，有争吵声，又有了哭声。平凹喊老板结账，老板进来，看着墙，说：怎么还有苍蝇？用手去拍，却哎哟叫起来，原来墙上的黑点不是苍蝇，是颗钉子。三天后又翻过秦岭顺汉江上行到汉阴县，汉阴县正举办一个什么活动，广场上悬着许多气球，摆着各种颜色的宣传牌，可能是有省市的领导来了，警车开道，呜哇呜哇叫，一溜儿小车就在街巷里转过。又到岚皋县，见有一户人家在推石磨，那么多的苞谷在磨盘顶上，很快从磨眼里溜下去没了，再把一堆苞谷倒到磨盘顶上，又很快没了，平凹给人说：“石磨最能吃。”

糊里糊涂来到峦庄，这是丹凤县北山里的一个小镇。路叫水冲得坑坑洼洼，到了已是半夜。在一户人家问能不能做顿饭吃，那个毛胡子汉子立即叫他老婆，他老婆已经睡了，起来就做饭。厨房里挂了六七吊腊肉，瓷罐里是豆豉，问平凹吃不吃木耳，平凹点头，汉子就推门到后院，后院里架满了木棒，三个一支，五个一簇，木棒上全是木耳。但他并没有摘木棒上的木耳，却在篱笆桩上摘了一掬又小又薄的炒了。平凹也不计较，汉子解释说，峦庄是穷地方，只产木耳，他们就靠卖木耳过活的。这阵儿有鞭炮声，问半夜里怎么放鞭炮，汉子说，给神还愿哩吧。平凹正吃着饭，街上却有人在哭，汉子的老婆就出去了，过了好久回来，说是西头的王老五在打老婆。汉子说："该打！"平凹问为啥说该打？汉子说，王老五的老婆信基督，常把两岁的孩子放在地窖里就去给基督唱歌了，今日下午王老五从县城打工回来，发现在苞谷柜里藏的50元钱不见了，问老婆，老婆说捐给教会了，王老五就把他老婆在街上撵着打。

第二天一早起来上路，手机上收到一条短信："想我的，赏个拥抱；不理我的，出门让蚂蚁绊倒。"平凹就给司机说在这条路上要特别小心，司机奇怪，平凹说："蚂蚁多。"

2010年，人民文学出版社出版了平凹的第十二部长篇小说《古炉》。全作64万字，先后修改4次，写坏了300支水笔。

《古炉》以陕西耀州窑陈炉镇烧制青花瓷器的一群匠人为原型，讲述了"文革"期间发生在古炉村的故事。小说中一个饱经世故的老妇叫蚕婆，平凹说："我当时是按照我母亲的很多原型来写这个人物的，如她心眼好，平时啥都不管，只管她捡来的孙子狗尿苔，人又善良，不为利诱，不会害人，富于生存智慧，因为丈夫当过国军的兵受批判，但她有应付的法宝——隐忍。隐忍中她还想办法帮助别人。她一辈子不记怨，只记恩。"平凹写着写着，就感觉自己是那个富人的弃儿、那个捡来的狗尿苔，他与他笔下的人物紧紧地融为一体，所以用孩子的眼光展开叙述就极为真切。也可以说，这种写作是他对儿时记忆的复述。《古炉》写了"文革"间人变坏的过程，也写了善的恒常不灭。平凹说："经历过'文革'的人，不管在其中迫害过人或被人迫害过，只要人还活着，他必会有记忆。其实，'文革'对于国家对于时代是一个大的事件，对于文学，却是一团混沌的令人迷惘又迷醉的东西，它有声有色地充塞在天地之间，当年作者站在一旁看着，听不懂也看不透，摸不着头脑，40多年了，以文学的角度，他还在一旁看着，企图走近走进，似乎更无力把握，如看月在山上，登上山了，月亮却离山还远。他只能量力而为，力所能及地从生活中去体验去写作，看能否接近一点。”

2010年11月，《西安晚报》一名记者对平凹跟踪采记七天，结论是：贾平凹可真忙啊！18日，平凹在北京机场意外邂逅杨争光，两人都去北京领一个文学奖，便互相调侃说：“咱们是同科状元哦!”19日，2010年度“人民文学奖”颁奖典礼在北京中国现代文学馆举行。杨争光、迟子建分别以《少年张冲六章》和《白雪乌鸦》摘取该奖项的“长篇文学奖”，平凹则以《一块土地》获“散文奖”。20日上午，《古炉》责编孔令燕来到酒店，与平凹就《古炉》的出版发行交换了意见；下午到中国美术出版社讨论编辑事务，他的大型画册即将由该社推出。21日，平凹结束了北京的活动，匆匆赶往成都，参加22日上午的“祝贺魏明伦从事文艺六十年”庆贺会。中国文联原副主席仲呈祥、文化名人余秋雨、相声表演艺术家姜昆、著名歌唱家李光羲、东方卫视著名主持人曹可凡等也相约而来，吃着当地小吃，宾主相谈甚欢。活动在沙湾会展中心举行，贾平凹为魏明伦题了一幅字“大笔担当”。23日，平凹一行人乘汽车赶往了阆中，因为西安曲江贾平凹馆与阆中天宫院风水文化景区馆将正式结为友好，贾平凹赠送一只宋代陶八卦瓶，阆中方面答谢他一尊陈列在天宫院展馆中的金钱纹蟾蜍。

2011年1月14日，“贾平凹文化艺术研究院”在西安成立。这个研究院是国内唯一研究贾平凹文化艺术成就的专业学术机构，主要研究贾平凹在小说、散文、诗歌、书画、收藏方面的成就，并广泛开展国内外学术交流活动。余秋雨为研究院题写了院名，王立志担任常务院长。平凹说：“50岁以后才懂得创作上的事情，自己觉悟太晚了。原本我不同意成立研究院，觉得自己没什么可研究的。如果有价值，后人自会研究的。如今研究院成立了，我无以为报，只能竭尽全力地写作，好好干，能担50斤绝不挑20斤，这样才对得起一直关注我的人。”

与孙见喜研究稿件

《中国图书商报》推荐的“2011年媒体最期待的十本书”中，《古炉》名列第一；2011年4月，第二届“中国图书势力榜”年度十本好书揭晓，《古炉》位列其中，该奖吸引了30万网友参与评选；《当代》长篇小说年度论坛评选“长篇小说（2011）年度五佳”，《古炉》当选“最佳”；五部“《当代》长篇小说五年奖”，《古炉》上榜。

这一年，关于《古炉》的各种研讨会也纷纷召开，就在人们热议《古炉》之际，一场版权大战悄然展开。原告人民文学出版社状告广州网易计算机系统有限公司北京分公司、广州网易计算机系统有限公司在其读书频道推出《古炉》全文电子版，此行为侵犯了出版社的合法权益，要求停止侵权并赔偿损失200万元人民币。

2011年10月5日，以“中国长篇小说之父”施耐庵命名的首届“施耐庵文学奖”在江苏兴化揭晓，贾平凹的《古炉》与阎连科的《我与父辈》、董启章的《天工开物·栩栩如真》、宁肯的《天·藏》同时获奖。

之后，2013年3月30日，由陈忠实个人出资的首届“白鹿当代文学编辑奖”揭晓，该奖由人民文学出版社设立，旨在奖励该社的优秀编辑。陈忠实亲自为《古炉》的责任编辑孔令燕颁奖。

进入秋天，一个朋友的朋友打电话给平凹的友人，说想邀请平凹参加一位老人八十大寿的庆典。友人说这不大可能。对方说这位老人不是一般的老人，是上世纪60年代的省级劳动模范，周总理都接见过。友人说平凹会祝贺老人健康长寿，但不会参加庆典，一是他太忙，这样的活动一般都会谢绝，二是他和你不认识没交往。对方声音就高了，说我们已经请到了市上一个政协副主席，不就是个出场费嘛，叫他开个价！友人说不是价的问题，对方就大声说20万怎么样？现场写一幅字，陪大家吃个饭，也就个把钟头，听说他不爱讲话，那就算了，合影照相应该没什么问题吧？友人说个把钟头也不大可能啊！对方又缠住不放，说那就参加个典礼吧，半个钟头多一点，宴会吃开了他可以走人。第二天，此人又通过其他朋友转弯子过来说这个事，无奈之下，友人给平凹发了个短信：“有个省级劳模过八十大寿，邀你参加，出场费20万，只写一幅字！”平凹很快回复：“谢了，实在没有时间。”友人再把这个回复转发联系人，他又打电话来说：“噢，嫌钱少吧？再加5万，他儿子现在款大得很哩，不在乎钱，只要给他爸把场面搞大！”友人就二次向平凹发去短信：“人家说再加5万！”平凹的回复只两个字：“不去！”友人把这两个字告知对方，对方声音更响了：“你问他多少钱去哩？”友人就立即发短信问平凹：“多少钱去哩？”平凹的回复更快更坚决：“多少钱都不去！”

12月，贾平凹好友陈彦荣获“中华艺文奖”。平凹在祝贺会上说，“对于朋友，我们不能把他当家人看，也不能把家人当自己来看，不能要求太高。但是对朋友，至少应做到两点：一是雪中送炭，二是锦上添花。好比儿女孝顺父母，有钱的出钱，有力的出力，没钱没力的说些好听的话，这也是孝顺”，“今天大家在这里祝贺陈彦获奖，该奖是具有全国标志的一个奖项。我和陈彦几十年朋友了，也是看着他一步一步走过来的，他在戏剧界连续获了三项大奖，并在全国范围内产生了很大的影响，陕西戏剧界在建国以来有这样的成绩的人也不是很多。

当年有个马健翎，在他事业巅峰时，我没有遇上，但就其功绩上可称他为‘马老’了。现在陈彦在院子给马老塑了铜像，有人说，陈彦出名了，也给陈彦塑一个像。这种情况在全国也是少有的。对于陈彦获奖，大家都无比开心。与此同时，我也反复思考，陈彦为什么就成功了？世上任何人成功都有自己的独门暗器，但无论是何种暗器，都有最基本的东西：一是气量大，容量大，就像筐子什么都要装得下，若是鸡肠小肚的，那肯定做不好；二是陈彦善于吸收学习，对于我周围的朋友，学习认真的，我便是首推陈彦了。有人说过，想要办成一件事，一是要认真、全神贯注地做事，再者就是要能够忍受寂寞，因为无论干哪一行，时间长了都会感到厌烦，谁能把这‘烦’熬过去，谁就成功了。陈彦之所以能取得如此成绩，是有道理的。这也令我们很高兴，很自豪。今天在座的各位都是陈彦的好朋友，我们陕西历来就有这样的风气，也就是亲朋好友中只要是有一个人有成就出名了，那么所有的人都会来祝贺他，并为他加油，为他喝彩。能做朋友，最起码是气味相投的，一个朋友获得大奖，大家都是很兴奋的，就像在赛跑时大家都为运动员呐喊助威一样……”

2012 年 4 月，贾平凹在咸阳职业技术学院演讲时，谈到当下社会和文学问题。他说：“你可以有不同的文学观念，可以有多种写法，但‘大道’的东西不能丢，丢掉‘大道’的东西，不可能写出杰出之作。中国文学最动人的是有人情之美，在当下这个人性充分显示的年代，去叙写人与人的温暖，去叙写人心柔软的部分，应是我们文学的基本。我们生活在一个剧变的年代，破坏与建设、贫穷与富有、庄严与戏谑、温柔与残忍、同情与仇恨等混淆着，复杂着。有一年，我去陕西合阳，看到了流经那里的黄河，我写下了八个字，‘厚云积岸，大水走泥’，我们身处的社会就是大水走泥。这样的年代，混沌而伟大，它为文学提供了丰富的素材和想象的空间。纸质作品，不论散文和中短篇，单是长篇每年就有 1500 多部出版，网络上的作品更是无法统计。不论这些作品能否长存成为经典，但不可置疑的是文学观念、文学审美发生了前所未有的变化。在中国古典文学传统里，有天下之说，有铁肩担道义之说，崇尚的是关心社会，忧患现实。在西方现代文学的传统中，强调现代意识。现代意识也就是人类意识，以人为本，考虑的是解决人所面临的困境。所以，关注社会、关怀人生、关心精神是文学最基本的东西，也是文学的‘大道’。我们的目光要健全，要有自己的信念，坚信有爱，有温暖，有光明，而不要笔走偏锋，只写黑暗的、丑恶的，要写出冷漠中的温暖，恶狠中的柔软，毁灭中的希望。中国人生活得可能不自在，西方人生活得也可能不自在，任何时候，人类的生存都存在着物质和精神的困境，而重要的是在困境中突破。我们需要学会写伦理，需要关注国家、民族、人生、命运，这方面我们还写不好，写不丰满。同时，写作的眼光要放大到宇宙，要追问人性的、精神的东西，或许一时完不成但也要心向往之。文学是虚无的，但世界是虚与实组成的，一个民族没有哲学、文学和艺术，是悲哀而可怕的。加缪说过，‘文学不能使我们活得更好，但文学使我们活得更多’，这就是我想说的，做人在任何时候都应该有做人的基本，文学也同样，在任何时候都有文学的基本。如同现在物质丰富，有各种食品，但人类生存的主要食物仍是米和面。布料可以做多种装饰，但衣服的基本功能还是蔽体取暖。孙悟空虽然大闹天宫，而最后他依然是去西天取经。破坏的目的在于建设。”

4 月 20 日，第二届“朱自清散文奖”评选在北京揭晓，贾平凹因散文《天气》成为五位获奖者之一。5 月，在纪念毛主席《在延安文艺座谈会上的讲话》发表 70 周年的聚会中，他说：“坚持和生活保持一种鲜活态度的想法，严格讲也是受‘5·23’《讲话》教育的结果。因为《讲话》是在当时的特殊环境下毛主席对文艺方面做的一些论述，它有当时的历史状况，到现在几十年过去，社会发生了许多变化，但有一点没变：作品一定要想到是给谁写的——是给人民写的。一定要到生活中去，为人民而创作。我这一代作家都是 50 岁以上的作家，社会责任感、忧患意识，我觉得比年轻人要强。我们从小就是受这一种比较传统的教育，中国文人就是天下为责，为时代、为社会立言。”

2013 年，人民文学出版社又出版了贾平凹的长篇新著《带灯》。他这个序属第十三部的长篇小说，是平凹带给文坛的又一个惊喜。评论认为这是他最为瑰丽忧伤的一部作品，他的文学方式表现了最为冷峻的社会现实，是一部既好看又深刻且可以传世的力作，“带灯是一个在暗夜里自我燃烧的小虫，具有一颗在浊世探寻光明的灵魂，她有一场清水静流的爱恋，又进行了一场螳臂当车式的抗争”。

贾平凹在后记里说，60 岁生日的时候，他躲开了，只在母亲遗像前叩了头，感谢她给了生命，想自己其实 60 岁里没有做成一两件事，还是八十九十了再庆贺生日吧。他这前半生，青少年在老家，啥都弄不成，看人眉高眼低，吃苦受气，多亏上了个工农兵大学，也是在熬煎中经世事；前年他跑了陕南，走了七八个县十几个村镇，又去了甘肃的定西，跑跑走走中就结识了一位负责综合治理的女乡镇干部，她隔三岔五发短信给他，说乡里的麻烦，村里的纠纷；他就山高路远地去看她，听她没黑没明地讲那些泼烦事，她又领他走村串乡去给特困户办最低保障生活款，还要堵截上访的人，又给他买土蜂蜜，摘山果；及至平凹回到西安，她依然每天短信不断，文件、通知、任务、规划、条令、救灾名单、上访材料，都用短信发给他，其中的问题关涉道德、法制、信仰、生态等等，都源源不断地到了他的手上。这些五花八门的人物和事件，林林总总，上挂下连，他思前想后，就对当前的村社管理产生了一个归纳：这像是一张陈年的蜘蛛网，动哪儿都落灰。渐渐地，他觉得管着综治办的她是高贵的、智慧的、可敬可亲的，她是江山社稷的脊梁，又是民族的精美；她是一方土地神，了不起的神，民众最亲近的神。平凹一遍遍地看那些材料，思想着这部小说如何区别于以前的《秦腔》《古炉》《高兴》，深夜里就有一个声音从窗外传来：你应该为了中国文学的突破和提升，去写、去写…… 他吓出了一身冷汗，以为是精灵降临，赶紧去烧了一炷香。他想起朋友的两句诗：“白云说话的时候，就是天要下雨了。”他的眼泪掉下来，伏案痛哭。他由足球想到手下的写作，由两汉的文章想到这部小说的行文，适天津一位友人来看他，惊叹他还在写，他说鸡不下蛋它憋啊！朋友就说你这个“凹”字是盆是牝是谷是元宝是火山口，于是他将多年前得到的一尊凹形石搬来置于桌面，日日看着这个火山口，看它何日喷发，如何喷发……

贾平凹的每一部长篇小说几乎都与当代现实的难题相关。《带灯》是他要重建“社会主义新人”这个漫长的政治美学想象，他其实在做一件补天的事，这就是当代文学久违了的人物——社会主义现实主义的新人形象。

《带灯》甫一出版，便入选中央电视台“2013 年中国好书”。之后又相继获得“《当代》长篇小说年度奖”、2013 年度“大众喜爱的 50 种图书”、广州“花地文学榜”年度长篇小说金奖。

11 月 5 日，贾平凹成为北京师范大学的首任驻校作家，而由《带灯》改编的同名花鼓剧，2014 年首演以来，在陕西及北京、上海、苏州、宁夏等地连演 100 多场，获评文化部和陕西省委宣传部重大精品剧目。这是小说的一个“副产品”，友人说，红薯长好了，可以炒着吃、凉拌吃，乃至蒸煮煎炸，做粉条，捏丸子，都能做出好食品。省劳动人事厅一个干部说：一篇好小说能带动多少人就业啊，劳人厅也应该给作家发个奖！

2014 年，《老生》问世，这是贾平凹的第十四部长篇小说。该作以古籍《山海经》为贯穿，以民间写史的方式，从一位给死人唱“阴歌”的唱师的角度，表现秦岭里一个小山村的百年故事，也是中国历史进程的一个缩影。平凹常住西安，两个妹妹出嫁后，弟弟也在县城买了房，他把母亲接来城里居住后，老庄子的一院房就闲着。但他每年必有两次回去，这就是清明节和岁尾的除夕夜。他回去是要给父亲烧纸，给贾家老先人烧纸。除夕夜，去祖坟里送灯，当他在四周的黑暗中跪在老先人的坟前时，他有了许多关于生死的联想和感悟，老人的记忆，村人的传说，堂上的遗徽，垄上的劳迹，在他脑子里翻腾着，战争、灾荒、动乱、革命、运动、改革，为了温饱，为了活出人样儿，父亲做了什么，爷爷做了什么，祖祖辈辈的村人做了什么，自己又做了什么，后辈的儿孙还将做什么，哪些事做得光荣，哪些事做得龌龊……勾连起来，岂不是 20 世纪的村社史吗？这里的一座座山、一道道河、花草树木、飞禽走兽，全在他的心里活泛起来，他就在他烟熏火燎的书房里构筑着他的汉语文学。

贾平凹在北京大学就此书和师生交流时说：“2014 年的公历 3 月 21 日，也是古历的二月二十一，是我的又一个生日，我以《老生》作我的寿礼。”他还说："到了60岁以后身就沉了，爬山爬到一半，看见路边的石壁上写有'歇着'，一屁股坐下来就歇，歇着了当然要抽根纸烟。女儿一直是反对我抽烟的，说，你怎么越老抽烟越勤了呢？"他说自己抽了40年烟，摞起来就是烧了一座麦草垛，《老生》就是用烟熏出来的。对于《老生》的书名，平凹说："或是指一个人的一生活得太长了，或是仅仅借用了戏曲中的一个角色，或是赞美，或是诅咒。老而不死则为贼，这是说时光讨厌某个人长久地占据在这个世界；另一方面，老生常谈，这又说的是人老了就不要妄言诳语吧。"

2014年12月6日，来自北京、辽宁、陕西、湖北、江苏、上海的20多位评论家在复旦大学举行了《老生》学术研讨会。复旦大学图书馆馆长、著名评论家陈思和是唯一阅读了该小说原稿的人，平凹曾三次试图放弃这部小说的创作，后来多次到民间采访，决定"老老实实地去呈现过去的国情、世情、民情"。他写完后把稿子压了半年，反复琢磨后，寄给陈思和征求意见，平凹说他手机上至今还保留着陈思和教授对于这部小说读后感的信息。

在会上，陈思和还透露一个信息，因翻译莫言小说而闻名的瑞典翻译家陈安娜已把《高兴》翻译成瑞典文，出版后在瑞典大受欢迎。《小说评论》主编李国平说："贾平凹很重视文学评论，无论对他说好说坏，他都欢迎，他每次都要求组织者把录音带给他，他要反复听听，好好消化。"

大家普遍认为，《老生》大朴不雕、沉雄有力，是以民间方式记录的百年地域史，其中能感受到贾平凹对传统文化心存敬畏，对人世饱含深情大爱，这是一部"当代最典型的中国气派和中国风格"的作品。

有意思的是，贾平凹为《老生》写的后记竟荣获了第六届（2014）在场主义散文单篇奖。授奖词说："贾平凹的《〈老生〉后记》，是小说与现实生活的一个巧妙的接口。作家用看似散漫的语言，随意讲述的一些细节，为读者展露了浩淼煌盛的冰山一角。并用冰融雪解的方式，对文学与生活的关系进行了精辟的阐释。"

2015年，《老生》所获奖项遍地开花。1月8日，同时获得两大网络媒体的图书大奖——"腾讯商报华文年度好书"和"2014年度新浪中国好书榜年度十大好书”。1月21日，获“《当代》杂志年度最佳小说”，这是继2013年《带灯》后平凹第二次获取这项殊荣；4月，《老生》又在“第六届中国图书势力榜”评选中获奖；4月25日，第十三届“华语文学传媒大奖年度奖”在广东顺德颁发，贾平凹因《老生》而获“年度杰出作家”，这也是他第二次获此殊荣，十年前的2006年他因《秦腔》获奖。

正在评论界从各个角度解读《老生》的时候，清华大学副教授旷新年发表长篇论文对这部作品进行尖锐批评，他说：“如果说当年的那些‘革命历史小说’的确是在以文学方式，‘为新的社会的真理性作出证明，以具象的方式，推动对历史的既定叙述的合法化’的话，那么，贾平凹的《老生》也就完全可以被看作是对于这些‘革命历史小说’的解构与颠覆之作。”

2016年，贾平凹的第十五部长篇小说《极花》继续交由人民文学出版社出版。这部小说写了一个姑娘被人拐卖的故事，最先发表在《人民文学》杂志2016年第一期。

大约在十年前，商州一个收破烂的乡党找到平凹一位友人，说自己的女儿找不着了，两口子十分心急。友人首先领他们到派出所报了案，也见到了所长，登记了案情并留下联系方式，又要求随时提供线索。那女孩原在饭店打工，辞职后给父母说她去一家公司跑销售，还说住的是宾馆，之后就没了音信。竟有老板安排打工者住宾馆，友人产生了怀疑，就领乡党找到市上的“打拐办”，人家说这种情况很多，批评他们怎么不把娃管好；又说先给登记上，要排队办案，经费紧张，有的人是自己出费用……后来乡党找到女儿的一个笔记本，本子上有一个男孩的电话，说两人一块儿在饭店打工时关系比较好，但又不像是谈恋爱。这是一个线索，友人就叫自己女儿以失踪者姐姐的口气和这男娃联系，说妹妹出了点儿事，希望能见到他。男娃答应后，某晚友人妹夫开车拉着他女儿去较远的北郊找到这个男娃说了情况，男娃说他曾接到她一个电话，没说几句就断了，但电话号码他记下了。回来后，仔细排查这个电话，竟是山西的，打过去对方说是山西某县一个轮胎商店的收费电话。乡党就跑到山西找到这个店，店主说每天打电话的人多了记不起来了，于是乡党就留下来帮这家店干活，混熟后向店主诉说了女儿失踪的事情。店老板一听，就说你女儿是叫人卖了，四川的陕西的河南的人贩子都在这里做买卖，这儿是贩子的交接地。乡党回来一说，友人觉得问题严重，要找人必须借助公安和媒体的力量，就把这事的来龙去脉给平凹讲了，他很同情，就给《西安晚报》的一个记者打电话请求关注。过了一年多，乡党来说女儿给家里打了一个长途，只说了她在山西某县某乡某村话就断了。友人就找来平凹商议，决定先去见到人，办法是乡党夫妇带上礼物去山西，如果女儿做了人家媳妇，就说这地方好，我们同意做亲家，又当人家面给女儿说这地方比咱老家好，要好好在这儿过日子，还要留些钱，诚恳邀请亲家到陕西来旅游，等等。乡党就去了，回来说戏演得很圆。那地方是繁峙县，在山西东北部，属高寒山区，小麦都不长，只种燕麦。这个时候，友人又和平凹一起策划解救方案，并通过友人之弟联系到商州沙河子派出所，西安这边又联系妥《西安晚报》，派出所选了一位有解救经验的干警，报社也选派了记者，解救组共三人：干警、记者、女孩父亲，他们出发后，平凹一直用电话和解救组保持联系，随时了解救人过程。过程当然十分惊险，在村里抢人时受到追打，到当地派出所办出境手续时受到刁难并被勒索钱财，理由是女孩在这里生活了这么长时间，伙食费总是应该交的吧？甚至在派出所突然断电时，黑夜里有村民用铁块砸伤干警，但为了尽快把人救走，大家凑钱交给对方才得以脱身……回来后《西安晚报》记者发了一整版的长篇报告，这事平凹深度参与，并出了不少主意，给晚报也打了不止一次电话。现在，这女孩已成家生子，乡党也盖了一院房，回家种药材，人们几乎忘掉了这件事。但是，平凹没有忘，他说“这事像刀子一样刻在我的心里”，他忘不了这件事，忘不了这一家人，忘不了山西那边买媳妇的人家，忘不了留在大山里的那个没了妈的娃娃，忘不了是什么样的人贩子造下这个孽……

这就是《极花》的原型故事和基本素材。

2016 年 3 月 27 日，位于兰州的西北师范大学举办了“文化名人进校园”系列活动，这天的主题是《极花》研讨会。近 30 位省内外的专家就这部小说的思想和艺术进行了研讨。《极花》面世距《老生》出版不足一年半，人们说，老贾真真是火山喷发了！

但不久，媒体上出现了对贾平凹的讨伐：《极花》不是一部邪恶之书吗？它为拐卖妇女辩护了吗？贾平凹果真如此眷恋乡村吗？声讨的一个节点是书中一句话："睡在哪里都是睡在夜里。"书中的麻子婶对被拐卖的胡蝶说："我这一辈子用过三个男人，到头来一想，折腾和不折腾一样的，睡在哪里都是睡在夜里。"批评者认为《极花》之"反动"就在于劝慰被拐妇女接受被卖的命运。胡蝶呼喊："这里不是我待的地方！"买她的黑亮答："待在哪儿还不都是中国？"第二个质疑是小说里出现的神秘的结构性难题：五！五究竟隐喻着什么？房间里的器物是五个，吃饭里菜是五个，老老爷彩虹绳有五种颜色，村里人炒的五种豆子代表五种毒物，黑亮买胡蝶花了三万五千……第三个，黑亮骂是城市吸走了女人，以致农村男人娶不上媳妇，而胡蝶却说，农村小伙子为何不去城里干个有作为的事以吸引女性呢？小说有把男女问题引向阶级问题的嫌疑。第四，胡蝶被解救了，她回到妈的身边，但胡蝶在那边生的孩子却没有妈了，这个伦理困境之于拐卖是推进还是遏阻？还有，儒家救不了农村，小说中说"如果这个村子永远不买媳妇，这个村子就消亡了"，这不是在挑战法律和道德而为贩卖者开脱吗？还有，胡蝶归降：在夜里我哪儿瞌睡了就睡在哪儿。她的反抗是最终接受了"夜"，这于多少被拐卖的妇女渴望解救岂不是一剂毒药？

对此，贾平凹回应说，作品引争议是很正常的。他说阅读小说不要断章取义，一切讨论都要以文本为主，任意延伸、引申都可能把意义引向反面，那是十分可怕的，"对当下农村，我确实存在着两难心情，不是歌颂或批判、积极或保守的问题，我在两难之间写社会的痛和人性的复杂"。

《极花》的责任编辑孔令燕的回答是："小说流露出作家对传统生活方式流失和凋敝的伤感，显然不是同情人贩子，他是基于作家的责任用文字的方式来表达社会问题。……贾老师很尊重女性，热爱美好的女性，女权主义者靠这样的方式凸显与众不同，虽然我是女性但我一点都不赞同她们这样的观点。"

算起来，从2007年的《高兴》到2016年的《极花》，十年时间贾平凹创作出版了五部长篇小说，如果计算劳动量的话，他几乎每天都在劳动，而且是刀耕火种式的用笔抄写。五部长篇总字数约170万字，如果每部长篇修改两遍，最后再清抄一遍，以三遍计总字数超过500万，这就是说他平均每年的写作量是50万字；况且有的小说不止修改两遍，比如67万字的《古炉》就修改了四遍，而且他不像我们用电脑写作，指头一点就是一遍。这样就产生了许多问题：

2016年，贾平凹

1. 如此繁重的劳动，他不累吗？

平凹说“不是太累”。那么他不竭的动力来自何处？来自对这门事业的热爱。比如下象棋，街边的棋摊，有人一蹲就是一下午，他不累吗？老王他老婆叫他去买面粉，肩扛一袋面路过棋摊，瞟一眼见一盘残棋正难分难解，就想看看结果，结果是残棋结束了争论开始了，争论没完重开盘，这一看就是两个小时，直到晚饭时老婆寻来了，他还扛着50斤面粉在看棋，你说他累不累？一个人全身心地投入了某种事业，就像坐上了飞船游太空，不飞行不由他。用平凹的话说，母鸡不下蛋它憋啊！下蛋是它的天性。牛吃草是天性，驴打滚是天性，平凹写作也是天性，你看他半辈子了干别的什么事情成功过？顺着天性干事就不觉得累。

2. 人的体力心力总是有限的，长时间伏案工作以后，他如何休息以恢复精力？

平凹有自己休息的办法，比如写一幅书法，画一幅水墨，哼一阵民歌，但大部分时间被来访者切割了，来访者带来各种信息，某地发生了什么怪事，某人读了一本什么书，天文上的、地理上的，民间的、官方的，他这里成了各路信息的汇聚地，或者说是各路人马给他送来了创作的素材，激发了他新的灵感，灵感蕴润着精神，他享受到了松弛的受活。20世纪八九十年代，大约有10多年时间，常和他打麻将的朋友有何丹萌、方英文、穆涛、陈彦等人，20年后议论，“当初占了平凹那么多时间，如果不耽误，他该要写多少东西？我们自己也能多写不少”。话到了平凹耳朵，他说，牛干完活了就吃草，不吃草了嘴还在嚼哩，要说他也贪玩，打牌不叫他还不高兴呢！

3. 他写了那么多的中短篇小说和散文，间或写诗和评论，新世纪主要精力放在长篇上，但散文也还不忘经营，问他这是有什么规划吗？

平凹答：细木匠做了家具，剩下的木头片片都有用处。

4. 他写了40年了，被称为当代文学的贯穿性作家，有人说他是中国文坛的常青树，过了60岁仍能每两年一部的出产长篇小说，这中间有什么写作的诀窍吗？

平凹的回答是：有人问尼采为什么这么聪明，尼采答，因为我从来不在不必要的事情上浪费精力。他一个友人的回答是：贾平凹能心系一处，也能对自己守口如瓶。

5. 贾平凹被称为有争议的作家，他的一些作品，他的一些行为方式，经常招致非议，甚至有人借机人身攻击，但他从来不会因此而乱了心性，慢了创作的步伐，更不会因此生气生病，为什么他会有如此定力？

贾平凹的答复是八个字：默雷止谤，转毁为缘。

6. 贾平凹是一个朴素的人，生活上被朋友讥笑为吝啬、抠门儿，他的书法2016年四尺整张是9万元，且他这个价并非有价无市，而他个人消费那么低，不吃好的，不穿贵的，不筑庄园，也不出去旅游，他的巨额收入有什么用场？

平凹对此拒绝采访，他认为个人钱财也是隐私，君子爱财，只要取之有道，就心安理得，别人也用不着替他操这个心。

7. 贾平凹是什么样的文化身份？他的价值取向和情感投向在哪里？他的审美取向是什么？

有研究者答：他的文化身份是中国传统文人的，价值取向是民族立场的，感情投向是民间的，审美追求如他在《卧虎说》里说的“中国作风、中国气魄”，他创作上波涛汹涌，但那河床是中国的；中国的云层上面也充满阳光。

8. 估计贾平凹会在什么时候搁笔？

他这种人七老八十也搁不了笔。

9. 贾平凹到底是什么性子？

软性子，慢性子，水滴石穿的性子，绳锯木断的性子。

10. 贾平凹享受过盛誉，也受到过打压，还得过大病，却为什么长盛不衰？

平凹说过，成名不等于成功。他有一个战术：以自己的长进使对手退却。他是越打压了越反弹。他说赞扬是在前边拉他，批评是在后边推他。不管外界怎样对待他，他都会转化成前进的动力。

11. 朋友说他永远凑不到人面前去，是狗肉不上台面，人群广众面前他永远都是后退、都是躲，怎么就端不起个名人的架子？

平凹说：人前舞英的总是蚊子和飞蛾，狮子永远都在草丛里打盹。

2016年8月5日二稿完成于商州真元山庄

2016年9月11日第三次改毕于西安双仁府

后　记

作为新时期文学的贯穿性作家，贾平凹从事文学创作40年来，出版了大量的长中短篇小说、散文、诗歌、评论等，据不完全统计，各种版本至2016年超过300种；他以自身的文学活动和丰富的作品参与并见证了中国文学在这一时段的发轫、流派、流变、高潮、接力和新世纪以来的种种变化，有人说他是文坛的常青树，有人说他是舀不干的水，不管怎么说，他以自己庞大的创作体量和品类繁多的奖项获取，支撑着一个当代大作家的位置和影响力。

他的作品动辄发行数十万，这缘于他有一个数量庞大的基础读者群，或者可以说，他是一个偶像级的作家，他无论出什么书，都有读者乐于购买和收藏。这是没有办法的事情，作品的艺术生命长存于对读者的征服。有如此广大的读者，就有相应的要了解作家生命历程和创作过程的读者。有眼光的出版家在此找到了又一个读书热点。于是，就有了1990年西北大学出版社率先推出的费秉勋先生的《贾平凹论》，以及1991年由四川文艺出版社出版的孙见喜《贾平凹之谜》。两本书，一个着眼于理论研究，一个着眼于创作生涯，这两本书伴随着读者追贾的脚步跟随贾平凹的丰富著作一路前行。

随着贾的著作日丰，《贾平凹之谜》经过扩充，演变成1994年北岳文艺出版社出版的《鬼才贾平凹》两卷本；其后，贾平凹年龄渐长，在前两书的基础上再次扩大规模，7年后的2001年，由广东花城出版社出版了三卷本的《贾平凹前传》，其间，根据读者的需要，或某一专题，或某一事件，衍生出了几种单本的纪实文学。单以“传记”为名的专著，除粤版的三卷“前传”外，尚有浓缩的沪版《贾平凹传》（上海人民出版社2008年）；2016年，贾平凹逾64岁了，从2007年到2016年间，他先是以长篇小说《秦腔》摘取了“茅盾文学奖”，接着几乎以每两年出产一部长篇的速度进入创作的喷发期，这是传主的个人背景。另外还有一个重要的外部条件就是，陕西人民出版社相继出版了张艳茜著的《路遥传》和邢小利著的《陈忠实传》，这就引发了编审张孔明的一个策划，将陕西三位获取“茅奖”的作家传记成套出版、打包发行，这就是陕版《贾平凹传》的由来。经过充分的市场调研和出版论证，陕西人民出版社对这三部作家传记的市场前景持乐观态度。

也曾有小报议论，对贾平凹的评论过度了，有关贾平凹的书出得太多了，部分内容重复了，等等。至于“评论过度”的问题已有作家、评论家回应：八九十年代是评论家追得作家经常尿湿裤子，新世纪恰恰相反，以贾平凹为例，常常是这一部长篇评论家还未来得及充分消化，他的下一部长篇又出版了，问题颠倒过来了，作家逼得评论家匆忙抛出夹生评论。以《废都》为例，此作复出后，至今还未出现一篇搁得住的有关《废都》现象的深度研究。

中国图书市场广阔，任何一本广告充分的图书，都不可能铺满县乡乃至社区书店，这就产生了长期可销的图书，如再版书、修订书、换名书，等等。图书是精神产品，虽然它不同于蛋糕锄杖这类实用商品，但它通过市场到达用户，所以它同样具有商品属性。以《贾平凹前传》为例，由此衍生出的几种版本，都是针对不同读者群、不同发行地区地段而出版的，都是经过出版单位市场调研确定选题，再报新闻出版署批准，然后经过三审书稿才下厂产出图书成品。同琳琅满目的家电产品一样，不能因为某人不需要就停止生产，你不需要可以不买，因为你不需要就指摘作家和出版社，以这种霸权作风阻止广大读者选书读书，不仅徒劳，而且无益，或者相反，恰恰又成了另一种形式的广告。市场是硬的，读者是最灵的，他从来都是根据自己的需要选购图书。

关于写作工作量的分配：孙立盎承担了全书的整体规划，并具体完成了前八章的写作，孙见喜承担了后边七章的写作，最后的统稿由孙立盎完成。

贾平凹还在写作中，还在行走中，还在他钟爱的乡土上挖掘和捡拾，必然还会有新的著作奉献给广大读者。陕西人民出版社这套“三传”还会随着时间的推移、新素材的积累，而修订，而再版，读者的需要是这套书的生命。

感谢陕西人民出版社编辑的精细劳动，感谢为此书提供资料的传主亲友，也要告知之前阅读过诸种“贾传”的读者，此书是诸种版本的浓缩，采用了新的叙述角度，也增加了不少新的内容。作者力争做到人有根、事有因，为中国当代文学存一份可靠的史料，为当代作家存一份“活检”标本。中国社会科学院的“作家传记”研究家董炳月说：“传主的价值总是像矿藏一样蕴含在传主的生命历程及相关的历史事实之中的，再现这生命历程及相关史实，是揭示传主历史价值形成的必然性或偶然性，并由此达到认识文学与社会（及文化、历史等）目的的主要途径。”除此之外，这部陕版“贾传”试图通过传主的人生及创作历程，映透出这个时段里中国文学的整体现状及这个时空里社会生活的若干信息，所以内容上力求广大和丰富，这也是本书的着力点之一。

希望后辈研究家在此获得课题线索，晚生作家由此获得写作启示，老中青的读者由此获得对贾氏作品的进一步理解。贾平凹是丰富的，贾平凹也是透明的，各种读者从贾平凹这棵树上摘取所需要的根、茎、枝、叶、花、果，取之于他，也要浇灌于他，使他花繁叶茂，这是作家的福分，也是读者的福分。

孙见喜　孙立盎

2016 年 9 月于西安